WILHELM VON OCKHAM
DIALOGUS

BIBLIOTHEK KLASSISCHER TEXTE

WISSENSCHAFTLICHE BUCHGESELLSCHAFT
DARMSTADT

WILHELM VON OCKHAM

DIALOGUS

AUSZÜGE ZUR POLITISCHEN THEORIE

Ausgewählt, übersetzt
und mit einem Nachwort versehen
von
Jürgen Miethke

WISSENSCHAFTLICHE BUCHGESELLSCHAFT
DARMSTADT

2., durchgesehene und korrigierte Auflage 1994

Die Deutsche Bibliothek – CIP-Einheitsaufnahme

Ockham, Guilelmus de:
Dialogus: Auszüge zur politischen Theorie /
Wilhelm von Ockham. Ausgew., übers. und mit einem
Nachw. vers. von Jürgen Miethke. – 2., durchges. und
korr. Aufl. – Darmstadt: Wiss. Buchges., 1994
(Bibliothek klassischer Texte)
Einheitssacht.: Dialogus ⟨dt.⟩
ISBN 3-534-11871-5
NE: Miethke, Jürgen [Hrsg.]

Bestellnummer 11871-5

Das Werk ist in allen seinen Teilen urheberrechtlich geschützt.
Jede Verwertung ist ohne Zustimmung des Verlages unzulässig.
Das gilt insbesondere für Vervielfältigungen,
Übersetzungen, Mikroverfilmungen und die Einspeicherung in
und Verarbeitung durch elektronische Systeme.

© 1994 by Wissenschaftliche Buchgesellschaft, Darmstadt
Gedruckt auf säurefreiem und alterungsbeständigem Werkdruckpapier
Gesamtherstellung: Wissenschaftliche Buchgesellschaft, Darmstadt
Printed in Germany
Schrift: Garamond, 9.5/11

ISBN 3-534-11871-5

INHALT

Verzeichnis der Auszüge VII

Vorwort IX

Selbstzeugnisse

I a. Ockhams offener Brief an alle Ordensbrüder: Rechenschaft über das eigene Leben 3
I b. Selbstzeugnis (?) Ockhams zum ›Dialogus‹: Versprengter Prolog 7

Auszüge aus dem Dialogus

II. Programm und Methode des ›Dialogus‹ und seiner Prima Pars 11
III. Wer richtet über die Glaubenswahrheit? 13
IV. Auch der Papst kann in Ketzerei fallen 16
V. Die Verpflichtung zum Widerstand kann jeden einzelnen treffen 32
VI. Die Gerichtshoheit über ketzerische Kleriker 36
VII. Mit Gottes Hilfe siegt auch ein Geringer 69
VIII. Wie ein Streiter wider den Ketzerpapst sein muß . . . 71

IX. Das Programm des ersten Traktats der Tertia Pars . . . 78
X. „Lex Libertatis" – Das Evangelium als Gesetz der Freiheit . 80
XI. Die Amtskompetenz des Papstes 90
XII. Grundbegriffe der aristotelischen ›Politik‹ im Überblick . 98
XIII. Von der Gleichheit 108
XIV. Verfassungsänderung in der Kirche 111

XV. Programm des zweiten Traktats der Tertia Pars 118
XVI. Kaiserspiegel 121
XVII. Papst und Römisches Reich 131

XVIII. Translatio Regnorum	135
XIX. Der Ursprung von Kaisertum und Kaiserreich und seine Translation	150
XX. Der dem Kaiser geschuldete Gehorsam	161
XXI. Die Organismus-Metapher	176
XXII. Der dreifache Sinn von Naturrecht	178
Anmerkungen zum Text	187

Nachwort

Ockhams Politische Theorie	209
Ockham in Oxford und Avignon	210
Der ›Theoretische Armutstreit‹	213
Ockhams Parteinahme im Streit	217
Ockhams Politische Theorie im Umriß	219
Der ›Dialogus‹	225
Die vorliegende Auswahl	229
Anmerkungen zum Nachwort	233

Anhang

Zeittafel zur Biographie Wilhelms von Ockham	245
Abkürzungen	249
Literaturhinweise	251
Register der Allegate und Zitate	261
Schlagwortregister zum Textteil	270

VERZEICHNIS DER AUSZÜGE

›Epistola‹ von 1334
Ms. Frankfurt/Main, Stadt- und Universitätsbibliothek, lat. qu. 4, fol. 12vb

I Dialogus, Prologus
I Dialogus II, cc. 18–19
I Dialogus V, cc. 1–5
I Dialogus VI, cc. 37–39
I Dialogus VI, cc. 99–100
I Dialogus VII, c. 47
I Dialogus VII, cc. 72–73
III Dialogus I i, Prolog
III Dialogus I i, cc. 5–7
III Dialogus I i, cc. 1, 16–17
III Dialogus I ii, cc. 3–8
III Dialogus I ii, c. 15
III Dialogus I ii, c. 20
III Dialogus II i, Prolog
III Dialogus II i, cc. 14–17
III Dialogus II i, c. 18
III Dialogus II i, cc. 20–23
III Dialogus II i, cc. 26–27, 29–31
III Dialogus II ii, cc. 20–28 (Exzerpte)
III Dialogus II iii, cc. 2 u. 4
III Dialogus II iii, c. 6

VORWORT

Sucht man nach Chiffren, die das Spätmittelalter als eine Epoche des Übergangs zur Moderne charakterisieren könnten, dann fällt immer wieder der Name Wilhelms von Ockham. Die politischen Schriften dieses englischen Franziskaners, die diese Einschätzung begründen könnten, werden aber nur selten eingehender gelesen. Dafür ist keineswegs nur die allgemeine Schwierigkeit verantwortlich zu machen, die heutige Leser zunehmend mit der lateinischen Sprache seiner scholastischen Traktate haben, auch die änigmatische (und fragmentarische) Gestalt des Hauptwerkes, des ›Dialogus‹, hat zweifellos dazu beigetragen, den Zugang zu erschweren. Wie günstig für eine erste Bekanntschaft mit den Texten eine Übersetzungshilfe sein kann, wurde mir in Seminarübungen mit Geschichtsstudenten in Madison (Wisconsin) und Heidelberg mehrmals bewußt. Darum wird hier eine kleine Auswahl aus dem umfänglichen Traktat mit deutlicher thematischer Zuspitzung in deutscher Übersetzung vorgelegt. Eine doppelsprachige Ausgabe, wie sie ursprünglich ins Auge gefaßt war, ließ sich aus wirtschaftlichen Gründen leider nicht verwirklichen, wäre auch angesichts des Standes der Editionsbemühungen mit einigen zusätzlichen Problemen behaftet gewesen. Durch eine Auflösung der (zahlreichen) Autoritäten sowie durch (sparsame) Hinweise auf weiterführende Literatur wurde versucht, den Text einer eindringenderen Verständnisbemühung besser zu erschließen. Natürlich ist es mir bewußt, daß eine Übersetzung niemals die originäre Sprache, wenige Auszüge keinesfalls für sich allein das Ganze des Werkes, dem sie entstammen, zu „ersetzen" vermögen. Wenn sie wenigstens im Ansatz und an einzelnen Beispielen Ockhams methodisches Vorgehen zeigen können, die Weise, in der er seine Fragen entwickelt, seine Antworten begründet und vorgetragen hat, könnte eine Hinführung zu seiner politischen Theorie erreicht werden, die durchaus ihren Sinn haben kann, auch wenn sie – als praktische Lesehilfe – keinen Ehrgeiz hegt.

Bei der technischen Herstellung des Manuskripts unterstützten mich durch Schreibarbeiten Mitarbeiterinnen des Instituts für Geschichte der Medizin Heidelberg, bei der Endfassung und den Korrekturen halfen selbstlos und mit großem Einsatz die Geschichtsstudenten Susanne Degenring, Oliver Dinius und Stefan Kunkler. Für Lücken, Fehler und Ungenauigkeiten, die trotzdem stehengeblieben sind, bleibt mir die Verantwortung. Mein Wunsch wäre es, daß diese Auszüge den Weg zu einem großen Text der abendländischen Politiktheorie nicht verstellen, sondern zu finden helfen.

Heidelberg, im März 1992   Jürgen Miethke

SELBSTZEUGNISSE

I a.: Ockhams offener Brief an alle Ordensbrüder: Rechenschaft über das eigene Leben*

›Epistola‹ von 1334

Allen Ordensmännern, den Minderbrüdern, die sich am Pfingstfest 1334 in Assisi versammelt haben, [wünscht] Bruder Wilhelm von Ockham, daß sie den rechten Glauben treu verteidigen. Daß über alles Rechenschaft zu legen ist, dazu dringt uns die Heilige Schrift, das zeigt uns das Vorbild der Heiligen, das heißt uns die Vernunft, das befiehlt das menschliche Recht, das rät uns die brüderliche Liebe. Darum möchte ich, um den Spuren des Apostels Paulus in seiner Gloriole zu folgen, euch allen, ob ihr nun katholische Christen oder Ketzer seid, darüber, was ich getan habe, tue und tun will, (soweit es an mir liegt) Rechenschaft legen. Wisset also (und jeder Christ soll es wissen), daß ich mich fast volle vier Jahre in Avignon aufgehalten habe, bevor ich erkannte, daß der dortige Vorsteher in Ketzerei gefallen ist. Weil ich nicht leichtfertig glauben wollte, daß ein Mann in so hoher Amtsstellung befehlen würde, daß Ketzereien geglaubt werden sollten, hatte ich nicht dafür gesorgt, seine ketzerischen Gesetze zu lesen, noch weniger dafür, sie mir zu verschaffen. Später aber nahm ich auf Befehl meines Oberen die Gelegenheit wahr, las seine drei Gesetze, oder richtiger seine ketzerischen Pseudogesetze „Ad conditorem"[1], „Cum inter"[2] und „Quia quorundam"[3], und prüfte sie sorgfältig. Dabei fand ich in ihnen vieles ketzerisch, irrig, töricht, lächerlich, fantastisch, falsch, dem rechten Glauben, den guten Sitten, der natürlichen Vernunft, der gewissen Erfahrung und der brüderlichen Liebe zuwiderlaufend und offen entgegengesetzt. Einiges davon hier in meinen Text einzurücken, halte ich für richtig.

[...; Folgt eine Liste von (insgesamt 15) Irrtümern und Ketzereien, die in den drei genanten Konstitutionen Papst Johannes' XXII. enthalten seien.]

Nun muß ich aber wahrnehmen, daß die drei besagten Gesetze mit den hier aufgeführten und mit zahlreichen weiteren Ketzereien und Irrtümern so übersät sind, daß ich mich nicht erinnern kann, jemals einen so kurzen Text irgendeines Ketzers oder Heiden gesehen zu haben, der so viele Irrtümer und Ketzereien enthalten hätte oder der auch nur mit so wenigen theologischen und philosophischen Wahrheiten durchmischt gewesen wäre.[4] Auch sehe ich, daß der Verfasser klar und endgültig verkündet hat,

* OPol III, S. 6

alles was er da zusammenreimte, sei für wahr zu halten. Darum ist er für mich ganz unzweifelhaft ein Ketzer. Wie ich nun mit Gewißheit weiß, haben alle Ketzer „weder Kompetenz noch Rechte" [C. 24 q. 1 c. 31]. Sie sind auch von allen Katholiken zu meiden, weil sie in ein Urteil der Exkommunikation verstrickt sind. Darüber hinaus sind sie von jedermann, so weit es sein Stand erlaubt, wirksam zu bekämpfen, da ja „ein Irrtum, dem man nicht Widerstand leistet, Billigung erfährt" [D. 83 c. 3]. Wie mir zudem bewußt ist, gehört nach allen Regelungen des kanonischen Rechts eine Glaubensfrage, wenn es sicher ist, daß eine bestimmte Behauptung der Wahrheit des Glaubens widerstreitet, „nicht allein in die Kompetenz" des Generalkonzils oder der Prälaten bzw. „der Kleriker, sondern auch in die der Laien und überhaupt aller Christen" gemäß D. 96 c. 4, wo die Glosse als Argument den Rechtssatz aufnimmt: „Was alle betrifft, muß auch von allen behandelt werden."[5] Daraus kann man nun evident ableiten, daß eine Glaubensfrage sogar in die Kompetenz gläubiger katholischer Frauen gehört nach dem Vorbild vieler weiblicher Heiligen, die für die Verteidigung und für das Bekenntnis des rechten Glaubens in höchster Standhaftigkeit Tod und Martyrium auf sich nahmen.

Aus diesen Gründen habe ich aus freier Wahl Avignon verlassen, um mich nach Kräften dem Kampf gegen den oben genannten Ketzer und seine Ketzereien widmen zu können. Nachdem ich die Stadt Pisa erreichte,[6] habe ich mich der Appellation Bruder Michaels, des Generalministers, angeschlossen, die er gegen den erwähnten ketzerischen Pseudopapst vorsorglich eingelegt hatte,[7] wenn es auch nach der Meinung einiger (Fachleute) keinesfalls schlechterdings nötig ist, in einer Glaubensfrage eine Appellation zu tätigen, weil nämlich kein Urteil, das gegen die katholische Wahrheit gerichtet ist, auf den Gegenstand, über den geurteilt wurde, übergehen kann.

Später dann hat der besagte Pseudopapst, der ein manifester Ketzer ist, durch seine Antwort auf die genannte Appellation Bruder Michaels, des Generalministers, die er in seinem Gesetz „Quia vir reprobus"[8] verkündete und veröffentlichte, uns in vielfacher Hinsicht getrost gemacht und in unserem Vorsatz ganz stark bekräftigt, denn er hat dabei zahlreiche neue Ketzereien, sie mit den alten verbindend, entfaltet, von denen wir nicht annehmen wollten, daß er sie sich zu eigen machen würde, und hat viele mögliche Antworten und Ausflüchte, die auf einige unserer Einwände hätten gegeben werden können, ganz offensichtlich ausgeschlossen.

[...; folgen 41 Irrtümer aus der Bulle Papst Johannes' XXII. „Quia vir reprobus" und weitere 6 aus in Avignon gehaltenen Predigten des Papstes.]

Wegen dieser hier aufgezählten und wegen unzähliger anderer Irrtümer und Ketzereien halte ich mich fern vom Gehorsam gegenüber diesem Pseudopapst und allen denen, die ihm zum Nachteil des rechten Glaubens anhangen. Denn mir ist durch Männer ausgezeichneter Bildung evident bewiesen worden, daß wegen besagter Irrtümer und Ketzereien obgenannter ketzerischer Pseudopapst seiner päpstlichen Würde beraubt und von Rechts wegen exkommuniziert ist, ohne daß es eines neuen Urteilsspruches bedürfte, weil er deutlich gegen Bestimmungen eines schon ergangenen Urteils verstoßen hat.

Zum Beweis dessen wurden schon verschiedene Bücher herausgegeben: ich selbst habe in der Schwachheit meiner Begabungen eigenhändig 50 Papierhefte des gebräuchlichen Formats vollgeschrieben[9] und muß noch mindestens 40 weitere schreiben. Denn gegen die Irrtümer dieses besagten Pseudopapstes *„habe ich mein Angesicht hart gemacht wie einen Kieselstein"* [Is. 50, 7],[10] so daß mich nie und nimmermehr Lügen oder falsche Verrufung noch irgendeine Verfolgung, die mir nicht unmittelbar an den Leib geht, noch eine noch so große Menge von Menschen, die ihm glauben und anhangen oder ihn auch verteidigen, von dem Kampf gegen ihn und von der Widerlegung seiner Irrtümer abhalten können, solange mir nur Hand, Papier, Feder und Tinte zur Verfügung stehen. Bevor ich nämlich zur Ansicht käme, alle oben aufgezählten Irrtümer könnten zusammen mit dem Glauben Platz haben, möchte ich eher meinen, der gesamte christliche Glaube, alle Verheißungen Christi (der gesagt hat, daß der katholische Glaube und die gesamte Kirche Gottes bis zum Ende dieser Welt Bestand haben werde) könnten sich in wenigen, ja in einem einzigen Menschen erfüllen,[11] und eher möchte ich annehmen, daß alle anderen Christen gegen den katholischen Glauben irren: nach dem Vorbild des Propheten Elias, der wohl meinte, er sei *„allein übriggeblieben"* [vgl. I. Reg. 19, 14] als Gottesfürchtiger, und der dennoch den wahren Glauben keineswegs aufgab, wiewohl ich auch jetzt nicht zweifle, daß viele Tausende von Männern und Frauen die Knie ihres Glaubens vor Baal keineswegs gebeugt haben.[12]

Wer also mich oder irgend jemand anderen, der vom Gehorsam gegen den Pseudopapst und seine Anhänger abgewichen ist, zurückrufen möchte, der soll versuchen, dessen Gesetze und Predigten zu begründen und zu zeigen, daß sie mit der Heiligen Schrift übereinstimmen; oder er soll mit heiligen Autoritäten und evidenten Vernunftgründen beweisen, daß ein Papst nicht in Ketzerei verfallen kann oder daß jemand, der weiß, daß der Papst ein notorischer Ketzer ist, ihm dennoch Gehorsam leisten muß. Freilich darf er keineswegs dabei nur auf die große Zahl seiner Anhänger abstellen, auch darf er sich nicht auf bloße Schimpfworte stützen; denn wer sich mit dem Argument der großen Zahl, mit Lügen, Schimpf-

OPol III, S. 15

worten, vorgeschobenen Gründen, mit Kriminalisierung und falschen Beschuldigungen bewaffnen möchte, zeigt sich von Wahrheit und von Vernunft entblößt. Es glaube also niemand, daß ich wegen der großen Zahl derer, die dem Pseudopapst anhangen, oder wegen beigezogener Rechtsgründe, die für Ketzer und Rechtsgläubige gleichermaßen gültig sind, mich von der Wahrheit, die ich erkannt habe, abwenden wollte. Denn die Autorität der Heiligen Schrift steht für mich höher als ein Mensch, der in den heiligen Wissenschaften ungebildet ist,[13] und die Lehre der Heiligen Väter, die mit Christus die Glorie teilen, ziehe ich den Meinungen derer vor, die noch in diesem Leben wandeln. Unser Generalkapitel in Perugia, auf dem die Brüder, wenn auch furchtsam, so doch von ihrem Gewissen geleitet, gehandelt haben,[14] ist, so glaube ich, allen späteren Versammlungen der Franziskanerbrüder vorzuziehen, auf denen die Brüder, von Furcht, Ehrgeiz oder Haß bewogen, handelten.[15] Und ebenso sind alle Brüder zusammengenommen und einzeln zu jener Zeit, in der sie die Wahrheiten des Glaubens und ihres Ordens aufrechterhielten, sich selbst in jener Zeit überlegen, in der sie diese Wahrheiten preisgegeben haben.[16]

Wenn mir aber jemand klar beweisen kann, daß die Konstitutionen und Predigten des Pseudopapstes von der katholischen Wahrheit nicht abweichen oder auch daß jeder einem ketzerischen Papst in Kenntnis davon, daß er Ketzer ist, gehorchen muß, dann werde ich ohne Zögern zu den Ordensbrüdern, die ihm anhangen, zurückkehren. Wer aber keinen dieser Beweise weder mit Vernunftschlüssen noch durch Autoritäten führen kann, der darf weder mich noch irgend jemand anderen belästigen, der dem besagten Pseudopapst nicht gehorcht.

Über den Grund meiner Abweichung von der Mehrheit der Brüder habe ich Rechenschaft gelegt. Auch über meine anderen Äußerungen und Taten fürchte ich mich nicht, vor einem gerechten Richter Rechenschaft zu geben, auch wenn ich die Schlechtigkeit der Menschen nur allzu gut kenne. Denn ich glaube, daß ich in den letzten vier Jahren mehr über das Verhalten meiner Zeitgenossen gelernt habe, als wenn ich mit ihnen außerhalb dieses Konfliktes vierzig Jahre lang ständig zusammengelebt hätte. Denn wie die Richtlinien der Heiligen Schrift das Verhalten der Menschen korrekt beschreiben, kann ich mehr und mehr erkennen, da ich es Tag für Tag durch die Erfahrung bewahrheitet sehe. Denn in dieser Zeiten der Bewährung werden die Herzensregungen vieler Menschen offenbar. Doch *schneuzt euch darob nicht allzu hart* [vgl. Prov. 30, 33]! Weil jener, der jetzt noch regiert, sterblich ist,[17] wißt ihr ja nicht, was künftige Tage bringen werden. *Das Ungeheuerliche aber zum Guten zu kehren* [vgl. II. Mach. 5, 4], möge der Allmächtige geruhen. Amen.

OPol III, S. 16

Ib.: Selbstzeugnis (?) Ockhams zum ›Dialogus‹: Versprengter Prolog*

aus Ms. Frankfurt/Main, Stadt- und Universitätsbibliothek, lat. qu. 4, fol. 12vb

Dem Vorbild verehrungswürdiger Männer eiferte ich nach, als ich zwei Rollen, die eines Schülers und die eines Lehrers, eingerichtet und übernommen habe, zwischen denen das folgende Zwiegespräch stattfinden sollte, wobei ich in der Rolle des Schülers häufig Worte gebrauchte, aus denen anscheinend entnommen werden konnte, daß dieser Schüler der mir gänzlich entgegengesetzten Partei zugehört und mit mir Gemeinschaft zu halten ganz und gar nicht wagen könnte, so sehr, daß ich mich dem Glauben hingeben konnte, daß meine Urheberschaft an dem folgenden Werk allen, mit Ausnahme vielleicht von zwei oder drei Personen, verborgen bleiben könnte, was ich mir sehr wünschte.

Aber entgegen meiner Einschätzung und gegen meine Absicht geschah das Gegenteil, ohne daß ich weiß, wer das bewirkt hat. Denn als der erste Teil dieser Schrift einmal veröffentlicht war, war sofort sehr vielen Menschen klar, daß ich der Verfasser war. Dennoch habe ich deswegen nicht das, was einmal begonnen war, in Methode des Vorgehens oder Form der Darstellung aufgegeben, sondern habe es fortgesetzt, und ich habe vor, es zu Ende zu führen. Darum soll niemand mir irgendeine Auffassung, die hier irgendwie erörtert oder vorgetragen wird, persönlich zurechnen, es sei denn, daß ich sie anderwärts in anderen Schriften als eigene Position oder Meinung niedergeschrieben oder vertreten hätte. Hier nämlich sage ich nichts in eigener Person, sondern spreche nur im Namen anderer. Was ich selber aber zu alledem denke, das habe ich vor, in einer anderen Schrift, so Gott will, zu erläutern.

---

* Miethke, S. 28 f.

… AUSZÜGE AUS DEM DIALOGUS

II.: Programm und Methode des ›Dialogus‹ und seiner Prima Pars*

I Dialogus, Prologus

LEHRER: Allzu groß ist deine Neugier, denn du läßt nicht davon ab, mich zu bedrängen: wenngleich du weißt, daß ich der mühselig allenthalben entstandenen Traktate einigermaßen müde bin, forderst du unpassend ein ganz ungewöhnliches Werk von mir. Denn unverschämt verlangst du von mir, dir die Auseinandersetzung, die zur Zeit unter den Christen über den katholischen Glauben geführt wird, und vieles, was damit zusammenhängt, systematisch zu erklären, und keck willst du mir auch noch die Methode des Vorgehens und die Form der Darlegung vorschreiben. Wenn ich auch schon häufig deine Rücksichtslosigkeit erfahren habe, so will ich doch versuchen, deinem Wunsche zu willfahren, nicht weil du mein Freund bist, sondern weil du so unverschämt bittest [vgl. Lc. 11, 8]. Mache mir also deutlich, was für ein Werk du von mir haben willst.

SCHÜLER: Ich freue mich sehr, daß du dich meiner Bitte anbequemst. Denn ich glaube fest, daß das Werk, an das wir jetzt gehen, die Gelegenheit bieten wird, sehr viele Wahrheiten aufzuspüren, die der ganzen Christenheit großen Nutzen bringen. Die Schrift soll in drei Teile gegliedert werden. Dabei will ich, daß der Titel des ersten Teils „*Die Ketzer*" lauten soll, der des zweiten „*Die Lehren Johannes' XXII.*" und der des dritten „*Die Geschichte derer, die um den rechten Glauben streiten*". Das ganze Werk aber soll, so meine ich, „*Zwiegespräch*" heißen, denn ich will, daß es in Frage und Antwort voranschreite. Ich will dich fragen, und du sollst mir antworten. Ich will unter dem Namen „*Schüler*" auftreten, du aber sollst „*Lehrer*" heißen, wobei du die Rolle eines Berichterstatters übernimmst und nicht nur eine, sondern, wenn es dir gut scheint, mehrere Meinungen zu meinen Fragen anführst. Was aber du selbst in deiner Weisheit denkst, das sollst du mir keinesfalls anzeigen. Ob du schon, wo du verschiedene und auch gegensätzliche Antworten erörterst, die deinige nicht auslassen darfst, sollst du doch auf keinen Fall deutlich machen, welches deine Meinung ist. Zu dieser Bitte fühle ich mich aus zwei Gründen bewogen: Einmal fühle ich mich von einer großen Wertschätzung deiner Gelehrsamkeit so befangen, daß ich wegen der Meinung, die ich als die deine kennte,

---
* Trechsel, fol. 1ra / Goldast, S. 398

meine eigene Einsicht in Zaum nehmen würde. Aber bei dem Thema, das ich jetzt untersuchen möchte, möchte ich mich nicht durch deine Wertschätzung bestimmen lassen, sondern erfahren, was Vernunftgründe und Autoritäten, welche eine Partei anführt, oder was eigenes Nachdenken bei mir vermögen. Zweitens aber, weil Liebe und Haß, Stolz, Zorn und Mißgunst und all die anderen Leidenschaften das menschliche Urteil bei der Suche nach der Wahrheit behindern, ja es verkehren, werden, wenn du deine eigene Meinung und auch deinen Namen verbirgst, weder Freunde die künftige Schrift mehr als billig begrüßen, noch auch die Gegner sie mehr als nötig verachten. Vielmehr werden beide nicht darauf achten müssen, wer eine bestimmte Meinung vertritt, sondern was gesagt wird. Und sie werden ohne Eiferaugen allein auf das schauen, was da geschrieben steht, und ernsthafter darauf bedacht sein, die Wahrheit zu erforschen. Aus eben diesem Grunde sollst du auch in dieser Schrift niemals offenlegen, was du vom Herrn Papst und seiner Lehre und was du von seinen Feinden hältst. Um das noch stärker verborgen halten zu können, sollst du, wenn du von Einzelpersonen sprichst, ihre Amtstitel unterdrücken und sie mit den Initialen ihres Namens bezeichnen. Nenne denn also den Herrn Papst den Herrn J.[ohannes], [Ludwig] den Bayern nenne den Herrn B., Bruder Michael, den Generalminister der Minderbrüder, nenne Bruder M.; Bruder Geraldus Odonis Bruder G.

Von dir fordere ich die Schrift freilich nicht nur deshalb, weil ich dich vor anderen für gelehrt halte, sondern auch darum, weil ich dich in besonderer Weise mit der genannten Kontroverse beschäftigt sehe: alle Streitschriften und Bücher der Gegner des Herrn Papstes sammelst du eifrig und studierst in ihnen ohne Unterlaß, so daß ich bisweilen schon den Verdacht hegen möchte, in deinem Herzen keime ein Zweifel über den Papst und seine Lehre. Wenn du aber vor mir (der ich, wie du weißt, ganz ernsthaft ein Anhänger des Herrn Papstes bin und seine Gegner und deren Anhänger zutiefst verabscheue) nichts von alledem verbergen wirst, gibst du mir andererseits Anlaß zur Annahme, daß du all diese Schriften seiner Feinde nur sammelst, um sie zu gelegener Zeit zu widerlegen. Aus den oben genannten Gründen sollst du mir jedoch das Innere deiner Gedanken vor der Beendigung der vorliegenden Schrift keineswegs offenbaren und brauchst nicht zu glauben, mir darin irgend etwas schuldig zu bleiben. So beginne denn eilends den ersten Teil, der *„Die Ketzer"* betitelt ist. [...]

LEHRER: Du wünschst, wie ich sehe, daß aus der Reihenfolge der Argumente niemand entnehmen könne, welcher der beiden Parteien, die sich um den katholischen Glauben streiten, ich die gerechtere Sache zuschreibe. Deinem Wunsch willfahrend will ich das ebenso wie deine an-

Trechsel, fol. 1ra / Goldast, S. 398

deren Forderungen und Wünsche sorgfältig beachten. Da aber das künftige Buch in Frage und Antwort vonstatten gehen soll, ist es zuallererst deine Sache zu beginnen. Frage also, was du willst.

III.: Wer richtet über die Glaubenswahrheit?*

I Dialogus II, cc. 18–19

c. 18

SCHÜLER: Ob diese Leute nun von dem eigentlichen Sprachgebrauch abweichen oder nicht, ich sehe, daß zwischen Ketzereien, die sie als bereits explizit verurteilt, und solchen, die sie als nur implizit verurteilt bezeichnen, ein offenkundiger Unterschied besteht. Zu welchem Zweck sie aber diese Unterscheidung treffen, weiß ich nicht, doch möchte ich das gerne wissen. LEHRER: Sie glauben, daß diese Unterscheidung bitter notwendig ist für Bischöfe und Inquisitoren, damit diese wissen, gegen wen sie vorgehen müssen, wenn er der Ketzerei angeklagt ist, und gegen wen vorzugehen sie nicht die Kompetenz haben. Denn über jeden, der eine Ketzerei vertritt, die auf eine der eben genannten Arten explizit verurteilt ist, können sie rechtmäßig richten. Über jemanden aber, der eine Ketzerei vertritt, die nur implizit verdammt ist, können sie nicht richten, und über solche Prozesse können sie nicht zu Rate gehen oder Untersuchungen einleiten noch endgültige Urteile fällen. Vielmehr muß, wer solch eine Ketzerei verbreitet oder unterstützt, der Prüfung durch den Papst oder durch ein allgemeines Konzil vorbehalten bleiben.

SCHÜLER: Wenn die Vertreter dieser Auffassung ihre Meinung mit einer Autorität oder mit einem Argument bekräftigen können, so zeige das unverzüglich. LEHRER: Sie können sich auf ein Argument stützen, das folgendermaßen lautet: Allein dem gebührt es, eine verurteilte Aussage oder eine nur implizit verurteilte Aussage (von der der Kirche niemals bekannt gemacht worden ist, ob sie als Ketzerei anzusehen ist) als ketzerisch zu verurteilen, dem es auch zusteht, solche Ketzereien feierlich zu verwerfen; denn ein solcher wird am meisten der Wahrheit anhangen, wenn unter gelehrten Katholiken und unter Sachkundigen in der Theologie unterschiedliche Auffassungen darüber bestehen, ob bestimmte Meinungen als ketzerisch zu gelten haben. Eine Aussage gleichwohl, die in Wahrheit ketzerisch ist, über die aber unter den Gelehrten gegensätzliche Meinungen existieren, ob sie ketzerisch sei, feierlich und explizit zu verurteilen, steht dem höchsten Bischof zu, dem allgemeinen Konzil oder der allgemeinen Kirche; folglich

* Trechsel, fol. 12va / Goldast, S. 424

kommt es niemandem zu, eine derartige Aussage als explizit ketzerisch zu verurteilen, der unter dem höchsten Bischof steht, noch einem Kollegium, das unter dem höchsten allgemeinen Konzil steht oder unter der allgemeinen Kirche. Der Obersatz dieses Arguments scheint gewiß, denn wer gerichtlich jemanden als Ketzer verurteilen kann, kann feierlich verkünden, daß die Auffassung, um derentwegen er ihn als einen Ketzer verurteilt, unter die Ketzereien zu rechnen sei. Den Untersatz beweist man durch Autorität und Argument.[18] Als Autorität wird Papst Innozenz (II.) angeführt, der C. 24 q. 1 c. 12 sagt[19]: „*Nach meiner Auffassung dürfen sich, sooft ein Glaubensargument erwogen wird, alle Bischöfe als Brüder ausschließlich auf Petrus als den Garanten ihrer Argumente beziehen.*" Aus diesen Worten erhellt, daß eine Glaubensfrage von jemandem, der unter dem höchsten Bischof steht, nicht entschieden werden darf. Das sagt auch die *Glosse* dort [s. v. *fidei*] „*Eines ist es, eine strittige Glaubensfrage durch Entscheidung abzuschließen, was* [ausschließlich dem Römischen Stuhl erlaubt ist.] *Etwas anderes ist es, sie ohne Festlegung zu erwägen, was auch niedriger Gestellte tun können.*" Und weiter unten wendet sie ein [s. v. *nisi ad Petrum*]: „*Dem scheint die Aussage in X 5.7.9 zu widersprechen; denn dort wird angedeutet, daß als Ketzer zu verurteilen ist, wen* [die Bischöfe] *als einen Ketzer erklärt haben.*" Und die Glosse antwortet *[ebenda]*. „*Du aber sage: Das ist so zu verstehen, es gilt, wenn sie etwas sagen, was ganz gewiß ketzerisch ist, wenn das niemandem zweifelhaft ist.*"[20] Ebenso scheint damit übereinzustimmen die Glosse zu D. 89 c. 2 [*richtig*: D. 80 c. 2] zum Wort „*de fide*", wo es heißt: „*Im Glauben, d. h. gläubig,* [oder sie können] *die Glaubensfragen hin und her wenden,* [aber] *nicht zu einem Urteil voranschreiten,* [oder mache die Unterscheidung,] *wer es ist, der zweifelt: denn* [wenn es Laien sind,] *können anscheinend die Bischöfe entscheiden, X 5.7.9* [wenn es Kleriker sind,] *der Papst, X 5.7.7.*"[21] Daraus ergibt sich, daß keiner, der niedriger steht als der höchste Bischof, eine Frage entscheiden kann, die über den Glauben im Gang ist, besonders dann, wenn die Gelehrten zweifeln und Gegensätzliches für wahr halten.

Das meint wohl auch Innozenz III. in X 3.42.3, denn er sagt: „*Daß die gewichtigeren Rechtsfragen der Kirche, zumal wenn sie den Glauben betreffen, dem Stuhle Petri vorgetragen werden müssen, wird einsehen, wer bemerkt, daß dieser ⟨Petrus⟩, als der Herr seine Jünger fragte, wer sie sagten, daß er sei, ihm antworte: ‚Du bist Christus, der Sohn des lebendigen Gottes'* [vgl. Mt. 16, 16].*"*[22] Aus diesen Worten geht deutlich hervor, daß eine Glaubensfrage an den Stuhl Petri zu richten ist. Somit vermag weder ein Kollegium, das unter dem Kollegium des allgemeinen Konzils steht, noch irgendein Bischof, der unter dem Papst steht, irgendeine Ketzerei, von der es noch zweifelhaft ist, ob es eine Ketzerei ist, gerichtlich zu verurteilen. Folglich können sie auch keinen, der solch eine Ketzerei vertritt, als Ketzer verdammen; denn es scheint gänzlich vernunftwidrig, daß ein Bischof oder ein Inquisitor, der häufig in der Heiligen Schrift ganz ungelehrt ist, die Meinungen der Doktoren der Theologie als ketzerisch verurteilen könnte.

c. 19

SCHÜLER: Wenngleich diese Meinung stark begründet zu sein scheint, so beschäftigen mich doch Beispiele, die ihr widersprechen: Das erste betrifft die Universität Paris, die viele Meinungen von mancherlei Autoren (darunter auch solche des Thomas von Aquin zu seinen Lebzeiten) als Irrtümer exkommuniziert und verurteilt hat. Das zweite Beispiel betrifft zwei Erzbischöfe von Canterbury, deren einer ein Doktor der Theologie aus dem Dominikanerorden war, und er ist später Kardinal geworden;[23] der andere war ein Doktor der Theologie aus dem Franziskanerorden, und er hat die Lehre des Franziskaners Petrus Johannis Olivi verurteilt.[24] Somit scheint klar, daß es sowohl einem Kollegium unterhalb des Generalkonzils als auch anderen Personen, die unter dem Papst stehen, zukommt, irrtümliche Anschauungen von Theologen zu verurteilen. Darum verdeutliche, wie darauf zu antworten ist.

LEHRER: Auf das erste Beispiel mit der Pariser Universität wird vielfältig geantwortet. Einmal, daß sie leichtfertig viele Aussagen verurteilt hat und dabei auch die Wahrheit verurteilte. Denn keinesfalls kann die Wahrheit feierlich verurteilt werden, wo nicht Leichtfertigkeit im Spiel ist; denn wenn jemand auch ohne schuldhafte Leichtfertigkeit das Gegenteil der Wahrheit für wahr halten oder an der Wahrheit zweifeln kann, so wird doch niemals ohne schuldhafte Leichtfertigkeit die Wahrheit feierlich und öffentlich verurteilt. Da nun nach dem Urteil vieler unter den zu Paris verurteilten Artikeln eine erhebliche Zahl von Wahrheiten steht, so folgt, daß diese Universität mehrere Aussagen leichtfertig verurteilt hat. Und dieser Meinung waren offenbar jene, welche ⟨vor dem Widerruf des Urteils und jetzt erst recht⟩ nach dem Widerruf des Urteils, soweit es Thomas von Aquin betraf,[25] die Auffassungen des Thomas, die zuvor verurteilt worden waren, zu Paris vertreten und öffentlich und in privaten Zirkeln verteidigen.

SCHÜLER: Ich wundere mich, daß sie behaupten, wie du sagst, daß einige vor dem Widerruf des Urteils gegen den heiligen Thomas bestimmte in Paris verurteilte Auffassungen als wahr vertreten haben. Vielleicht taten sie das aus Unkenntnis, weil sie nicht wußten, daß diese Auffassungen dort verurteilt worden waren. LEHRER: Ich möchte, daß du weißt, daß viele be-

Trechsel, fol. 13ra / Goldast, S. 425

wußt einige Auffassungen, die in Paris verurteilt wurden, in privaten Zirkeln und öffentlich gelehrt haben. So kenne ich einen Doktor aus dem Dominikanerorden, der ⟨in Oxford⟩ eine in Paris verurteilte Auffassung vor dem besagten Widerruf der Verurteilung in einer Lehrfestlegung vertreten hat, und als gegen ihn eingewandt wurde, daß die genannte Auffassung, die er vertrat, in Paris verurteilt worden sei, geantwortet hat, jene Verurteilung sei keineswegs über den Ärmelkanal gedrungen. Derselben Meinung war auch Magister Gottfried von Fontaines, der offenkundig festgestellt hat, wie in seinen hinterlassenen Schriften steht,[26] daß die verurteilten Artikel revidiert werden müssen.

IV.: Auch der Papst kann in Ketzerei fallen*

I Dialogus V, cc. 1–5

c. 1

SCHÜLER: […] Nachdem ich gefragt habe, wie jemand als Ketzer überführt werden kann, schlage ich nun zur Untersuchung die Frage vor, wer sich mit ketzerischer Schlechtigkeit beflecken kann. Alle Christen meinen offenbar, daß die gesamte Menge der Gläubigen nicht zu Ketzern werden kann; andere auch, daß darüber hinaus das Generalkonzil nicht ketzerisch werden kann; wieder andere leugnen das drittens von der Römischen Kirche; viertens meinen einige, daß auch das Kardinalskolleg nicht zu Ketzern werden kann; fünftens meinen andere, daß auch der Papst sich nicht mit ketzerischer Schlechtigkeit beflecken kann. Daher möchte ich, daß du mir eröffnest, was christliche (Gelehrte) über diese fünf Ansichten meinen. Zuerst aber sage mir, ob alle glauben, daß ein kanonisch in sein Amt gelangter Papst nicht Ketzer werden kann. LEHRER: Darüber gibt es gegensätzliche Auffassungen. Einige sagen, daß auch ein kanonisch in sein Amt gelangter Papst gegen die katholische Wahrheit irren und einer Ketzerei hartnäckig anhangen kann. Andere aber sagen, daß ein kanonisch in sein Amt gelangter Papst gegen den Glauben nicht irren kann. SCHÜLER: Erkläre mir ohne Zögern, wie die Vertreter der ersten Meinung sich mit Argumenten versehen. LEHRER: Diese Aussage möchten sie mit Autoritäten und Präzedenzfällen und auch mit Argumenten stützen.

Erstens versuchen sie es mit dem Wort des heiligen Paulus zu beweisen, denn Hebr. 5, 1 f. ist zu lesen: *„Denn ein jeglicher Hoherpriester, der aus Menschen genommen wird, der wird gesetzt für die Menschen zum Dienst vor Gott, auf daß er opfere Gaben und Opfer für die Sünden. Er kann mit-*

* Trechsel, fol. 32vb / Goldast, S. 467

fühlen mit denen, die da unwissend sind und irren, weil er auch selber Schwachheit an sich trägt." Aus diesen Worten kann man entnehmen, daß jeder Hohepriester, der aus den Menschen genommen wird – und solch einer ist auch der höchste Bischof – in gleicher Weise, wie er mit denen mitfühlen kann, die da unwissend sind und irren, auch Schwachheit, d. h. die Fähigkeit zu Unwissenheit und Irrtum, ganz offensichtlich an sich trägt. Auch ermahnt der Apostel I. Cor. 10,12 ganz allgemein die, die in der Gnade nicht gefestigt sind, wenn er schreibt: „*Wer sich läßt dünken, er stehe, mag wohl zusehen, daß er nicht falle.*" Mit diesen Worten wird uns zu verstehen gegeben, daß jeder Mensch, der nicht in der Gnade gefestigt ist, in Sünde fallen kann und folglich auch gegen den Glauben irren kann. Ebenso zeigt der Apostel Gal. 6,1 der Gesamtheit aller Prälaten, wie sie ihre Untergebenen unterrichten sollen, wenn er sagt: „*Wenn ein Mensch etwa von einem Fehl übereilt würde, so helfet ihm wieder zurecht mit sanftmütigem Geist, ihr, die ihr geistlich seid; und siehe auf dich selbst, daß du nicht versucht werdest.*" In diesen Worten wird zu verstehen gegeben, daß der Prälat von jedem Fehl, dessen sich ein Untergebener schuldig macht, selber versucht werden und es ebenso begehen kann. Da aber von dieser Ermahnung des Apostels der Papst keineswegs ausgenommen wird und da die Untergebenen gegen den Glauben irren können, muß auch der höchste Bischof sich hüten, sich von einem Irrtum gegen den Glauben in Versuchung führen zu lassen und in ketzerische Schlechtigkeit zu verfallen.

Auch wird das bewiesen mit einem Text von (Pseudo-)Papst Bonifaz I., den man D. 40 c. 6 lesen kann, denn der sagt, und er redet vom Papst: „*Seine Schuld nehme sich kein Sterblicher heraus ihm vorzuwerfen, denn er ist es, der alle richten wird, ist aber von niemandem zu richten, es sei denn, er werde als jemand erfunden, der vom Glauben abgewichen ist.*" Aus diesen Worten geht evident hervor, daß der Papst vom katholischen Glauben abweichen kann und in Ketzerei verfallen kann, was auch die Glosse ebenda ganz klar ausdrückt, die über „*a fide*" sagt[27]: „*Das versteht Huguccio*[28] *so: wenn der Papst sich nicht korrigieren lassen will. Wenn er sich nämlich korrigieren zu lassen bereit ist, könnte er nicht angeklagt werden.*" Und weiter unten: „*Hier wird ausdrücklich der Ketzer Erwähnung getan. Darum könnte er, auch wenn es eine verborgene Ketzerei wäre, ihrer doch angeklagt werden.*" Und ein wenig später fragt diese Glosse: „*Könnte der Papst nicht durch Statut bestimmen, daß er einer Ketzerei nicht angeklagt werden kann?*" Und sie antwortet: „*Ich sage nein. Denn damit geriete die gesamte Kirche in Gefahr.*" Aus diesen Worten sieht man klar, daß der Papst einer Ketzerei angeklagt werden kann, und folglich kann er sich in Ketzerei verstricken. [... *(Folgt noch C. 25 q. 1 c. 6)*]. Darin

Trechsel, fol. 32vb / Goldast, S. 467

wird angedeutet: Wenngleich ein Römischer Bischof nicht irren sollte, kann er doch irren gegen die Apostel und Propheten[29]; also kann er auch von Ketzerei angesteckt werden, was viele Glossen über Canones des Dekrets ausdrücklich und wörtlich schreiben und sagen, so die Glosse zu C. 25 q. 1 c. 16: *„Wenn jemand in eine bereits verurteilte Ketzerei verfällt, entsteht ein Fall, in dem ein Papst einen anderen Papst binden kann, wenn ein Papst die Festsetzung eines ergangenen Urteils auf sich zieht; und die Regel: Ein Gleicher kann einen Gleichen nicht binden oder lösen, steht dem nicht entgegen. Denn wenn der Papst Ketzer ist, ist er damit, daß er Ketzer ist, geringer als jeder Katholik."* – Ebenso sagt zu derselben Causa [C. 24] q. 1 c. 9 die Glosse (s. v. *novitatibus*): *„Ich frage, von welcher Kirche nach deinem Verständnis hier gesagt ist, daß sie nicht irren kann? Nicht vom Papst, der ja bisweilen für die Kirche steht, wie oben in C. 24 q. 1 c. 6 und C. 7 q. 1 c. 7; es ist nämlich sicher, daß der Papst irren kann, wie D. 19 c. 9 und D. 40 c. 6."* So sagt auch die Glosse zu C. 25 q. 1 c. 3 [s. v. *nulla commutatione*]: *„Der Papst kann gegen das allgemeine Gesetz der Kirche nicht dispensieren, auch nicht gegen Glaubensartikel. Denn wenn auch alle ihm beipflichteten, so gälte das Gesetz doch nicht, vielmehr wären alle Ketzer, wie in D. 15 c. 2 steht."*

c. 2

SCHÜLER: Diese Autoritäten sollen jetzt für die besagte Meinung ausreichen. Führe deshalb die Präzedenzfälle an! LEHRER: Daß ein Papst, der kanonisch in sein Amt gelangt ist, gegen die katholische Wahrheit irren kann, läßt sich an vielen Präzedenzien zeigen. Ein ganz offensichtlicher Fall ist der Apostelfürst Petrus, den die göttliche Vorsehung deshalb, nachdem sie ihn bereits für das päpstliche Amt bestimmt hatte, noch irren ließ, damit nicht seine Nachfolger – die ja an Glauben, Standfestigkeit und Heiligkeit weit geringer sind als er – meinten, sie könnten nicht irren. Daß der heilige Petrus gegen die Wahrheit des Evangeliums irrte, sagt der heilige Paulus Gal. 2, 11 ganz offenkundig, wenn es heißt: *„Als aber Kephas nach Antiochien kam, widerstand ich ihm ins Angesicht, denn er war tadelnswert."* Und daß er tadelnswert war, ist deutlich zu erkennen, irrte er doch gegen die evangelische Wahrheit. Und daß er gegen die evangelische Wahrheit irrte, sagt Paulus im Anschluß (v. 14): *„Als ich aber sah, daß er nicht recht wandelte nach der Wahrheit des Evangeliums, sprach ich zu Kephas vor allen öffentlich: Wenn du, der du ein Jude bist, heidnisch lebst und nicht jüdisch, warum zwingst du dann die Heiden, jüdisch zu leben?"* Diese Worte geben zu verstehen, daß der heilige Petrus von der Wahrheit abwich. Daß er vom Glauben an Christus sich entfernte, steht im »Dekret« C. 2 q. 7

d. p. c. 39, wo Gratian auch anführt, daß die Untergebenen ihre Prälaten tadeln können nach dem Beispiel des Paulus, der den heiligen Petrus tadelte. Und diesem Argument antwortet er, daß das erlaubt ist, wenn die Prälaten vom Glauben abweichen, wie der heilige Petrus abgewichen ist. So sagt er dort wörtlich: *„Paulus tadelte Petrus, der der Fürst der Apostel war. Damit wird zu verstehen gegeben, daß die Untergebenen die Prälaten tadeln können, wenn sie tadelnswert sind."* Und auf dieses Argument antwortet er (Gratian) ebenda wie folgt: *„Aber das läßt sich leider widerlegen, wenn man beachtet, warum Petrus tadelnswert war; Petrus gedachte, die Heiden jüdisch zu machen und von der Wahrheit des Evangeliums zurückzuweichen, weil er mit den Juden eine Sondergruppe bilden wollte und sich heimlich den Speisen der Heiden entzog. Ein Gleiches aber ist es, für sich allein vom Glauben abzuweichen, wie andere durch Tat und Wort vom Glauben abzubringen. Also kann durch dies Beispiel nicht gesagt werden, daß die Prälaten von ihren Untergebenen angeklagt werden können, es sei denn, daß sie vielleicht vom Glauben abgewichen sind oder andere gezwungen haben, vom Glauben abzuweichen."* Daraus wird deutlich, daß der heilige Petrus in Irrtum fiel und nicht richtig nach der Wahrheit des Evangeliums wandelte.

SCHÜLER: Glauben nicht auch unsere modernen Theologen, daß der heilige Petrus gegen den Glauben irrte? LEHRER: Thomas von Aquin ist offenkundig dieser Auffassung, denn in [seiner ›Summa Theologica‹] 2–II q. 33, a. 4 sagt er wörtlich: *„Vor allen ihm ins Angesicht zu widerstehen, geht weit über eine brüderliche Zurechtweisung hinaus. Und daher hätte Paulus Petrus nicht getadelt, wenn er ihm nicht wenigstens hinsichtlich der Verteidigung des Glaubens irgendwie gleich gewesen wäre."* Und dann heißt es: *„Man muß freilich wissen, daß dort, wo für den Glauben Gefahr ist, die Prälaten auch in aller Öffentlichkeit von den Untergebenen gescholten werden müssen. Auch Paulus, der dem Petrus untergeben war, hat ja wegen der drohenden Gefahr eines Glaubensanstoßes Petrus öffentlich gescholten."*

SCHÜLER: Ich wundere mich, wie jene sich erfrechen können, den heiligen Petrus unter die Ketzer zu rechnen. LEHRER: Du irrst, wenn du ihnen etwas Falsches unterstellst, was sie niemals gesagt haben. Sie glauben nämlich nicht, daß der heilige Petrus ein Ketzer war, wenngleich er irrte, weil er an seinem Irrtum keinesfalls hartnäckig festhielt. Denn auf die Zurechtweisung des heiligen Paulus hin hat er sich sogleich gebessert, dessen Schelte gerne gehört und den heiligen Paulus bei der Predigt der Wahrheit überhaupt nicht behelligt.

SCHÜLER: Ich sehe schon, daß diese Leute glauben, daß der heilige Petrus, hätte er hartnäckig an seinen Irrtümern festgehalten, unter die Ketzer gerechnet werden müßte. Darum wende dich anderen Präzedenzfällen zu. LEHRER: Das 2. Beispiel ist der selige Papst Marcellinus,[30] der gegen den Glauben irrte, als er Götzenbilder anbetete, von dem Papst Nikolaus in D. 21 c. 7 sagt: [...]. SCHÜLER: Dadurch ist nicht erwiesen, daß der selige Papst Marcellinus damals einen Irrtum beging, indem er in seinem Geiste einer Ketzerei anhing, sondern ⟨nur⟩, daß er eine Handlung des Götzendienstes vollzog. LEHRER: Es ist wahr, daß der selige Marcellinus nicht dergestalt geirrt hat, daß er im Geist einer Ketzerei anhing. Doch daraus, daß er faktisch Christus verleugnete, als er sich weigerte zu bekennen, daß er Christ sei, kann man folgern, daß er in seinem Geiste irren konnte und Ketzer werden konnte, so wie er zum Götzendiener geworden ist.

SCHÜLER: Nenne andere Präzendenzfälle! LEHRER: Als 3. Beispiel wird Papst Liberius[31] genannt, der dem arianischen Irrglauben beistimmte, wie man deutlich in Chroniken lesen kann. SCHÜLER: Man sagt, daß Liberius nicht als wahrer Papst dem arianischen Irrglauben[32] beistimmte, sondern erst, nachdem er dem päpstlichen Amt schon entsagt hatte. LEHRER: Jene antworten, daß kein Papst als Papst hartnäckig gegen den Glauben irren kann, denn eben damit, daß er hartnäckig gegen den Glauben irrte, wäre er von Rechts wegen des päpstlichen Amtes entsetzt, auch wenn er sich faktisch als Papst aufspielte. Und darum wollen sie auch nicht darauf hinaus, daß ein Papst Ketzer werden kann, während er Papst bleibt, sondern daß ein wahrer Papst später Ketzer werden kann, was bei Liberius, wie gesagt, geschah, der zuerst wahrer Papst war und später Ketzer wurde. Daß er aber zuvor seinem päpstlichen Amte entsagt hatte, das ist nur ein Zufall, denn er hätte Ketzer werden können, selbst wenn er niemals auf sein päpstliches Amt verzichtet hätte.

SCHÜLER: Gibt es nicht weitere Beispiele? LEHRER: Als ein 4. Beispiel wird Anastasius II.[33] genannt, der wegen Ketzerei von der Römischen Kirche abgewiesen worden ist, über den es in D. 19 c. 9 heißt: *„Anastasius II., von Herkunft ein Römer, lebte zur Zeit des Königs Theoderich. Damals hielten viele Kleriker sich von der Gemeinschaft mit ihm fern, weil er ohne den Rat der Bischöfe und Priester der genannten katholischen Kirche mit dem Dekan von Saloniki namens Photinus (Sakraments-)Gemeinschaft geübt hatte, der sich wiederum mit Akazius in seinem Verbrechen gemein gemacht hatte. Und weil er insgeheim den Akazius hatte zurückrufen wollen, es aber nicht vermochte, wurde er auf göttlichen Wink dahingerafft"*, denn, wie die Glosse [ebenda, s. v. *divino*] sagt, und sie entnahm das den Chroniken: *„Während er Stuhlgang hatte, kehrte er seine Eingeweide nach außen."*[34] Daraus wird deutlich, daß dieser Anastasius II.

Trechsel, fol. 33va / Goldast, S. 469

mit Ketzerei befleckt war, um derentwillen sich katholische Kleriker der Gemeinschaft mit ihm enthielten. SCHÜLER: Daraus kann man aber nicht ableiten, daß Anastasius ein Ketzer war, sondern ⟨nur⟩, daß er mit einem Ketzer, nämlich Photinus Gemeinschaft pflegte. Viele halten mit Ketzern Gemeinschaft, die selbst keinesfalls als Ketzer zu betrachten sind. LEHRER: Er hat aber hartnäckig mit Ketzern an ihrem Verbrechen teilgenommen. Daher sagt die Glosse [ebda. s. v. *qui communicaverat*]: „*Er hielt Gemeinschaft in der Untat, nämlich der Ketzerei*", und deshalb war er ein Ketzer, denn in vollem Bewußtsein hielt er Gemeinschaft in der Ketzerei, die von der Kirche verdammt war, wie daran klar wird, daß er den Akazius, von dem er wußte, daß er wegen einer von der Kirche schon verurteilten Ketzerei verdammt war, zurückrufen wollte. Und deshalb verfiel Anastasius in vollem Bewußtsein auf eine Aussage, von der er wußte, daß sie verurteilt war. Darum hatte er als Ketzer zu gelten.

SCHÜLER: Aus den Chroniken und den Glossen zum Dekret geht genügend deutlich hervor, daß Anastasius ein Ketzer war, deshalb stelle ein anderes Beispiel vor. LEHRER: Ein 5. Beispiel wird aufgeführt, nicht zum Beweis, daß ein Papst tatsächlich geirrt hat, sondern um festzustellen, daß er in Ketzerei verfallen und der Ketzerei angeklagt werden konnte. [... *folgt eine Darstellung des Falles des Papstes Symmachus*[35] *nach C. 2 q. 7 p. c. 41* ...]

Ein 6. Beispiel wird von Leo gewonnen, den der heilige Hilarius, Bischof von Poitiers, überführte.[36] Doch gibt es über ihn auch andere Auffassungen, da einige sagen, daß er nicht wahrer Papst war, bevor er in die Ketzerei glitt.

Ein 7. Beispiel zum Beweis, daß ein Papst Ketzer sein kann, wird von Silvester II. gewonnen, über den man lesen kann, daß er dem Teufel seinen treuen Dienst versprach und ihn auch während der Zeit seiner päpstlichen Amtsführung um Rat fragte.[37] Daraus nimmt man das Argument, daß er der Ketzerei verfallen sein konnte, denn jeder, der Dämonen anruft oder verehrt und mit Dämonen verderbliche Gesellschaft pflegt, kann auf Ketzerei verfallen.

Das 8. Beispiel ist von mehreren höchsten Bischöfen, die gegen die Glaubensanliegen widersprüchliche Aussagen für wahr halten, nämlich einerseits von Johannes XXII. und andererseits von Nikolaus III. und vielen anderen, die über die Armut Christi und seiner Apostel eine entgegengesetzte Lehre als richtig definierten bzw. eine von anderen definierte Lehre ihrerseits offiziell gebilligt haben. Diese Lehre verwirft der genannte Johannes XXII.[38] ausdrücklich. Daraus kann man schließen, daß entweder Johannes XXII. oder Nikolaus III. – da doch einer von beiden im Glauben

Trechsel, fol. 33va / Goldast, S. 469

irrte – als Ketzer gelten muß. Denn derjenige von beiden, der irrte und seinen Irrtum feierlich (als Wahrheit) definierte und andere zum Glauben daran drängte, der hing seinem Irrtum hartnäckig an. Einer von beiden also irrte im Glauben und muß als Ketzer gelten.

Auch werden als Beispiel Innozenz III. und Johannes XXII. angeführt, weil einer von beiden geirrt hat.[39] Denn Innozenz III. schreibt und sagt deutlich, wie X 3.41.6 zu lesen ist, daß die Heiligen im Himmel vollkommen selig seien, daß ihnen alles nach Wunsch geschähe und daß sie folglich Gott schauen. Und wiederum im Buch über die Verachtung der Welt lehrt derselbe Innozenz III.: Die Seelen der Verdammten sind jetzt in der Hölle, wo sie schwer gestraft werden. Johannes XXII. lehrt und beweist dagegen, daß die Seelen der Heiligen Gott nicht schauen, daß die Seelen der Verdammten nicht in der Hölle sind und vor dem Tag des allgemeinen Gerichts auch nicht bestraft werden. Da aber Gegensätze nicht zugleich wahr sein können, steht fest, daß einer von beiden geirrt hat. Und so ist offenbar, daß ein Papst irren kann.

Ebenso ⟨ist ein weiteres Beispiel⟩ Johannes XXII. und der heilige Gregor. Denn wie aus den „Dialogen" des heiligen Gregor klar hervorgeht,[40] meinte dieser, daß die Seelen der Heiligen im Himmel Gott schauen und daß die Seelen der Verdammten in der Hölle gestraft werden. Johannes XXII. aber leugnet beides. Also hat einer von beiden geirrt.

Von demselben Johannes XXII. und vielen anderen Päpsten wird ein weiteres Beispiel angeführt, da sie sich über die Kontingenz der Dinge widersprechen. Denn Johannes XXII. lehrt und beweist, daß alles aus Notwendigkeit geschieht, denn alles ist von Gott vorherbestimmt; eine Bestimmung Gottes aber läßt sich nicht behindern. Daher meint er in seiner Bulle *Quia vir reprobus* ausdrücklich, daß Christus gemäß seiner Menschheit auf zeitliche Königsherrschaft und auf die allgemeine Bestimmung über die Dinge dieser Welt nicht Verzicht leisten konnte, da er damit gegen die Anordnung des Vaters verstoßen hätte.[41] Aus diesem Grunde bekämpft er auch die Unterscheidung der Theologen von Gottes absoluter und ordentlicher Macht. Aus diesem Grunde sagt er auch, daß Gott den Erwählten mit Notwendigkeit das ewige Leben bestimmt hat und keineswegs kontingent. Somit glaubt er offensichtlich, daß alles mit Notwendigkeit geschieht. Dem aber widersprechen zahlreiche Päpste. So sagt Papst Johannes VIII., wie es D. 86 c. 3 heißt: *„Die Schuld des Täters hat unzweifelhaft, wer ⟨jemanden⟩ zurechtweisen kann und die Zurechtweisung vernachlässigt."* Daraus geht evident hervor, daß bisweilen jemand nicht korrigiert, was er korrigieren kann; somit kann er zurechtweisen und nicht zurechtweisen. Darum geschieht nicht alles mit Notwendigkeit. Ebenso sagt Papst

Trechsel, fol. 33vb / Goldast, S. 469

Gregor I., wie es D. 83 c. 5 heißt: „*Dem Irrenden scheint beizupflichten, wer nicht das, was Zurechtweisung verdient, eilends zurückschneidet.*" Damit wird zu verstehen gegeben, daß jemand zurechtweisen und nicht zurechtweisen kann, obwohl er es tun sollte, und folglich kann er zurechtweisen und nicht zurechtweisen.

Weiterhin sagt Papst Leo, wie es X 5.7.2 heißt: „*Wer andere, so er's vermag, von ihrem Irrtum nicht zurückruft, ⟨beweist, daß er selber irrt⟩.*" Gleichfalls sagt Papst Eleutherius, wie es C. 2 q. 7 c. 55 heißt: „*Die Schlechten zu verwirren, wenn man es kann, das zu unterlassen heißt nichts anderes, als sie zu begünstigen.*" Und auch Innozenz III. sagt, wie es X 5.39.47 heißt: „*Daß die, die es taten, und die, die dazu ihre Zustimmung gaben, mit gleicher Strafe zu züchtigen sind, dazu verurteilt sie die katholische Autorität: Wie wir es verstehen, begünstigt offenkundig ein Verbrechen, wer unterläßt, wenn er es kann, ihm zu widerstehen.*" Ebenso gebraucht Innozenz ⟨?⟩, wie es D. 83 c. 3 heißt, dieselben Worte wie Eleutherius, wenn er sagt: „*Die Schlechten zu verwirren*" (usw.). Desgleichen sagt Papst Symmachus, wie es D. 83 c. 1 heißt: „*Der bringt offenkundig den Nachlässigen den Tod, der das nicht ausschließt, wenn er es vermag.*"

Also sieht man, daß Päpste ausdrücklich und wörtlich ganz deutlich gesagt haben, daß jemand etwas tun kann, was er nicht tut, was auch ausdrücklich viele andere Päpste in ihren Texten bekräftigen. Und folglich geschieht nach ihrer Meinung nicht alles aus Notwendigkeit, wie es Johannes XXII. behauptet. Also irrte entweder er, oder die anderen irrten. Und ganz offensichtlich berührt diese Frage den Glauben. Also hat ein Papst gegen den Glauben geirrt.

c. 3

SCHÜLER: Das was den Heiligsten Vater Johannes XXII. berührt, will ich bis zum Traktat über seine Lehren aufschieben. So führe denn jetzt geradewegs die Argumente für die genannte Behauptung ins Feld. LEHRER: Daß ein Papst, der kanonisch in sein Amt gelangt ist, vor jedem freiwilligen Verzicht nicht nur irren sondern sich mit Ketzerei besudeln kann, das versuchen die besagten Vertreter dieser Meinung mit vielen Argumentationen, die sich auf authentische Schriften stützen, zu beweisen.

Die 1. Argumentation ist folgende: Jeder Mensch in seinem Erdenleben, der den Gebrauch seiner Vernunft hat, aber noch nicht im Gnadenstand gefestigt ist, kann gegen den Glauben irren und solchem Irrtum hartnäckig anhängen, denn er kann von einer Wahrheit, die nicht ⟨aus sich selbst⟩ bekannt ist, die nicht aus sicherer Erfahrung gewonnen ist, noch ihm durch wissenschaftlichen Beweis bewiesen ist, wenn er will, abweichen und ihr

Trechsel, fol. 34rb / Goldast, S. 470

Gegenteil annehmen, denn nach dem heiligen Augustinus kann niemand glauben, es sei denn, er wolle es. Aber ein Papst ist ein Mensch in seinem Erdenleben, nicht in unmittelbarer Anschauung [Gottes im Himmel]. Wäre er in unmittelbarer Anschauung Gottes, so könnte er nicht irren. Ein Papst hat auch den Gebrauch seiner Vernunft, jedenfalls im allgemeinen, denn wenn er wegen Krankheit oder Alters oder aus irgendeinem anderen Grund den Gebrauch seiner Vernunft verlöre, so könnte er dann, solange er des Gebrauches seiner Vernunft entbehrte, nicht Ketzer sein, so wie Knaben, die blödsinnig sind oder schlafen, solange dieser Zustand währt, nicht Ketzer sein können. Darüber hinaus ist auch ein Papst nicht im Gnadenstande gefestigt, da er sündigen kann und verdammt werden kann. Also kann solch ein Papst einer Wahrheit, die nicht aus ihr selbst bekannt ist, noch durch sichere Erfahrung gewonnen, noch ihm durch wissenschaftlichen Beweis bewiesen ist, nach seinem Willen seine Zustimmung verweigern. Es gibt aber viele katholische Wahrheiten, die weder aus sich selbst heraus bekannt sind, noch durch sichere Erfahrung gewonnen, noch dem Papst wissenschaftlich bewiesen wurden, da ja der heilige Gregor sagt: *„Ein Glaube, dem die menschliche Vernunft einen Beweis gibt, hat keinen Verdienst."*[42] Daher kann ein Papst solchen Wahrheiten, wenn er will, seine Zustimmung verweigern, und folglich könnte er sich in Ketzerei verstricken.

Die 2. Argumentation ist folgende: Jemand der ein Amt innehat, welches ihn weder mit Notwendigkeit ⟨im Gnadenstand⟩ festigt, noch auch ihm Gnade und Tugenden verstärkt zuwendet, kann in Ketzerei stürzen, wenn er sich vor der Übernahme seines Amtes mit Ketzerei beflecken konnte. Dieses Argument ist bekannt: ohne Gnade oder Tugend kann kein Mensch in seinem Erdenleben vor Ketzerei bewahrt werden, der zuvor in diese Ketzerei fallen konnte, es sei denn er verlöre seinen Verstandesgebrauch. Aber bei der Übernahme des päpstlichen Amtes werden nicht mit Notwendigkeit Gnade und Tugenden übertragen, noch werden sie auch mit Notwendigkeit in diesem Augenblick vermehrt. Da aber ein Papst vor der Übernahme des päpstlichen Amtes sich in Ketzerei verwickeln konnte, folgt auch, daß er nach der Übernahme des Amtes, wenn er nicht den Vernunftgebrauch verloren hat, sich mit derselben Befleckung besudeln kann. Der Obersatz ist klar. Der Untersatz wird durch Vernunftgründe und durch Autoritäten bewiesen *[... folgt eine lange Reihe von Gründen und Belegen].*

[...] LEHRER: Die 3. Argumentation ist folgende: Wer im Glauben nicht versiegelt ist, kann, wenn er Vernunftgebrauch hat, gegen den Glauben irren. Aber der Papst ist nicht versiegelt im Glauben, denn wäre er versie-

Trechsel, fol. 34rb / Goldast, S. 470

gelt, so müßte er durch irgendeine übernatürliche Gabe im Glauben versiegelt sein. Aber anscheinend wird dem Papst keine übernatürliche Gabe übertragen, durch die er im Glauben versiegelt werden könnte. Denn unter allen übernatürlichen Gaben, die nach dem allgemeinen Gesetz Menschen in ihrem Erdenleben geschenkt werden, sind die, die die vornehmsten sind und die ihren Empfänger am meisten im Glauben stärken, die Gnade und die theologischen Tugenden, d. h. Glaube, Hoffnung und Liebe, und die Gaben des Heiligen Geistes. Aber durch sie wird ein bloßer Mensch im Erdenleben keineswegs im Glauben versiegelt, zumal sie alle oft in höherer Vollkommenheit und größerer Kraft bei anderen als dem Papst zu finden sind, der also durch sie keinesfalls im Glauben versiegelt wird. Also wird der Papst nicht im Glauben versiegelt, und ihn versiegelt keine übernatürliche Gabe im Glauben. Daher kann er gegen den Glauben irren.

Schüler: Dieses Argument ist so nicht schlüssig, denn dadurch ließe sich auch beweisen, daß das allgemeine Konzil, ja die ganze Gesamtheit der Gläubigen gegen den Glauben irren kann. Denn dem Konzil oder der Gesamtheit der Gläubigen ist anscheinend keine übernatürliche Gabe übertragen, durch die sie im Glauben versiegelt wurden, da auch die (theologischen) Tugenden und die Gaben des Heiligen Geistes die Menschen auf Erden nicht im Glauben versiegeln, die unter allen übernatürlichen Gaben, die dem Konzil und der Gesamtheit der Gläubigen übertragen sind, wie man weiß, die vornehmsten sind. Lehrer: Die Vertreter dieser Auffassung räumen ein, daß dieses Argument, wenn man es so allgemein faßt, nicht schlüssig ist, denn bei Gott ist es möglich, nicht nur die Gesamtheit der Gläubigen, sondern auch den Papst und jeden anderen Menschen auf Erden auch ohne übernatürliche Gabe, die seine Seele überformt, vor Irrtum und Ketzerei zu bewahren, von denen die Gesamtheit der Gläubigen bis zum Ende der Welt unversehrt bleiben wird. Aber das darf man von einer einzelnen Person oder von einem Kollegium nur dann behaupten, wenn Gott es von ihnen ausdrücklich offenbart hat, daß sie niemals gegen den Glauben irren werden. Gott hat dies nun von der Gesamtheit der Gläubigen, nicht aber vom Papst geoffenbart. Daher ist es tollkühn zu sagen, daß ein Papst der kanonisch in sein Amt gelangt, niemals gegen den Glauben irren wird.

Schüler: Führe noch andere Argumente an! Lehrer: *[... 4. und 5. Argumentation hier ausgelassen.]* Ein 6. Argument ist folgendes: Sowohl ein Papst, der mit Recht abgesetzt wurde, als auch ein Papst, der freiwillig auf sein päpstliches Amt verzichtet hat, kann gegen den Glauben irren. Also kann ein Papst auch vor seiner Absetzung oder seinem freiwilligen Amtsverzicht gegen den Glauben irren. Der erste Satz erhellt, denn wenn der

Trechsel, fol. 34vb / Goldast, S. 471

Papst, der abgesetzt ist oder auf sein Amt verzichtet hat, nicht gegen den Glauben irren könnte, so würde daraus folgen, daß auch irgendein anderer Mensch als der Papst, der in viele Sünden verwickelt ist, nicht gegen den Glauben irren könnte. Die Folgerung wird so erwiesen: Durch eine verdienstliche Handlung wächst einem Menschen auf Erden nicht die Fähigkeit zu, gegen den Glauben zu irren. Aber sowohl die Absetzung als auch der freiwillige Verzicht kann verdienstlich sein: wenn nämlich ein Papst, der seine Absetzung verdient hat, seine Absetzung akzeptiert oder um Gottes willen geduldig hinnimmt, so hat er davon Verdienst. Wenn etwa Johannes XXII., als er vom päpstlichen Amt abgesetzt wurde, das geduldig ertragen hätte, hätte er bei Gott Verdienst erworben. Auch ist es wahrscheinlich, daß sowohl Symmachus, der sich nach seinem Amtsverzicht den 11 000 ⟨Jungfrauen⟩ anschloß,[43] als auch Coelestin V.[44] in dem Verzicht auf das päpstliche Amt bei Gott Verdienst gewannen. Also wird weder durch die Absetzung noch durch solchen Verzicht die Möglichkeit erworben, gegen den Glauben zu irren. Somit hat ein Papst vor seiner Absetzung oder seinem Amtsverzicht die Möglichkeit, gegen den Glauben zu irren.

SCHÜLER: Diese Argumentation stützt sich offenbar auf eine falsche Behauptung, daß nämlich ein Papst vor seiner Absetzung irren könne. Denn gemäß dem Kirchenrecht ist klar: sobald der Papst gegen den Glauben irrte, wäre er sogleich abgesetzt. LEHRER: Diesem Einwand begegnen einige mit dem Hinweis, daß eine Absetzung zweifach verstanden werden kann: durch Menschen und von Rechts wegen. Vor der Absetzung durch Menschen kann der Papst gegen den Glauben irren und in Ketzerei verfallen, und von solcher Absetzung geht die oben genannte Argumentation aus; denn ein Papst, der zuerst Ketzer wird und später, bekehrt, wiederum Gott opfert, kann von Menschen abgesetzt werden und solche Absetzung verdienstlich akzeptieren. Vor seiner Absetzung von Rechts wegen aber kann ein Papst aus Einfalt oder Unwissen gegen den Glauben irren, ohne der Zahl der Ketzer zugerechnet werden zu müssen; mag er darum auch aus Unkenntnis oder Einfalt vom Glauben abgewichen sein, wenn er gleichwohl bereit ist, sich korrigieren zu lassen, ist er seines päpstlichen Amtes nicht beraubt. Aber wenn er hartnäckig einem Irrtum gegen den Glauben anhängt, ist er damit ohne weiteres Verfahren abgesetzt und von Rechts wegen von aller Amtsgewalt entblößt, und das nicht durch Menschen, sondern von Rechts wegen.

SCHÜLER: Nenne zusätzlich weitere Argumentationen. LEHRER: Eine 8. Argumentation ist folgende: Jener Stand, durch welchen der, der ihn erreicht, im Glauben versiegelt wird, jener Stand, in dem niemand irren

Trechsel, fol. 34vb / Goldast, S. 471

kann, der darf von einem vollkommenen Mann nicht gemieden werden, sondern muß mit allen Fasern seiner Sehnsucht erstrebt werden, weil solch ein Stand entweder vor jeder geistlichen Gefährdung gesichert ist, oder doch weniger gefährdet ist als ein Stand, in dem man nicht versiegelt ist in seinem Glauben, weil man wegen eines Glaubensmangels ja weniger vollkommen sein könnte und zur Sünde geneigter. Aber das päpstliche Amt darf nicht erstrebt werden, sondern man muß es fliehen, und es ist nicht weniger gefährdet als andere Stände, in denen man gegen den Glauben irren kann. Darum hat der heilige Clemens auch darauf verzichtet, Papst zu werden. Also wird niemand durch das päpstliche Amt in seinem Glauben versiegelt.

Eine 9. Argumentation ist folgende: Jener, der gegen den Glauben nicht irren kann, bedarf zur Definition und Entscheidung von Zweifelhaftem, das gegen den Glauben auftaucht, nicht des Expertenwissens anderer Sterblicher, so wie der, der in der Geometrie oder einer anderen Disziplin nicht irren kann, zur Entscheidung von Zweifelsfragen in dieser Wissenschaft keineswegs des Rates anderer bedarf. Weil auch die Gesamtheit der Gläubigen gegen den Glauben nicht irren kann, braucht sie ja keine andere als nur die christliche Weisheit, um zu entscheiden, was mit der katholischen Wahrheit übereinstimmt. Aber der Papst bedarf zur Erklärung und Entscheidung vieler Zweifelsfragen, die über den katholischen Glauben auftauchen, der Kennerschaft anderer, denn sonst würden ganz umsonst allgemeine Konzilien zur Klärung von Zweifelsfragen und zur Ausmerzung von Ketzereien zusammengerufen. Ganz umsonst auch beriefe er gelehrte Theologen (zu sich); also kann der Papst gegen den Glauben irren.

[...; *Folgt eine 10. Argumentation*]. Eine 11. Argumentation von ihnen lautet: Jene, die bei der Auslegung der Heiligen Schrift dem Papst vorzuziehen sind, können gegen den Glauben irren. Desto mehr kann also auch er selbst gegen den Glauben irren. Dieser Schluß ist klar: und zwar einmal kraft der Regel des Schlusses vom Kleineren (zum Größeren), außerdem, weil der, der nicht gegen den Glauben irren kann, bei der Auslegung der Heiligen Schrift den Vorzug verdient vor dem, der irren kann. Außerdem: wie ein der Lüge verhafteter Mensch keinesfalls einem wahrhaftigen vorzuziehen ist, so ist auch der, der gegen das, was zum Glauben gehört, Falsches sagen kann, keineswegs demjenigen vorzuziehen, der nichts Falsches sagen kann. Der Obersatz wurde offenkundig bewiesen: denn, wie schon aus D. 20 d. a. c. 1 angeführt wurde, sind diejenigen, die die Heilige Schrift ständig handhaben, bei der Auslegung der Schrift den Päpsten vorzuziehen. Diese Männer aber, die die Heilige Schrift ständig handhaben, können gegen den Glauben irren, wie es oben vom heiligen Cyprian, von

Trechsel, fol. 35ra / Goldast, S. 472

Augustinus und auch von Hieronymus bewiesen wurde. Origenes, nicht der unbedeutendste der Schriftkundigen, irrte nichtsdestoweniger offenkundig und verfiel der Ketzerei. Also können um so mehr die Päpste, die oft ungelehrt und der Heiligen Schrift ganz unkundig sind, in Ketzerei verfallen.

[...; Folgt eine 12. Argumentation]. Eine 13. Argumentation lautet: Man darf von niemandem behaupten, er könne nicht gegen den Glauben irren, von dem nicht durch die Heilige Schrift, durch die Lehre der Kirche oder der Heiligen oder durch eine Argumentation, die sich auf die besagte Lehre gründet, feststeht, daß er nicht irren kann. Daß aber ein Papst nicht gegen den Glauben irren kann, kann durch keines dieser genannten Mittel gezeigt werden. Wenn es nämlich bewiesen werden könnte, so ließe es sich am ehesten beweisen aus jenen Worten des Heilands, Mt. 28,20: *„Ich bin bei euch alle Tage bis an der Welt Ende"*, und Lc. 22,31: *„Simon, Simon, siehe, der Satan hat euer begehrt, daß er euch möchte richten wie den Weizen. Ich aber habe für dich gebeten, daß dein Glaube nicht aufhöre. Und wenn du dermaleinst dich bekehrst, so stärke deine Brüder!"* Aber durch diese Bibeltexte kann nicht bewiesen werden, daß ein Papst nicht gegen den Glauben irren kann, nicht durch den ersten, denn dieser Text kann nicht auf den Papst bezogen werden, weil es während einer Sedisvakanz keinen Papst gibt. Und also sagt Christus das nicht, indem er den Papst meint, sondern er bezieht es auf die streitende Kirche, wenn es heißt: *„Ich bin bei euch alle Tage bis ans Ende der Welt."* Gleichermaßen hat Christus nicht nur gemeint, daß er mit der streitenden Kirche bleiben werde bis ans Ende der Welt allein durch den Glauben, vielmehr meint er auch durch Liebe und gute Werke. Nun steht es aber fest, daß Christus nicht beim Papst ist durch Liebe und gute Werke, wenn der Papst ein Übeltäter ist, der außerhalb der Liebe steht. Also dürfen diese Worte nicht in Hinblick auf den Papst verstanden werden.

Auch der andere Vers kann nicht auf den Papst bezogen werden, so als betete Christus darum, daß der Glaube des Papstes nicht aufhöre. Einmal weil der Apostolische Stuhl oft vakant ist, und dennoch hört dann der Glaube nicht auf, um den Christus gebeten hat. Auch weil der Papst auf sein Amt verzichten kann oder abgesetzt werden kann und später gegen den Glauben irren kann, während der Glaube, um den Christus gebeten hat, zu keiner Zeit aufhören kann. Diese Worte sagt Christus vielmehr dem heiligen Petrus ganz persönlich, weil dessen Glaube am Ende nicht aufhörte, wenn er auch für eine Zeitlang aufgehört hat. Deshalb hat Christus ihm auch gesagt: *‚Und wenn du dermaleinst dich bekehrst'*, nachdem dein Glaube nämlich aufgehört hat, *‚so'* kehre zurück zum Glauben und *‚stärke* *deine Brüder'.* Dieselben Worte: *‚Ich habe für dich gebeten, daß dein Glaube nicht aufhöre',* sagte Christus dem Petrus auch als einem Stellvertreter der Gesamtheit der Gläubigen, weil der Glaube Petri in der Gesamtheit der Gläubigen ohne Unterbrechung war und ist und bis ans Ende der Welt dauern wird. Denn der Glaube, an den Petrus sich hielt und den er predigte, wird niemals aufhören, sondern wird in einigen Christen, Klerikern oder Laien, Männern oder Frauen, bis ans Ende der Welt bleiben.

Eine 14. Argumentation lautet: Wer einen Ketzer und Ketzerei begünstigen und schützen kann, der kann sich auch mit Ketzerei beflecken, ja der kann als Ketzermeister angesehen werden nach dem Zeugnis Papst Urbans, der C. 24 q. 3 c. 32 sagt: *„Wer dem Irrtum anderer Schutz gewährt, ist viel verdammenswürdiger als jene, die irren, weil er nicht allein selber irrt, sondern anderen eine Schutzwehr ihres Irrtums bereitstellt und sie in ihrem Irrtum bestärkt. Weil er ein Lehrer des Irrtums ist, darum ist er nicht allein als Ketzer, sondern als Ketzermeister zu bezeichnen."* Aber ein Papst kann ein Ketzer sein ⟨und Ketzereien⟩ begünstigen und schützen. Das beweisen zwei Beispiele: Das erste ist der Fall des Anastasius, der die Ketzer Photinus und Akazius begünstigt hat, wie es in D. 19 c. 9 steht. Das zweite Beispiel finden manche in Johannes XXII., der früher einmal Nikolaus III. und seine Dekretale *Exiit qui seminat* [= VI 5. 12. 3] und auch Clemens V. und seine Dekretale *Exivi de Paradiso* [= Clem. 5. 11. 1] einmal begünstigt und verteidigt hat, und dennoch sind in diesen Dekretalen *Exiit* und *Exivi* mehrere Ketzereien über die Armut Christi und seiner Apostel und über das Gelübde des Verzichts auf alles Eigentum an zeitlichen Dingen enthalten, was sowohl für einzelne als auch für eine Gemeinschaft gilt, wie etliche sagen und schreiben.

SCHÜLER: Diese Leute gehen bösartig gegen Herrn Johannes XXII. vor, bemühen sie sich doch zu zeigen, daß er ein Ketzer war oder ist. LEHRER: Ich möchte, daß du weißt, daß einige meinen, und zwar nicht aus Bosheit, vielmehr wird es wahrheitsgemäß und fehlerfrei bewiesen, daß Johannes XXII. entweder einmal Ketzer war oder jetzt Ketzer ist, denn mit keiner Ausflucht, wie sie sagen, läßt sich leugnen, daß seine Lehre von der Armut Christi und seiner Apostel und von dem Verzicht auf das Eigentum an allen zeitlichen Gütern sowohl für einen einzelnen als auch für die Gemeinschaft und seine Lehre von der evangelischen Armut der Lehre Nikolaus' III. und anderer Päpste widerspricht. Da nun all das zum Glauben und zur Sittenlehre gehört, muß notwendigerweise eine dieser beiden Lehren unter die Ketzerei eingeordnet werden. Also ist entweder die Lehre Johannes' XXII. oder die Lehre Nikolaus' III. und anderer Päpste, die mit

Trechsel, fol. 35va / Goldast, S. 473

ihm in diesen Fragen übereinstimmen, ketzerisch. Da er feierlich festgelegt hat, daß seine Lehre zu gelten habe, folgt, daß er hartnäckig ist und ⟨demnach⟩ als Ketzer einzuschätzen ist. Wenn aber die Lehre Nikolaus' III. und anderer Päpste ketzerisch ist, dann war auch Johannes XXII., als er sie durch seine Erklärung feierlich billigte und vielfach anbefahl, als Ketzer zu beurteilen, nämlich als Verteidiger und Begünstiger einer Ketzerei.

Daher bilden einige aus dieser Überlegung folgende 15. Argumentation: Wer sich in Glaubensfragen selber widerspricht, kann im Glauben irren. Ein Papst aber kann sich in Glaubensfragen selber widersprechen. Das beweisen sie durch das Beispiel Johannes' XXII., der sich selber klar widersprach, da er zuerst die Lehre Nikolaus' III. über die Armut Christi und seiner Apostel und über Christi Verzicht auf Eigentum an allen zeitlichen Gütern für sich als Einzelperson und für eine Gemeinschaft billigte und später derselben Lehre widersprach.

c. 4

SCHÜLER: Wenngleich ich die Argumentationen, die unseren allerheiligsten Vater und Herrn, den Papst, offenbar angreifen, nicht für schlüssig halte, wenn sie auch nur schwierig aufzulösen sind – über ihre Auflösung will ich gründlich nachdenken –, so sind doch einige der anderen, wie es scheint, sehr stark. Daher, so glaube ich, ist es nicht unmöglich, daß ein Papst zuerst kanonisch in sein Amt gelangt und später zum Ketzer wird. Weil aber *„die Wahrheit, wenn sie hin und her gewendet wird, stärker zum Leuchten kommt"* [C. 35 q. 9 c. 7][45], bitte ich dich, daß du dich bemühst, für die Gegenmeinung Argumente anzuführen. LEHRER: Für die Gegenmeinung (die, wie man sagt, Johannes XXII. für richtig hält und auch Bruder G.⟨eraldus Odonis⟩, wie berichtet wird) läßt sich auf vielerlei Weise argumentieren. Zuerst so: In einer Gemeinschaft kann es kein sicheres Urteil ohne Schwanken über auftauchende Zweifel geben, wenn über solche Zweifel und ihre Grundlagen jeder, der in jener Gemeinschaft lebt, irren kann. Aber in der streitenden Kirche gibt es ein sicheres Urteil ohne jedes Schwanken über die Zweifel, die über den Glauben auftauchen, sonst könnte niemand verpflichtet werden, einer Festlegung oder Erklärung der streitenden Kirche in Glaubensfragen fest anzuhangen, denn keinem, der irren kann, ist ohne jeden Zweifel zu glauben. Also ist nicht jeder in der streitenden Kirche irrtumsfähig, also ist in der streitenden Kirche einer, der nicht irren kann. Das aber ist niemand anderes als der Papst. Also kann der Papst in Glaubensfragen nicht irren. [... *(folgen weitere Argumente)*].

Trechsel, fol. 35^(vb) / Goldast, S. 473

c.5

SCHÜLER: Wenngleich ich glaube, daß diese Argumentationen sehr schwierig ⟨aufzulösen⟩ sind, so kann ich dennoch der Schlußfolgerung daraus nicht beipflichten. Daher erkläre mir, wie auf sie geantwortet wird. LEHRER: Auf ihre erste ist die Antwort, daß in derjenigen Gemeinschaft, die sich nicht selbst überlassen ist, sondern die bewahrt wird von jemandem, der nicht irren kann, ein sicheres Urteil über Zweifel möglich ist, auch wenn jeder einzelne aus dieser Gemeinschaft für sich genommen irren kann. Und das gilt, weil keiner von ihnen besonders davor bewahrt wird, daß er irrt, während die Gemeinschaft sehr wohl bewahrt wird. So ist es aber bei der streitenden Kirche, denn jeder einzelne in der streitenden Kirche wird dergestalt in der Hand seines eigenen Erwägens belassen, daß er nach seiner eigenen freien Willenswahl in Glauben, Gnade und göttlicher Nähe bleiben oder vom katholischen Glauben abweichen kann. Die Gemeinschaft der Christen aber wird dergestalt von Gott bewahrt, daß, wenn einer sich vom Glauben entfernt, ein anderer auf Grund göttlicher Gnade im Glauben fest verharrt. Wenn daher der Papst gegen den Glauben irrt, wird ein anderer Christ, es sei ein Mann oder eine Frau, keineswegs vom Glauben abgehen.

SCHÜLER: Ist etwa folgende Argumentation gültig: Jeder einzelne Christ kann gegen den Glauben irren, also kann die gesamte Gemeinschaft der Christen gegen den Glauben irren? LEHRER: Diese Art der Argumentation ist, wie viele sagen, nicht gültig, sondern ist ein Fehlschluß aus dem Wortlaut,[46] weil häufig der Schluß vom Substantiv, wenn es kein Kollektivbegriff ist, auf einen Kollektivbegriff ein Fehlschluß aus dem Wortlaut ist, so wie in folgendem Schluß: ‚Jeder einzelne vom Volk kann von einem Brot am Tag satt werden, also kann das Volk von einem Brot am Tag satt werden', und wie in diesem Schluß: ‚Jede der beiden gegensätzlichen Aussagen kann wahr sein, also können beide Gegensätze (zugleich) wahr sein.' SCHÜLER: Es gefällt mir nicht, daß du dich hier über die Logik verbreitest. Deshalb berichte, wie auf die anderen Argumente zu antworten ist. [...]

Trechsel, fol. 36va / Goldast, S. 474

V.: Die Verpflichtung zum Widerstand kann jeden einzelnen treffen*

I Dialogus VI, cc. 37–39

c. 37

[*Auf die Frage, ob die Kritiker eines ketzerischen Papstes von anderen Christen unterstützt werden müssen, hat Ockham in c. 37 in 9 Argumentationen eine positive Antwort begründet. Als neuntes Argument hatte der* LEHRER *angeführt:* Werke der Barmherzigkeit sind allen zuzuwenden. Also ist die Verteidigung, die ja ein Werk der Barmherzigkeit ist, allen zuzuwenden. Und folglich ist sie auch denen zu gewähren, die den ketzerischen Papst bekämpfen.]

c. 38

SCHÜLER: Durch dieses Argument ließe es sich beweisen, daß jene, die den katholischen Glauben bekämpfen oder die katholische Wahrheit, von Katholiken verteidigt werden müssen, da ja katholische Werke der Barmherzigkeit nicht nur den Guten, sondern auch den Schlechten erwiesen werden sollen. Da aber die Verteidigung ein Werk der Barmherzigkeit ist, sollten Katholiken die Ketzer verteidigen, welche gegen die katholische Wahrheit kämpfen. Desgleichen fallen Werke der Barmherzigkeit keineswegs unter ein positives Gebot (sonst nämlich beginge, wer keine Almosen gäbe und Gefangene nicht loskaufte, eine Todsünde). Wenn also die Verteidigung ein Werk der Barmherzigkeit ist, so sind doch Katholiken zu solcher Verteidigung um ihrer Seelen Seligkeit willen keineswegs verpflichtet. Weiterhin: Wie die Bestrafung von Übeltätern ausschließlich weltlichen oder geistlichen Richtern zusteht, so kommt auch, wie man weiß, die Verteidigung des Guten der Obrigkeit als Träger eines öffentlichen Amtes zu. Also kommt es nicht allen Katholiken zu, einen ketzerischen Papst zu verteidigen. Außerdem: Eine Verteidigung gegen Unterdrücker geschieht, wenn zugefügtes oder künftiges Unrecht abgewehrt wird. Unrecht aber abzuwehren gehört nicht zur Vollkommenheit, einmal weil die höchste Wahrheit selbst zu den Vollkommenen sagt [Mt. 5, 39]: *„Ich aber sage euch, daß ihr nicht widerstehen sollt dem Übel"*, zum anderen weil mit Waffen dem Unrecht gewehrt wird, während es vollkommenen Menschen, ebenso wie Klerikern, nicht erlaubt ist, Waffen zu gebrauchen. Also kommt es wenigstens den Vollkommenen nicht zu, diejenigen zu verteidigen, die gegen einen ketzerischen Papst kämpfen. All das behindert, wie ich glaube, deine Argumentation mit den Werken der Barmherzigkeit und auch einige an-

---
* Trechsel, fol. 65ra / Goldast, S. 538

dere deiner Gründe. Darum möchte ich gerne wissen, wie darauf geantwortet wird.

c. 39
LEHRER: Einige sagen, daß diese Einwände deine mangelnde Einsicht deutlich hervortreten lassen. Sie zeigen, daß du die obige Behauptung nicht verstehst. Um das klar zu machen, sind drei Anmerkungen nötig. Erstens: Wie es verschiedene Werke der Gerechtigkeit gibt, solche, die allen, den Untergebenen und den Vorgesetzten, angemessen zukommen können, so etwa wenn ein Untergebener oder ein Vorgesetzter eine fremde Sache hat, muß er sie notwendig von Rechts wegen zurückerstatten, wenn er sich nicht mit einem vernünftigen Grund entschuldigen kann; andere Werke der Gerechtigkeit aber stehen nicht allen gleichermaßen zu, sondern nur den Vorgesetzten, wie etwa gerecht zu richten nur einem Oberen zusteht. So gibt es auch einige Werke der Barmherzigkeit und Mildtätigkeit, die allen zustehen können, wie etwa beten und eintreten für jemand anderen und einige andere Dinge. Einige aber sind Werke der Barmherzigkeit, die nicht allen zustehen müssen. Derart ist das Werk, bisweilen andere mit Waffengewalt zu verteidigen.

Zweitens muß angemerkt werden: Wenn auch positive Gebote immer verpflichten, so dennoch nicht für jeden einzelnen Fall. Daher bleibt jedermann immer zu ihm zukommenden Werken der Barmherzigkeit verpflichtet, die er seinen Nächsten tun kann. Nicht aber muß jedermann zu jeder Zeit solche Werke der Barmherzigkeit ausführen, sondern nur an gelegenem Ort und zu gelegener Zeit und unter schuldiger Beachtung der anderen Umstände.

Drittens ist anzumerken, wie sie sagen, daß man jemanden auf sehr verschiedene Art verteidigen kann, einmal, indem man mit Waffen der Gewalt Widerstand leistet, zum anderen, indem man mit Worten für einen anderen argumentiert oder diejenigen, die den Kampf nicht aufnehmen wollen, mit Aufforderungen, Befehlen, Verboten oder anderen Worten von Gewaltanwendung zurückhält, wieder anders durch Verbergen und Nichtherausgeben, indem man ihn im eigenen Haus oder an einem sicheren Ort aufnimmt. Und man kann auch auf vielerlei andere Weisen, die hier aufzuzählen zu weit führen würde, andere verteidigen.

SCHÜLER: Berichte, wie aufgrund dieser Anmerkungen auf meine Einwände geantwortet wird. LEHRER: Auf den ersten Einwand sagt man: Selbst wenn bisweilen auch an Schlechten Werke der Barmherzigkeit getan werden sollen, so sind doch nicht alle Werke der Barmherzigkeit allen Schlechten und Gottlosen zu erweisen. Bei einem Richter gegen die Bestra-

Trechsel, fol. 65vb / Goldast, S. 538

fung der Angeschuldigten vorstellig zu werden, ist ein Werk der Barmherzigkeit, und dennoch darf niemand zur Befreiung von unverbesserlichen Verbrechern vorstellig werden, C. 23 q. 4 c. 33. Wenn daher auch den Ketzern, die die katholische Wahrheit bekämpfen, einige Werke der Barmherzigkeit zu erweisen sind, ist ihnen jedenfalls aber jeder Schutz zu entziehen, der irgendwie zugunsten der ketzerischen Verderbtheit oder zum Präjudiz gegen den christlichen Glauben ausschlagen könnte. Gleichwohl ist solcher Schutz aber von den Gläubigen jenen Katholiken zu gewähren, die gegen einen ketzerischen Papst für den rechten Glauben kämpfen.

Zum zweiten Einwand läßt sich sagen, daß alle Werke der Barmherzigkeit für eine bestimmte Zeit unmittelbar unter das Gebot fallen, wie die Liebe zum Nächsten, aus der alle Werke der Barmherzigkeit hervorgehen, unmittelbar unter das Gebot fällt. Deshalb fällt die Verteidigung derer, die den ketzerischen Papst bekämpfen, wenn man die nötigen Umstände beachtet, unmittelbar unter das Gebot, wenn ein solches Gebot auch keineswegs für alle Zeit verpflichtend sein kann.

SCHÜLER: Wann, zu welcher Zeit ist ein solches Gebot nach ihrer Auffassung denn verpflichtend? LEHRER: Die Antwort ist: Wie jener, der es vermag, um seiner Seelen Seligkeit willen verpflichtet ist, Almosen zu geben, wenn von seiten des Bedürftigen eine eindeutige und dringende Not sichtbar wird und er keinen anderen weiß, der (wie er mit Wahrscheinlichkeit annehmen kann) dem in Not Befindlichen in seiner Bedürftigkeit aufhelfen kann und will, so ist jedermann dazu gehalten, der es vermag, mit jenem Mittel des Schutzes, das ihm zu Gebote steht und möglich ist, diejenigen, die den ketzerischen Papst bekämpfen, zu verteidigen, wenn sie eines solchen Schutzes mit Notwendigkeit bedürfen und wenn niemand anderes erscheint, der ihnen Schutz gewähren könnte oder wollte. Wie ja auch, wenn eine Gefahr für den Glauben droht, die Prälaten von ihren Untergebenen notfalls gescholten werden müssen und der katholische Glauben getreulich zu bekennen ist, so wären auch, wenn aus unterlassener Verteidigung derer, die den ketzerischen Papst bekämpfen, eine Gefahr für den Glauben drohte oder Gottes Ehre Abbruch geschähe, diejenigen, die den ketzerischen Papst bekämpfen, von allen zu verteidigen, die das können, sofern niemand anderes erschiene, der sie schützen wollte. Und wer ihnen in solch einem Fall, wie er hier geschildert ist, den schuldigen Schutz versagte, der verfiele in Todsünde und Begünstigung ketzerischer Verdorbenheit und könnte sich ausschließlich mit seiner eigenen Ohnmacht entschuldigen.

SCHÜLER: Darüber wollen wir im VII. Buch [von I Dialogus] unsere Untersuchung führen. Darum berichte, wie auf die anderen Einwände geant-

Trechsel, fol. 66ra / Goldast, S. 539

wortet wird. LEHRER: Auf jenen (dritten) Einwand wird erwidert, daß eine bestimmte Art des Schutzes nur denen zukommt, die Gerichtsherrschaft üben, wie es im Regelfall ihnen allein zukommt, Übeltäter zu suchen und zurechtzuweisen. Aber neben solchem Schutz gibt es ja, wie in der dritten Anmerkung schon gesagt wurde, viele andere Arten, die Kämpfer wider einen ketzerischen Papst zu verteidigen, die auch denen zukommen mögen, die nicht Gerichtsgewalt haben. Oft lassen sich Betroffene vor der Gewalttat anderer allein durch Bitten verteidigen, und von diesem Schutz kann man in D. 87 c. 6 lesen: *„Man darf diejenigen nicht ausliefern, die bei der Kirche Zuflucht suchen, sondern muß sie aus Ehrfurcht vor der heiligen Stätte durch Dazwischentreten verteidigen."* Daraus ergibt sich, daß bisweilen eben durch Nichtauslieferung oder Dazwischentreten Schutz gewährt wird. Auch auf vielerlei andere Art kann jemand verteidigt werden, was nicht nur denen zukommt, die Gerichtsherrschaft haben, sondern jedermann zukommen kann. So können Katholiken, die keine Gerichtsherrschaft haben, und auch ihre bedeutenderen Leute auf vielerlei Art die Kämpfer gegen einen ketzerischen Papst verteidigen, manchmal indem sie sie nicht ausliefern, sie verbergen vor denen, die sie verfolgen, oder diejenigen, die sie mit vielerlei Schmähungen belästigen, zurückrufen und auch auf vielerlei andere Weise, die aufzuzählen allzu weit führen würde.

Und mit demselben Argument wird auf den vierten Einwand geantwortet: Außer der Verteidigung mit der Waffe gibt es vielerlei anderen Schutz für die obengenannten Kämpfer. Wenn du aber meinst, daß es keineswegs Aufgabe der Vollkommenen sei, dem Unrecht zu wehren, so wird das von vielerlei Abwehr des Unrechts geleugnet. Und wenn du das Wort Christi anführst, so wird darauf mit Augustin geantwortet, der zum Johannesevangelium sagt (wie man C. 23 q. 1 c. 2 lesen kann): *„Dieses Wort Christi ist eher ein Gebot zur Herzensbildung als zur Tat."* Wenn du aber sagst, daß man mit Waffen dem Unrecht wehrt ⟨und das den Vollkommenen verboten ist⟩,[47] so sprichst du die Wahrheit. Aber neben dieser Art, dem Unrecht zu wehren, gibt es noch viele andere, die den Vollkommenen und den Klerikern durchaus angemessen sind.

Trechsel, fol. 66rb / Goldast, S. 539

VI.: Die Gerichtshoheit über ketzerische Kleriker*

I Dialogus VI, cc. 99–100 [fol. 106va–113ra][48]

c. 99

SCHÜLER: Das genügt mir für die oben genannte Behauptung, besonders da die Kleriker der Gerichtshoheit der Laien entnommen sind, weil ja auch die zweite und dritte Meinung darin übereinstimmen, daß die Laien, wenn die kirchliche Gewalt versagt, den ketzerischen Papst und mit derselben Begründung auch die anderen ketzerischen Kleriker in Gewahrsam behalten und auch hindern dürfen, ihre ketzerische Verderbnis auf andere übertragen zu können. Allein darüber, unter Auslassung der anderen Punkte, in denen die besagten Meinungen voneinander abweichen, zögere nicht, mir Mitteilung zu machen.

LEHRER: Die besagte Behauptung wirst du besser verstehen, wenn erklärt ist, was es heißt, daß die kirchliche Gewalt versagen kann. SCHÜLER: Erkläre mir, wie man das verstehen muß. LEHRER: Daß, wenn ein Papst ein Ketzer geworden ist, die kirchliche Amtsgewalt versagt, läßt sich auf vier verschiedene Weisen verstehen: 1. durch Unfähigkeit; 2. durch Schlechtigkeit; 3. durch zurechenbare Nachlässigkeit; 4. durch Unwissenheit. Erstens kann (die kirchliche Gewalt versagen) durch Unfähigkeit dann, wenn der ketzerische Papst so große zeitliche Macht besitzt, daß kein kirchlicher Prälat (insbesondere nicht in jener Diözese, in welcher der ketzerische Papst gerade weilt) und auch kein anderer sich an den weltlichen Arm wenden könnte, etwa dann, wenn er alle katholischen Prälaten in Fesseln hielte oder anderswie daran hinderte, zu weltlicher Hilfe Zuflucht zu nehmen. Anders kann die kirchliche Gewalt versagen durch Unfähigkeit, etwa wenn einige schwache und arme katholische Prälaten einige Laien bäten, den ketzerischen Papst zurechtzuweisen, und diese ihnen nicht helfen wollten. Auf eine zweite Art kann man das Versagen der kirchlichen Gewalt verstehen, wenn sie durch Schlechtigkeit versagt, und zwar, wenn alle kirchlichen Prälaten und Kleriker dem ketzerischen Papst anhingen und seine Irrtümer oder seine Person nach Kräften verteidigten. Drittens kann die kirchliche Gewalt durch zurechenbare Nachlässigkeit versagen, etwa wenn Prälaten und Kleriker, die (nach Anrufung der Hilfe des weltlichen Arms) allein für sich den ketzerischen Papst zurechtweisen könnten, dennoch ohne Achtung auf die Zerstörung des Glaubens ihn nicht anklagten und ihm damit gestatteten, in Freiheit bei seinen Irrtümern zu bleiben. Viertens kann die kirchliche Gewalt auch durch Unwissenheit versagen, etwa wenn die Prälaten der Kirche, zumindestens viele, die den

---
* Trechsel, fol. 106va / Goldast, S. 621

ketzerischen Papst zurechtweisen könnten, nicht wüßten, daß er in ketzerische Schlechtigkeit verfallen ist. In dieser vierfachen Weise ist es zu verstehen, daß die kirchliche Gewalt versagt, wenn ein ketzerischer Papst existiert.

SCHÜLER: Ich verstehe jetzt, wie man sagt, daß die kirchliche Gewalt versagen kann. Daher führe nun Belege an für die oben genannte Behauptung.

LEHRER: Daß bei Versagen der kirchlichen Gewalt auf eine der genannten Arten die Laien den ketzerischen Papst gefangennehmen dürfen und ihn hindern dürfen, mit seiner ketzerischen Schlechtigkeit andere anzustecken, kann offenbar auf vielerlei Art, d. h. durch das Zeugnis anderer und durch Argumentationen bewiesen werden. Denn dies sagt die Glosse, wie es scheint, sinngemäß und wörtlich zu D. 17 c. 4 [*Nec licuit*, s. v. *per seculares*]: „*Wo immer die kirchliche Gewalt versagt, wird man sich stets an den weltlichen Arm wenden.*" Ob nun also die kirchliche Gewalt durch Unfähigkeit oder durch Schlechtigkeit oder durch zurechenbare Nachlässigkeit versagt, die strafrechtliche Zurechtweisung des ketzerischen Papstes wird dann einigen Laien zukommen, damit er die Gläubigen nicht anstecken kann.

Ferner scheint dies die Ansicht Isidors zu sein, der, wie es in C. 23 q. 5 c. 20 zu lesen ist, sagt: „*Die Fürsten halten bisweilen innerhalb der Kirche den Gipfel der ihnen übertragenen Gewalt, so daß sie durch diese nämliche Gewalt die kirchliche Zucht schützen.*" Und die Glosse sagt dort zu diesen Worten (s. v. *intra ecclesiam*): „*Und siehe, Laien haben in vielfacher Weise innerhalb der Kirche Gerichtszuständigkeit: manchmal über Personen, wenn die unverbesserlich sind, wie [D. 32] c. 10 und [C. 23 q. 5] c. 43. Bisweilen ferner auch wegen des Ehrgeizes irgendeines Menschen, wie D. 79 c. 9, und wenn sie den Glauben umstürzen wollen, wie D. 8 c. 1, [C. 23 q. 5] c. 1; oder D. 17 c. 4; ferner, wenn der Kleriker ein Fälscher ist, wie X 5. 20. 7; ferner, wenn die Kleriker ein Schisma verursachen und wenn sie die Exkommunikation mißachten, wie C. 23 q. 5 c. 43; und wo immer die kirchliche Gewalt versagt, wie hier, und wenn man von der Kirche einen Tribut einfordert, wie [C. 23] q. 8 c. 21.*" Aus diesen Worten kann man nicht nur sinngemäß, sondern sogar wörtlich entnehmen, daß überall, wo die kirchliche Gewalt versagt, Laien innerhalb der Kirche Gerichtshoheit besitzen, das bedeutet: auch über Kleriker. Wenn folglich die kirchliche Gewalt ausfällt, sei es durch Unfähigkeit, sei es durch Bosheit oder durch Unwissenheit, dann erhalten Laien über den ketzerischen Papst Gewalt.

Aus den nämlichen Worten kann man aber auch verschiedene Argumentationen entnehmen, warum ein ketzerischer Papst der Gerichtshoheit von Laien zugehört, wobei man dies so verstehen muß, daß das gilt, wenn die

Trechsel, fol. 106vb / Goldast, S. 622

kirchliche Gewalt versagt. Die erste dieser Argumentationen ist, weil der ketzerische Papst nicht besserungswillig ist. Denn weil er hartnäckig ist, muß man ihn für nicht besserungswillig halten. Weil aber alle Nichtbesserungswilligen gestraft werden müssen, muß der Papst, sofern die kirchliche Gewalt ausfällt, durch Laien bestraft werden. Die zweite Argumentation betrifft den Ehrgeiz. Denn ein ketzerischer Papst, der wegen seines Ehrgeizes den Apostolischen Stuhl besetzt hält, muß bei Versagen der kirchlichen Gewalt durch die Vorsorglichkeit von Laien bestraft werden, damit nicht die gesamte kirchliche Ordnung zerstört werde und der Glaube Gefahr laufe. Die dritte Argumentation: Weil ein ketzerischer Papst den Glauben umstürzen will, muß er, wenn die kirchliche Gewalt versagt, von Laien daran gehindert werden.

Die vierte Argumentation: Weil er die Exkommunikation mißachtet, muß er, wenn die kirchliche Gewalt versagt, durch die Fürsten dieser Welt bestraft werden, damit sich nicht mit ihm die wahren Katholiken durch Exkommunikation beflecken. Ebenso sagt Isidor an der angegebenen Stelle [C. 23 q. 5 c. 20] folgendes: *„Übrigens sind innerhalb der Kirche Amtskompetenzen nur zu dem Zweck nötig, damit die Amtsgewalt das, was die Priester nicht durch die Predigt der Lehre erwirken können, durch den Schrecken der Zucht mit ihrem Befehl auferlegt. Denn oft kann das himmlische Reich durch das irdische Reich einen Fortschritt machen, so daß diejenigen, die innerhalb der Kirche gegen den Glauben und die Zucht handeln, durch die Strenge der Fürsten erschreckt werden und die fürstliche Gewalt jene Zucht, welche auszuüben ihnen der Nutzen der Kirche nicht erlaubt, den Nacken der Stolzen auferlegt."* Aus diesen Worten geht klar hervor: wenn bei der Bestrafung derer, die gegen den Glauben und die Zucht handeln, die kirchliche Gewalt versagt, sind solche ⟨Übeltäter⟩ durch die Fürsten zu unterdrücken. Wenn also der Papst ein Ketzer ist und die Priester durch die Predigt der Lehre ihn nicht berichtigen können oder wollen, dann muß er durch die öffentlichen Gewalten unterdrückt werden. Ebenso sagt Papst Pelagius, wie man es in C. 23. q. 5. c. 44 lesen kann: *„Das haben auch die göttlichen und menschlichen Gesetze festgesetzt, daß diejenigen, die von der Einheit der Kirche getrennt sind und ihren Frieden in schandbarer Weise stören, auch von den weltlichen Gewalten bestraft werden. Auch gibt es nichts Größeres, womit man Gott ein Opfer bringen kann, als wenn man anordnet, daß diejenigen, die zu ihrem eigenen und zu dem Verderben anderer wüten, mit der angemessenen Strenge zur Ruhe gebracht werden."* Aus diesen Worten geht klar hervor, daß nach den göttlichen Gesetzen diejenigen, die von der Einheit der Kirche getrennt sind und ihren Frieden stören, durch die weltlichen Gewalten unterdrückt werden müssen. Ein ketzerischer Papst aber ist von der Einheit der Kirche getrennt, deren Frieden er in schandbarster Weise stören will, denn wenn der Glaube der Kirche verdorben und zerrissen wird, dann wird auch der wahre Friede der Kirche zerstört. Deshalb müßte ein ketzerischer Papst, sobald die kirchliche Gewalt versagte, durch die weltlichen Gewalten niedergehalten werden.

SCHÜLER: Was sind jene göttlichen Gesetze, in denen festgesetzt ist, daß diejenigen, die von der Einheit der Kirche getrennt sind und ihren Frieden in schandbarster Weise stören, durch öffentliche Gewalten niedergehalten werden müssen? LEHRER: Die Antwort ist: jene göttlichen Gesetze, die besonders die Ketzer betreffen, welche die Kirche in Verwirrung bringen, stehen in Deut. 13 und 17. Denn in Deut. 13, 2 ff. wird nicht allein den Priestern, sondern allgemein allen und besonders denen, die eine Amtskompetenz ausüben, folgendes vorgeschrieben: *„Wenn ein Prophet oder Träumer unter euch aufsteht und dir ein Zeichen oder Wunder ankündigt, und das Zeichen oder Wunder trifft ein, von dem er dir gesagt hat, und er spricht: ‚Laßt uns anderen Göttern folgen', die ihr nicht kennt, und ihnen dienen, so sollst du nicht gehorchen den Worten eines solchen Propheten oder Träumers; der Herr, euer Gott, versucht euch, um zu erfahren, ob ihr ihn von ganzem Herzen und von ganzer Seele liebhabt."* Und wenig später heißt es (v. 6): *„Der Prophet aber oder der Träumer soll sterben, weil er euch gelehrt hat, abzufallen von dem Herrn, eurem Gott, der euch aus Ägyptenland geführt und dich aus der Knechtschaft erlöst hat, und weil er dich von dem Wege abbringen wollte, auf dem du wandeln sollst, wie der Herr, dein Gott, geboten hat – auf daß du das Böse aus deiner Mitte wegtust."* Dort heißt es unmittelbar anschließend (v. 7): *„Wenn dich dein Bruder, deiner Mutter Sohn oder dein Sohn oder deine Tochter oder deine Frau in deinen Armen oder dein Freund, der dir so lieb ist wie dein Leben, heimlich überreden würde und sagen: ‚Laß uns hingehen und anderen Göttern dienen', die du nicht kennst noch deine Väter, von den Göttern der Völker, die um euch her sind, sie seien dir nah oder fern, von einem Ende der Erde bis ans andere, so willige nicht ein und gehorche ihm nicht. Auch soll dein Auge ihn nicht schonen, und du sollst dich seiner nicht erbarmen und ihn nicht erhören, sondern ihn sofort zu Tode bringen."* Und danach steht zu lesen (v. 13 ff.): *„Wenn du von irgendeiner Stadt, die dir der Herr, dein Gott, gegeben hat, darin zu wohnen, sagen hörst: Es sind etliche heillose Leute aufgetreten aus deiner Mitte und haben die Bürger ihrer Stadt verführt und gesagt: ‚Laß uns hingehen und anderen Göttern dienen', die ihr nicht kennt, so sollst du gründlich suchen, forschen und fragen. Und wenn sich findet, daß es gewiß ist, daß solch ein Greuel unter euch geschehen ist, so sollst du*

Trechsel, fol. 107ra / Goldast, S. 622

die Bürger dieser Stadt erschlagen mit der Schärfe des Schwerts." Ebenso steht Deut. 17, 2: *„Wenn bei dir in einer deiner Städte, die dir der Herr, dein Gott, geben wird, jemand gefunden wird, Mann oder Frau, der dann tut, was dem Herrn, deinem Gott mißfällt, daß er seinen Bund übertritt und hingeht und dient anderen Göttern und betet sie an, es sei Sonne oder Mond oder das ganze Heer des Himmels, was ich nicht geboten habe, und es wird dir angezeigt und du hörst es, so sollst du gründlich danach forschen. Und wenn du findest, daß es gewiß wahr ist, daß solch ein Greuel in Israel geschehen ist, so sollst du den Mann oder die Frau, die eine solche Übeltat begangen haben, hinausführen zu deinem Tor und sollst sie zu Tode steinigen."*

Das sind die göttlichen Gesetze gegen alle, die von der Wahrheit des göttlichen Gesetzes abweichen oder abzuweichen versuchen, und darunter muß man bekanntlich auch unterschiedslos alle Ketzer zählen. Diese Gesetze zwingen alle Katholiken, daß sie jeden, der vom Gesetze Gottes abfällt, zu zerstören versuchen, wobei eben diese Gesetze deutlich feststellen, daß dabei der geordnete Rechtsgang nicht zu beachten ist. Es ist darin bestimmt, daß bei jedermann, es sei Mann oder Frau, Priester oder Nichtpriester, Prophet (d. h. ein gelehrter Doktor) oder ein anderer, der wegen ketzerischer Schlechtigkeit oder Glaubensabfall angeklagt oder bezichtigt wird, durch jeden Gläubigen mit aller Sorgfalt und Gewissenhaftigkeit die Wahrheit erforscht werde, an dessen Ohren eine solche Anklage oder Bezichtigung gelangt. Wenn es keine Prälaten gibt, die die Wahrheit erforschen wollen oder können, dann darf das Gericht, wenn einmal die Wahrheit gefunden ist, keinesfalls aufgeschoben werden, sondern solche Verfluchten müssen für ihre Übeltaten bestraft werden.

SCHÜLER: Eine solche Nachforschung und Bestrafung darf nicht durch irgend jemand geschehen, sondern allein durch die Richter, denen solches von wegen ihres übernommenen Amtes auferlegt ist.

LEHRER: Es kann zugegeben werden, daß solches in erster Linie den Richtern zusteht. Wenn aber die Richter gegen diese ⟨Ketzer⟩ nicht Gerechtigkeit üben können oder wollen, dann kommt es den Untergebenen zu, in diesem Fall die Gerechtigkeit zu vollziehen. Deshalb sind auch die oben zitierten Worte des römischen Rechts [*„Nicht nur den Richtern steht es zu, sondern ohne Unterschied allen Katholiken"*] an alle Gläubigen gerichtet, damit sie erkennen sollen, daß der Vollzug der Gerechtigkeit in keinem Fall aufgeschoben werden darf, sondern daß alle Gläubigen, seien sie Untergebene oder andere, die Gerechtigkeit vollziehen müssen, wenn sie nur eine so große Kompetenz besitzen, daß sie die göttlichen Gesetze dem Vollzug zuführen können. Deshalb auch hat der Prophet Elias, obwohl er kein Priester war und auch kein Richter, dem Volk befohlen, nicht den Richtern, die Propheten des Baal zu ergreifen, und hat nach ihrer Ergreifung sie an den Bach Kyson geführt und sie dort töten lassen, wie man in I. Reg. 18 lesen kann. Demnach verpflichten die oben zitierten göttlichen Gesetze nicht allein die Richter, sondern auch alle ihre Untergebenen, freilich nach einer gewissen Ordnung, nämlich so, daß zuerst zum Vollzug der Gerechtigkeit die Richter verpflichtet sind, in zweiter Linie aber auch die Untergebenen, wenn die Richter die Gerechtigkeit nicht üben können oder nicht üben wollen.

SCHÜLER: Da diese göttlichen Gesetze nicht zu den Moralgeboten, sondern zu den bloßen Rechtsgeboten des alten göttlichen Gesetzes gehören, können sie die Gläubigen, die unter das Gesetz der Freiheit gestellt sind, keineswegs einschränken. LEHRER: In den besagten Gesetzen gibt es etwas Moralisches und etwas, was zu den bloßen Rechtsgeboten gehört. Moralisch ist, daß die Gläubigen gehalten waren, in keiner Weise mit den Häretikern und vom Glauben Abgefallenen, die andere verführen und die Gesetze Gottes zerstören wollten, übereinzustimmen, vielmehr verpflichtet waren, ihnen zu entgegnen, auf alle ihnen mögliche Art Widerstand zu leisten und das Gesetz Gottes zu beachten, zu verteidigen und zu schützen. Was aber zu den bloßen Rechtsgeboten des Alten Gesetzes gehört, war, daß sie getötet werden mußten. Denn wenn auch die Gläubigen, unter das Gesetz der Freiheit gestellt, auf das, was in den oben genannten Gesetzen den bloßen Rechtsgeboten angehört, keineswegs verpflichtet sind, weil sie aufgrund jener Gesetze nicht gehalten sind, Ketzer oder vom Glauben Abgefallene dem leiblichen Tod zu übergeben, sind sie doch auf das, was in jenen Gesetzen moralisch ist, als Christen allesamt notwendig verpflichtet. Und deshalb dürfen auch die Fürsten dieser Welt weder mit den Ketzern übereinstimmen, noch sie begünstigen oder ihnen gehorchen, sondern müssen ihnen nach ihren Kräften Widerstand leisten und verhindern, daß sie den orthodoxen Glauben zerstören können. Bei Nachlässigkeit oder Bosheit von ihnen sind in zweiter Linie in gleichem Maße dann auch alle anderen Christen verpflichtet.

SCHÜLER: Meint nicht einer der Doktoren, die von der Kirche rezipiert sind, daß die oben genannten Gesetze des Alten Testamentes auch jetzt noch von allen Katholiken eingehalten werden müssen? LEHRER: Der heilige Cyprian scheint das ganz ausdrücklich zu meinen, wie man es in C. 23 q. 5 c. 32 lesen kann, sagt er doch: „*Wenn du in einer Stadt, die dir dein Gott geben wird, darin zu wohnen, sagen hörst: Laßt uns hingehen und anderen Göttern dienen, die ihr nicht kennt, dann sollst du sie alle erschlagen mit der Schärfe des Schwertes, die in der Stadt sind, und die Stadt mit Feuer verbrennen. Und für ewig soll sie ohne Bewohnerschaft sein und nie wieder*

Trechsel, fol. 107va / Goldast, S. 623

aufgebaut werden, auf daß der Herr von seinem grimmigen Zorn gewendet werde und gebe dir Barmherzigkeit und erbarme sich deiner und mehre dich, wenn du der Stimme des Herrn, deines Gottes, gehorchst und alle seine Gebote hältst' [vgl. Deut. 13, 13–19]. *Eingedenk dieses Gebotes und seiner Kraft hat Matathias den getötet, der zum Altar gegangen war, um zu opfern. Wenn diese Gebote über den Gottesdienst und die Verachtung der Götzen vor der Ankunft Christi eingehalten wurden, um wieviel mehr sind sie nach der Ankunft Christi hinsichtlich des Gottesdienstes einzuhalten, wenn er bei seinem Kommen uns nicht allein mit Worten ermahnt hat, sondern auch durch die Tat?"* Aus diesen Worten kann man entnehmen, daß die oben genannten Gesetze nach der Ankunft Christi noch mehr einzuhalten sind als zuvor, was von den moralischen Geboten zu verstehen ist, die in den oben genannten Gesetzen enthalten sind. SCHÜLER: Wiewohl diese moralischen (Gebote) von den Richtern einzuhalten sind, sind sie es doch nicht von allen. LEHRER: Dagegen scheint die Glosse zu stehen, die zu dem eben genannten Kapitel [C. 23 q. 5 c. 32] zu dem Wort „necabis" sagt: „*D. h.: Du, wer immer du seist. So kann bisweilen auch derjenige, der kein Richter ist, die Übeltäter bestrafen, wie unten C. 23 q. 5 c. 49.*" Mit diesen Worten wird zu verstehen gegeben, daß es nicht nur den Richtern, sondern auch anderen zukommt, in solch einem Falle (d. h. wenn die Ketzer den Glauben zerstören wollen und niemand auftaucht, der ihnen Widerstand leistete) solche Übeltäter zu bestrafen. Also gilt, wenn der Papst ein Ketzer ist und die Kleriker ihn nicht zurechtweisen können oder wollen, daß seine Zurechtweisung Laien zukommt, auch wenn sie von Klerikern dazu nicht aufgefordert sind.

SCHÜLER: Wenn es mehrere Zeugnisse aus der Geschichte gibt, die dieselbe Behauptung zu bekräftigen scheinen, so nenne sie unverzüglich. LEHRER: Das meint offensichtlich auch Papst Pelagius, wenn er, wie man in C. 23 q. 5 c. 42 lesen kann, sagt: „*Daß ein Schisma schlecht ist, und daß auch durch auswärtige Gewalten derartige Menschen unterdrückt werden müssen, das lehrt uns sowohl die Autorität der kanonischen Schrift als auch die Wahrheit der väterlichen Anordnungen.*" Deshalb sind ketzerische Kleriker auch durch kirchenfremde Gewalten zu unterdrücken, und folglich muß ein ketzerischer Papst (wenn die Gewalt der Kleriker versagt) durch Laienfürsten eingedämmt werden.

Ebenso sagt Papst Pelagius weiter unten in derselben Causa, wo er dem Fürsten Narsa über die Ligurer schreibt [C. 23 q. 5 c. 43]: „*Die Regeln der Väter haben dies in besonderer Weise festgesetzt: wenn irgend jemand in einem kirchlichen Amt dem, dem er unterworfen ist, Widerstand leistet oder sich abseits der Menschenmenge sammelt oder einem anderen ⟨Gott⟩*

einen Altar errichtet hat oder ein Schisma verursacht hat, dann muß er exkommuniziert und verurteilt werden. Wenn er aber auch das mißachtet und hartnäckig bleibt, indem er Zerspaltungen und ein Schisma verursacht, dann muß er durch die öffentlichen Gewalten unterdrückt werden. Siehe, Herr, euer Herz ist vielleicht furchtsam, damit ihr nicht als ein Verfolger erscheint; darum habe ich euch aus den Worten der Väter das in Kürze herausschreiben lassen, während noch tausend andere Beispiele und Gesetze existieren, aus denen man in aller Klarheit erkennen kann, daß diejenigen, die Zerspaltungen in der heiligen Kirche verursacht haben, nicht nur durch das Exil, sondern auch durch die Konfiskation ihres Vermögens und harte Gefangenschaft von den öffentlichen Gewalten abgestraft werden müssen."

Aus diesen Worten kann man erkennen, daß die Bischöfe, von denen in dem Canon des Pelagius die Rede ist, wenn sie unter Mißachtung der Exkommunikation und Verurteilung Zerspaltung und Schismen verursacht haben, obwohl sie Bischöfe sind, als Häretiker aufgrund der Autorität der Canones der heiligen Väter durch die öffentlichen Gewalten bestraft werden müssen. Wenn also der Papst zum Ketzer wird, dann können und müssen die öffentlichen Gewalten, so sehr auch die Prälaten der Kirche zu seiner Bestrafung die Hilfe des weltlichen Armes nicht anrufen wollen oder können, nicht allein aufgrund der Autorität des göttlichen Gesetzes und der Vernunft, sondern zugleich aus dem göttlichen Gesetz und aus dem natürlichen Gebot der Vernunft, wie es allgemein bekannt ist, und auch kraft der Autorität der Festsetzungen der heiligen Väter den ketzerischen Papst bestrafen.

Ebenso sagt auch Augustinus, wie man es in C. 11 q. 3 c. 98 lesen kann, wo er er an die Donatisten schreibt, die Kleriker waren und einige von ihnen sogar Bischöfe: *„Selbst Nebukadnezar hat nach dem Wunder der ⟨Rettung der⟩ drei Männer im Feuerofen, bewegt und verwandelt, für die Wahrheit und gegen den Irrtum ein Edikt erlassen, wer immer den Gott ⟨von Sidrac, Misac und Abdenego⟩, lästere, der solle in Stücke gehauen und sein Haus solle zu einem Schutthaufen gemacht werden* [Dan. 3,29]. *Und ihr wollt nicht, daß christliche Kaiser gegen euch etwas Derartiges befehlen, wenn sie wissen, daß von euch an denen, die ihr erneut tauft, Christus erstickt wird?"* In diesen Worten wird zu verstehen gegeben: wie der ungläubige König Nebukadnezar gegen die Lästerer des wahren Gottes ein Edikt erließ, so können auch die christlichen Kaiser ketzerische Kleriker und Bischöfe, die Christus ersticken, bestrafen. Aber Nebukadnezar konnte ein solches Edikt erlassen, obwohl er von den Priestern keineswegs darum gebeten worden war. Also können auch die Kaiser ketzerische Kleriker bestrafen. So ist auch der Papst, wenn er zum Ketzer geworden ist und wenn

Trechsel, fol. 107vb / Goldast, S. 624

die Prälaten ihn nicht strafen wollen oder können, von Laien zu unterdrücken. Desgleichen sagt auch eine Glosse zu D. 23,[49] daß Kleriker wegen Ketzerei in die Gerichtsgewalt des weltlichen Richters geraten.

SCHÜLER: Wenn du für diese Behauptung noch einige Argumentationen erwogen hast, dann führe sie mir jetzt vor! LEHRER: Die oben genannte Behauptung kann man anscheinend mit vielen Argumentationen beweisen: Die erste ist folgende: Gegen ein Verbrechen, das an sich schwerer ist und für die gesamte Gemeinschaft der Gläubigen gefährlicher und verderblicher, ist es nötig, daß gläubige Katholiken mit größerer Kraft, Besorgnis und Vorsicht Widerstand leisten. Aber das Verbrechen der Ketzerei ist beim Papst, wenn die kirchliche Gewalt, sei es durch schlechten Willen, sei es durch Unvermögen oder durch verurteilungswerte Nachlässigkeit oder durch Unwissenheit, hinsichtlich seiner Bestrafung versagt, schlimmer und der ganzen Gemeinschaft der Gläubigen gefährlicher und verderblicher, als es das Verbrechen des Abfalls vom Weiheordo auch nach der dritten Ermahnung ist. Also müssen alle Katholiken das Verbrechen der Ketzerei beim Papst mit größerer Kraft, Besorgnis und Vorsicht zurückschneiden als das Verbrechen des Glaubensabfalls bei einem Kleriker auch nach der dritten Ermahnung. Die öffentlichen Gewalten aber können Kleriker, die vom Weiheordo abgefallen sind, nach der dritten Ermahnung bestrafen. Um sehr viel mehr können also die öffentlichen Gewalten, wenn die kirchliche Gewalt versagt, einen häretischen Papst durch Zwang ruhigstellen.

Der Obersatz des ersten Syllogismus erhellt klärlich: denn oft sehen wir, daß an sich leichtere Verbrechen schwerer bestraft werden aus dem Grunde, daß sie für die Gemeinschaft gefährlicher sind. So wird oft einem leichten Verbrechen stärkerer Widerstand entgegengesetzt allein aus dem Grunde, weil er der Gemeinschaft gefährlicher ist. Deshalb wird in vielen Gegenden, Königreichen und Ländern ein Diebstahl schwerer bestraft als ein Ehebruch, weil ja ein Diebstahl mit der Todesstrafe bestraft wird, da er eben gefährlicher ist; ein Ehebruch wird aber nicht in gleicher Weise bestraft. Der Diebstahl aber, wenn er auch gefährlicher für die Gemeinschaft ist, ist dennoch leichter nach dem Zeugnis Salomons, der in Prov. 6, 30 sagt: *„Nicht schwer ist die Schuld, wenn er gestohlen hat, um seine Gier zu stillen, weil ihn hungert; wenn er ergriffen wird, ersetze er's siebenfach und gebe her alles Gut seines Hauses."* Und dann wird er freigesprochen. *„Wer aber ein Ehebrecher ist, verliert wegen des Mangels in seinem Herzen seine Seele. Schande und Schmach häuft er auf sich, und sein Makel wird nicht vergehen."* Aus diesen Worten wird zu erkennen gegeben, daß das Verbrechen des Diebstahls weniger schwer ist als ein Ehebruch.

Trechsel, fol. 108ra / Goldast, S. 624

Wenn in gleicher Weise also auch üble Nachrede leichter bestraft wird als Diebstahl oder Raub, ist sie doch als schlimmeres Verbrechen zu beurteilen nach dem Zeugnis Papst Anaklets, der sagt, und das steht in C. 6 q. 1 c. 15: *„Schlimmer sind die, die das Leben und das Verhalten verderben, als jene, die das Vermögen von anderen zur Beute nehmen. Denn diese nehmen uns, was außerhalb von uns ist, wenn es auch unser ist. Die uns aber übel nachreden und unser Verhalten verderben und jene, die sich gegen uns bewaffnen, die nehmen uns selbst zur Beute."* Damit steht fest, daß oft kleinere Vergehen, die dem Gemeinwesen mehr schaden, schwerer bestraft werden, was offenbar auch die Glosse zu X 3. 49. 10 [s. v. *quo faciunt se indignos*] zu verstehen, gibt, wenn sie fragt: *„Warum wird ein offener Räuber und Mordbrenner eher aus [dem Asyl] der Kirche gezogen als ein anderer Verbrecher, der vielleicht schlimmer ist?"*, und darauf antwortet: *„Weil sehr viel*[50] *darauf ankommt, daß diese, ⟨jedenfalls in höherem Maße⟩ als daß andere Verbrecher bestraft werden, da sie auf den Tod von mehr Menschen sinnen als andere, wie es C. 23 q. 4 c. 33 steht"*, und das ist ein Kapitel des Ambrosius, wo dieser sagt: *„Wenn jemand einen Räuber, bewogen von den Bitten seiner Kinder und weich gemacht von den Tränen seiner Frau, freilassen zu müssen glaubt, in dem noch die Raublust brennt, gibt der nicht Unschuldige dem Untergang preis, wenn er einen freiläßt, der auf den Tod noch vieler anderer sinnt?"* Aus diesen Worten kann man entnehmen, daß einige Verbrechen deshalb schwerer bestraft werden, weil sie der Gemeinschaft schwereren Schaden zufügen. Und damit ist der Obersatz des ersten Schlußverfahrens klar.

Der Untersatz (daß nämlich Ketzerei beim Papst nicht nur an sich schwerer wiegt, sondern auch für die Gemeinschaft gefährlicher und verderblicher ist) ist an ihm selbst evident und ergibt sich klar aus den Worten Augustins, die D. 83 c. 2 aufgeschrieben sind, der sagt: *„Niemand in der Kirche richtet größeren Schaden an, als der, der bei seinen Übeltaten Namen oder Weihegrad der Heiligkeit und eines Priesters innehat. Niemand nämlich nimmt sich dann heraus, diesen Übeltäter zu schelten. Dadurch wird die Schuld in ungestümer Weise zum Vorbild, wenn aus Ehrfurcht ⟨vor seiner Weihe⟩ einem Sünder Ehre erwiesen wird."* Daraus läßt sich schließen, daß niemand in der Kirche größeren Schaden anrichtet als der, der, während er Verkehrtes lehrt, den Namen des Papstes hat. Denn seine verderbenbringende Lehre wird in ungestümer Weise dadurch verbreitet, wenn aus Ehrfurcht vor dem höchsten Bischof einem Ketzer Ehre erwiesen wird.

Daß aber die öffentlichen Gewalten einen Kleriker, der von seinem Weihegrad abgefallen ist, nach der dritten Abmahnung strafen müssen (wel-

---

Trechsel, fol. 108rb / Goldast, S. 624

ches Vergehen weniger gefährlich und weniger schädlich ist als das Vergehen der ketzerischen Verderbtheit beim Papst), das geht klar aus dem hervor, was man X 5.39.15 lesen kann: *„Wenn solche Kleriker, nach dreimaliger Abmahnung durch ihre Prälaten, ihre Kriegswaffen nicht ablegen wollen, dürfen sie von dem Vorrecht der Kleriker keinen weiteren Vorteil haben."* Um vieles mehr muß also der Papst, wenn er vom katholischen Glauben abgefallen und in ketzerische Verderbtheit verfallen ist und wenn er diese in seiner Lehre verbreitet, sofern die Prälaten der Kirche ihn nicht strafen können oder wollen, durch die öffentlichen Gewalten zur Ruhe gebracht werden.

SCHÜLER: Diese Argumentation macht anscheinend eine falsche Annahme, wenn sie darauf ausgeht, daß eine leichtere Sünde manchmal schwerer geahndet wird und daß eine Sünde dann, wenn sie gefährlicher ist, auch schwerer geahndet werden muß. Denn das beides widerspricht anscheinend den Autoritäten, sagt doch Hieronymus,[51] wie man C.24 q.1 c.21 lesen kann: *„Wer zweifelte daran, daß das ein schwereres Verbrechen ist, das härter geahndet wird?"* Aus diesen Worten scheint offenkundig, daß eine schwerere Sünde härter geahndet wird. Die zweite Behauptung, daß nämlich eine gefährlichere Sünde härter geahndet werden muß, widerspricht auch der Heiligen Schrift. Das ist klar, denn Diebstahl ist ein Verbrechen, das für die Gemeinschaft schädlicher ist als Ehebruch, und dennoch wird Ehebruch mit der Todesstrafe geahndet, nicht aber Diebstahl.[51a]

LEHRER: Auf den ersten Einwand ist die Antwort: in der Regel ist es so, daß ein schwereres Verbrechen auch härter zu ahnden ist. Jedoch gilt das nicht in (jedem) Einzelfall, nach Aussage der Glosse zu C.1 q.1 c.16 [s. v. *durior*], denn *„Wer seine eigene Ehefrau tötet, wird schwerer bestraft, als wer seine Mutter erschlägt, C.33 q.2 c.15"*, und, wie man finden kann, gilt es auch in vielen anderen Fällen nicht. Zum zweiten Einwand aber sagt man, daß ein Diebstahl sehr wohl akzidentell der Gemeinschaft schädlicher sein kann als ein Ehebruch, und so ist Diebstahl einmal schädlicher, ein andermal weniger schädlich. Deshalb wird er in einigen Landstrichen weniger hart geahndet und in anderen Gegenden härter bestraft. Das Verbrechen der Ketzerei beim Papst aber ist das allergefährlichste. Darum muß man ihm sehr wachsam begegnen. Deshalb darf ein Verbrechen von Klerikern, das geringer ist als Ketzerei, in keinem Fall den Laien in höherem Maße zustehen als das Verbrechen der Ketzerei beim Papst, wenn Kleriker den ketzerischen Papst nicht strafen wollen oder können.

Eine zweite Begründung ist folgende: Wer die Kirche Gottes von Gott zum Schutze anvertraut erhalten hat, der darf weder wegen der Ohnmacht von Klerikern noch wegen ihrer Schlechtigkeit, noch wegen ihrer Unwis-

Trechsel, fol. 108rb / Goldast, S. 625

senheit, noch wegen ihrer Nachlässigkeit diesen Schutz hintan stellen oder auch nur darin erlahmen. Die Fürsten dieser Welt aber erhalten von Gott die Kirche zum Schutz übertragen, nach dem Zeugnis Isidors, C. 23 q. 5 c. 20, der sagt: „*Die Fürsten dieser Welt sollen erkennen, daß sie Gott Rechenschaft legen müssen über die Kirchen, die sie von Christus zum Schutz empfangen haben. Ob nämlich Friede und Zucht der Kirche durch gläubige Fürsten wächst oder schwindet, von ihnen wird jener Rechenschaft fordern, der ihrer Gewalt seine Kirchen anvertrauen zu sollen glaubte.*" Also dürfen die Fürsten dieser Welt, wenn kirchliche Kompetenz, sei es nun aus Ohnmacht oder Bosheit, Unwissenheit oder Nachlässigkeit versagt, den Schutz der Kirche keineswegs hintanstellen. Sie schützen die Kirche aber nicht, wenn sie einen ketzerischen Papst, der den Glauben und die Wahrheit der Kirche verwüsten will, von seinem üblen Versuch nicht abzuhalten besorgt sind. Also sind, wenn die kirchliche Gewalt aus einem der genannten Gründen versagt, die Fürsten dieser Welt verpflichtet, einen ketzerischen Papst daran zu hindern, den Glauben der Kirche zu verderben.

Die dritte Argumentation ist: Eine nicht geringere Gewalt haben Laien über einen ketzerischen Papst, der auf dem Apostolischen Stuhl zu Unrecht sitzt, als über einen Papst, der unrechtmäßig den Apostolischen Stuhl gewann und eroberte, denn beide besetzen den Apostolischen Stuhl zu Unrecht. Der ketzerische Papst aber versucht darüber hinaus auch noch die Katholiken in die ketzerische Verderbtheit zu ziehen, was ein zu Unrecht ins Amt Gelangter nicht versucht. Die Laien aber haben die Kompetenz, einen zu Unrecht in sein Amt gelangten Papst vom Apostolischen Stuhl zu verjagen, nach dem Zeugnis Papst Nikolaus II., der D. 79 c. 9 sagt: „*Wenn jemand durch Geldzahlung oder menschlichen Beistand oder durch einen Auflauf des Volks oder bewaffnet ohne gemeinsame und kanonische Wahl der Kardinäle und der anderen frommen Kleriker auf dem Apostolischen Stuhl inthronisiert worden ist, so hat er nicht als Apostolischer Vater, sondern als Apostat zu gelten.*" Es ist daher den Kardinälen und den anderen gottesfürchtigen Klerikern und den Laien erlaubt, diesen Eindringling zu verfluchen und mit menschlicher Hilfe vom Apostolischen Stuhl zu vertreiben. Um vieles mehr also haben Laien die Kompetenz, einen ketzerischen Papst vom Apostolischen Stuhl zu vertreiben, der diesen Stuhl ganz unwürdig besetzt hält, als wenn er nur ohne alle Ketzerei ein Eindringling auf dem Apostolischen Stuhl wäre, zumal wenn die Prälaten der Kirche den ketzerischen Papst nicht angemessen zurechtweisen können oder wollen.

[Folgen drei weitere Argumentationen (4.–6.)]

Die siebente Argumentation ist: Der katholische Glauben ist in hö-

Trechsel, fol. 108va / Goldast, S. 625

herem Maße zu verteidigen, wenn diesem Glauben Gefahr droht, als die eigene Person. Das ist klar, denn Katholiken sind verpflichtet in vielen Fällen für die Verteidigung des orthodoxen Glaubens ihre eigene Person dem Tode auszusetzen. Katholischen Laien ist es aber erlaubt, Kleriker, die sie töten wollen, unter Einsatz von Gewalt zurückzuschlagen und sie in Gewahrsam zu nehmen, wenn sie ihrem Angriff anders nicht entgehen können. Denn es ist erlaubt, der Gewalt mit Gewalt zu begegnen, D. 1 c. 7. Wenn deshalb ein ketzerischer Papst versucht, den Glauben zu zerstören, und die Kleriker ihn nicht bändigen wollen oder können, ist er um vieles mehr durch Laien zu bändigen und in sicherem Gewahrsam zu halten, wenn anders man seinen Wahnsinn nicht hindern kann.

Die achte Begründung ist: Wie nach Christi Verheißung der katholische Glaube bis ans Ende der Welt Bestand haben wird, so wird auch in der Kirche Gottes die Kompetenz, von Rechts wegen Ketzer zurechtzuweisen, bis ans Ende der Welt Bestand haben. Wenn aber der Papst zusammen mit allen Klerikern zum Ketzer würde, dann wäre diese Kompetenz, von Rechts wegen Ketzer zurechtzuweisen, nicht beim Papst und bei den Klerikern, denn diese wären aller geistlichen Kompetenz entkleidet. Also wäre in diesem Falle die Kompetenz, Ketzer zurechtzuweisen, von Rechts wegen auf die Laien überwälzt. So hätten in diesem Fall die Laien von Rechts wegen die Kompetenz, den ketzerischen Papst und die Kleriker, die ihm anhängen, zurechtzuweisen.

Die neunte Argumentation ist: Weltliche Fürsten und Laien sind mit größerer Strenge dazu verpflichtet, den orthodoxen Glauben zu verteidigen als ihr eigenes Vaterland. Das bedarf keines Beweises. Aber die weltlichen Fürsten sind gehalten, das eigene Vaterland, wenn Gefahr droht, zu verteidigen. Wenn also dem Glauben wegen Ohnmacht, Bosheit, zurechenbarer Nachlässigkeit oder Unwissenheit der Kleriker Gefahr droht, weil der ketzerische Papst in seiner Perfidie und Macht den Glauben zerstören will, so müssen die weltlichen Fürsten und Laien ihm um vieles mehr mannhaft widerstehen, auch wenn sie nicht von Klerikern darum gebeten sind, und müssen ihn mit Gewalt an seinem Wahnsinn hindern.

Die zehnte Argumentation ist folgende: Wer schuldig ist, die katholische Wahrheit zu verteidigen, ist auch schuldig, mit Macht dem zu widerstehen, der die katholische Wahrheit bekämpft. Ein Laie ist aber schuldig, die katholische Wahrheit, die ihm bekannt ist, zu verteidigen, also ist er auch schuldig, mannhaft und mit Macht dem Widerstand zu leisten, der die katholische Wahrheit bekämpft. Folglich müssen Laien den ketzerischen Papst bändigen, auch wenn sie dazu nicht von Klerikern aufgefordert wurden, wenn die Kleriker ihn nicht selbst zurechtweisen wollen oder

Trechsel, fol. 109ra / Goldast, S. 626

können. Der Obersatz ist klar, denn nach Papst Innozenz gilt, und es steht D. 83 c. 3: *„Die Wahrheit wird unterdrückt, wo sie nicht verteidigt wird. Wenn man es also versäumt, die Verkehrten zu zerstören, obwohl man dazu in der Lage ist, so bedeutet das nichts anderes, als sie zu begünstigen. Auch entgeht der nicht dem Vorwurf geheimer Mittäterschaft, der davon Abstand nimmt, einer offenkundigen Untat zu begegnen."* Folglich ist es denen, die die Wahrheit verteidigen sollen, erlaubt, dem, der die Wahrheit bekämpft, nach Kräften entgegenzutreten. Der Untersatz wird durch eine Stelle aus Johannes Chrysostomus bewiesen, der (wie man C. 11 q. 3 c. 86 lesen kann) sagt: *„Denn wie ein Priester schuldig ist, die Wahrheit, die er in Freiheit[52] von Gott gehört hat, frei zu predigen, so ist ein Laie schuldig, die Wahrheit, die er von Priestern gehört hat, wie sie in der Schrift erwiesen ist, vertrauensvoll zu verteidigen. Wenn er das nicht tut, hat er die Wahrheit verraten."* Aus diesen Worten geht klar hervor, daß ein Laie schuldig ist, die katholische Wahrheit zu verteidigen.

SCHÜLER: Diese Argumentation beweist nicht, daß ein Laie schuldig ist, die Wahrheit dann zu verteidigen, wenn er nicht von Priestern dazu aufgefordert ist. Das deutet Chrysostomus an, wenn er sagt: *„Ein Laie ist schuldig, die Wahrheit, die er von Priestern gehört hat, wie sie in der Schrift erwiesen ist, zu verteidigen."* Demnach soll er ausschließlich die Wahrheit verteidigen, wenn ihm Priester die Wahrheit aus der Schrift beweisen und ihn auffordern, sie zu verteidigen. LEHRER: Einige glauben, daß dieser Einwand und solche Antwort anmaßend ist. Einmal aus folgendem Grund: Wenn ein Laie schuldig ist, die Wahrheit, die er von Priestern gehört hat, zu verteidigen, so ist er noch um vieles mehr schuldig, die Wahrheit, die er in der Heiligen Schrift liest, zu verteidigen, weil es möglich ist, daß der Laie die Wahrheit von Priestern hörte lange vor allem Kampfe gegen die Wahrheit. Der Laie ist doch auch dann, wenn die Priester tot sind, schuldig, die Wahrheit, die er von ihnen gehört hat, wie sie in der Schrift erwiesen ist, zu verteidigen. Zur Verteidigung der Wahrheit nämlich darf den Laien nicht die Autorität von Priestern bewegen, sondern die Autorität und Wahrheit der Schrift. Und so muß er die Wahrheit verteidigen, auch wenn er von Priestern dazu überhaupt nicht aufgefordert wurde.

SCHÜLER: Führe noch weitere Argumentationen für diese Behauptung an! LEHRER: Die elfte Argumentation ist: Denen kommt es zu, einen ketzerischen Papst zurechtzuweisen, die dann, wenn sie ihn nicht zurechtweisen, von dem Verbrechen keineswegs frei sein können; aber selbstverständlich sind Laien von dem Verbrechen nicht frei, wenn sie einen ketzerischen Papst nicht selbst zurechtweisen, sofern die Kleriker ihn nicht zurechtweisen wollen oder können. In diesem Fall also müssen sie den ket-

Trechsel, fol. 109rb / Goldast, S. 627

zerischen Papst zurechtweisen. Der Obersatz bedarf keines Beweises. Der Untersatz wird so belegt: Wer die Autorität hat, die Hohenpriester zurechtzuweisen, die Christus getötet hatten, hat auch die Autorität, die Ketzer zurechtzuweisen, die den Glauben Christi leugnen. Das Volk aber hatte die Autorität, die Hohenpriester zurechtzuweisen, weil sie Christus getötet haben, denn sonst wären sie, sofern sie sie nicht zurechtwiesen, selber vom Verbrechen nicht frei. Umgekehrt sagt nämlich Augustinus zu Psalm 81, und das steht C. 23 q. 3 c. 11: *„Damit zeigt der Prophet, daß auch jene nicht frei von dem Verbrechen sind, die den Fürsten erlaubt haben, Christus zu kreuzigen und zu töten, zumal sie von der Menge gefürchtet wurden und somit jene vor ihrer Tat und sich vor ihrer Zustimmung hätten bewahren können. Wer nämlich davon abläßt, dem Verkehrten entgegenzutreten, so er das vermag, und das nicht tut, der gibt offensichtlich seine Zustimmung."* Demnach hat ganz ähnlich auch das Volk die Autorität, einen ketzerischen Papst und andere Ketzer, die den katholischen Glauben zerstören, zurechtzuweisen, wenn die Kleriker das nicht wollen oder können. Der ist nicht frei von dem Verbrechen, der es dem ketzerischen Papst erlaubt, den orthodoxen Glauben zu verderben.

Die zwölfte Argumentation ist: Nicht weniger sind die Fürsten der Welt gehalten, den katholischen Glauben gegen einen Ketzerpapst zu schützen, als ein Genosse gehalten ist, seine Genossen, wenn sie schwach sind, gegen die Räuber zu verteidigen. Genossen aber sind gehalten, Genossen in ihrer Schwäche gegen Räuber zu schützen, nach dem Zeugnis des Ambrosius, der C. 23 q. 3 c. 5 sagt: *„Kampftüchtigkeit, welche im Krieg das Vaterland vor Barbaren schützt oder im Lande die Schwachen oder die Rechtsgenossen vor Räubern verteidigt, ist voller Gerechtigkeit."* Demnach sind um vieles mehr die Fürsten gehalten, den katholischen Glauben gegen einen Ketzerpapst, den die Kleriker nicht bändigen können oder wollen, durch ihre Zurechtweisung zu schützen.

Die dreizehnte Argumentation ist: Wer einen anderen als Gebannten meiden muß, sollte ihn in festen Gewahrsam nehmen, wenn er sonst den Umgang mit ihm nicht meiden kann. Die Fürsten dieser Welt aber, die wissen, daß der Papst ein Ketzer ist, müssen ihn als Gebannten meiden, denn jeder Ketzer ist in das Urteil des Banns verstrickt. Also sind die weltlichen Fürsten und die Laien, wenn sie wissen, daß der Papst ein Ketzer ist, gehalten, ihn in festen Gewahrsam zu nehmen, wenn sie anders den Umgang mit ihm nicht meiden können.

c. 100

SCHÜLER: Über diese Argumentationen will ich mich mit dir nach dem Abschluß unseres Werkes (genauer) unterhalten. Nun aber wünsche ich, daß du mir anzeigst, wie man auf die Gründe, die für die gegenteilige Meinung vorgebracht wurden, antworten kann. Zuerst berichte, was auf das geantwortet wird, was oben in C. 95 angeführt wurde.

LEHRER: Auf all das gibt es eine einzige Argumentation zur Antwort: alle Belege, die dort aufgeführt sind, sind rein positive Bestimmungen, und darum kann jene negative Aussage: ‚Laien dürfen Ketzer nicht strafen, wenn sie nicht von den Prälaten der Kirche dazu aufgefordert werden', nicht aus ihnen gefolgert werden.

SCHÜLER: Das ist eine kurze Antwort, über die ich anderwärts mit dir mich genau unterhalten will. Daher zeige, wie auf die oben in C. 91 angeführten Argumentationen erwidert wird!

LEHRER: Auf die erste sagt man, daß ein ketzerischer Papst im genannten Fall, d.h., wenn die Kleriker ihn nicht strafen wollen oder können, dem Gerichtshof des weltlichen Richters untersteht wenigstens insoweit, daß der ihn in festem Gewahrsam halten und damit hindern kann, das Gift ketzerischer Schlechtigkeit auf andere zu übertragen. Auch kann er ihn einem Prozeß unterziehen, ihn sorgfältig verhören und gegen ihn verfahren. Er kann ihn aber nicht vom Klerikerstand degradieren und kein endgültiges Urteil gegen ihn aussprechen. Darin nämlich würde künftigen katholischen Prälaten vorgegriffen, die den rechten Glaubenseifer aus der Liebe zum Glauben haben. Nach der Meinung einiger wäre die Degradation eines Ketzerpapstes und die Verhängung eines endgültigen Urteils gegen ihn jenen ⟨künftigen⟩ Prälaten der Kirche vorzubehalten, denen dann der Heilige Geist eingeflößt wird. Wenn man nämlich annimmt, daß Kleriker nicht dem Gericht eines weltlichen Richters unterstehen, so ist die Antwort: daß dies in vielen Fällen nicht gilt: X 5.39.14; 5.39.23; 5.9.1; 3.1.16. Darum führt die Glosse zu C.23 q.5 c.20 [s.v. *intra ecclesiam*], wie oben schon ausgeführt, mehrere Fälle an, in denen Laien die Gerichtshoheit über Kleriker innehaben. Darunter ist auch folgender: „*Wenn die Kleriker den Glauben zerstören wollen*", gehören sie unter das Gericht eines weltlichen Richters. In besonders hohem Maße wird also ein Ketzerpapst, den die Kleriker nicht bändigen wollen oder können, dem Gericht eines weltlichen Richters unterstehen. Denn wenn es frommt, kleineren Gefahren zu begegnen, dann ist es um vieles mehr notwendig, größeren Gefahren zu begegnen, wie man den Worten des seligen Papstes Gregors X. auf dem Allgemeinen Konzil von Lyon [1274] in VI 1.6.3 entnehmen kann. Aber dem Glauben drohte eine geringere Gefahr, wenn die geringen Kleriker in ket-

Trechsel, fol. 109va / Goldast, S. 627

zerische Schlechtigkeit verwickelt wären, als wenn der Papst versuchte, die ganze Kirche mit dem Schandmal der Ketzerei zu beflecken. Wenn daher irgendwelche geringe Kleriker in irgendeinem Fall dem Gericht des weltlichen Richters unterstehen, müssen in besonders starkem Maße weltliche Richter und Laien einem Ketzerpapst Widerstand leisten, wenn ihn die Kleriker nicht zurechtweisen wollen oder können.

SCHÜLER: Kraft dieser Argumentation könnten Laien in diesem Fall einen Ketzerpapst dem leiblichen Tod überantworten, denn in einigen Fällen dürfen Laien ketzerische Kleriker erlaubtermaßen töten.

LEHRER: Die Antwort ist: in allen Fällen ist auf die Begründung zu achten. Der Grund aber, weshalb in einigen Fällen ketzerische Kleriker dem Gericht des weltlichen Richters unterworfen werden, ist, damit sie zur Abschreckung anderer angemessen gebändigt werden, d. h., der Grund, warum ein Ketzerpapst, den die Kleriker nicht zurechtweisen wollen oder können, durch Laien gebändigt werden muß, ist, damit nicht der katholische Glaube durch den ketzerischen Papst gebunden werde. Wo daher der katholische Glaube sich wahren ließe allein durch die Fesselung und Gefangensetzung des ketzerischen Papstes, dürften Laien nicht zu einer anderen Strafe voranschreiten. Wo aber von einem nur in Gefangenschaft gehaltenen Ketzerpapst mit Wahrscheinlichkeit eine Gefahr für den Glauben drohte, während durch seinen Tod der Glaube sich wahren ließe, könnten die Laien aus Eifer um den orthodoxen Glauben zum leiblichen Tod des Ketzerpapstes voranschreiten.

SCHÜLER: Wenn man auch im Recht häufig festgesetzt finden kann, daß Kleriker dem Gericht eines weltlichen Richters nicht unterstehen, so gilt das doch in zahlreichen Fällen nicht; denn durch die Gesetzgeber der Gesetze, durch die bestimmt wurde, daß Kleriker nicht dem Gericht eines weltlichen Richters unterstehen, sind mehrere Fälle (aus dieser Regelung) ausgenommen. Unter diesen Ausnahmen aber läßt sich der Fall eines Ketzerpapstes nicht finden, denn von diesem Fall geschieht im Recht niemals eine Erwähnung. Darum darf der Fall eines Ketzerpapstes nicht zu den anderen Fällen gerechnet werden. Somit kann ein Ketzerpapst niemals dem Gericht eines weltlichen Richters unterstehen, es sei denn, er sei durch Prälaten der Kirche dem weltlichen Gericht überstellt worden. Und diese Argumentation wird noch bekräftigt, denn dem steht es zu, Gesetze auszulegen, der Gesetze erlassen darf. Wenn also der Gesetzgeber jener Gesetze, in denen bestimmt ist, daß Kleriker dem Gericht eines weltlichen Richters nicht unterstehen, die besagten Gesetze niemals in solcher Weise auslegte, daß er den Fall eines Ketzerpapstes als Ausnahme definierte, kann ein ketzerischer Papst in keinem Fall dem Gericht eines weltlichen Richters unter-

Trechsel, fol. 109vb / Goldast, S. 628

stehen, es sei denn in einem der Fälle, in denen nach dem ausdrücklich in den heiligen Canones gemachten Ausnahmen bisweilen ketzerische Kleriker unter das Gericht eines weltlichen Richters geraten. Sie geraten aber nur unter das Gericht eines weltlichen Richters, wenn sie zuvor degradiert und danach dem weltlichen Gericht überantwortet worden sind, X 5.7.9 und 13; und deshalb kann ein ketzerischer Papst dem Gericht eines weltlichen Richters nicht unterstehen.

Lehrer: Die Antwort ist, daß es nicht allein jenem zusteht, ein Gesetz auszulegen, dem es auch zukommt, eines zu erlassen. Und das deutet die Glosse zu X 5.9.1[53] ganz handgreiflich an; denn wo sie die verschiedenen Arten der Gesetzesauslegung aufzählt, von denen eine erste die des Fürsten ist, der das Gesetz erläßt, eine weitere die der Rechtsgewohnheit ist, eine weitere die des Richters ist, da fügt sie hinzu: *„Eine weitere ⟨Auslegung⟩ gibt es, die ist nicht allgemein, ⟨nicht notwendig⟩ und braucht auch nicht schriftlich niedergelegt zu werden, wie etwa die Auslegung durch Universitätslehrer."* Aus diesen Worten kann man entnehmen, daß es nicht dem Gesetzgeber allein zusteht, das Gesetz auszulegen. Man sagt, daß man, um das zu verstehen, wissen muß, daß eine Auslegung des Gesetzes nur eine Erläuterung des Sinnes eines Gesetzes oder eine geeignetere Erklärung ist. Darum ist allein dann eine Auslegung des Gesetzes ⟨ nötig⟩, wenn der Sinn eines Gesetzes unbekannt ist. Aus drei Gründen aber kann der Sinn eines Gesetzes unbekannt sein:

(1.) Manchmal nämlich kann der Wortlaut des Gesetzes wegen einiger darin enthaltener zweideutiger und vieldeutiger Wörter einen verschiedenen Sinn haben, wobei keiner dem göttlichen Recht widerstreitet oder dem natürlichen Recht oder dem positiven noch gültigen Recht. Und in solch einem Fall steht die Auslegung des Gesetzes allein dem Gesetzgeber zu oder seinem Vorgesetzten, der dasselbe Gesetz geben könnte. Wie es nämlich anderen nicht zusteht, ein zweideutiges Gesetz zu erlassen, so steht es diesen anderen auch nicht zu, ein solches Gesetz in einem eindeutigen Sinn zu erlassen. Und folglich steht es anderen nicht zu zu erklären, das und das Gesetz müsse so oder so in einem bestimmten Sinn verstanden werden.

(2.) Manchmal aber kennt man den letzten Sinn eines Gesetzes nicht wegen einer Unkenntnis des geltenden positiven Rechts, etwa wenn die Ausnahmen unbekannt sind, die vom positiven Recht abhängig sind. Dann ist es deshalb notwendig, zu erklären und zu erläutern oder auszulegen, wie das Gesetz verstanden werden muß. Eine solche Auslegung, Erläuterung oder Erklärung des Sinnes eines Gesetzes gehört in den Bereich der Rechtsgewohnheit, die der beste Ausleger von Gesetzen ist, und des Rich-

Trechsel, fol. 110ra / Goldast, S. 628

ters, dem es zusteht, Kenntnis der Gesetze und Gewohnheitsrechte zu haben, und der Magistri, d. h. der Rechtskundigen, denen es zukommt, Kenntnis der Gesetze zu haben.

(3.) Bisweilen aber kennt man den Sinn der Gesetze nicht wegen einer Unkenntnis des göttlichen Gesetzes oder des Gesetzes der natürlichen Vernunft bzw. des Rechtes der Vernunft, wie es aus dem göttlichen Recht und aus dem natürlichen Geheiß der Vernunft zugleich hervorgeht, z. B., wenn X 3. 1. 13 der Papst durch erlassenes Gesetz befiehlt, wenn jemand erfunden werde, daß er mit der Frau, der er sein Versprechen, mit ihr eine Ehe einzugehen, gegeben hat, Verkehr gehabt habe, er dann bei ihr (in einer Ehe) bleiben müsse. Wenn nun jemand nur auf den Wortlaut des Gesetzes achtet und das göttliche Recht nicht kennt, daß es aufgrund von Unzucht erlaubt ist, sich von seiner Ehefrau zu trennen, wird er den wahren Sinn des Gesetzes nicht begreifen. Es ist (wie man es X 3. 16. 2 lesen kann) zudem demjenigen, der ein Depositum hergibt, erlaubt, dieses Depositum nach Belieben zu widerrufen. Doch wird, wer das Naturrecht nicht kennt, in dem bestimmt ist, daß ein Depositum nicht zum Zweck militärischer Eroberung der Vaterstadt zurückgefordert werden darf, das keineswegs bis ins Letzte verstehen. Wenn also aus Unkenntnis des göttlichen Rechts und des natürlichen Rechts der Sinn eines Gesetzes unbekannt ist und deshalb eine Auslegung oder eine Erläuterung des Sinnes des Gesetzes notwendig ist, dann kommt das in allererster Weise den Kennern des göttlichen Rechts und der Moralphilosophie zu. Das gilt sogar insoweit, daß, wenn derjenige, der das Gesetz eingerichtet hat, in der Heiligen Schrift und der Moralphilosophie nicht ausreichend unterrichtet war, dann eine solche Auslegung eines Gesetzes, das von ihm erlassen worden ist, in höherem Sinne einigen Gelehrten zukommt als ihm selbst; ja, er selbst könnte und sollte in diesem Fall die Auslegung seines eigenen Gesetzes von ihnen entgegennehmen. Wie es ja nach dem Weltweisen (Aristoteles) zur „*Epikie*" [d. h. „Güte" oder „Billigkeit"] gehört zu sagen, in welchem Fall der Wortlaut eines Gesetzes nicht anzuwenden ist.[54] Und das geschieht durch Erkenntnis der natürlichen Gerechtigkeit. Wenn darum ein Ungebildeter, der der Erfahrung in den Sachproblemen und der Geschäftskenntnis ermangelt, ein Gesetz erlassen hat und dabei nur das beachtet hat, was sich im allgemeinen zuträgt, dann wird ein gebildeter Philosph und kenntnisreicher Fachmann besser ⟨als er⟩ sagen können, in welchen Fällen der Wortlaut des Gesetzes nicht anzuwenden ist, und er wird ein tieferes Verständnis des Sinnes des Gesetzes haben als der König, der es erlassen hat.

SCHÜLER: Dieser Bericht enthält, wie es scheint, mehreres, was zweifelhaft, ja falsch ist. Nur zwei Punkte davon will ich jetzt zu widerlegen versu-

Trechsel, fol. 110rb / Goldast, S. 628

chen. Der erste ist: Hier wird gesagt, daß irgendein Gesetz zweideutig sei, weil es zweierlei Sinn hat, was Isidor offensichtlich für falsch hält. Denn Isidor versichert (wie es D. 4 c. 2 steht), daß ein Gesetz „*klar sein muß, damit es nicht durch Dunkelheit zur Voreingenommenheit führe*". Ein zweideutiges Gesetz aber, das verschiedenen Sinn haben kann, ist dunkel; also darf es nicht zweideutig sein. Der zweite Punkt ist: Hier wird gesagt, die Auslegung des Gesetzes stehe den Fachleuten zu. Das aber ⟨scheint⟩ Augustinus abzulehnen, dessen Text D. 4 c. 3 steht. Dort sagt er nämlich: „*Bei solchen zeitlichen Gesetzen gilt: Wenngleich über sie Menschen in dem Augenblick urteilen, da sie sie erlassen, ist es doch einem Richter nicht erlaubt, über sie, wenn sie einmal eingerichtet und bekräftigt sind, zu urteilen, vielmehr muß er ihnen gemäß urteilen!*" Aus diesen Worten läßt sich klar entnehmen, daß man über diese zeitlichen Gesetze nicht urteilen darf, und folglich ist es auch nicht erlaubt, sie auszulegen.

LEHRER: Zum ersten Einwand ist die Antwort: Wenngleich, soweit es irgend angemessen möglich ist, ein Gesetz klar sein soll, damit es nicht durch Dunkelheit zur Voreingenommenheit führt, darf man dennoch nicht sagen, daß viele Gesetze nichtzweideutig seien, weil in ihnen mehrdeutige Wörter, die ganz verschiedene Bedeutungen haben, gebraucht werden. Wo doch auch im göttlichen Gesetz solche Verschiedenheit und Sinnvielfalt zu finden ist nach dem Zeugnis der Glosse zu Gal. 6, 5, die über jenes Wort des Apostels: „*Ein jeglicher wird seine Last tragen*" sagt: „*Was hier gesagt wird, scheint dem Vorangehenden zuwiderzulaufen, wo es (6, 2) heißt: ,Einer trage des anderen Last.'* " Und indem sie erklärt, daß es kein wirklicher Widerspruch ist, sagt sie: „*Das ist kein Widerspruch zum Vorangehenden, denn das Wort ,Last' läßt sich auf verschiedene Weise verstehen. Es gibt nämlich viele Wörter, die an verschiedenen Stellen verschieden zu verstehen sind, wie man etwa meinen kann, dieses Wort ,Last' sei dasselbe und damit in der Rede ein Widerspruch, wenn man seine verschiedenen Bedeutungen nicht beachtet. Und das ist der Grund, warum Paulus, während er zuvor gesagt hat: ,Einer trage des anderen Last', hier sagt, ,Ein jeglicher wird seine Last tragen.'* " Aus diesen Worten geht klar hervor, daß im göttlichen Gesetz zweideutige und mehrdeutige Worte zu finden sind. Demnach darf das auch vom menschlichen Gesetz nicht geleugnet werden. Es ist auch nicht unangemessen, daß ein menschliches Gesetz sich auf verschiedene Weise verstehen läßt.

Zum zweiten Einwand sagt man: Wenngleich nach dem Urteil des heiligen Augustinus über zeitliche Gesetze, die rein positive Gesetze sind, nachdem sie einmal eingerichtet und bekräftigt sind, weder ein Richter noch ein anderer urteilen soll, ob sie einzuhalten oder nicht einzuhalten

Trechsel, fol. 110rb / Goldast, S. 629

sind, denn es ist klar, daß sie einzuhalten sind, so wird es dennoch statthaft sein, nicht allein für einen Richter, (sondern) auch für Gebildete und Gelehrte, zu urteilen und zu forschen, in welchem Sinne sie einzuhalten sind und in welchem Sinne nicht. Wie ja auch nach dem Weltweisen die Epikie urteilt, in welchem Fall der Wortlaut des Gesetzes einzuhalten ist, indem sie von dem natürlichen Geheiß der Vernunft Gebrauch macht, und das heißt vom natürlichen Recht. Denn da kein gerechtes positives Gesetz dem natürlichen Recht entgegengesetzt sein kann, darf auch jedes beliebige menschliche Gesetz in keinem einzigen Fall, in dem, wenn der Wortlaut, so wie er klingt, ⟨dieses Gesetzes dem natürlichen Gesetz⟩ entgegengesetzt wäre, gehalten werden, wie oben gesagt wurde. Ähnliches hat das menschliche Gesetz, ja auch das Gesetz der Natur festgesetzt, wie Isidor andeutet (und das wird D. 1 c. 7 zitiert), daß eine als Depositum überlassene Sache zurückzugeben ist, wenn sie zurückgefordert wird. Wenn jedoch jemand ein als Depositum dienendes Schwert zurückforderte, um sich selbst oder einen anderen Unschuldigen ungerecht zu töten, dann dürfte man ihm das deponierte Schwert nicht zurückgeben; denn wer in diesem Fall das Depositum zurückgäbe, handelte gegen das natürliche Recht, durch das jedermann verpflichtet ist, Schande und Schaden seines Nächsten zu verhüten, wenn er kann.

SCHÜLER: Sage, wie es mit Hilfe dieser Darlegungen gelingt, die Argumentation, die ich anführte, zu widerlegen. LEHRER: Die Antwort ist: Wenn auch gegen die Regel, nach der Kleriker dem Gericht eines weltlichen Richters nicht unterstehen, im Recht Ausnahmen gemacht werden für Fälle, in denen diese Regel nicht gilt, ⟨und⟩ dort eines Ketzerpapstes keine Erwähnung geschieht, so muß dennoch dieser Fall unter die anderen Ausnahmen gezählt werden. Der Grund dafür ist folgender: obwohl von vielem, was zum Recht der Natur gehört, im geschriebenen Recht keine Erwähnung geschieht, muß man das dennoch, sobald die Notwendigkeit eintritt, es zu tun, auch tun. Und wie das gilt, ebenso gilt auch: wenngleich im geschriebenen Recht keine Erwähnung des Falles geschieht, daß ein Papst ein Ketzer ist, so muß dennoch dieser Fall, daß ein Papst in ketzerische Schlechtigkeit verfällt und die Kleriker ihn nicht zurechtweisen wollen oder können, als rechtmäßige Ausnahme gelten.

SCHÜLER: Warum wird keine ausdrückliche Ausnahme gemacht für den Fall eines Ketzerpapstes, den die Kleriker nicht zurechtweisen wollen oder können? Denn durch die Gesetzgeber der Canones, durch Glossatoren und Rechtsgelehrte werden verschiedene Ausnahmen gemacht, in denen die Regel nicht gültig ist, daß Kleriker dem Gericht eines weltlichen Richters nicht unterstehen.

Trechsel, fol. 110va / Goldast, S. 629

LEHRER: Die Antwort ist: So wie die Gesetze nur über das erlassen werden, was häufig eintritt und nicht darüber, was selten oder nie geschieht,[55] so werden auch von den Gesetzgebern, die die Gesetze erlassen haben, von den Glossatoren und Rechtsgelehrten nur Fälle als Ausnahmen genannt, in denen die allgemeinen Regeln nicht gelten sollen, die häufig vorkommen, nicht die, die sich selten ereignen oder niemals. Der Fall eines ketzerischen Papstes aber, den die Kleriker nicht strafen wollen oder können, kommt selten vor. Denn man kann niemals von irgendeinem ketzerischen Papst vor unserer Zeit lesen und ebenso wenig, daß dann auch noch alle Kleriker insgesamt nachlässig gewesen sind. Denn auch dem Ketzerpapst Liberius[56] haben viele mannhaft Widerstand geleistet und den ketzerischen Anastasius[57] haben viele Kleriker tapfer bekämpft und haben sich löblich des Verkehrs mit ihm enthalten. So ist offenbar vor unserer Zeit dieser Fall überhaupt nicht aufgetreten. Deshalb haben also die Gesetzgeber, welche die Gesetze erlassen haben, die Glossatoren dieser Gesetze und die anderen Rechtsgelehrten, wenn sie die Ausnahmen nannten, in denen die Regel nicht gelten kann, die besagt, daß Kleriker dem Gericht eines weltlichen Richters nicht unterstehen, eines ketzerischen Papstes, den die Kleriker nicht strafen wollen oder können, keine Erwähnung getan. Dieser Fall muß aber mit weit größerem Recht als Ausnahme gelten als die anderen Fälle, welche die Gesetzgeber und Glossatoren erwähnen.

SCHÜLER: Warum muß dieser Fall eine Ausnahme sein? LEHRER: Die Antwort ist: Es muß deshalb eine Ausnahme sein, denn eine Ausnahme, die mit einer evidenten Begründung (gegen die kein menschliches Gesetz ein Präjudiz sein kann) gemacht wird, kann in gewisser Weise offenkundig durch Schlußverfahren gewonnen werden.

SCHÜLER: Was ist die Begründung? LEHRER: Dies ist die Begründung: Was von der allgemeinen Regel als Ausnahme ausgenommen werden muß, ist jener Fall, in dem, wenn er nicht als Ausnahme gilt, Gottes Ehre Abbruch geschieht, in dem der katholische Glauben in Gefahr gerät und allen Gläubigen Schädigung, Gefahr und geistlicher Schaden verursacht wird. Das ist klar, denn gegen Gottes Ehre darf keine Regel beachtet werden. Weiterhin, kein menschliches Gesetz, das zur Gefahr für den Glauben oder zur Vernichtung des ewigen Heils auszuschlagen droht, darf von einem Menschen erlassen werden. Wenn nämlich Verträge, Versprechungen, Gelübde oder Eide, die zum Erlöschen des ewigen Heils ausschlagen können, nach den kanonischen Bestimmungen nicht zu beachten sind, so dürfen mit gleicher Begründung auch alle Gesetze in einem Fall, in dem sie zur Gefahr für den katholischen Glauben und zum geistlichen Schaden der Gläubigen ausschlagen würden, nicht beachtet werden. Aber der besagte Fall

Trechsel, fol. 110vb / Goldast, S. 629

eines Ketzerpapstes, den die Kleriker nicht zurechtweisen wollen oder können, tut Gottes Ehre Abbruch, wenn nicht eine Ausnahme von der Regel zugelassen wird, daß Kleriker nicht dem Gericht eines weltlichen Richters unterstehen. Denn die Untergebenen könnten dann mit Leichtigkeit dem schlimmen Beispiel ihrer Vorgesetzten folgen und sich dem wahren Gottesdienst in Nachahmung des Ketzerpapstes entziehen. Auch liefe der katholische Glaube Gefahr. Denn nach dem Zeugnis des heiligen Hieronymus heißt es, wie man es C. 24 q. 3 c. 16 lesen kann: *„Arius[58] war in Alexandrien nur ein Fünkchen. Aber weil man ihn nicht sofort unterdrückte, breitete sich seine Flamme über den ganzen Erdkreis aus.“* Um vieles mehr wird, wenn der Ketzerpapst nicht rasch ausgelöscht wird, die Flamme seiner ketzerischen Schlechtigkeit den ganzen Erdkreis verheeren und die Christen mit dem ketzerischen Makel anstecken. Somit gilt: wenn dieser Fall keine Ausnahme zu der besagten Regel bildet, so gerät der Glaube der Kirche in Gefahr. Folglich wird Gefahr, Schaden und geistliche Schädigung für alle Gläubigen verursacht. Darum ist dieser Fall bestimmt eine Ausnahme; auch der Papst könnte in der Fülle seiner Kompetenz nicht bewirken, daß dieser Fall keine Ausnahme darstellt, wie auch die Glosse zu D. 40 c. 6 [s. v. *a nemine*] schreibt: *„Kann der Papst etwa festlegen, daß er wegen einer Ketzerei nicht angeklagt werden kann? Darauf ist die Antwort, daß er nicht gesetzlich festlegen kann, daß er nicht angeklagt werden darf, weil dadurch der Glaube der Kirche in Gefahr geriete.“*

Weiterhin, daß dieser Fall als eine Ausnahme zu behandeln ist, wird so bewiesen: Nach dem Zeugnis Isidors, wie es D. 4 c. 2 steht, gilt: *„Ein Gesetz darf zu keinerlei privatem Vorteil formuliert werden, sondern nur zum gemeinen Nutzen der Bürger.“* Ein Gesetz also, das gegen den Nutzen der Bürger wäre, wäre kein Gesetz. Wenn aber jener Fall eines Ketzerpapstes, den die Kleriker nicht strafen wollen oder können, von jenem Gesetz nicht eine Ausnahme bildete, in dem bestimmt wird, daß Kleriker nicht dem Gericht eines weltlichen Richters unterstehen, so wäre das gegen den Nutzen der Christen. Somit wäre es kein wahres Gesetz, sondern ein falsches, unrechtes und ungerechtes, und darum brauchte man es nicht zu halten, zumal in Is. 10, 1 geschrieben steht: *„Wehe denen, die ungerechte Gesetze machen!“*

SCHÜLER: Gegen all das fällt mir ein starkes Gegenargument ein. Denn wenn der Wortlaut in einigen Fällen, die nicht gesetzlich festgelegt sind, nicht zu halten wäre, könnte jeder nach Belieben die Ausnahme vom Gesetz machen, die er will, und sagen: ‚In diesem Fall braucht man den Wortlaut des Gesetzes, so wie er dasteht, nicht einzuhalten', und somit wäre aus dem Gesetz keinerlei Gewißheit zu bekommen, wann das Gesetz nicht wörtlich einzuhalten ist und wann es zu beachten ist.

Trechsel, fol. 111ra / Goldast, S. 630

LEHRER: Darauf ist die Antwort: Keinesfalls darf jeder beliebige Mensch nach Belieben einen Fall zur Ausnahme erklären und sagen: ‚Der Wortlaut des Gesetzes ist in dem und dem Fall nicht einzuhalten!' Wenn er vielmehr sagt, in dem und dem Fall sei der Wortlaut des Gesetzes nicht einzuhalten, so muß er das unbedingt durch ein höheres Gesetz oder eine evidente Begründung beweisen. Und wenn er es auf einem dieser beiden Wege offenkundig machen kann, daß der Wortlaut des Gesetzes in dem und dem Fall nicht einzuhalten ist, dann muß man seiner Aussage Geltung zubilligen, nicht weil er das gesagt hat, sondern weil das durch das höhere Gesetz oder den evidenten Grund bewiesen ist. Die Begründung davon ist, daß kein Gesetz Bestand haben kann, welches einem höheren Gesetz oder einem offenkundigen Vernunftsgrund widerstreitet. Wenn irgendein bürgerliches Gesetz demnach dem göttlichen Dienst oder einem offenbaren Vernunftsgrund widerstreitet, so ist es kein Gesetz. Ebenso wäre der Wortlaut eines kanonischen oder bürgerlichen Gesetzes dort, wo es dem göttlichen Gesetz, d. h. der Heiligen Schrift oder der sittlichen Einsicht, widerstreitet, nicht einzuhalten.

SCHÜLER: Wem steht es zu, darüber zu urteilen, ob der Wortlaut des kanonischen oder bürgerlichen Gesetzes der Heiligen Schrift oder der sittlichen Vernunft widerspricht? LEHRER: Die Antwort ist: darüber nach dem Wahrheitsgehalt und in der Form einer einfachen Feststellung zu urteilen, kommt dem Gelehrten zu, der in der Heiligen Schrift, der natürlichen Vernunft und der Moralphilosophie erfahren ist. Das aber aus der Autorität des Amtes zu beurteilen und damit zur Befolgung und Einhaltung andere zu verpflichten, das kommt dem Gesetzgeber zu in Zusammenarbeit mit dem Rat der Fachleute, die in der Heiligen Schrift und der natürlichen Vernunft erfahren sind.

SCHÜLER: Nach dem Gesagten hätten demnach Theologen und Philosophen über das Verständnis der kanonischen und bürgerlichen Gesetze zu urteilen? LEHRER: Es ist einzuräumen, daß das letzte Urteil über das Verständnis der bürgerlichen und kanonischen Gesetze den Theologen und Philosophen vorzubehalten ist, so wie überhaupt das letzte Urteil über irgendeinen Zweifel in einer nachgeordneten Wissenschaft der übergeordneten Wissenschaft vorzubehalten ist, dergestalt, daß durch die Prinzipien über die Folgerung zu urteilen ist, die aus den Prinzipien folgt.

SCHÜLER: Über dieses Thema haben wir im I. Teil schon einiges gesagt. Deshalb übergehe das jetzt und sage, wie man auf die zweite Begründung antwortet, die oben in c. 91 angeführt wurde. LEHRER: Die Antwort ist, daß es bisweilen einem weltlichen Richter zukommt, über ketzerische Schlechtigkeit zu urteilen, und das in zweifacher Weise. Erstens an sich,

Trechsel, fol. 111ra / Goldast, S. 630

denn auch er selbst ist verpflichtet, vieles zu wissen, wodurch er im Prozeß gegen ketzerische Schlechtigkeit schon in vielen Fällen urteilen kann, auch ohne den Rat von anderen Experten beizuziehen. Wenn nämlich ein Christ sagte, der christliche Glaube sei falsch und schlecht, dann hat auch ein weltlicher Richter keines Rates mehr zu bedürfen, um zu wissen, ob solch ein Mensch als Ketzer zu verurteilen ist. Vielmehr ist er verpflichtet zu wissen, daß solch ein Mensch als Ketzer einzuschätzen ist und seiner Ketzerei wegen zu verurteilen ist. Ähnlich wäre es, wenn jemand lehrte, daß Christus nicht von einer Jungfrau geboren sei oder daß er nicht gelitten habe oder nicht auferstanden sei oder daß kein einiger Gott sei oder daß es nicht drei Personen in der Gottheit gäbe: auch dann muß der weltliche Richter wissen, daß das ein Ketzer ist. Wie also auch ein weltlicher Richter viele Glaubensdinge explizit glauben muß, so kann er auch in vielen Fällen ganz allein erkennen, wie in einem Prozeß gegen ketzerische Schlechtigkeit zu urteilen ist.

In anderer Weise kann er in einem Prozeß gegen ketzerische Schlechtigkeit ein Urteil fällen, indem er nämlich den Rat der Fachleute einholt, so wie es bei vielen Verbrechen geschieht, bei denen er allein nicht wüßte, was Recht und Unrecht ist, wenn er es nicht durch die Belehrung anderer erführe, so daß er ein Urteil aus der Belehrung durch andere fällt. Wenn jemand nämlich vor einem Richter der Falschmünzerei angeklagt wird, so kann der Richter selbst nicht entscheiden, ob die fragliche Münze echt oder falsch ist, und fragt darum, bevor er sein Urteil fällt, die Münzer, die er zuvor durch Eid oder auf andere Weise verpflichtet hat, daß sie ihm über die entsprechende Münze die Wahrheit anzeigen. Also fällt ein weltlicher Richter, der nicht verpflichtet ist, alle Wissenschaften und das wahre Wesen aller Dinge zu wissen, sein Urteil nach dem Ratschlag anderer, denn in sehr vielen derartigen Fällen könnte er von sich selbst nicht wissen, wie er urteilen soll. So sagen diese Leute auch von einem weltlichen Richter, daß er in vielen Einzelfällen bei Ketzerprozessen oft des Rates von Fachleuten bedürfe, die in der Heiligen Schrift erfahren sind. Wenn etwa ein Christ vor einem weltlichen Richter, der in der Bibel nur sehr geringe Kenntnisse hätte, angeklagt würde, daß er hartnäckig behauptete, der heilige Paulus habe seine Bekehrung vor der Passion Christi erlebt, wie das ein hochberühmter Kanonist[59] gesagt hat, der uns in seinen Schriften hinterließ, daß der heilige Paulus einer der zwölf Apostel gewesen sei, die Christus nachfolgten, bevor dieser in Versuchung geführt wurde, dann wüßte der weltliche Richter nicht von sich selbst ein Urteil zu sprechen; aber mit dem erbetenen Rat von Fachleuten in der Heiligen Schrift, bei denen das obengenannte Problem anhängig wäre, könnte er wissen, wie er zu urteilen

Trechsel, fol. 111ʳ / Goldast, S. 631

hätte. Wo aber der weltliche Richter auch durch solchen Rat nicht offenkundig wissen könnte, was bei einem bestimmten Problem, das in Glaubensfragen aufgeworfen wurde, die Wahrheit ist, dürfte er sich nicht einmischen.

Wenn wir das auf die uns vorliegende Frage anwenden, ist zu sagen: Wenn der Ketzerpapst die Meinung verträte, der christliche Glauben sei falsch, es gebe nicht drei verschiedene Personen in der Gottheit oder dergleichen mehr, was der weltliche Richter von selbst oder durch seinen Rat offenkundig als ketzerisch erkennen könnte, so könnte er in Sicherheit über den Ketzerpapst urteilen, wenn die Kleriker diesen nicht in der schuldigen Form zurechtweisen wollen oder können.

Wenn aber gesagt wird, daß es einem weltlichen Richter nicht zukomme, über eine Glaubensfrage oder über Gottes Sache zu urteilen, so ist die Antwort: es wäre völlig unsinnig, wenn die Sache des Glaubens oder Gottes in keiner Weise einem weltlichen Richter oder überhaupt Laien zukäme. Das ist nämlich eine Aussage herrschsüchtiger und hochmütiger Kleriker, die die Laien deshalb aus der Kirche Gottes auszuschließen versuchen, damit sie selbst, wenn dann die Laien ausgeschlossen sind, als Herren über die Laien in der Kirche gelten können. Dabei sind, wie in vielen Belegen der Heiligen Schrift deutlich wird, niemals die Laien aus dem Begriff der Kirche ausgeschlossen, sondern überall in der Heiligen Schrift umfaßt der Begriff „Kirche" Männer und Frauen und auch die Laien. Die Sache des Glaubens und die Sache Gottes kommt also nach den Vertretern dieser Auffassung den Laien zu. Wie Gott nämlich ein Gott der Kleriker ist, so ist er auch ein Gott der Laien. Und so steht ein Streit um den Glauben, der Klerikern zukommt, ebenso auch Laien zu.

Wenn außerdem die Sache des Glaubens und Gottes in keiner Weise den Laien zukäme, dann dürften die Laien auch den Glauben des Herren nicht verteidigen, auch Ketzer nicht meiden, ihren Prälaten bei einer Verfolgung des Glaubens nicht beistehen und sich auch in keinerlei Hinsicht in die Verfolgung von Ketzern einmischen, auch wenn diese bereits von der Kirche verurteilt sind. All das aber ist als unsinnig anzusehen. Eine Sache, die Gottes Sache ist, kommt also in bestimmter Hinsicht auch den Laien zu. Freilich steht sie in erster Linie den Prälaten in der Kirche zu, weil die Prälaten der Kirche nicht allein ketzerische Laien zurechtweisen, sondern auch jene Kleriker in geeigneter Weise zurechtweisen können, über die Laien nicht richten können, außer wenn die Kleriker sie nicht bestrafen wollen oder können. In zweiter Linie aber steht eine Glaubenssache den Laien zu, weil Laien eben auch die Kleriker, ja auch einen ketzerischen Papst daran hindern können und müssen, das Gift seiner Perfidie auf an-

Trechsel, fol. 111va / Goldast, S. 631

dere zu übertragen, wenn die Kleriker ihn nicht zurechtweisen wollen oder können.

SCHÜLER: Nun berichte, wie auf die oben angeführten Belege geantwortet wird. LEHRER: Die Antwort ist: wenn es um Fragen des Glaubens geht und die Priester Christi ihr Amt würdig und eifrig erfüllen, müssen die Kaiser und Könige ihren Willen den Priestern Christi unterwerfen, indem sie von ihnen Belehrung und Rat entgegennehmen und ihren eigenen Willen dem ihrigen in Angelegenheiten, die diesen zustehen, nicht voranstellen. Wo sich aber die Priester vom Glauben abgewandt haben oder Gottes Sache mit verurteilenswürdiger Nachlässigkeit behandeln, da dürfen Kaiser und Könige ihren Willen dem der Priester nicht unterwerfen, sondern müssen ihn diesem voranstellen. Und so muß man die Aussage des Papstes Felix verstehen, der durch seine Worte [D. 10 c. 3] Gottes Ehre anstrebte. Weil es nun gegen Gottes Ehre wäre, daß Könige ihren Willen ketzerischen Klerikern unterwerfen und solchen, die ⟨ihre Pflicht⟩ vernachlässigen oder auf einen Umsturz des orthodoxen Glaubens hinarbeiten, wollte Papst Felix ⟨gewiß⟩ nicht, daß Könige in diesem Fall ihren Willen den Priestern unterwerfen sollten.

Zum Wort des Papstes Nikolaus [D. 96 c. 5] ist zu sagen, daß seine Worte nicht ohne jede Ausnahme zu verstehen sind. Sonst dürften ja auch die unverbesserlichen und ketzerischen Kleriker, die von der Kirche schon verurteilt und der weltlichen Kurie überstellt sind, von weltlichen Richtern in keiner Weise gerichtet werden. Das aber ist bekanntlich falsch. So sind also die Worte des Papstes Nikolaus nur zusammen mit ihren Ausnahmen zu verstehen. Die wichtigste Ausnahme ist, wenn der Papst Ketzer ist und die Kleriker ihn nicht strafen wollen oder können. Und folglich sind die Worte von Nikolaus vor allem mit dieser Ausnahme zu verstehen.

Zur dritten Belegstelle [D. 96 c. 7] wird geantwortet: Theodosius II. wollte, als er an das Konzil von Ephesus schrieb, sicherstellen, daß Graf Candidianus sich nicht erfrechen sollte, sich in die heilsamen Degradierungen (von Priestern) einzumischen, über welche auf diesem Konzil verhandelt wurde, zumal ja über seine unfrommen Glaubensansichten, über die verhandelt wurde, durch die Priester, die sich versammelt hatten, hinreichend entschieden werden konnte. Wenn er also sagt: *„Es ist nicht erlaubt, daß sich jemand, der nicht im Weihegrad der heiligsten Bischöfe steht, in kirchliche Verhandlungen einmischt"*, so ist die Antwort, daß diese Worte nicht so verstanden werden können und dürfen, wie sie dem ersten Vernehmen nach klingen. Denn dann dürfte niemals ein Doktor der Theologie oder ein anderer Gelehrter im Dekret und in den Heiligen Schriften, der kein Bischof ist, an kirchlichen Verhandlungen teilnehmen. Auch

Trechsel, fol. 111vb / Goldast, S. 631

dürften selbst Kaiser an einem Allgemeinen Konzil nicht teilnehmen, in dem über eine Glaubensfrage verhandelt wird. Das aber ist falsch und absurd. Also sind die besagten Worte so wie die vorangehenden zu verstehen: es ist unerlaubt, daß jemand, der nicht im Weihegrad der Bischöfe steht, sich so, als ob er Bischof wäre, in kirchliche Verhandlungen einmischt, wenn diese Verhandlungen von den Bischöfen in angemessener Weise und ordnungsgemäß geführt werden. Wenn aber die Bischöfe sich zum Umsturz des katholischen Glaubens versammeln, dann müßte ein katholischer Laie nicht allein den Vorsitz über sie übernehmen, sondern auch sie zurechtweisen, wenn sie durch andere Kleriker nicht zurechtgewiesen werden können.

Zum vierten Beleg [D. 10 c. 5] ist die Antwort, daß Kaiser gewiß nicht ungebührlich das an sich reißen sollen, was allein den Priestern zukommt. Einen Ketzerpapst aber in Gewahrsam zu halten, wenn die Kleriker ihn nicht strafen wollen oder können, das kommt nicht ausschließlich den Priestern zu, sondern steht in der Kompetenz der orthodoxen Laien. Also, usw.

Zum 5. Beleg [D. 96 c. 11] wird gesagt: ein katholischer Kaiser ist nach Papst Johannes *„der Sohn der Katholischen Kirche"* und nicht einer Ketzerkirche; er ist *„nicht Herr der katholischen Kirche"*, aber er ist Herr, d. h. ein Oberer und Richter über eine Ketzerkirche, wenn die Kleriker die Ketzerkirche nicht strafen wollen oder können. Daher kommt es ihm in religiösen Fragen zu, von katholischen Männern zu lernen, nicht sie zu belehren, als hätte er das Amt der Priester, hat er doch alle Vorrechte seiner Amtsgewalt, die er nach den von Gott erlassenen Gesetzen wahrnehmen muß. Und das gilt für ihn nicht nur als Kaiser, vielmehr ⟨erst recht⟩ für ihn als für einen christlichen Kaiser. Er muß nicht allein danach streben, die weltlichen Gesetze wahrzunehmen, sondern ihm obliegt es auch, ketzerische Kleriker, erst recht einen ketzerischen Papst (wenn die kirchliche Amtsgewalt versagt) zurechtzuweisen. Und daher reißt der Kaiser dann nicht ungehörig die Verfügung über Dinge der himmlischen Ordnung an sich; denn Gott wollte, daß das, was in der Kirche zu regeln ist, in erster Linie den katholischen Priestern, nicht aber den ketzerischen zustehen soll, und nicht in erster Linie den weltlichen Gewalten – und überhaupt nicht hinsichtlich der Sakramentsverwaltung. Was aber die Bestrafung und Aufnahme von ordinierten Klerikern betrifft, die zu Ketzern geworden sind: sofern sie bei ihrem Irrtum beharren, dürfen sich die Kaiser nur in die Frage des Glaubensirrtums einmischen, wenn sie Bosheit oder Nachlässigkeit, Ohnmacht oder Unwissenheit der Priester auszugleichen haben. Die Worte des Papstes Johannes also sind vernünftig zu verstehen, damit sie in keiner Weise zum Schaden des orthodoxen Glaubens ausschlagen.

Trechsel, fol. 111vb / Goldast, S. 631

SCHÜLER: Wie könnten sie zum Schaden des orthodoxen Glaubens ausschlagen? LEHRER: Die Antwort ist, daß die Worte von Papst Johannes zum Schaden des orthodoxen Glaubens ausschlagen, wenn der Kaiser oder ein weltlicher Richter den Ketzerpapst in keinem einzigen Fall zurechtweisen dürfte. Wenn aber der Papst Ketzer wäre und mit ihm alle Kleriker, zwei oder drei Bischöfe ausgenommen, die der Ketzerpapst in Fesseln hielte, dann geriete in der Menge des christlichen Volkes der Glaube in Gefahr, wenn die Laien die Ketzer nicht bändigen und die Katholiken nicht befreien könnten.

SCHÜLER: Berichte, was auf den Beleg Cyprians [D. 10 c. 8] geantwortet wird! LEHRER: Die Antwort ist: Der heilige Cyprian spricht von einem Fall, in dem die Bischöfe keine Ketzer sind und auch ihr Amt nicht vernachlässigen.

SCHÜLER: Ich sehe, daß alle Belege zu dieser Frage nach einer einzigen Methode behandelt werden. Sie seien nämlich zu verstehen, solange die kirchliche Amtsgewalt nicht versagt; wenn aber die kirchliche Amtsgewalt versagt, dann sollen sie nicht gelten. So berichte denn, wie auf die [in c. 91 angeführte] dritte Argumentation geantwortet wird.

LEHRER: Die Antwort ist, daß jedes kirchliche Vergehen in bestimmten Fällen in die Zuständigkeit der weltlichen Richter fällt, sonst könnte nicht jeder Vater seinen Sohn wegen des Vergehens der Ketzerei strafen, sonst könnte auch ein Laienrichter einen wegen Ketzerei verurteilten und der weltlichen Kurie überstellten Kleriker nicht richten.

SCHÜLER: Die Ausführung eines ergangenen Urteils gegen einen Kleriker wegen eines kirchlichen Vergehens, etwa wegen des Verbrechens der Ketzerei, steht einem Laien zu, aber die Untersuchung der Sache im Prozeß und die Verkündung des Urteils steht keinem Laien zu. Darum geschieht die Bestrafung von Ketzern kraft der Autorität der Kirche; somit bewirkt sie die Kirche in höherem Maße als der weltliche Richter.

LEHRER: Einige glauben, daß du keineswegs den Sinn der Canones verstanden hast. Denn wenn ein weltlicher Richter Kleriker straft, die von der Kirche verurteilt und der weltlichen Kurie überstellt sind, dann ist er keineswegs nur der Vollstrecker eines Urteils, das vom kirchlichen Richter gefällt ist. Sonst nämlich könnte er ausschließlich eine Strafe verhängen, die vom kirchlichen Richter zugemessen ist. Das aber ist falsch. Der weltliche Richter ist in diesem Fall also keineswegs bloßer Vollstrecker und hat folglich in diesem Fall ⟨aus eigener Kompetenz⟩ über den ketzerischen Kleriker zu richten. Um ihn der ketzerischen Schlechtigkeit zu überführen, dafür genügt, daß er im anderen [kirchlichen] Gerichtshof überführt wurde. Daher erlegt er ihm im Gericht auch die gebührende Strafe auf.

Trechsel, fol. 112ra / Goldast, S. 632

Somit gehört offensichtlich ein kirchliches Vergehen in bestimmten Fällen in die Kompetenz des weltlichen Richters. In besonders hohem Maße gehört es dazu, wenn der Papst zum Ketzer wird und die Kleriker ihn nicht zurechtweisen wollen oder können.

Zum Canon in C. 11 q. 1 c. 45 ist die Antwort, daß dieses Dekret von einem Fall spricht, wo nicht die gesamte kirchliche Amtsgewalt versagt. Wenn aber die gesamte kirchliche Amtsgewalt versagt, muß man anderes für richtig halten.

SCHÜLER: Das widerspricht anscheinend dem Recht. Die Glosse sagt nämlich zu C. 11 q. 1 a. c. 1 [s. v. *quod clericus*], daß ein Kleriker wegen Nachlässigkeit des kirchlichen Richters nicht vor einem Laien zur Rechenschaft gezogen werden darf, wenngleich umgekehrt bei einem Versagen des weltlichen Richters ein weltlicher Rechtsstreit vor dem kirchlichen Richter behandelt werden muß.

LEHRER: Die Antwort ist: Die Glosse spricht hier von einem Fall, wo nicht die gesamte kirchliche Amtsgewalt versagt. Wenn nämlich ein Bischof beim Gericht über einen Kleriker nachlässig gewesen sein mag, dürfte man dennoch nicht zum weltlichen Richter seine Zuflucht nehmen, da man ja an den Papst appellieren könnte. Wenn es aber keinen Papst gäbe und es gäbe auch keinen ⟨anderen⟩ Kleriker, der an dem Kleriker, der öffentlich ein Verbrechen beging, Gerechtigkeit üben wollte oder könnte, dann müßten Laien der Gerechtigkeit Geltung verschaffen. So wäre auch, wo dem Glauben große Gefahr drohte, ein Kleriker durch Laien gefangenzusetzen. Zur Argumentation aber, die beweisen soll, daß ein kirchliches Vergehen nicht in die Kompetenz eines weltlichen Richters fällt, ist die Antwort, daß es zum rechten Verhalten eines Richters gehört, der in eigener Person nach Herkommen die Parteien in Prozessen anhört, Untersuchungen führt und Urteile spricht, eine Kenntnis jener Gesetze und Rechte zu haben, nach denen in solchen Prozessen zu richten ist. Darum ist es angemessen, daß wer nach Herkommen in eigener Person in kirchlichen Kriminalprozessen die Prozeßparteien anhört, Untersuchungen führt und Urteile erläßt, vor allem wenn das bei dem Verbrechen der Ketzerei geschieht, nicht allein in der Kenntnis der Canones, sondern auch in der Heiligen Schrift ein erfahrener Kenner und ausgebildeter Fachmann ist. Aber es ist nicht schlechthin notwendig, daß der, der nach Herkommen nicht in eigener Person solche Prozesse führt, sondern sie anderen überträgt, auch selbst eine herausragende Kenntnis der Gesetze und Rechte hat, nach denen ein Richter in solchen Fällen entscheiden muß. Vielmehr genügt es, daß er Erfahrung im Führen von Prozessen hat. Andernfalls könnte niemand zum Papst gewählt werden, der nicht in der Heiligen

Trechsel, fol. 112rb / Goldast, S. 632

Schrift herausragend bewandert wäre, während doch allgemein bekannt ist, daß häufig Männer zum päpstlichen Amt erhoben worden sind, die in der Theologie recht einfältig waren. Denn bekanntlich sind Glaubensfragen an den höchsten Bischof zu überstellen, C. 24 q. 1 c. 12; denn in Glaubensfragen muß er vornehmlich und in allererster Linie nach der Heiligen Schrift urteilen. Wenn also der Richter in solchen Rechtsstreitigkeiten eine herausragende eigene Kenntnis des Rechts haben muß, nach dem er richten kann, könnte niemand zum höchsten Bischof gewählt werden, wenn er nicht durch eigene Kenntnis der Heiligen Schrift herausragte.

Weiterhin: Keiner könnte zum Bischof gewählt werden, wenn er nicht eine eigene Kenntnis der Dekrete und Dekretalen hätte, denn nach Dekret und Dekretalen muß man bei der Entscheidung in kirchlichen Rechtsstreitigkeiten richten.

So muß man offenbar zugeben: wenn jemand Rechtsstreitigkeiten dadurch behandelt, daß er sie anderen anvertraut und sie mit dem Rat anderer entscheidet, braucht er nicht notwendig selbst eine hervorragende Kenntnis der Gesetze, nach denen er urteilt. Wenn also einige Rechtsfragen nur in Sonderfällen, die nur selten vorkommen, den Richter betreffen, braucht der Richter nicht notwendig eine vorzügliche Kenntnis des Rechts zu haben, nach dem er richten muß. Glaubensstreitigkeiten aber betreffen den weltlichen Richter nur in jenem Sonderfall, der auch nur selten eintritt, daß ein weltlicher Richter in eigener Person einen Streit in Glaubensfragen gerichtlich untersuchen und in ihm ein Urteil fällen muß ohne Rat anderer, die Experten in der Heiligen Schrift sind. Das nämlich darf er niemals tun, es sei denn dann, wenn alle gelehrten Theologen, deren Rat er haben kann, ganz offensichtlich gegen den Glauben irren. Und deshalb ist es nicht notwendig, daß ein weltlicher Richter eine vorzügliche Kenntnis der Heiligen Schrift hat, vielmehr genügt es ihm in vielen Fällen (die gleichwohl selten oder nie eintreten), daß er eine mäßige explizite Kenntnis des orthodoxen Glaubens hat, den einzuhalten er verpflichtet ist. In dieser Weise sind ja alle Christen verpflichtet, einiges explizit zu glauben, und das müssen sie so fest glauben, daß, wenn alle Kleriker der Welt, die in der Theologie gelehrt sind, das Gegenteil behaupteten, lehrten, predigten, versicherten und für wahr hielten, die Laien das dennoch nicht glauben dürften; vielmehr wären alle christlichen Laien, die ihren Verstand gebrauchen können, verpflichtet, sie in ganz expliziter Weise anzugreifen, zurückzuweisen und scharf zu tadeln. Also müssen solche Laien auch in allen Rechtsfragen als Richter kompetent sein, in denen sie eine ausreichende Erfahrung im Urteil über die Prozesse gegen irgendwelche Kleriker haben.

SCHÜLER: Es verwundert sehr, daß ein einfacher Laie über einen Kle-

Trechsel, fol. 112va / Goldast, S. 633

riker, ein Nichtfachmann über einen Experten, ein Ungebildeter über einen Gelehrten in Angelegenheiten richten soll und kann, die zu den Wissenschaften von den Heiligen Dingen gehören. Aber wenn dafür einige Beispielsfälle angeführt werden können, dann möchte ich sie gerne wissen. LEHRER: Zum Erweis dessen ließen sich sehr viele Beispiele anführen. Wenn nämlich alle gelehrten Theologen zusammen mit dem Papst und allen Kardinälen predigen, versichern und lehren sollten, der christliche Glaube sei falsch und schlecht oder das Gesetz der Juden oder Muslime sei einzuhalten, dann wären die ungebildeten Laien kraft der Kenntnis des Glaubens, die sie in der Kirche gewonnen haben, ihre durchaus qualifizierten Richter, soweit es auf Wissen, Expertenschaft und Kenntnis ankommt, wenngleich auch einige von ihnen nicht zu Richtern qualifiziert wären mangels Gerichtshoheit und herrschaftlicher Kompetenz. Ebenso ist es, wenn alle Kleriker der Welt behaupteten, Christus sei nicht gekreuzigt worden oder werde nicht kommen zum Gericht oder die Seelen der Verdammten seien nicht in der Hölle oder dergleichen, was alle Christen, Kleriker und Laien, explizit zu glauben verpflichtet sind, dann wären die absolut Ungelehrten, soweit es die Kenntnis und das Expertenwissen anbelangt, ihre qualifizierten Richter.

SCHÜLER: Du führst Beispiele an, die niemals eingetreten sind. LEHRER: Darauf ist die Antwort, daß aus zwei Gründen solche Beispiele angeführt werden. Erstens, weil derartiges, wenn es auch niemals eingetreten ist, dennoch eintreten kann. Zweitens, weil durch solche Beispiele der Verstand so offenbar zur besseren Unterscheidung dessen angeleitet wird, was in anderen Fällen zu tun ist.

SCHÜLER: Ich glaube, daß ich die Antwort, die auf jene Argumentation gegeben wird, sehr wohl verstehe. Deshalb berichte, wie auf die 4. ⟨in c. 91 angeführte⟩ Argumentation geantwortet wird. LEHRER: Die Antwort ist, daß die schwerer wiegenden Rechtsfragen dem höheren Gericht zu überstellen sind, wenn Gerechtigkeit und Wahrheit im höheren Gericht zu finden sind und wenn das höhere Gericht nicht versagt. Wenn aber ein solches höheres Gericht nicht zu finden ist, dann müssen auch die schwerwiegenden Rechtsfälle den niedrigeren Gerichten überantwortet werden. Wenn deshalb der Papst und alle Kleriker, zu denen man seine Zuflucht nehmen kann, gegen den Glauben irren sollten, indem sie offen irgendetwas lehrten oder für richtig hielten, was einer Wahrheit zuwider wäre, die in derselben Weise alle Kleriker explizit zu glauben verpflichtet sind, dann wäre eine derartige Sache ganz gewiß nicht dem Ketzerpapst, sondern katholischen Laien zu überantworten.

Wenn man nun sagt, eine Frage der Ketzerei sei unter die allerschwerst-

Trechsel, fol. 112va / Goldast, S. 633

wiegenden Angelegenheiten zu rechnen, so ist die Antwort, daß die Frage der Ketzerei zweifach zu betrachten ist, ebenso wie eine Glaubensfrage. Bisweilen nämlich nennt man eine Sache eine Sache der Ketzerei, wenn etwas in Frage steht, was als Ketzerei schon explizit verurteilt ist. Solch eine Ketzersache oder Glaubensfrage wird keineswegs unter die allerschwerstwiegenden Fälle gerechnet, gehört diese Sache doch in die Kompetenz der Bischöfe und Inquisitoren gegen ketzerische Schlechtigkeit; eine solche Streitfrage kann deshalb im Sonderfall in die Kompetenz von Laien fallen ⟨und es kann Laien zustehen⟩, über einen Ketzerpapst, den Kleriker nicht zurechtweisen wollen oder können, ⟨zu richten⟩. Ein anderes ist der Fall einer Ketzerei oder eine Glaubensfrage, wenn es um ein Problem geht, von dem nicht sicher ist, ob es eine Ketzerei ist, da es noch nicht explizit verurteilt, noch das Gegenteil als katholische Wahrheit explizit approbiert ist; solch ein Fall von Ketzerei oder solch eine Glaubensfrage ist zu den allerschwerstwiegenden Fällen zu zählen. Die Entscheidung und Klärung einer solchen Frage kann niemals in die Kompetenz von ungebildeten Laien fallen, sondern steht allein der Gesamtkirche und dem Allgemeinen Konzil zu oder dem römischen Bischof. Solch ein Fall darf niemals einem weltlichen Richter überantwortet werden. Hinsichtlich solch eines Falles also ist das kirchliche Gericht höher als das weltliche, wie Gregor von Nazianz schreibt [D. 10 c. 6]. Wenn aber das kirchliche Gericht wegen des Unglaubens der Kleriker versagt, dann darf eine solche Sache in dieser Zeit gar nicht behandelt werden.

Zur fünften Argumentation ist die Antwort: Obwohl die priesterliche und die weltliche Gerichtsgewalt zwei unterschiedene Kompetenzen sind, so sind sie dennoch nicht derart unterschieden, daß niemals die eine über die andere zu richten hat und daß ein Streitfall, der der einen Gewalt zukommt, keinesfalls der anderen zukommen kann. Denn das verstößt ausdrücklich gegen die kanonischen Bestimmungen, in denen deutlich verlautet, daß die kirchliche Amtsgewalt bisweilen über die weltliche Amtsgewalt zu richten hat, bisweilen auch zu richten hat über Rechtsstreitigkeiten, die in die Kompetenz des weltlichen Richters fallen. Durch eine Unterscheidung dieser beiden Gewalten läßt sich also nicht beweisen, daß es dem weltlichen Richter in keinerlei Hinsicht zusteht, über einen ketzerischen Papst zu richten.

Zur sechsten Argumentation ist die Antwort: Wie es den Kaisern, als sie noch Heiden waren, zukam, nicht insofern sie Heiden waren, sondern insofern sie Menschen waren, Gott zu verehren und die Götzenbilder zu verlassen, so kam es Kaisern und Königen zu, als sie Heiden waren, nicht insofern sie Heiden waren, sondern insofern sie Kaiser und Könige waren,

Trechsel, fol. 112vb / Goldast, S. 633

katholische Christen zu schützen. Deshalb kommt es jetzt christlichen Kaisern und Königen zu, da sie Nachfolger der heidnischen Kaiser und Könige sind, Nachfolger nicht im Heidentum, sondern im kaiserlichen oder königlichen Amt, einen ketzerischen Papst, wenn es die Kleriker nicht wollen oder können, zu strafen und zurechtzuweisen.

Zur siebten Argumentation ist die Antwort, daß man in derselben Rechtsfrage durchaus einmal verschiedene Gesetze anwenden kann und in der gleichen Rechtsfrage ein Richter gehalten ist, bestimmte Gesetze anzuwenden, die ein anderer Richter nicht anzuwenden verpflichtet ist. In ein und derselben weltlichen Rechtsfrage wendet ein Richter in Italien andere Gesetze an als ein Richter in Frankreich. Obwohl deshalb der Papst oder ein geistlicher Richter in einem Ketzereiverfahren die kaiserlichen oder weltlichen Gesetze anzuwenden nicht verpflichtet ist, so können doch weltliche Richter in einem derartigen Verfahren, wenn es in ihre Kompetenz fällt, sowohl die göttlichen Gesetze als auch die kirchlichen Gesetze und auch die weltlichen Gesetze anwenden, sofern sie dem göttlichen Gesetz nicht zuwiderlaufen, auf die die Katholiken verpflichtet sind.

Zur achten Argumentation gibt es die gleiche Antwort wie zur fünften Argumentation, nämlich, daß eine Glaubenssache, die über eine Frage anhängig ist, die weder explizit verurteilt noch explizit approbiert ist, niemals der Festlegungskompetenz eines weltlichen Richters unterliegt.

Hier endet das 6. Buch.

VII.: Mit Gottes Hilfe siegt auch ein Geringer[*]

I Dialogus VII, c. 47

SCHÜLER: Für die besagte Behauptung will ich jetzt keine weiteren Argumente mehr hören, weil es mir hinreichend wahrscheinlich scheint, daß die Prediger und Doktoren, wenn sie übereinstimmen, die Irrlehre des Papstes einhellig zurückweisen müssen. Aber wenn die Mehrheit der Prediger, Doktoren oder Universitätslehrer dem Ketzerpapst zugestimmt hat, ihm hilft oder doch nicht Widerstand leistet, werden es dann wenige wagen, seiner Irrlehre entgegenzutreten?

LEHRER: Einige sagen in der Tat, wenn wenige Prediger und Doktoren in der rechten Lehre verharren und die gesamte Menge der anderen dem Ketzerpapst Beistimmung und Unterstützung gewährt, dann müssen diese wenigen ihm mit geeigneten Mitteln widerstehen nach all ihren Kräften. Ja, wenn einer allein fest im Glauben bleiben sollte, müßte er ohne Furcht die

---
[*] Trechsel, fol. 147ra / Goldast, S. 704

Irrlehre des Ketzerpapst widerlegen nach dem Beispiel des Propheten Elias, der, obwohl er merkte, er sei allein als gläubiger Prophet Gottes übriggeblieben [vgl. I. Reg. 19, 14], dennoch vom wahren Glauben keineswegs abwich, sondern die Ketzer und Abtrünnigen in größter Standhaftigkeit, wann immer er konnte, bekämpfte. Wenn folglich ein anderer Prälat, zusammen mit wenigen ihm untergebenen Predigern und Doktoren, dem Ketzerpapst keinesfalls zugestimmt hat, obwohl die gesamte übrige Menge seinen Irrtümern anhing, müssen jene wenigen Prediger und Doktoren um so mehr zusammen mit ihrem Prälaten der Irrlehre des Papstes entgegentreten, und der Prälat müßte mit Matthias sagen, was I. Mach. 2, 19–22 steht: *„Wenn auch alle dem König Antiochus"*, d. h. dem Ketzerpapst, *„gehorsam wären und alle von dem Glauben ihrer Väter abfielen und in das Gebot des Königs einwilligten, so wollen doch ich und meine Söhne und Brüder dem Gesetz unserer Väter folgen; Gott sei uns gnädig! Das wäre für uns nicht gut, daß wir von Gottes Gesetz und Recht abfielen. Wir wollen nicht in den Befehl des Königs Antiochus (d. h. des Ketzerpapstes) einwilligen und wollen nicht opfern und von unserem Gesetz abfallen und damit einen anderen Weg einschlagen."*

SCHÜLER: Es scheint, wenn wenige der gesamten restlichen Mehrheit der Christen widerstünden, so mühten sie sich vergeblich. Also müßten sie solches auch keineswegs versuchen und predigen. LEHRER: Die Antwort ist: Auch wenige müßten keineswegs am Sieg verzweifeln. Ja, ein einziger allein bräuchte nicht am Sieg zu verzweifeln. Denn wie es I. Mach. 3, 18 f. heißt: *„Im Angesicht Gottes im Himmel ist es kein Unterschied, viele oder wenige frei zu machen. Denn nicht an der Masse des Heeres liegt der Sieg in der Schlacht. Der Mut aber kommt vom Himmel."* Und I. Sam. 14, 6 heißt es: *„denn es ist dem Herrn nicht schwer, durch viel oder wenig zu helfen"*; und II. Paral. 14, 11[60] heißt es: *„Herr, bei Dir ist kein Unterschied, ob Du durch wenige hilfst oder durch viele."* Aus diesen Worten geht hervor: wenn wenige gegen einen Ketzerpapst Krieg begännen, während die ganze übrige Menge ihm anhinge, brauchen sie am Sieg nicht zu verzweifeln, denn solch ein Krieg ist nicht ihr Krieg, sondern ein Krieg des Herrn, der die Wahrheit ist, die über alle in Wahrheit Sieger bleibt. Also mögen sie in Vertrauen auf ihn bis zum Tode kämpfen, und Gott wird für sie ihre Feinde überwinden [vgl. I. Mach. 3, 22].

VIII.: Wie ein Streiter wider den Ketzerpapst sein muß*

I Dialogus VII, cc. 72–73

c. 72

SCHÜLER: Wenn du dich in derselben Weise über die anderen besonderen Eigenschaften verbreitetest, die ein geeigneter Streiter wider einen ketzerischen Papst zuallererst braucht, würdest du vielen Lesern unseres Buches Überdruß bereiten. Deshalb gehe die übrigen Eigenschaften nur in aller Kürze durch. LEHRER: Von den anderen besonderen Eigenschaften eines Streiters wider einen ketzerischen Papst werden einige denen gemeinsam beigelegt, die den Papst leiblich, und denen, die ihn geistlich bekämpfen, einige aber sind denen zu eigen, die geistlich wider einen ketzerischen Papst streiten. So müssen die, die leiblich und geistlich einen ketzerischen Papst bekämpfen wollen, wenn er eine größere Anhängerschaft hat, als Leiter und Anführer neue Wege erforschen können. Denn wie – nach dem Zeugnis Augustins an Bonifacius (wie es in D. 50 c. 25 zu lesen ist) – neue und fremdartige Krankheiten, die auftauchen, die erprobte Fähigkeit zur Erfindung vieler Arzneien gegen zahlreiche Krankheiten erzwingen, so zwingen neue und fremdartige Fälle, die auftauchen, den Erfinderfleiß dazu, neue und fremdartige Wege zu finden, ihnen zu begegnen. Da es höchst fremdartig und ungewöhnlich ist, daß ein Papst von ketzerischer Schlechtigkeit angesteckt wird, ist es, um ihn mannhaft zu bekämpfen, nötig, fremdartige Wege zu ersinnen, besonders wenn er durch die Gunst der Mächtigen beschirmt wird. Wer immer gegen einen ketzerischen Papst nur Vernunftgründe brauchen will, ähnelt etwa einem unerfahrenen Arzt, der mit einer einzigen Salbe die Augen kurieren möchte. Es genügt aber für einen kompetenten Streiter gegen einen ketzerischen Papst nicht, gegen ihn fremdartige Wege zu finden, wenn er nicht, sofern es nötig ist, sie auch wirksam zu machen versucht und sich nicht fürchtet, auch Neues anzupacken. Wenn auch Neues, das unnütz, verderblich und gefährlich ist, gänzlich zu meiden ist, so ist doch Neues, das hochnützlich, notwendig und heilsam ist, nur um so eifriger anzustreben. Der ist nicht geschickt, irgendwelche schwierigen Geschäfte zu treiben, der vor allem Neuen zurückschreckt. Wenn der Makedonier Alexander der Große sich gescheut hätte, Neues anzupacken, hätte er sich keinesfalls den Großteil der Welt unterwerfen können. Wenn der römische Staat keinerlei Neues aufgegriffen hätte, hätte er niemals den Frieden im gesamten Erdkreis geschaffen. Was soll ich von den Heiligen und Aposteln sagen? Wenn sie sich gescheut hätten, Neues einzuführen, hätten sie die Heidenvölker keines-

---

* Trechsel, fol. 163va / Goldast, S. 737

wegs zum Neuen Gesetz [Christi] bekehrt. So ist Neues keineswegs völlig zu verachten. Sondern wie Altes, wenn es belastend wird, gänzlich abzuschaffen ist, so ist Neues, wenn es dem vernünftigen Urteil nützlich, fruchtbar, notwendig und wirksam erscheint, mit Leidenschaft zu erstreben.

Freilich genügt es einem geeigneten Streiter wider einen ketzerischen Papst nicht, Neues zu unternehmen, wenn es angemessen scheint, wenn er sich nicht auch, wenn es wirkungsvoll ist, Gefahr, Mühsal, und, wenn es nötig sein sollte, auch dem Tod aussetzte. Wer alle Gefahren fürchtet, ähnelt dem, von dem in den Sprüchen [Eccles. 11, 4] gesagt ist: *„Wer auf den Wind achtet, der sät nicht, und wer auf die Wolken sieht, fährt die Ernte niemals ein."*

Ferner muß er auch bereit sein, wenn er Reichtümer besitzt, Aufwendungen zu machen; denn kein leibliches Almosen ist außerhalb eines echten Notfalls so notwendig: weder der Bau von Klöstern noch der Unterhalt von einigen Armen, weder die Errichtung von Kirchen noch die Hilfe für Elende oder der Loskauf von Gefangenen, noch reichliche Spenden für den Kreuzzug ins Heilige Land können nämlich den Aufwendungen gleichgestellt werden, die beim Kampf gegen einen ketzerischen Papst und zur Verteidigung und Erhöhung des katholischen Glaubens gemacht werden, weil die Erhöhung und Verteidigung des katholischen Glaubens allen zeitlichen Zwecken vorzuziehen ist.

Weiterhin darf sich ein geeigneter Streiter wider einen ketzerischen Papst nicht fürchten vor dem Verlust all seines Vermögens und seines Rufes, da dies alles unter die geringsten Güter zu rechnen ist, um derentwillen man die Verteidigung des Glaubens keineswegs unterlassen darf. Während nämlich jedermann seinen Ruf, dem unter allen zeitlichen Gütern wohl der Vorrang gebührt, wenn es angemessen möglich ist, zu wahren gehalten ist zur Erbauung des Nächsten und um Anstoß zu vermeiden, so ist dennoch zur Aufrechterhaltung eines Rufes die Verteidigung des Glaubens keinesfalls zu unterlassen, denn das Heil gilt auch ohne guten Ruf, und oft war ein guter Ruf Ursache ewiger Verdammnis. Wer sich daher über den Verlust seines Rufes so sehr betrübt, daß er unterläßt, was zur Ehre Gottes, zum Heil seiner selbst oder seiner Nächsten dient, der ist nicht geschickt zum Reiche Gottes, denn er achtet nicht mit dem Apostel [*vgl. Phil. 3.8*] um seines Nächsten Willen das alles für Kot, sondern läßt sich von eitler Ruhmsucht quälen und tut alle seine Werke, damit er von den Menschen gesehen werde.

Wiederum vermeide ein geeigneter Streiter wider einen ketzerischen Papst jede Zweideutigkeit, damit er ihn nicht in Tat, Wort oder Schrift

Trechsel, fol. 163vb / Goldast, S. 737

offensichtlich als wahren Papst scheinbar anerkenne. Wenn es manchmal wirkungsvoll erscheinen mag, erlaubte und nützliche Verstellung zu brauchen, so ist doch der Gebrauch jener Zweideutigkeit, die Falschheit impliziert, als unerlaubt zu betrachten, nach dem Zeugnis des Weisen der in Prov. 2, 14 sagt: „*Weh dem, der im Herzen zwiespältig ist* ⟨...⟩ *und dem Sünder, der die Erde auf zwiefachem Wege betritt!*"

Darüber hinaus sei er bei der Verfolgung der Geschäfte des Glaubens gegen einen ketzerischen Papst heiß und nicht lau. Denn *wer lau ist* in diesem Geschäft, wird, besonders wenn er ein Großer und Mächtiger ist, nicht allein *aus dem Munde Gottes ausgespien* werden [vgl. Apoc. 3, 15 f.], sondern wird auch den Armen und Einfältigen, die ihm anhängen, Grund und Anlaß zur Verwirrung, ja Vernichtung nicht allein zeitlich, sondern auch geistlich sein, denn wenn er sie nicht mit aller Inbrunst schützt, werden der ketzerische Papst und seine Komplizen wie reißende Tiere sie grausam geistlich wie leiblich verstümmeln wollen.

Auch müssen geeignete Streiter wider einen ketzerischen Papst in Liebe und Eintracht sich gegenseitig helfen, damit sie nicht, von Meinungsverschiedenheiten und haßerfüllten Streitigkeiten und Spaltungen zerrissen, sich desto leichter vernichten lassen. Denn nach dem Zeugnis des Heilands „*wird ein jegliches Reich, wenn es mit sich selbst uneins wird, verwüstet; und eine jegliche Stadt oder Haus, wenn es mit sich selbst uneins wird, kann nicht bestehen*" [Mt. 12, 25]. Darum sollen die Streiter wider einen ketzerischen Papst nicht hoffen, so gerecht ihre Sache auch sein mag, daß sie, allein auf sich gestellt, ihr so löbliches Ziel erreichen, wenn sie untereinander schlimm gespalten und zertrennt sind. Dann nämlich sind sie nicht von dem Samen jener, durch die der rechte Glaube erhöht werden wird, vielmehr wird Gott eine andere Gelegenheit nutzen, die Sache des Glaubens glücklich zu Ende zu bringen.

Ein geeigneter Streiter wider einen ketzerischen Papst suche also keinesfalls seinen eigenen Ruhm, so als wünschte er sich, daß allein durch ihn der Sieg errungen werde, vielmehr freue er sich über all das, was die Sache des Glaubens auf erlaubte Weise voranbringt, und er verachte weder Taten noch Rat der Geringen, denn oft ist *den Kleinen offenbart, was vor den Weisen und Klugen verborgen ist* [vgl. Mt. 11, 25]. So sei er ein Ratgeber, der eifrig nach Wegen und Mitteln sucht und fragt, wie gegen den ketzerischen Papst vorgegangen werden muß, denn nach dem Zeugnis Salomons: „*Wo viele Ratgeber sind, findet sich Hilfe*" [Prov. 11, 14].

Wiewohl nun die Ratschläge der Geringen keineswegs zu verachten sind, muß doch in diesem Fall besonders von den Gelehrten Rat verlangt werden. Niemand vertraue aber auf seine eigene Klugheit, als sei sie irgend

Trechsel, fol. 164ra / Goldast, S. 738

ausreichend. Wenn tausend einzelne, ohne weltliche Macht zu besitzen, von denen jeder an Weisheit einen Salomon überträfe, einen ketzerischen Papst, der sich auf die Gunst der Könige und Fürsten stützen könnte, zu bekämpfen trachteten, so bedürften sie des Rates anderer. Dennoch brauchen sich deswegen die an Zahl Unterlegenen und an Gelehrsamkeit Geringeren keineswegs zu fürchten, den Krieg gegen den ketzerischen Papst aufzunehmen. Wenngleich sie natürlich nichts unterlassen dürfen, was ihnen zukommt, so brauchen sie dennoch ihre Hoffnung nicht auf ihre eigene Weisheit oder Kraft zu setzen, sondern *auf die Kraft Gottes, der, wenn er streitet, für sie bis zum Tod ihre Feinde zu Schanden machen wird* [vgl. Ecclus. 4, 33]. Daher brauchen sie keine Überzahl von Anhängern des ketzerischen Papstes zu fürchten, denn nach dem Zeugnis des Judas Makkabäus (wie oben zitiert) ist es kein Unterschied im Angesicht des Himmelsgottes, mit vielen oder mit wenigen zu fechten [I. Mach. 3, 18], und in Exod. 23, 2 wird jedem Gläubigen wörtlich geboten: *„Du sollst der Menge nicht auf dem Weg zum Bösen folgen und nicht so antworten vor Gericht, daß du der Menge nachgibst und von der Wahrheit abweichst"*, wofür der Psalmist die Begründung gibt, wenn er sagt: *„Die Heiligen machen einen Fehltritt und die Wahrheit ist vor den Menschenkindern vermindert. Einer redet zum anderen Eitles"* (Ps. 11 [12], 2), und anderswo sagt er: *„Aber sie sind alle abgewichen, und allesamt untüchtig, da ist keiner, der Gutes tut, auch nicht einer"* (Ps. 13 [14], 3). Und eben dafür führt der Prediger als Grund an, wenn er sagt [Eccles. 1, 15]: *„Unzählig ist die Zahl der Toren."* Auch Is. 1, 5 f. verschweigt den Grund nicht, wenn er sagt: *„Jedes Haupt ist schlaff und jedes Herz ist traurig, von der Fußsohle bis zum Scheitel ist in ihm keine Vernunft."* Ja, auch der Erlöser selbst drückt es Mt. 7, 13 f. aus: *„Die Pforte ist weit und der Weg ist breit, der zur Verdammnis führt, und ihrer sind viele, die darauf wandeln. Und die Pforte ist eng und der Weg ist schmal, der zum Leben führt, und wenige sind ihrer, die ihn finden."* Und anderswo [Mt. 22, 14] sagt er: *„Denn viele sind berufen, aber wenige sind auserwählt."* Diesen Worten und zahllosen weiteren entnehmen nun einige ein Argument dafür, daß auch wegen einer noch so großen Menge von Anhängern eines ketzerischen Papstes eine ganz kleine Schar sich nicht zu fürchten braucht, sich gegen ihn offen zu erheben.

Besonders aber müssen sie sich vor jeder Todsünde hüten, denn wie es heißt: *„Es schickt sich nicht für den Gottlosen, Gott zu loben"* [Ecclus. 15, 9], so ist auch die Verteidigung [des Glaubens] oder der Kampf gegen die Ketzerei als Anteil am Himmlischen vor Gott wenig wert, selbst wenn er immer noch anderen von Nutzen sein kann. Ein geeigneter Streiter wider den ketzerischen Papst muß dabei nicht nur fleischliche Sünden, sondern auch geistliche meiden. Einige glauben freilich, daß in der heutigen Zeit nur sehr wenige geeignete Streiter wider den höchsten Bischof vorhanden sind, weil sie argwöhnen, daß fast die ganze Welt, Kleriker wie Laien, Ordensleute und Weltkleriker in Todsünden und in geistlichen Verfehlungen, die schlimmer sind als Unzucht und Diebstahl, heillos verstrickt sind, so daß sie mutmaßen, daß in der Gegenwart nicht weniger als zu Zeiten des Noah jenes Wort aus Gen. 6, 11 Geltung hat: *"Verderbt ist die Erde vor Gottes Augen und voll mit Frevel."*

c. 73

SCHÜLER: Über das, was du zuletzt sagtest, wundere ich mich über die Maßen. Aber ich will die Gründe dafür in dem Traktat über die Geschichte des Kampfes um den Glauben *[d. h. in III Dialogus]* sorgfältig erforschen, jetzt aber, da du verschiedene besondere Eigenschaften berührt hast, die nach der Meinung einiger ein geeigneter Streiter wider den ketzerischen Papst in herausragender Weise besitzen muß, welche, wie mir scheint, allesamt sowohl denen zukommen, die den ketzerischen Papst körperlich bekämpfen, als auch denen, die ihn geistlich bekämpfen, zähle jetzt einige spezifische geistliche Vorzüge auf, besonders aufgrund von Zeugnissen der Heiligen Schrift, in denen die Streiter wider den Ketzerpapst glänzen sollten, besonders, wenn der Ketzerpapst versuchen sollte, den christlichen Völkern verstellte und verborgene Irrlehren zu übermitteln.

LEHRER: Man sagt, daß solch ein geeigneter Streiter wider den Ketzerpapst Kenntnis der Texte der Heiligen Schrift haben müsse dergestalt, daß er nicht nur den Wortlaut im Gedächtnis[61] behalten, sondern das Verständnis der Wahrheit erfassen kann. Denn nach dem Zeugnis des Hieronymus, wie man es C. 1 q. 1 c. 64 liest, *"besteht das Evangelium nicht in dem bloßen Wortlaut der Schrift, sondern in ihrem Sinn, nicht an der Oberfläche, sondern im Innersten, nicht in dem Blattwerk des Wortlauts, sondern in den Wurzeln des Arguments"*. Viele nämlich, die so gedächtnisstark sind, daß sie viele Texte auswendig können und auf der Stelle, was immer sie wollen, vortragen und anführen können, entbehren dennoch des Urteils und der Verstandesschärfe, so daß sie bisweilen zum wahren Verständnis für sich allein nicht vorzudringen wissen. Und von ihnen könnte jenes Apostelwort [II. Tim. 3, 7] gelten, daß sie *"immerdar lernen und nimmer zur Erkenntnis der Wahrheit kommen"*. Diese aber sind nicht geeignet dazu, verhohlene und verborgene Irrlehren zu bekämpfen.

Andere sind stark im Urteil des Verstandes, wenn es ihnen auch an Gedächtniskraft mangelt, und diese sind, wenn auch bisweilen nur mit großer Mühe und zögerlich, dazu geeignet, verdeckte, verborgene und verstellte

Trechsel, fol. 164rb / Goldast, S. 739

Irrlehren des Ketzerpapstes zu bekämpfen. Wenngleich sie an Wortgewalt, an Rednergabe und an den Kunstfiguren der Beredsamkeit Mangel leiden mögen, so doch nicht an Wissen; denn sie verstehen es, aus wenigem viel zu entwickeln; und sehen hellsichtig, was der Wahrheit zuwiderläuft und was ihr entspricht, was als Voraussetzung, was als Folge und was als nicht zur Sache gehörig einzuschätzen ist. Sie lassen sich durch spitzfindige Gründe und falsch verstandene Autoritäten nicht leicht verführen. Von welcher Wissenschaft aber das Urteil des Verstandes zu solcher Leistung am besten Hilfe erfährt, das kann man im 9. Buch der Schrift „Die beste Lernmethode"[62] geschrieben finden.

Wer aber sowohl durch sein Gedächtnis als auch durch seine Urteilskraft besonders hervorragt (was freilich höchst selten vorkommt, wie manche glauben) und wer sich dann noch in der Heiligen Schrift auskennt, der ist im höchsten Maße geeignet zum Streiter wider die Irrlehren eines Papstes, wenn der von ketzerischer Schlechtigkeit angesteckt ist.

Freilich müssen die geeigneten Streiter wider den Ketzerpapst mit höchster Umsicht darauf achten, nicht seine doppeldeutigen Aussagen gegen seine Intention oder neben seiner Intention zu einem falschen Sinn zu bringen, vielmehr dürfen sie seine wahren Aussagen keineswegs verdrehen. Wenn sie das nämlich täten, vor allem mit Absicht oder auch aus grob fahrlässiger Unkenntnis, dann würden sie nicht nur vom Herrn selbst als in Todsünde begriffen verurteilt werden, sondern auch den Verständigen schon auf Erden als böswillig, haßerfüllt und ungerecht erscheinen.

So müssen sie vor allem seine Intention erforschen aus all seinen Äußerungen, besonders wo seine Aussage nicht doppeldeutig ist. Wenn nämlich seine Aussage nicht doppeldeutig ist, sondern nur einen falschen Sinn hat, braucht man nicht mehr auf seine anderen Äußerungen zurückzugreifen. Wenn völlig klar ist, daß ihr tiefer Sinn Irrlehre bedeutet, dann sollen sie nicht durch Spitzfindigkeiten, nicht durch falsch verstandene Autoritäten, nicht durch zweifelhafte Aussagen, über die man lange streiten kann, nicht durch fantastische oder unverständliche oder ausgeklügelte Argumentationen, nicht durch Berufung auf Autoritäten, die man mit gutem Grund ablehnen kann, sondern durch authentische Texte der Heiligen Schrift, gut und im Einklang mit der Tradition ausgelegt, oder durch offenkundige, evidente, unwiderlegliche Argumentationen den Versuch machen, [diese Irrlehre] zu widerlegen und ganz solide die entgegengesetzte Wahrheit zu begründen. Dies alles müssen sie aus Liebe zur Wahrheit tun und aus Haß gegen die Falschheit, keineswegs jedoch von Zorn, Rachsucht oder Haß gegen die Person des Ketzerpapstes bewogen.

Trechsel, fol. 164va / Goldast, S. 739

SCHÜLER: Als ich dich dazu drängte, diese Schrift anzufangen, da glaubte ich, wir würden einen kurzen Kleintraktat über die Ketzer in Angriff nehmen. Aber entgegen dieser Einschätzung ist er sehr in die Länge geraten. Wenn ich dir alle Schwierigkeiten, die mir jetzt noch zu dem Ketzerpapst und seinen Komplizen einfallen, zur Erörterung unterbreitete, müßte die Schrift ins Unendliche wachsen. Da nun, wie man weiß, ausführliche Schriften in unserer Zeit sehr vielen unwillkommen sind,[63] wollen wir unser erstes Gespräch über die Ketzer hier enden lassen. Ich danke dir für deine Willfährigkeit, daß du dich, die Rolle eines Berichterstatters annehmend, meinen Wünschen insoweit gütig anbequemen wolltest, hier in Verkürzung, dort in Aufzählung [objektiv] falscher Meinungen und mit Macht für sie Argumente darbietend, einmal auf wahrscheinliche Argumente mit Einwänden antwortend, ein andermal Wahrheiten ohne Stützargumente vortragend, und dergleichen. Diese Methode hielt ich für sehr fruchtbar, weil somit weder zum weiteren Beweis des oben Niedergeschriebenen noch zu seiner Widerlegung die Liebe zu dir oder der Haß gegen dich irgend jemanden antreiben kann. Sondern allen, die den Text lesen, wird Stoff zum Nachdenken gegeben.[64] Wenn dieses Buch erst einmal verbreitet ist, so werden wegen seiner Außerordentlichkeit und wegen seines Nutzens die Gebildeten und Gelehrten, soweit sie Eifer um die Wahrheit und um das gemeine Wohl besitzen, sich darum bemühen, was wahr ist, mit evidenten Argumenten und mit ganz offenbaren Zeugnissen der Heiligen Schrift zu befestigen, und was falsch ist, werden sie sich zu widerlegen mühen. Dann wirst vielleicht auch du, wie ich glaube, wenn du deine Meinung zu eröffnen beginnst, über alle diese Fragen ganz eindeutige Schriften verfassen, die völlig klar und von reiner Wahrheit erfüllt sind, zum Nutzen aller Gläubigen und zur Ehre des allmächtigen Gottes, dem Lob sei und Herrschaft von Ewigkeit zu Ewigkeit. Amen.

Trechsel, fol. 164vb / Goldast, S. 739

IX.: Das Programm des ersten Traktats der Tertia Pars*

III Dialogus I i, Prolog

SCHÜLER: Auf den Spuren Salomons habe ich mir in meinem Herzen vorgenommen, in Weisheit nach *allem, was unter der Sonne geschieht, zu fragen und zu forschen* [Eccles. 1, 13], und zwar in der streitenden Kirche, über die nicht alle Christen heutzutage dasselbe denken. Denn weil einige, die sich um den katholischen Glauben streiten, sich gegenseitig Ketzer nennen, und die einen glauben, die wahre streitende Kirche sei bei einer Partei, die anderen, sie bestehe bei der anderen, so wollen wir unsere Bemühung auf den dritten Teil unseres Zwiegesprächs lenken (den wir ja von Anbeginn an „Die Geschichte derer, die um den rechten Glauben kämpfen" hatten nennen wollen), soweit unsere Beschäftigung und unser Studium dem Charakter der gegenwärtigen Zeit entspricht. Denn wie der heilige Augustinus an den Ritter Bonifacius schreibt – man findet das C. 23 q. 4 c. 42 – *muß alles seiner Zeit entsprechen.*[65]

Diesen Teil will ich in neun Abhandlungen gliedern, deren jeden ich in verschiedene Bücher unterteilen will. Die ersten beiden Abhandlungen sollen eine Vorbereitung und Einleitung für die folgenden sein, in denen wir die Geschichte verschiedener Christenmenschen erforschen wollen. Die erste Abhandlung tut das durch eine Erörterung über die Kompetenz des Papstes und des Klerus, die zweite handelt über die Kompetenz und die Rechte des Römischen Reiches; in ihr wollen wir ausführlichst über die Rechte der Könige und Fürsten und auch die einiger Laien Überlegungen anstellen. Die dritte Abhandlung handelt über die Geschichte Johannes' XXII., von dem einige glauben, daß er, lange bevor er diese Welt verließ, wegen Ketzerei von jeglicher kirchlichen Würde abgesetzt, andere aber, daß er katholisch gewesen sei und seine Tage als wahrer Papst beschlossen habe. Die vierte Abhandlung handelt über die Taten Ludwigs des Bayern, den einige nicht für einen wahren Kaiser halten, andere ganz im Gegenteil. Die fünfte Abhandlung handelt über die Taten Benedikts XII., den viele, aber nicht alle, als höchsten Bischof verehren. Die sechste Abhandlung handelt über die Taten Bruder Michaels von Cesena, die siebente über die Taten und Lehrmeinungen des Bruders Geraldus Odonis, von denen jeweils einen die eine Gruppe, den anderen die andere zum wahren General-

---

* Trechsel, fol. 181ra / Goldast, S. 771

minister der Minderbrüder erklärt. Die achte Abhandlung handelt über das, was Bruder Wilhelm Ockham getan hat. Die neunte über das, was andere Christen taten, Könige, Fürsten, Prälaten und einfache Gläubige, Laien und Kleriker, Weltpriester und Ordensleute, Minderbrüder und andere, die einer oder einigen der oben genannten Personen anhängen, ihnen Gehorsam leisten, ihnen beistimmen, mit ihnen Gemeinschaft halten, ihnen Vorschub tun oder irgend Hilfe und Rat zukommen lassen oder vielmehr einen oder mehrere von ihnen bekämpfen, ihnen lästig fallen oder auch sie für tadelnswert halten.

LEHRER: Dein Drängen wie mein Wunsch, das Werk zu vollenden, rät mir zu, es, wie besprochen, in Angriff zu nehmen. Aber die Furcht, mir die Verleumdung jener zuzuziehen, die vielleicht sagen werden, ich nähme mir heraus, ohne Erlaubnis eine Erörterung über die Kompetenz des höchsten Bischofs anzustellen, widerrät mir, zumal ja auch kanonisches und römisches Recht offensichtlich sagen, daß derjenige sich den Vorwurf eines Sakrilegs zuzieht, der es sich herausnimmt, über die Gewalt der Fürsten Erörterungen anzustellen[66]. Darum will ich, wenn du es so willst, mich mit diesen Themen nicht beschäftigen, zumal ich ja auch zu ganz notwendiger Literatur, wie ich die Dinge einschätze, keinen Zugang habe.

SCHÜLER: Diese Befürchtung braucht dich nicht abzuhalten: denn wir sehen ja, daß katholische Männer zur bloßen Übung Erörterungen über den Glauben anstellen, ohne sich auch nur der Gefahr eines berechtigten Vorwurfs auszusetzen: Doktoren der Theologie disputieren in den Hörsälen öffentlich über den Glauben und argumentieren mit allem Scharfsinn gegen die Wahrheit des Glaubens, die ihnen sehr wohl bekannt ist, ohne sich den Vorwurf eines Verbrechens zuzuziehen, auch wenn sie weder zu dieser Zeit noch vielleicht überhaupt jemals später den wahren Sachverhalt in der erörterten Frage öffentlich feststellen. Auch die Bakkalare und die fortgeschrittenen Studenten argumentieren, so heftig sie nur können, ohne Tadel, ja häufig lobenswert gegen die Wahrheit und suchen wissenschaftliche Argumente zusammen. In eben demselben Maße kann es geschehen, daß man über die Kompetenz des höchsten Bischofs lobenswert zur Übung disputiert. Sofern du also weder durch positive Aussagen noch in zweifelnder Bestreitung etwas gegen die Kompetenz des Papstes sagen willst, sondern nur im Referat über die Kompetenz des Papstes und all die anderen Gegenstände, die ich zur Verhandlung angemahnt habe, sprichst (so wie es für dieses ganze Gespräch zwischen uns von Beginn an abgemacht ist), brauchst du die Untersuchung keineswegs zu scheuen, da ich ja weiß, daß du bereit bist, alle Wahrheit über die Kompetenz des Papstes und auch jede andere Wahrheit, die ausdrücklich anzuerkennen du verpflichtet

Trechsel, fol. 181ra / Goldast, S. 771

bist, an gelegenem Ort und zu gelegener Zeit, wenn es sinnvoll ist, im privaten Kreis und auch in der Öffentlichkeit zu bekennen. Auch braucht der Büchermangel uns nicht zu hindern, denn wenn du auch kein vollkommenes Werk schaffen kannst, so wird es doch keineswegs unnütz sein, das Werk wenigstens fertigzustellen, weil du damit denen Gelegenheit gibst, vollkommene Werke zu schaffen, die über eine Menge Bücher verfügen.

LEHRER: Daß es erlaubt ist, ohne positive Aussage und ohne zweifelnde Bestreitung auch Falsches vorzutragen und namens anderer zu sagen; daß es nicht nötig ist, zu jeder Zeit mit dem Munde die Wahrheit, auch die katholische Wahrheit nicht, zu bekennen (da das einem affirmativen Gebot unterliegt, das zwar immer gültig ist, aber nicht für jeden Augenblick bindet), das kann auf verschiedene Weise bewiesen werden. Dabei will ich die Verleumdungen der Übelwollenden gering achten und mich deinem Drängen fügen. Um den Scharfsinn der Experten zu trainieren, will ich hier über die Kompetenz des Papstes und über alles andere, was du untersuchen zu müssen glaubst, auch Ansichten und Meinungen vortragen, die ich für irrig, ja für ketzerisch halte, und für sie, so wirkungsvoll ich immer kann, wissenschaftliche Argumente anführen. Und auch du kannst das von Zeit zu Zeit tun, wenn du willst. Beginne also unverzüglich den ersten Traktat.

X.: „Lex Libertatis" – Das Evangelium als Gesetz der Freiheit*

III Dialogus I i, cc. 5–7

c. 5
SCHÜLER: Für die genannte Auffassung [*daß nämlich der Papst in geistlichen und weltlichen Angelegenheiten die Fülle der Gewalt von Gott selbst erhalten hat*] hast du Zeugnisse angedeutet, die, wie ich glaube, recht stark sind. Darum füge dem jetzt nicht weitere an. Denn diese sollen nun klar aufgelöst werden. Könnte man gegen die angeführten Argumentationen jetzt zum Erweis des Gegenteils mit Leichtigkeit Antwort geben?

LEHRER: Es gibt einige Leute, die die genannte Meinung für falsch, gefährlich, verderblich und der Ketzerei verdächtig halten. Das versuchen sie auf vielfältige Weise zu beweisen. Das christliche Gesetz ist kraft seiner Einsetzung durch Christus ein Gesetz der Freiheit[67] im Verhältnis zum alten Gesetz, das im Verhältnis zum neuen Gesetz ein Gesetz der Knechtschaft war. Wenn aber der Papst von Christus solche Gewaltenfülle er-

---
* Trechsel, fol. 183rb / Goldast, S. 776

halten hätte, daß er alles vermöchte, was nicht gegen das göttliche Gesetz und nicht gegen das Naturgesetz verstößt, dann wäre das christliche Gesetz kraft seiner Einsetzung durch Christus ein Gesetz unerträglicher Knechtschaft, und zwar erheblich größerer Knechtschaft, als es das alte Gesetz gewesen ist. Also hat der Papst von Christus nicht solche Gewaltenfülle in geistlichen wie in weltlichen Angelegenheiten.

Der Obersatz kann mit ganz offenkundigen Texten aus der Heiligen Schrift bewiesen werden. Denn der heilige Jakobus nennt es in seinem Brief 1, 25 ein Gesetz der vollkommenen Freiheit, wenn er sagt: *„Wer aber durchschaut in das Gesetz der vollkommenen Freiheit und darin beharrt, und ist nicht ein vergeßlicher Hörer, sondern ein Täter, der wird selig sein in seiner Tat."* Und der Apostel Paulus schreibt an die Galater 2, 3–5: *„Aber es ward selbst Titus, der mit mir war, nicht gezwungen, sich beschneiden zu lassen, obwohl er ein Heide war. Denn da etliche falsche Brüder sich mit eingedrängt hatten und nebeneingeschlichen waren, auszukundschaften unsere Freiheit, die wir haben in Christus Jesus, damit sie uns knechteten, wichen wir denselben auch nicht eine Stunde und waren ihnen nicht untertan, damit die Wahrheit des Evangeliums bei euch bestehen bliebe."* Damit wird uns zu verstehen gegeben, daß das evangelische Gesetz ein Gesetz der Freiheit ist, durch welches die Christen aus der Knechtschaft herausgerissen sind, keineswegs um erneut in Knechtschaft zurückgeführt zu werden. Dasselbe meint Paulus offenbar auch, wenn er Gal. 5, 12–13 sagt: *„Sie sollen sich doch gleich beschneiden lassen, die euch in Unruhe setzen. Ihr aber, liebe Brüder, seid zur Freiheit berufen. Allein sehet zu, daß ihr durch die Freiheit nicht dem Fleisch Raum gebet, sondern durch die Liebe diene einer dem anderen!"* Auch sagt der heilige Petrus, wie es in Act. 15, 10 heißt: *„Was versucht ihr denn nun Gott dadurch, daß ihr ein Joch auf der Jünger Hälse legt, welches weder unsere Väter noch wir haben tragen können?"* Daraus erhellt, daß den Christen nicht ein solch schweres Joch der Knechtschaft auferlegt ist, wie es auf den Juden lastete. Darum erwidert der heilige Jakobus dort auf die Worte des Petrus (Act. 15, 19 f.): *„Darum urteile ich, daß man denen, die aus den Heiden zu Gott sich bekehren, nicht Unruhe mache, sondern schreibe ihnen, daß sie sich enthalten sollen von Befleckung durch Götzen und von Unzucht und vom Erstickten und vom Blut."* Und diese Auffassung des Jakobus wurde von den Aposteln und Ältesten, ja vom Heiligen Geist selbst gebilligt. Darum wird dort unmittelbar anschließend gesagt (Act. 15, 22 f.): *„Und es beschlossen die Apostel und Ältesten samt der ganzen Gemeinde, aus ihrer Mitte Männer zu erwählen und nach Antiochia zu senden mit Paulus und Barnabas, nämlich Judas mit dem Zunamen Barsabas, und ⟨Silas⟩, angesehene Männer unter den Brüdern."*

Trechsel, fol. 183va / Goldast, S. 776

Und sie gaben ihnen ein Schreiben in ihre Hand, also lautend: ‚Wir die Apostel und Ältesten, eure Brüder'" (usw.). Und wenig später heißt es [Act. 15, 28 f.]: „*Denn beschlossen haben der Heilige Geist und wir, euch keine Last weiter aufzulegen als nur diese nötigen Stücke: daß ihr euch enthaltet vom Götzenopfer und vom Blut und vom Erstickten und von Unzucht; und wenn ihr euch vor diesem bewahret, tut ihr recht.*"

Daraus wird klar, daß Christen durch das evangelische Gesetz von vielfältiger Knechtschaft befreit sind und daß das evangelische Gesetz ein Gesetz geringerer Knechtschaft ist, als es das alte Gesetz gewesen ist. Augustinus deutet das offenbar an in seiner Schrift *Ad Inquisitiones Januarii* [= ep. 119], und man findet das in D. 12 c. 12, wenn er von einigen sagt, die die christliche Religionsgemeinschaft mit allzu großer Knechtschaft bedrückten: „*Obschon man nicht finden könnte, wie das gegen den Glauben verstößt, so drücken sie die christliche Religonsgemeinschaft, die die göttliche Barmherzigkeit kraft ganz weniger und ganz klarer Sakramente und ihrer Feier frei haben wollte, dennoch durch knechtische Lasten, so daß die Lage der Juden noch erträglicher ist: wenn diese auch die Zeit der Befreiung nicht erkannt haben, so sind sie doch nur gesetzlichen Sakramenten, nicht menschlichen Anmaßungen unterworfen.*" Ebenso sagt der Apostel im Galaterbrief (4, 31–5, 1): „*So sind wir denn nun [...] nicht der Magd Kinder, sondern der Freien. Zur Freiheit, zu der uns Christus befreit hat, stehet nun fest und lasset euch nicht wiederum in das knechtische Joch fangen.*" Und II. Cor. 3, 17 schreibt Paulus: „*Wo aber der Geist des Herrn ist, da ist Freiheit.*"

Aus all dem ergibt sich, daß das neue Gesetz von größerer Freiheit ist als das alte Gesetz. Der Untersatz der oben angeführten Argumentation, daß nämlich das neue Gesetz, d. h. das evangelische Gesetz, von einer unerträglichen Knechtschaft wäre, einer schlimmeren sogar, als es das alte Gesetz gewesen ist, wenn der Papst aus Christi Einsetzung solche Gewaltenfülle über Geistliches und Weltliches hätte, bedarf anscheinend keines Beweises. Wenn das nämlich gälte, dann wären alle Christen Hörige, und keiner wäre von freiem Stand; denn alle wären Hörige des Papstes. Auch hätte der Papst eine solche Gewalt in weltlichen Angelegenheiten über den Kaiser, die Könige, die Fürsten, alle Laien und überhaupt über alle Christen, über ihre Person wie über ihr Eigentum, wie sie niemals ein weltlicher Herr hatte oder haben könnte über irgendeinen seiner Hörigen. Der Papst nämlich könnte in Freiheit Könige und Fürsten und alle anderen Christen ihrer Reiche und allen Eigentums berauben, Könige und Fürsten beliebigen anderen unterwerfen und sie zu deren Hörigen machen. All das nämlich ist nicht gegen das göttliche Gesetz noch gegen das Gesetz der Natur, denn

Trechsel, fol. 183vb / Goldast, S. 776

wäre es gegen das göttliche Gesetz oder das Gesetz der Natur, wäre all das auch den Königen und anderen Christen nicht gestattet. Folglich wäre es niemandem erlaubt, sein Eigentum anderen zu geben oder sich der Gewalt eines anderen zu unterwerfen. Somit wäre offensichtlich das christliche Gesetz von größerer Knechtschaft hinsichtlich der weltlichen Dinge als das alte Gesetz, besäße der Papst in weltlichen Angelegenheiten solche Gewaltenfülle; denn jene, die unter dem Gesetz Mose standen, waren keinem Sterblichen in weltlichen Dingen derart unterworfen. Solche Herrschaft nämlich hatte weder der König noch der höchste Priester über sie. So hat auch der Israelit Naboth sich löblich geweigert, seinen Weinberg dem König zu geben und zu verkaufen, der ihn kaufen wollte *[vgl. I. Reg. 21]*.

Auch wäre das heutige Gesetz von größerer Knechtschaft hinsichtlich der geistlichen Angelegenheiten beziehungsweise hinsichtlich dessen, was zum äußeren Gottesdienst gehört oder gehören kann, als es das mosaische Gesetz war. Denn hätte der Papst solche Gewaltenfülle, dann legte er den Königen, Fürsten und allen Christen mehr und schwerere derartige körperlich zu leistende Verpflichtungen auf, als sie im alten Gesetz angeordnet waren. Und keinem Christen wäre es erlaubt, in derartigen Dingen nicht zu gehorchen, wenn der Papst solche Gewaltenfülle hätte. Daraus folgt, daß die besagte Auffassung über die Fülle der Gewalt des höchsten Bischofs nicht nur als falsch, sondern als der Ketzerei verdächtig zu gelten hat, zumal sie handgreiflich gegen die Heilige Schrift verstößt, die sagt, daß das christliche Gesetz ein Gesetz der Freiheit ist. Folglich sind auch die Christen nicht durch das christliche Gesetz Hörige irgendeines Sterblichen, sondern sie sind frei, soweit es dem Sinn des evangelischen Gesetzes entspricht.

Diese Auffassung ist auch verderblich und gefährlich, wie man sagt. Denn machte der Papst von solcher Gewalt Gebrauch, indem er Könige und andere Christen ihrer Reiche und ihres Eigentums beraubte nach der Willkür seines Beliebens und sie einer Knechtschaft unterwürfe oder knechtischer Arbeit, so müßten unter Christen Spaltungen entstehen und Zwietracht, Kriege, Fehden, ja die ganze Christenheit geriete in Gefahr und Bedrängnis.

c. 6

SCHÜLER: Weil, wie ich glaube, dies der Hauptgrund oder einer der wichtigsten Gründe und Ursachen dafür ist, weswegen einige sagen, daß der Papst solche Gewaltenfülle nicht besitzt, deshalb wünsche ich gegen diese Auffassung Einwände zu machen, damit aus den Antworten auf diese Einwände, die du hier vorführen wirst, deutlicher wird, was ihr Gehalt ist.

Trechsel, fol. 184ra / Goldast, S. 777

Offensichtlich wird ja das christliche Gesetz in der Heiligen Schrift nicht Gesetz der Freiheit genannt, weil die Christen dadurch dergestalt befreit würden, daß sie in allen Dingen dem höchsten Bischof unterworfen wären, was das eben angeführte Argument anzudeuten scheint. Vielmehr heißt es Gesetz der Freiheit, weil die Christen dadurch frei werden von der Knechtschaft der Sünde oder der des mosaischen Gesetzes. Mehrere der aufgeführten Zeugnisse sprechen ja auch ausdrücklich über die Freiheit von der Knechtschaft unter dem mosaischen Gesetz, wie jene Stelle Gal. 2, 3–5 und 5, 12 f., auch Act. 15, 10 und Gal. 4, 31–5, 1. Andere Zeugnisse können sich auf die Freiheit von der Knechtschaft unter der Sünde beziehen. Demnach läßt sich durch sie nicht beweisen, daß die Christen durch das christliche Gesetz von der Knechtschaft frei werden, durch die sie dem höchsten Bischof verpflichtet sind, d. h., daß sie nicht in allen weltlichen und geistlichen Angelegenheiten, welche nicht dem Gesetz Gottes oder dem Naturgesetz widersprechen, ihm unterworfen sind. Daß die Zeugnisse der Heiligen Schrift sich nicht auf die Freiheit von der Unterwerfung beziehen, mit der Christen ihrem höchsten Bischof untergeben sind, das läßt sich mit Argumenten erhärten. Denn wenn dies christliche Gesetz derart ein Gesetz der Freiheit wäre, dann wäre es niemandem erlaubt, sich dem Papst zu unterwerfen oder sonst irgendeinem Sterblichen. Wenn somit, wie einige Franziskanerbrüder sagen, sie durch ihre Regel gehalten sind, in allen Stücken dem Papst Gehorsam zu leisten,[68] dann wäre ihre Regel der Ketzerei verdächtig, wäre sie doch gegen das christliche Gesetz, das ein Gesetz der Freiheit ist, weil es die Christen davon befreit, einem Menschen unterworfen zu sein. Weiterhin ist nach dem heiligen Jakobus, wie oben angeführt,[69] das christliche Gesetz ein Gesetz vollkommener Freiheit. Vollkommene Freiheit aber widerstreitet jeglicher Knechtschaft. Wenn also das christliche Gesetz ein Gesetz der Freiheit ist, das alle Christen davon befreit, einem Menschen unterworfen zu sein, so folgt, daß keiner irgendeines Menschen Höriger sein darf. Und so hätten Könige, Fürsten und die anderen Laien und auch die Kirche keine Hörigen, was dem bürgerlichen Recht und den heiligen Kanones handgreiflich widerspricht. Deswegen kann der genannte Beweggrund anscheinend nicht beweisen, daß der Papst diese Gewaltenfülle in geistlichen und weltlichen Angelegenheiten nicht innehat. So berichte denn, wie darauf eine Antwort gegeben wird.

c. 7

LEHRER: Zum ersten Argument sagt man, daß die Zeugnisse, wenn sie auch die Freiheit von der Knechtschaft des mosaischen Gesetzes besonderer Erwähnung würdigen, dennoch allesamt zu verstehen sind von jegli-

Trechsel, fol. 184rb / Goldast, S. 777

cher Knechtschaft, insoweit sie Knechtschaft unter dem mosaischen Gesetz war. Niemand kann also durch das evangelische Gesetz zu gleich großer Knechtschaft verpflichtet werden, wie es die Knechtschaft unter dem alten Gesetz war, mögen auch einige Christen wegen eines Vergehens oder aus ihrer eigenen Willensentscheidung oder aus irgendeinem anderen Anlaß (keinesfalls jedoch durch das christliche Gesetz) in solch großer Knechtschaft oder einer noch größeren sein. Wären nämlich die Christen mit irgendeiner Knechtschaft ebenso groß oder größer, als es die Knechtschaft des alten Gesetzes war, gebunden, dann könnte das evangelische Gesetz nicht in größerem Maße ein Gesetz der Freiheit heißen als das mosaische Gesetz, so sehr sie auch von der Knechtschaft des mosaischen Gesetzes befreit wären. Wer nämlich von der einen Knechtschaft befreit wird und von einer anderen gleich großen oder größeren niedergedrückt wird, der ist keineswegs in höherem Maße frei als er früher war. So wie einer, der von einer Körperfessel befreit wird und zugleich mit einer anderen gleich festen oder festeren gebunden wird, nicht (von den Fesseln) gelöst ist, sondern nur noch enger gebunden. Da nun aber das evangelische Gesetz nach der Wahrheit der göttlichen Schrift in höherem Maße ein Gesetz der Freiheit ist als das alte Gesetz, werden die Christen auch weder der Knechtschaft des mosaischen Gesetzes noch irgendeiner anderen äußeren Knechtschaft unterworfen, größer oder gleichgroß, wie es das alte Gesetz gewesen ist.

Darum müssen auch alle jene Zeugnisse, die anläßlich der Knechtschaft des alten Gesetzes von der Freiheit der Christen sprechen, die Freiheit von aller Knechtschaft meinen, die gleich groß ist, wie es die Knechtschaft des alten Gesetzes war. Weil darum die Knechtschaft, kraft derer jemand verpflichtet ist, einem anderen in allen Dingen Gehorsam zu leisten, die nicht gegen das göttliche Gesetz und nicht gegen das Naturgesetz verstoßen, größer ist, als es die Knechtschaft des alten Gesetzes war, so müssen alle oben genannten Zeugnisse auch die Freiheit von jener Knechtschaft meinen. Somit läßt sich, wie diese Leute sagen, durch diese Zeugnisse klar belegen, daß die erwähnte Meinung über die Gewaltenfülle des Papstes der Ketzerei verdächtig ist, weil sie der Heiligen Schrift widerstreitet.

SCHÜLER: Bevor ich vorwärts gehe, erhebe ich dagegen Einwände; denn es ist keineswegs augenscheinlich, daß, wenn der Papst eine derartige Gewaltenfülle hätte, die Christen dann von größerer Knechtschaft bedrückt wären oder doch von gleich großer, wie es die Knechtschaft des alten Gesetzes war. Denn solche Gewalt haben einige Ordensobere über ihre Ordensbrüder oder könnten sie doch haben. Denn einige Ordensangehörige können ihren Oberen in allem Gehorsam versprechen, und dennoch

Trechsel, fol. 184rb / Goldast, S. 777

würden sie nicht von gleich großer Knechtschaft bedrückt, wie sie die Knechtschaft des alten Gesetzes gewesen ist, denn weder wären solche Ordensangehörige Hörige, sind doch Ordensangehörige nicht Hörige ihrer Oberen, noch auch die Oberen die Herren ihrer Brüder.

LEHRER: Darauf ist die Antwort: obgleich der Papst solche Gewalt über den haben könnte, der ein Höriger des Papstes werden und sich in allem seiner Gewalt unterwerfen wollte, so hat doch weder der Papst noch ein anderer Ordensoberer solche Gewalt über irgendwelche Ordensangehörigen, welche durch feierliches Gelübde Gehorsam, Armut und Keuschheit geloben oder gelobt haben. Denn jeder derartige Ordensangehörige ist gehalten, die Regel, die er gelobt hat, zu halten. Darum hat auch weder der Papst noch irgendein anderer solche Gewaltenfülle über ihn, und er ist nicht Knecht des Papstes oder eines anderen Oberen, jedenfalls dem entsprechend, wie der Begriff eines Knechts im allgemeinen in der Rechtswissenschaft verstanden wird. Denn weder der Papst, noch ein anderer kann ihn mit knechtischer Arbeit beschäftigen, wenn hier einmal von dem abgesehen wird, was zum Kern seiner Regel gehört, noch kann er ihm vorschreiben, daß er Eigentum annehme, eine Ehe eingehe, was ja an sich durchaus erlaubt ist, wenn es auch für Ordensangehörige kraft ihres freiwillig geleisteten Gelübdes nicht erlaubt ist.

SCHÜLER: Über die Kompetenz des Papstes über Ordensleute wollen wir später handeln. Darum sprich hier nicht weiter über dieses Thema. Vielmehr berichte, ob nach ihrer Meinung nicht allein damit, daß die angeführten Zeugnisse es ausdrücklich sagen, das christliche Gesetz sei ein Gesetz der Freiheit, sondern auch noch durch andere Worte, als es die eben genannten Zeugnisse zu verstehen geben, bewiesen werden kann, daß die Christen durch das evangelische Gesetz keineswegs von ebensogroßer Knechtschaft gefesselt werden, wie es die Knechtschaft des alten Gesetzes war. LEHRER: Sie sagen, daß das in dem Vers aus Act. 15,22 f. ganz offensichtlich bewiesen wird. Denn die Apostel haben aufgrund der Inspiration des Heiligen Geistes den Heiden die Freiheit vom Joch der Knechtschaft gepredigt, als Zuspruch und damit sie sich nicht schmerzlich von einer drückenden Knechtschaft beunruhigen ließen. So sagt Jakobus (wie oben angeführt) [Act. 15, 19] *„Darum urteile ich, daß man denen, die aus Heiden zu Gott sich bekehren, nicht Unruhe mache."* Und von den Heiden selbst, die sich zu Gott bekehrten, als sie den Brief der Apostel (und) Ältesten über die schon genannte Freiheit empfangen hatten, steht im nämlichen Kapitel [Act. 15, 31] geschrieben: *„Da sie den* (Brief) *lasen, wurden sie des Zuspruchs froh."* Wenn aber die aus den Heiden Bekehrten von der Knechtschaft des Gesetzes Gottes befreit wären und zugleich einer noch größeren

Trechsel, fol. 184ᵛᵃ / Goldast, S. 778

Knechtschaft Petri und seiner Nachfolger unterworfen wären, dann hätten sie sich wohl in noch größerer Beunruhigung betrübt und keineswegs Grund zur Freude über den Zuspruch gehabt. Also wurden sie befreit von aller Knechtschaft, die größer oder gleichgroß war wie die Knechtschaft des mosaischen Gesetzes. Das ist auch in den Worten des Apostel gemeint, wenn es heißt [Act. 15, 28]: *„Beschlossen haben der Heilige Geist und wir, euch keine Last weiter aufzulegen als nur diese nötigen Stücke, daß ihr euch enthaltet* (usw.)." Wenn sie denn keine Last ihnen weiter auflegen wollten, so wollten sie ihnen auch nicht irgendeine Knechtschaft, weder eine größere, noch eine gleichgroße auferlegen, wie es die Knechtschaft des alten Gesetzes war.

SCHÜLER: Es scheint, daß diese Worte: *„euch keine Last weiter aufzulegen"*, nicht so allgemein verstanden werden dürfen. Wenn nämlich die Apostel den Christen die Lasten des alten Gesetzes auch nicht auferlegt haben, so haben sie ihnen dennoch vielerlei auferlegt außer dem, was sie in dem genannten Vers geschrieben haben. Sie haben ja viele Rechtssätze erlassen, in denen sie vielerlei Vorschriften machten außer denen, die in den genannten Versen aufgezählt werden, wie im Dekret ganz klar wird, D. 16 c. 4 [§ *Propter*] und C. 12 q. 1 c. 2, c. 21 und c. 22. So sind die besagten Worte aus Act. 15, 28 f. auch von der Last des mosaischen Gesetzes zu verstehen.

LEHRER: Darauf ist die Antwort: Wenn auch die Apostel eine Vielzahl von Rechtssätzen erlassen haben und viele Vorschriften machten außer denen, die man in Act. 15, 30 f. aufgezählt findet, so haben sie dennoch nichts vorgeschrieben, ohne daß ihre Untergebenen befragt worden wären und ihre Zustimmung gegeben hätten, es sei denn Dinge, die zum Gesetz Gottes oder dem Naturgesetz gehören, oder daß eine Notwendigkeit oder öffentlicher Nutzen das erfordert hätte oder daß ihre Vorschrift ohne schlimme Gefährdung nicht verschoben werden konnte; in all dem aber hat auch heute noch der Papst (dieselbe) Kompetenz.

SCHÜLER: Was du da zuletzt gesagt hast, kann, wie ich glaube, nicht in kurzen Worten nach der Auffassung jener Leute erläutert werden, die diese Meinung vertreten. Darum verlasse für jetzt dieses Thema, auf das wir später zurückkommen wollen, und sage, ob auch durch irgendein anderes der oben genannten Zeugnisse nach ihrer Aussage offensichtlich bewiesen werden kann, daß die Schrift, wenn sie von der Freiheit des evangelischen Gesetzes spricht, auch die Freiheit von anderer Knechtschaft als von der des mosaischen Gesetzes sein muß. LEHRER: Das kann nach ihrer Meinung mit dem Zeugnis des Apostels bewiesen werden, wenn er II. Cor. 3, 17 sagt: *„Wo aber der Geist des Herrn ist, da ist Freiheit."* Denn dort spricht der Apostel nicht eigens über die Freiheit von der Knechtschaft des alten Ge-

Trechsel, fol. 184vb / Goldast, S. 778

setzes, sondern meint allgemeiner, daß wo der Geist des Herrn ist, daß dort nicht nur die Freiheit von der Knechtschaft des alten Gesetzes sei, sondern daß ebendort auch die Freiheit von aller Knechtschaft in äußeren Werken ist, die gleichgroß wäre, wie es die Knechtschaft des alten Gesetzes war. Das wird mit Zeugnissen der Kirchenväter belegt, denn mit jenem Wort des Apostels beweisen die Väter, daß es Klerikern erlaubt ist, gegen den Willen der Bischöfe in Mönchsklöster einzutreten. Denn Papst Urban sagt, wie man C. 19 q. 2 c. 2 lesen kann: *„Wer von Gottes Geist geleitet wird, wird von Gottes Gesetz regiert; wer aber könnte dem Heiligen Geist mit Anstand widerstehen? Wer immer also von diesem Geist regiert wird, soll auch gegen den Widerspruch seines Bischofs aufgrund unserer Ermächtigung frei (ins Kloster) gehen. ‚Dem Gerechten nämlich ist kein Gesetz gegeben'* [I. Tim. 1, 9], *sondern ‚wo der Geist Gottes ist, da ist Freiheit'* [II. Cor. 3, 17], *und: ‚Regiert euch der Geist Gottes, so seid ihr nicht unter dem Gesetz'* [Gal. 5, 18]." Und Innozenz III. sagt in X 3. 31. 18 weiter unten im Text: *„Weil nun aber dort Freiheit ist, wo der Geist Gottes ist, weil die, die sich vom Geiste Gottes treiben lassen, nicht unter dem Gesetz sind, und weil das Gesetz nicht für den Gerechten erlassen ist, ist ihnen augenscheinlich das zugestanden, damit niemand aus Tollkühnheit oder Leichtsinn zum Schaden oder zum Präjudiz seines Ordens unter dem Vorwand einer größeren Frömmigkeit zu einem anderen Orden hinüberwechsle."* Daraus ergibt sich, daß sich durch die Freiheit, die den Christen geschenkt ist, beweisen läßt, daß ein Kleriker in einen Ordensverband und ein Ordensmann in einen strengeren Orden übergehen darf. Das aber wäre nicht stichhaltig, wenn der Apostel unter der Freiheit der Christen nur die Freiheit vom mosaischen Gesetz verstünde.

Dasselbe kann offenbar auch ausdrücklich durch den Text des heiligen Augustin belegt werden, der oben angeführt wurde.[70] Denn Augustin hat in jenen Worten kraft der Freiheit, welche die christliche Religionsgemeinschaft durch Gottes Erbarmen erhalten hat, jene für tadelnswert erachtet, die diese Religionsgemeinschaft mit verschiedenen Lasten bedrückten, so sehr, daß die Lage der Juden erträglicher war als die der Christen, und dabei haben sie die Christen keineswegs mit der Last des mosaischen Gesetzes derart bedrückt. Darum meint Augustin, daß die christliche Religionsgemeinschaft nicht allein von den Lasten des alten Gesetzes befreit ist, sondern auch von anderen Lasten, die gleich oder schwerer wiegen als die Lasten des mosaischen Gesetzes.

SCHÜLER: Sage mir, wie auf die Argumente geantwortet wird, die ich oben in Kapitel 6 benutzte, um zu belegen, daß die in Kapitel 5 angeführten Schriftzeugnisse nicht die Freiheit von jener Unterwerfung meinen können, mit der die Christen gemäß der ersten hier behandelten Auffassung dem Papst unterworfen sind. LEHRER: Auf das erste geben einige die Antwort, daß die Zeugnisse über die Freiheit des evangelischen Gesetzes nicht in jedem Sinn als positive Aussagen verstanden werden dürfen, sondern sehr oft sind es negative, wie zuvor schon angedeutet wurde, z. B. jene Worte des Apostels: Mann und Frau sollen ‚*eines Geistes*' sein [Eph. 4, 4], oder jenes Wort des Heilands. „*Jegliche Sache bestehe auf zweier oder dreier Zeugen Mund*" [Mt. 18, 16]. Auch viele andere Zeugnisse müssen als negative Aussagen verstanden werden. Jene, die vor ihrer Bekehrung zum Glauben Sklaven waren, sind nämlich nicht durch ihre Bekehrung frei geworden; durch das evangelische Gesetz wurde vielmehr niemand in größere Knechtschaft geführt, als sie die Knechtschaft des alten Gesetzes gewesen ist. Wenn darum auch keiner durch das evangelische Gesetz irgendwie zum Knecht des Papstes wird, so kann er sich doch ohne Übertretung desselben Gesetzes, wenn er es aus freien Stücken will, zum Knecht des Papstes machen, beziehungsweise geschieht, wenn er aus anderer gerechter und erlaubter Ursache zum Knecht des Papstes wird, dem evangelischen Gesetz keinerlei Abbruch. Denn wenn das evangelische Gesetz auch solche Knechtschaft nicht selber einführt, so hindert es sie doch nicht. Wenn aber dort gesagt wird, daß die Minderbrüder in allen Stücken dem Papst zu Gehorsam verpflichtet sind, so sagen diese Leute, das sei falsch, mögen auch, wie berichtet wird, einige Minderbrüder das nicht (für zutreffend) halten und sagen, daß es ihnen erlaubt wäre, ja daß sie verpflichtet wären, eine Ehefrau zu nehmen, wenn der Papst das ihnen aus seinem freien Belieben vorschriebe.[71] Doch darüber wollen wir später in diesem Traktat und auch im 9. Traktat dieses dritten Teils unseres Dialogs handeln. Die Minderbrüder sind nämlich nicht verpflichtet, dem Papst zu gehorchen, wenn er ihnen etwas befiehlt, was gegen die Substanz ihrer Regel ist, und deshalb hat ihre Regel nicht als der Ketzerei verdächtig, sondern als natürlich zu gelten.

Zum zweiten Argument, das du aufgestellt hast, ist die Antwort: Das christliche Gesetz heißt nicht Gesetz der Freiheit, weil es die Christen von aller Knechtschaft befreit, sondern weil es die Christen nicht mit gleich großer Knechtschaft bedrückt, von der die Juden bedrückt waren. Und darum ist es Königen und anderen Christen erlaubt, Hörige zu haben, auch wenn durch das christliche Gesetz kein Christ zum Knecht irgendeines anderen wird. Und zum Wort des heiligen Jakobus heißt es: Er meint nicht, das christliche Gesetz sei ein Gesetz vollkommener Freiheit, so daß Christen keinem anderen Menschen untergeben wären, denn die Christen sind dem Papst und vielen anderen Fürsten und anderen Christen untertan.

Trechsel, fol. 185ra / Goldast, S. 779

Vielmehr sagt er deshalb, es sei ein Gesetz vollkommener Freiheit, weil dadurch die christliche Religionsgemeinschaft nur wenigen Sakramenten (Sakramentalien) und Zeremonien aus göttlicher Einsetzung unterworfen wird und durch es selbst kein Christ Knecht irgendeines Sterblichen wird. Auch wird er ausschließlich in jenen Angelegenheiten, die zu seiner Notdurft oder zu seinem Nutzen oder zu dem des Gemeinwesens gehören, der Gewalt eines anderen Menschen unterworfen. Daher sagt der Apostel für sich und für alle Völker und Prälaten der Kirche II. Cor. 13, 8: *„Denn wir können nichts wider die Wahrheit, sondern für die Wahrheit,"* und wenig später (13, 10): *„Derhalben schreibe ich auch solches aus der Ferne, damit ich nicht, wenn ich anwesend bin, scharf werden muß nach der Vollmacht, welche mir der Herr gegeben hat, euch aufzubauen, nicht niederzureißen."* Daraus ergibt sich: sofern die Apostel Gewalt von Gott über die Gläubigen haben, ist sie ausschließlich zum Nutzen der Untergebenen bzw. jeder Gemeinschaft eingeführt worden. Weil (die christliche Religion) auch nur wenigen göttlichen Sakramenten unterworfen ist, kann sie zu Recht ein Gesetz vollkommener Freiheit heißen, besonders im Verhältnis zum mosaischen Gesetz, welches ja die ihm Unterworfenen mit sehr vielen Sakramenten und kaum erträglichen Zeremonialvorschriften bindet. Dennoch aber spricht (Jakobus) nicht von einem Gesetz der vollkommensten Freiheit. Denn in der Vollkommenheit gibt es Abstufungen. So ist nicht alles Vollkommene als das Allervollkommenste anzusehen. Eine schlechthin vollkommene Freiheit aber wird es in diesem sterblichen Leben niemals geben.

XI.: Die Amtskompetenz des Papstes*

III Dialogus I i, cc. 1, 16–17

c. 1

SCHÜLER: Daß die Schlüssel des Himmelreichs dem römischen Bischof, d. h. dem heiligen Petrus, von Christus übertragen worden sind, daran rüttelt die große Mehrheit der Christen nicht, wie ich glaube. Darum zweifle ich nicht daran, daß ihm von Christus auch irgendeine Amtskompetenz eingeräumt worden ist. Auch sagen ja offenbar mehrere Belegstellen der Heiligen Väter, daß (der Papst) ebenfalls einige Kompetenzen aus menschlicher Anordnung erhalten hat. Zu beiden Kompetenzen, wenn er denn beide hat, will ich viele Fragen stellen: Welche Amtskompetenz und kraft welchen Rechts, aufgrund göttlichen oder aufgrund menschlichen Rechts,

---
* Trechsel, fol. 181rb / Goldast, S. 772

hat der Papst über Geistliches und über kirchliche Personen? Welche Amtskompetenz aufgrund welchen Rechts über Laien in geistlichen Dingen? Welche aufgrund welchen Rechts über jene Sachen und weltliche Rechtsansprüche, die allein der römischen Kirche gehören, und welche aufgrund welchen Rechts über Personen, Sachen und weltliche Rechtsansprüche von gläubigen Laien? Schließlich welche Amtskompetenz aufgrund welchen Rechts über Sachen der Ungläubigen und auch über ihre Personen? Danach aber schlage ich vor, einige ähnliche Probleme über die Amtskompetenz des Klerus zu ergründen.

Vor allem aber habe ich beschlossen, dich zu fragen, ob sich die Amtskompetenz des Papstes auf alles erstreckt, was nicht dem göttlichen Gesetz zuwider ist oder gegen das Naturrecht verstößt. Denn diese Frage umfaßt offenbar alle die anderen, die soeben über die Amtskompetenz des Papstes gestellt wurden. Und vielleicht bietet sich mir anläßlich der Ansichten und Meinungen, die du über diese Frage referieren wirst, die Gelegenheit, über einige Einzelheiten besondere Fragen zu stellen.

LEHRER: Auf dieses Problem finden sich unterschiedliche und widersprüchliche Ansichten. Eine Ansicht geht dahin, daß der Papst in geistlichen wie in weltlichen Angelegenheiten aus der Anordnung Christi eine solche Fülle der Amtskompetenz hat, daß er im Normalfall in allen Fällen alles das tun kann, was nicht ausdrücklich gegen das Gesetz Gottes und gegen das Naturrecht verstößt. Eine zweite Ansicht geht dahin, daß er solche Fülle der Amtskompetenz kraft göttlichen Rechts in geistlichen, aber nicht in weltlichen Angelegenheiten hat. Eine dritte meint, daß er diese Kompetenzfülle teils aus der Anordnung Christi hat, teils aus menschlicher Anordnung; eine vierte, daß er solche Kompetenzfülle nicht besitzt, weder aufgrund göttlichen Rechts noch aufgrund menschlichen Rechts, weder im Normalfall noch im Ausnahmefall oder im Sonderfall. Und im einzelnen gibt es dann verschiedene Arten, diese (päpstliche Amtskompetenz) anzusetzen. Eine fünfte Ansicht sagt, daß er solche Kompetenzfülle schlechthin nicht im Regelfall und kraft göttlichen oder menschlichen Rechts hat, aber daß er im Einzelfall oder im Sonderfall eine solche Kompetenzfülle besitzt kraft göttlichen Rechts bzw. kraft besonderen Auftrags Christi.
[...]

c. 16

SCHÜLER: Gehen wir zur fünften oben in Kapitel 1 vorgestellten Ansicht über, die du zuerst erläutern und danach im einzelnen erklären sollst, wie sie zu verstehen ist.

Trechsel, fol. 188va / Goldast, S. 785

LEHRER: Jene Ansicht meint, wie ich schon sagte: der Papst hat eine solche Kompetenzfülle in zeitlichen und geistlichen Angelegenheiten, nach der er gemäß seiner ordentlichen und absoluten Macht alles tun könnte, was nicht gegen das göttliche Recht oder gegen das Naturrecht verstößt, im Regelfall und schlechthin nicht inne, weder aufgrund göttlichen Rechts noch aufgrund menschlichen Rechts, er besitzt jedoch kraft Christi Anordnung bzw. kraft göttlichen Rechts im Einzelfall oder im Sonderfall und in bestimmter Hinsicht solche Fülle der Amtskompetenz. Das ist nach der Meinung ihrer Vertreter folgendermaßen zu verstehen. Der Papst hat sich kraft göttlichen Rechts oder aus der Anordnung Christi in die Regelung der weltlichen Angelegenheiten keinesfalls einzumischen, solange die weltlichen Dinge, wie es sich gehört und frommt, durch Laien geregelt werden, mit der Ausnahme, daß er weltliche Güter von den Laien für seinen Unterhalt und seine Amtsübung erhält. Und daher hat er von Christus nicht die Amtskompetenz erhalten, im Normalfall weltliche Angelegenheiten zu regeln und zu ordnen, was bekanntlich Königen, Fürsten und anderen Laien zusteht. Im Einzelfall gleichwohl oder im Sonderfall, dann nämlich, wenn die weltlichen Angelegenheiten durch andere zur Gefahr für die Gemeinschaft der Christen oder zur Zerstörung des christlichen Glaubens behandelt würden oder wenn sie in einem ähnlichen Fall zum Üblen sich wandelten und wenn es dann keinen Laien gäbe, der solchen Gefahren den Weg sperren wollte oder könnte, dann hätte der Papst kraft göttlichen Rechts die Amtskompetenz, in den weltlichen Angelegenheiten zu tun, was immer für das gemeine Wohl, für die Rettung des Glaubens und um diesen Gefahren zu begegnen ihm seine sittliche Vernunft zu tun befiehlt. Und somit hätte er in solch einem Fall über zeitliche Angelegenheiten in gewisser Weise und in bestimmter Hinsicht die Fülle der Amtskompetenz, nicht weil dann die weltlichen Güter sein Eigentum würden oder seiner Herrschaft unterstellt wären, auch könnte er keineswegs nach Willkür und Belieben über sie verfügen. Nur soweit vielmehr der König oder ein anderer Laie über irgendein weltliches Gut verfügen könnte, insoweit könnte auch der Papst das tun, was zu tun sinnvoll wäre, sofern kein anderer da ist, der das angemessen tun könnte. So hätte er also auch in solchem Fall keineswegs die Fülle der Amtskompetenz über weltliche Dinge schlechthin, sondern nur in bestimmter Hinsicht.

Ähnlich hat er auch in geistlichen Angelegenheit kraft göttlichen Rechts im Regelfall und schlechthin keineswegs solche Fülle der Amtskompetenz. Darum kann er keinesfalls den Gläubigen, ohne ihr schuldhaftes Versagen oder ohne (vernünftigen) Grund das auferlegen, was über Gebühr und Verpflichtung hinaus zu den Werken der Vollkommenheit gehört, und auch

Trechsel, fol. 188va / Goldast, S. 785

vieles andere nicht. Denn er kann ohne Vorliegen von Schuld oder ohne einen (wichtigen) Grund einen Laien weder dazu zwingen, eine Ehe einzugehen noch Jungfräulichkeit und Keuschheit zu geloben, obgleich beides weder gegen göttliches Recht noch gegen das Naturrecht verstößt, vielmehr beides legitim geschehen kann. Und so gilt es von vielem anderen, was durchaus legitim ist und was zu den geistlichen Dingen gehört, über die der Papst kraft göttlichen Rechts im Regelfall und schlechthin nicht die Fülle der Amtskompetenz besitzt. Doch hat er darüber im Einzelfall eine Kompetenzfülle in bestimmter Hinsicht. Denn im Sonderfall kann er, sei es aufgrund eines Vergehens, sei es wegen einer erkennbaren Notwendigkeit oder wegen eines (vernünftig erkennbaren wirklichen) Nutzens, wenn aus seinem Geheiß keine Gefahr folgt, jedermann in geistlichen Angelegenheiten Vorschriften machen, sofern sie nicht gegen das Gesetz Gottes oder der Natur verstoßen. Somit kann der Papst nach Auffassung der Vertreter dieser Ansicht im Einzelfall kraft göttlichen Rechts in geistlichen wie in weltlichen Angelegenheiten die Fülle der Amtskompetenzen haben, nicht schlechthin, aber in bestimmter Hinsicht.

Diese Amtskompetenz, wenn sie auch nicht die allergrößte Fülle besitzt, ist dennoch einzigartig bedeutend und groß. Denn kraft ihrer kann er im Sonderfall Kaiserreiche und Königreiche übertragen, Könige und Fürsten oder jeden anderen Laien ihrer weltlichen Rechte und ihres Eigentums entheben und es einem anderen anvertrauen. Auch in geistlichen Angelegenheiten kann er im Einzelfall alles. Allen solchen Einzelfällen aber hier Ausdruck zu geben und insbesondere (auszuführen), in welchem (Fall) er das eben Gesagte vermag oder doch einiges davon, ist nicht leicht, und vielleicht läßt sich darüber überhaupt keine allgemein gültige Theorie entwickeln, durch welche es jedermann ohne Irrtum sofort wissen könnte, besonders aber die einfachen Leute, wann der Papst solches vermag und wann nicht und was er in dem einen Fall und was er in einem anderen Fall tun kann. Denn in der Tat kann er einiges von dem, was gesagt wurde, in einem bestimmten Fall tun, was er in einem anderen Fall keineswegs tun darf.

c. 17

SCHÜLER: Wenngleich mir in dem, was du gesagt hast, noch einiges dunkel ist, was du vielleicht später bei Gelegenheit erläutern wirst, kümmere dich jetzt nicht mehr darum, diese Meinung hinsichtlich dieser Dunkelheiten aufzuklären. Da du vielmehr im Kern deine Ansicht erklärt hast, welche Amtskompetenz Christus dem heiligen Petrus und seinen Nachfolgern für den Regelfall nicht gegeben hat und welche er ihnen für den Einzelfall und Sonderfall gab, so sage nun knapp, welche Kompetenzen oder

Trechsel, fol. 188vb / Goldast, S. 786

welche Herrschaftsrechte Christus nach derselben Ansicht im Regelfall dem heiligen Petrus und in ihm seinen Nachfolgern gegeben hat.

LEHRER: Man sagt, daß Christus den heiligen Petrus als Haupt, Fürsten und Prälaten der anderen Apostel und aller Gläubigen eingesetzt hat und ihm dabei für den Regelfall in geistlichen Angelegenheiten alle Amtskompetenz gegeben hat hinsichtlich aller Dinge, die zur Leitung der Gemeinschaft der Gläubigen in Fragen der Sittenlehre und in allem, was geistlich notwendig ist und was notwendig getan werden oder unterlassen werden muß. (Alle Amtskompetenz hat er) in den Angelegenheiten, die nicht in fahrlässiger Gefährdung, sondern in Vorsicht und zum gemeinen Nutzen einem einzelnen Menschen übertragen werden können. Auch hat er die Freiheit und die zwingende Gerichtshoheit, sofern sie losgelöst ist von jeder Schädigung oder erheblicher und außergewöhnlicher Beeinträchtigung der kaiserlichen Rechte sowie der Rechte der Könige, Fürsten und aller anderen Laien oder Kleriker, welche ihnen kraft Naturrechts, Völkerrecht oder bürgerlichen Rechts vor oder nach der Einführung des evangelischen Rechts zustanden. In weltlichen Dingen aber gab Christus dem heiligen Petrus für den Regelfall nur das Recht, weltliche Güter für seinen Unterhalt und seine Amtsführung zu fordern. Und eben diese selbe Amtskompetenz in geistlichen und weltlichen Angelegenheiten haben nun im Regelfall kraft göttlichen Rechts die Nachfolger des heiligen Petrus, die römischen Päpste. Jede Amtskompetenz aber, die die höchsten Bischöfe darüber hinaus im Regelfall hatten oder haben, haben sie erlangt oder erlangen sie kraft menschlicher Anordnung, Erlaubnis, freiwilliger Unterwerfung, aus ausdrücklicher oder stillschweigender Einwilligung oder auch wegen der Machtlosigkeit, Pflichtversäumnis oder der Bosheit anderer Menschen oder auch kraft Gewohnheitsrechts oder irgendwie kraft menschlichen Rechts.

SCHÜLER: Diese Darlegung enthält vieles, was dunkel ist; du mußt dich bemühen, mir das zu erklären, damit ich besser erkennen kann, ob es wahr oder falsch ist, und wie es sich von den anderen Auffassungen unterscheidet.

LEHRER: Darin, daß diese Auffassung sagt, Christus habe „den heiligen Petrus als Haupt, Fürsten und Prälaten der anderen Apostel und aller Gläubigen eingesetzt", will sie jene Meinung ausschließen, die glaubt, daß der heilige Petrus als Haupt der Kirche nicht von Christus eingesetzt wurde, sondern nur durch die Wahl oder Einsetzung durch die Apostel oder andere Gläubige. Mit den geistlichen Angelegenheiten, die sie erwähnt, meint sie jene, die aus der Einsetzung des evangelischen Gesetzes dem evangelischen Gesetz eigentümlich sind, und die in keinem anderen Ge-

Trechsel, fol. 189ra / Goldast, S. 786

setz, zumindest in keinem menschlichen oder keiner anderen Religionsgemeinschaft zu finden sind. Das waren etwa die Verwaltung der Sakramente des neuen Gesetzes, die Ordination von Priestern und die Einführung von Klerikern oder auch die Beförderung jener, die das christliche Volk regieren und unterrichten sollen in allem, was den Glauben, den Gottesdienst und dergleichen anbelangt.

Damit aber, daß diese Auffassung sagt, Christus habe dem heiligen Petrus die Amtskompetenz gegeben, in geistlichen Angelegenheiten alles zu tun, was notwendig getan oder notwendig unterlassen werden muß, will sie von der regulären Amtskompetenz des Petrus jene geistlichen Angelegenheiten ausschließen, die über Gebühr und Verpflichtung hinausgehen, weil sie eine Sache des (evangelischen) Rates, nicht einer zwingenden Vorschrift sind, und überhaupt alle jene Dinge, ohne die das christliche Volk hinreichend geleitet werden kann, und all jenes, was wohl geschehen kann oder unterlassen werden kann, ohne daß der Glauben oder die guten Sitten in Gefahr geraten. Demnach kann der Papst einem Christen nicht im Regelfall vorschreiben, daß er Jungfräulichkeit halte, eine Ehe eingehe oder sich der Armut verpflichte, daß er Reichtümer bei sich behalte, die er besitzt, oder daß er, wenn er dazu nicht aus göttlichem Gebot verpflichtet ist, Almosen gebe oder nichts gebe; freilich kann der Papst im Einzelfall solches auferlegen. Wenn er aber außerhalb des Falles der Not oder eines (evidenten) Nutzens ⟨eines oder⟩ mehreres von all dem jemandem auferlegt, dann ist sein Geheiß nicht verpflichtend, sondern nichtig, und der, dem er es auferlegt, ist nicht verpflichtet, ihm zu gehorchen, selbst wenn der Papst ihn deswegen exkommuniziert. Solch ein Urteil wäre, weil es einen unerträglichen Irrtum enthält, nichtig, keineswegs zu beachten und wäre nicht mit Notwendigkeit anzuwenden.

Mit der Einschränkung, daß Christus dem Papst alle Amtskompetenz gegeben hat in den Angelegenheiten, die „nicht in fahrlässiger Gefährdung, sondern in Vorsicht und zum gemeinen Nutzen einem einzelnen Menschen übertragen werden können",[72] möchte diese Auffassung von der regulären Amtskompetenz des Papstes alle Kompetenz ausschließen, die, würde sie einem einzelnen Menschen im Regelfall anvertraut, leicht eine erhebliche Gefahr für die gesamte Gemeinschaft der Gläubigen bedeuten müßte, so daß man ihr nicht ohne ein Wunder oder nur mit äußerster Schwierigkeit den Weg versperren könnte. Deshalb hat der Papst auch, selbst wenn mit Notwendigkeit irgendeiner dem höchsten Bischof im Amte nachfolgen wird, doch nicht die Kompetenz anzuordnen, wer ihm nachfolgen soll. Deswegen gibt es auch eine Auffassung, die meint, daß wenn auch die Wahl eines höchsten Bischofs mit Notwendigkeit zu er-

---

Trechsel, fol. 189ra / Goldast, S. 787

folgen hat, so dennoch der Papst von Christus nicht die Kompetenz hat, im Regelfall anzuordnen, wie und auf welche Weise ein Papst gewählt werden muß. Denn hätte der Papst im Regelfalle solche Kompetenz unmittelbar von Christus, könnte er, da auch ein Papst als sündhafter Mensch so wie die anderen Menschen sich in Irrtümer, schlechte Leidenschaften, Pflichtversäumnisse, Bosheiten und Verbrechen verstricken könnte, leicht aus Pflichtversäumnis oder Bosheit die gesamte Christenheit ohne die Möglichkeit zurücklassen, einen höchsten Bischof zu wählen. Dadurch würde aber das gemeine Wohl gefährdet. Er könnte nämlich aus (wichtigem) Grund oder wegen eines Vergehens die Kardinäle der Kompetenz und des Rechts, einen höchsten Bischof zu wählen, berauben und danach, sei es aus Pflichtvergessenheit, sei es aus Bosheit, die Angelegenheit auf die lange Bank schieben oder auch für eine Regelung nicht mehr Zeit genug haben, denn er könnte sterben, bevor er eine Anordnung über die Wähler des höchsten Bischofs getroffen hätte. Auf diese Weise (liefe) das gemeine Wohl Gefahr und (nähme) Schaden, (wenn) die gesamte Christenheit ohne Kompetenz und Recht auf Wahl eines höchsten Bischofs bliebe. Und daher ist nach dieser Auffassung, solche Kompetenz von Christus nicht im Regelfall dem Papst übertragen; ebensowenig eine andere Kompetenz, die nur mit Gefahr einer einzelnen Person übertragen werden könnte. Darum ist ja der Papst – nach ihrer Auffassung – auch keinesfalls der Herr und Eigentümer aller zeitlichen Dinge, weil solche Herrschaft allzu gefährlich für die Gläubigen wäre.

Damit, daß sie annimmt, Christus habe dem Papst die Freiheit gegeben ohne erhebliche und außerordentliche Gefährdung und Beeinträchtigung der zeitlichen Rechte der Kaiser (usw.), will diese Auffassung sagen, daß jeder Papst persönlich frei ist und im Regelfall keinem Menschen unterworfen ist, auch wenn er vor seiner Wahl von unfreiem Stande oder irgendwie sonst dem Kaiser, einem König oder einem anderen, einem Christen oder Nichtchristen (unterworfen) gewesen war, denn die Freiheit eines Menschen hinsichtlich seines persönlichen Standes ist dem Kaiser oder einem anderen kein erheblicher Schaden. Und daher wird der Papst, so sehr er auch ein Unfreier gewesen sein mag, eben dadurch, daß er Papst ist oder zum Papst gewählt wird, in die Freiheit gerissen. Im Sonderfall aber ist der Papst, etwa wenn er zum Ketzer wird oder in irgendeinem anderen Verbrechen als unverbesserlich erscheint und an ihm die Kirche Anstoß nimmt, menschlichem Gericht unterworfen und darf von Menschen gerichtet werden und von Rechts wegen seine schuldige Strafe empfangen.

Damit aber, daß es heißt, Christus habe im Regelfall dem heiligen Petrus hinsichtlich geistlicher Angelegenheiten eine zwingende Gerichtshoheit

Trechsel, fol. 189rb / Goldast, S. 787

ohne erhebliche und außergewöhnliche Beeinträchtigung der zeitlichen Rechte (usw.) gegeben, will gesagt sein, daß der Papst von Christus im Regelfall die Amtskompetenz hat, rein kirchliche Vergehen zu ahnden, welche unmittelbar gegen das christliche Gesetz begangen werden hinsichtlich dessen, was dem christlichen Gesetz eigentümlich ist und was von anderen Religionsgemeinschaften nicht unmittelbar als Vergehen betrachtet wird. Doch darf solche Bestrafung nicht zu erheblichem Schaden und Präjudiz anderer gereichen, die nicht gesündigt haben. Wenn also ein fremder Unfreier einen kirchlichen Frevel begeht, so kann der Papst ihn bestrafen, freilich so, daß der Herr des Unfreien ohne eigene Schuld keinen erheblichen Schaden leidet.

Damit, daß es heißt, Christus habe dem heiligen Petrus und seinen Nachfolgern die Freiheit und Gerichtshoheit und solche Amtskompetenz gegeben ohne erheblichen und außerordentlichen Schaden und Beeinträchtigung jener zeitlichen Rechte der Kaiser, Könige und der anderen, die ihnen kraft Naturrecht oder Zivilrecht vor oder nach der Einführung des evangelischen Gesetzes zustanden, soll darauf hingewiesen werden, daß damit, daß der heilige Petrus und seine Nachfolger zum höchsten Amt des Priestertums erhoben worden sind oder erhoben werden, die Kaiser, Könige oder andere, seien sie nun Gläubige (oder Ungläubige) vor oder nach der Einführung des evangelischen Gesetzes ihrer zeitlichen Rechte keinesfalls entkleidet worden sind, sie vielmehr behalten haben, und daß sie dem Papst in zeitlichen Angelegenheiten auch nicht unterworfen wurden, sondern wahrhaft Kaiser, Könige und Herren ihrer zeitlichen Güter, ihrer Hörigen und ihrer Untertanen, so wie zuvor, geblieben sind, auch nicht zu Sklaven irgendeines anderen wurden, und daß sie im Regelfall nicht verpflichtet waren, die Befehle des Papstes zu befolgen, sofern sie Zeitliches betrafen. Auch der Kirchenbann oder ein anderes vom Papst gegen den Kaiser oder einen anderen verhängtes Urteil, weil er solchen Befehlen nicht gehorcht und seine Rechte verteidigt, kann diesen im Regelfall nicht binden. Vielmehr hätte ein solches Urteil, weil es einen unerträglichen Irrtum enthält, als ganz und gar nichtig zu gelten, und niemand bräuchte es zu fürchten, so wenig er es auch achten wollte.

Damit aber, daß gesagt ist, Christus habe dem heiligen Petrus in zeitlichen Angelegenheiten ausschließlich das Recht gegeben, zeitliche Güter für seinen Unterhalt und für die Ausübung seines Amtes zu fordern, will diese Erklärung jede Meinung ausschließen, die davon ausgeht, daß der Papst in zeitlichen Angelegenheiten im Regelfall die Fülle der Amtskompetenz besitzt oder auch eine Kompetenz, über Weltliches zu verfügen, oder irgendeine weltliche Gerichtshoheit über das Kaiserreich oder über irgend-

Trechsel, fol. 189rb / Goldast, S. 787

eine andere Gegend (der Welt), und ebenso auch die Meinung, die davon ausgeht, daß der Papst nicht das Recht hat, für sich irgendwelche weltliche Güter zu fordern.

Damit aber, daß im letzten Kapitel gesagt wird, daß die höchsten Bischöfe jede Amtskompetenz, die sie darüber hinaus im Regelfall hatten oder haben, kraft menschlicher Anordnung (erlangt haben), ist angezielt, daß die Nachfolger des heiligen Petrus, wenngleich sie den heiligen Petrus keineswegs in irgendeiner Amtskompetenz überbieten können, die er allein aus der Anordnung Christi und kraft göttlichen Rechts besaß, dennoch kraft menschlichen Rechts eine ausgedehnte Amtskompetenz in weltlichen wie in geistlichen Angelegenheiten erlangt haben, welche der heilige Petrus nicht innehatte, daß also die Amtskompetenz des Papstes kraft menschlichen Rechts wachsen kann und daß ein bestimmter höchster Bischof eine größere Kompetenz oder eine bessere (Rechtsstellung) hat oder haben kann als ein anderer. Und das mag für das erste Buch genügen.

XII.: Grundbegriffe der aristotelischen ›Politik‹ im Überblick*

III Dialogus I ii, cc. 3–8

c. 3

SCHÜLER: Weil du eben Aristoteles zitiert hast, seine Politik und seine (Nikomachische) Ethik, und weil du ihn vielleicht noch mehrfach weiterhin zitieren wirst – er gebraucht mehrere Begriffe, deren Bedeutung bloßen Juristen und anderen, die in der praktischen Philosophie nicht gebildet sind, vielleicht unbekannt sind –, darum erkläre bitte die Bedeutung einiger seiner Grundbegriffe, damit das, was hier zu behandeln ist, von ihnen besser verstanden werden kann. Sage dabei bitte in aller Kürze, wer nach der Auffassung des Aristoteles, wie sie in der Politik und Ethik zu finden ist, über andere herrschen soll und wie er das tun soll, entsprechend dem, was einige, die ihn verstehen, in ihren Kommentaren[73] schreiben. Da er selbst sehr ausführlich über dieses Thema handelt und in vielen Fragen höchst verständig vorgegangen ist, wie man glaubt, wird damit den Interessenten eine nicht geringe Gelegenheit gegeben einzusehen, wer unter den Katholiken die anderen sowohl in geistlichen als auch in weltlichen Fragen leiten soll und wie er das tun soll.

LEHRER: Wenn ich auch meine, daß das, was du verlangst, nicht leicht ist, will ich doch versuchen, deinem Wunsch zu genügen und dir in dieser

---
* Trechsel, fol. 191va / Goldast, S. 792

Frage die Ansichten des Aristoteles nach der Auslegung einiger Kommentatoren berichten, mit denen freilich nicht alle anderen in allem übereinstimmen. So heißt es, daß Aristoteles im 1. Buch der Politik drei Gemeinschaften ansetzt, in denen einer oder einige über andere herrschen sollen. Die erste ist seiner Meinung nach das Haus, das seinerseits drei Verbindungen oder Gemeinschaften umfaßt, nämlich die zwischen Mann und Frau, die zwischen Vater und Kind und die zwischen Herrn und Sklaven. Die erste dieser Verbindungen wird von Aristoteles die eheliche Verbindung genannt, die zweite kann die elterliche Verbindung heißen, Aristoteles nennt sie „*celmostina*"[74], d. h. eine kinderzeugende Verbindung; die dritte nennt Aristoteles die *despotische,* d. h. eine herrschaftliche. Ein „*despotes*" ist nämlich dasselbe wie ein Herrscher, und despotische Herrschaft ist herrscherliche Herrschaft.

Um das aber noch besser zu verstehen, muß man wissen, so wird gesagt, daß solche Wörter wie Herr, herrschend, Herrscher (und dergleichen) in verschiedenen Texten und in verschiedenen Wissenschaften nicht dieselbe Bedeutung haben, sondern mehrdeutig sind. Wegen Unkenntnis dieser Mehrdeutigkeit wird die Meinung der Autoren, die diese Wörter in widersprüchlichem Sinn gebrauchen, oft verkannt. Wenn wir hier die verschiedenen Bedeutungen von Worten wie Herr, herrschend, vorherrschend, Herrschaft der Herrschenden und dergleichen beiseite lassen, welche bisweilen in der Naturphilosophie, in der praktischen Philosphie, in der Rechtswissenschaft und in der alltäglichen Bedeutung ganz verschieden verstanden werden, so bleiben unter den Worten, die in der Heiligen Schrift häufig gebraucht werden, nur zwei Bedeutungen, die in unserem Zusammenhang der Erläuterung bedürfen. Man muß wissen, so sagen diese Leute, daß man jemanden einen Herrn über freie Untergebene nennen kann, wenn er über sie nicht hauptsächlich wegen seines eigenen Nutzens, sondern hauptsächlich wegen des Nutzens der Untergebenen herrscht. Solch ein Herr wird von Aristoteles nicht „*despotes*" genannt, und die Herrschaft, mit der er herrscht, wird von ihm nicht despotisch genannt. Anders heißt jemand Herr über Untergebene, die nicht frei sind, sondern Sklaven, welche ein Besitz ihres Herren sind, so wie auch andere zeitliche Dinge der Besitz eines Menschen genannt werden. Und solch ein Herr wird von Aristoteles „*despotes*" genannt, und seine Herrschaft heißt despotisch; denn wie solch ein „*despotes*" andere weltliche Güter zu seinem eigenen Vorteil und nicht zu deren Vorteil benutzt, herrscht er auch über seine Hörigen nicht hauptsächlich zum Vorteil der Hörigen, wenn auch häufig nach Aristoteles dasselbe für die Hörigen und den Herrn vorteilhaft sein kann. Wenn darum bei Aristoteles in der Politik [I 1, 1252a12–15] steht,

Trechsel, fol. 192^(ra) / Goldast, S. 792

daß ein Herr König über seine Untergebenen sei, so findet man doch nirgendwo, daß er „*despotes*" heißen müsse oder daß königliche Herrschaft despotische genannt wird, wenn auch bisweilen ⟨von Aristoteles⟩ eine tyrannische Herrschaft eine despositische genannt wird [Politik III 8, 1279b16; III 14, 1285b2] wegen der großen Ähnlichkeit zwischen einer despotischen und tyrannischen Herrschaft.

Denn wörtlich genommen ist eine despotische Herrschaft nicht eine tyrannische. Einige sind ja nach Aristoteles' Meinung zu Recht Sklaven, nämlich sowohl jene, denen Vernunft fehlt, so daß sie sich nicht selbst leiten können, wenngleich sie körperlich so kräftig sind, daß sie anderen dienen können: und diese heißen nach Aristoteles Sklaven von Natur aus, als auch jene, die nach dem Gesetz Sklaven sind, weil sie in einem gerechten Krieg in Gefangenschaft gerieten oder auf andere Weise zu Sklaven anderer wurden. Insofern ist die despotische Herrschaft, sofern sie nur eine Herrschaft über solche Sklaven ist, eine gerechte und legitime und gute Herrschaft. Eine tyrannische Herrschaft aber ist ungerecht, illegitim und schlecht. Darum ist ja auch nach Aristoteles [Nikomachische Ethik VIII 11, 1160b10; Politik IV 2, 1289b2] die Tyrannis die schlimmste Verfassung.

Neben der despotischen Herrschaft, mit der ein Herr über seine Sklaven herrscht, steht die väterliche Herrschaft, mit der er über seine Kinder wie über Freie herrscht, über die man nach Aristoteles königlich und nicht despotisch Herrschaft übt. Nicht als ob die väterliche Herrschaft mit der königlichen Herrschaft identisch wäre; denn die königliche Herrschaft gilt nur einer Stadt oder einem Königreich, das größer als eine Stadt ist und meistens mehrere Städte umfaßt. Aber man kann sagen, daß ein Vater über seine Kinder königlich herrscht, nicht freilich wenn das Haus, in dem er herrscht, ein Teil des Dorfes, der Stadt oder des Königreiches ist, sondern er herrscht königlich im Haus, wenn es nicht ein Teil einer Gemeinschaft von höherer Vollkommenheit ist, so wie Adam über seine Söhne herrschte und Noah über seine Söhne, bevor jene Söhne eigene verschiedene Häuser hatten. Solch eine väterliche Herrschaft, wird sie auch nicht königlich im strengen Sinne genannt, kann dennoch wegen ihrer großen Ähnlichkeit zu solcher im strengen Sinne königlichen Herrschaft königlich genannt werden. Denn wie in einem Königreich, das einen König hat, der im eigentlichen Sinne und wahrhaft zu Recht König heißt, einer allein über alle Freien herrscht hauptsächlich zum Vorteil der Untergebenen nach seinem eigenen Willen, nicht nach dem Gesetz, wie Aristoteles es in seiner Politik, III c. 16 [1287a10] sagt (wie das genau zu verstehen ist, wird später erläutert), ⟨so gilt auch:⟩ in einem Haus, das nicht Teil einer Gemeinschaft größerer Vollkommenheit ist, ist manchmal in der Tat ein solcher Vater; er

Trechsel, fol. 192ra / Goldast, S. 793

herrscht über seine Kinder hauptsächlich zu ihrem Nutzen nach seinem eigenen Willen, nicht nach dem Gesetz dergestalt, daß er die Söhne, wenn sie sich vergehen, mit jeder angemessenen Strafe züchtigen kann und über sie und an ihnen tun kann, was immer zu ihrem Nutzen dient. Dann kann man auch sagen, daß er, weil er sie nicht hauptsächlich zu seinem eigenen Vorteil beherrscht, über sie keine despotische, sondern im gewissen Sinne eine königliche Herrschaft übt. In einem Haus aber, das Teil eines Dorfes oder einer Stadt ist, herrscht ein Vater nicht königlich über seine Kinder, denn er hat nicht so große Gewalt über seine Kinder, daß er über sie nach seinem Willen und nicht nach dem Gesetz herrschen kann, und das gilt auch in vielem, was ihnen zum Vorteil gereicht. Auch kann er sie für viele Vergehen nicht mit einer angemessenen Strafe belegen, weil die Strafgewalt dem vorzubehalten ist, der im Dorf, in der Stadt oder im Königreich herrscht.

Ein Familienvater aber herrscht im Haus über seine Frau weder despotisch noch königlich: despotisch deshalb nicht, weil sie nicht seine Sklavin ist, königlich nicht, weil er nicht über sie herrschen soll nach seinem Willen, sondern nach dem Gesetz der Ehe. Auch hat ein Mann über seine Frau nicht so große Gewalt wie sie ein Vater über seine Kinder hat, wenn (das Haus) nicht Teil einer Gemeinschaft höherer Vollkommenheit ist. Somit herrscht ein Mann über seine Frau in politischer Herrschaft. Denn diese Herrschaft des Mannes über seine Frau ist analog der politischen Herrschaft darin, daß in der politischen Herrschaft die Herrschenden ihre Untergebenen an Tüchtigkeit und Weisheit übertreffen. So übertrifft der Mann von Natur aus seine Frau hinsichtlich seiner Weisheit und seiner Tüchtigkeit, außer wenn etwas Widernatürliches vorkommt, so sagt Aristoteles in Politik I [12, 1259b2–4], wie es etwa bei verweibischten Männern vorkommen kann. Und auf diese Weise muß man verstehen, was oben über die despotische und väterliche Herrschaft gesagt ist: wenn nicht die Natur beim Despoten oder Vater versagt. Wenn nämlich die Natur beim Vater oder Herrscher aus irgendeinem Grund versagt, dann wäre es nicht von Natur aus gerecht, daß der Hausherr oder Vater herrscht, sei es über die Sklaven, sei es über die Kinder. Dennoch ist ihre Herrschaft natürlich, d. h. sie rührt von natürlicher Vernunft, nicht aus menschlicher Einrichtung, sofern die Natur beim Vater oder Hausherrn nicht versagt.

Diese drei Formen der Herrschaft gehören zur Ökonomie, d. h. zur Leitung des Hauses. Und so versteht Aristoteles Ökonomie in seiner praktischen Philosophie, obgleich in der Rechtssprache ein „*oeconomus*" ein Amtsträger heißt, dem kirchliches Vermögen zur Verwaltung übertragen ist,[75] etwa ein Verwalter des Vermögens eines Kanonikerstifts, der in manchen Stiften auch Propst genannt wird.

Trechsel, fol. 192rb / Goldast, S. 793

c. 4

Eine zweite Gemeinschaft von höherer Vollkommenheit, als es das Haus ist, heißt das Dorf [oder die Nachbarschaft], das aus einer Vielzahl von Häusern als seinen Teilen besteht. Und doch erreicht es nicht so hohe Vollkommenheit, daß es ein Stadtstaat sein kann und so genannt werden darf. Wenn diese (Dorf-)Gemeinschaft nicht Teil einer Gemeinschaft von höherer Vollkommenheit ist, d. h. Teil eines Stadtstaates oder eines anderen [Gemeinwesens], das eine Vielzahl von Dörfern oder auch viele Städte in sich faßt, und wenn die Vielzahl der Häuser in ihr von einem gemeinsamen Ahnherrn herstammt, der noch am Leben ist, so wird sie vernünftigerweise von ihm nach seinem Belieben, nicht gemäß einem Gesetz regiert, und Herrschaft wird von ihm geübt über diejenigen, die von ihm abstammen, wenn in diesem Ort nicht die Natur versagt, genau wie Söhne vom Vater geleitet werden.

Hinsichtlich der Ehefrauen oder derer, die ihn nicht zum Vater haben, wird er vernünftigerweise „politisch", seine Herrschaft üben, denn die Vernunft erfordert es, daß er die Gesetze des Ehestandes aufrechterhält, gemäß denen Mann und Frau in vielen Stücken gleich geachtet werden. Wenn aber die Vielzahl der Häuser in einem Dorf nicht von einem stammt, der noch am Leben ist, dann ist es vernünftig, daß die Regierung in einer Weise ausgeübt wird, die der Regierung eines Stadtstaates ähnlich ist.

c. 5

Die dritte Gemeinschaft, die aus einer Vielzahl von Dörfern [oder Nachbarschaften] zusammengesetzt ist, heißt Stadt [oder Bürgerschaft], welche, wie Aristoteles in Politik I [1, 1252a5–7] sagt, die alleroberste aller Gemeinschaften ist. Und das hat, wie man sagt, Wahrheit nur für die Gemeinschaft von Menschen, die zusammen wohnen, nicht von denen, die in Entfernung voneinander in mehreren Städten [oder Bürgerschaften] leben. Eine solche Gemeinschaft heißt ein Königreich oder ein Herzogtum und kann auch eine Gemeinschaft genannt werden, besteht sie doch aus jenen, die in vielen Dingen Gemeinschaft halten und von einem fürstlichen Haupt regiert werden. Und vieles von dem, was von der Stadt gesagt wird, ist entsprechend auch von einem Reich oder einer anderen, mehrere Städte umfassenden Gemeinschaft zu verstehen.

Eine Stadt aber ist eine Menge von Bürgern, die eine Stadt bewohnen. Ihre Ordnung heißt *politia*, denn ohne Ordnung gibt es keine Stadt. Wenn sie nämlich kein fürstliches Haupt oder fürstliche Häupter hat und keine Untertanen, darf sie nicht Stadt heißen. In ihr sind verschiedene Menschen in verschiedener Weise untertan, zumindest ist das häufig so und jedenfalls in der ganz vollkommenen Stadt. Einige nämlich kann man als Untertanen

Trechsel, fol. 192va / Goldast, S. 793

finden, wie die Sklaven, die Lohnarbeiter oder die „*Banausen*". Banausen aber heißen jene, die von Natur aus körperlich arbeiten und mit ihrer Arbeit ihren Leib beflecken.[76] Und solche Leute sind in einer Stadt, die eine gemäßigte und vernünftige Verfassung genießt, nicht Bürger im eigentlichen Sinn. Andere aber sind in einer Stadt dergestalt Untertanen, daß sie in irgendeiner Form an der Regierung teilnehmen, d.h. sie sind zwar nicht selber Fürsten, dennoch grenzen sie in gewisser Weise an den fürstlichen Stand, weil sie zum Gericht berufen sind und zum Rat oder weil sie den fürstlichen Leiter oder die Wähler des fürstlichen Leiters zu wählen haben. Der fürstliche Leiter in der Stadt wird von Aristoteles „*policernia*" [richtig *politeuma*] genannt. Nach der Auffassung einiger Ausleger hat *politeuma* drei Bedeutungen: *Erstens meint es die auferlegte Ordnung der Verfassung, zweitens den, der die Verfassung auferlegt; drittens meint sie die Ordnung selbst, welche die Verfassung ist.*[77] *Also ist nach einer dieser Bedeutungen politeuma dasselbe wie Herr und Regierender in einer Stadt.*

c. 6

Die Verfassungen lassen sich in zwei hauptsächliche Arten unterteilen, wie es auch zwei hauptsächliche Arten von Herrschaftsformen bzw. Vorsteherschaften und von Herrschern, Vorstehern oder Leitern gibt. Denn jede Herrschaft ist vorwiegend auf das gemeine Wohl des bzw. der Herrschenden und ebenfalls das der Untertanen ausgerichtet oder nicht auf das gemeine Wohl. Wenn sie auf das Gemeinwohl gerichtet ist, dann ist sie eine gemäßigte Herrschaft und damit eine richtige. Wenn sie aber nicht auf das Gemeinwohl hin gerichtet ist, ist sie eine verdorbene Herrschaft und eine Verkehrung, ist sie doch Verderbnis und übermäßige Verkehrung einer gemäßigten, richtigen und gerechten Herrschaft. Also ist jede Verfassung entweder gemäßigt und richtig oder verdorben und übermäßig verkehrt. Von gemäßigten und richtigen Verfassungen gibt es drei Hauptarten, die unvermischt nebeneinander stehen: Die erste haben wir vor uns, wenn es einen einzigen Herrschenden gibt; diese heißt königliche Monarchie. In ihr herrscht einer allein um des Gemeinwohls willen und nicht hauptsächlich um seines eigenen Beliebens und Vorteils willen. Solche Verfassung ist nach Aristoteles, (Nikomachische) Ethik VIII [11, 1160a35–36], die allerbeste und nach der Art der besten Herrschaft, sie hat aber verschiedene Weisen, wie Aristoteles in Politik III 14 [1285a–b] sagt. Ihre stärkste Art ist anscheinend, wenn jemand in einem Reich allein als König oder Fürst nicht nach dem Gesetz, sondern nach seinem eigenen Willen herrscht.

Das verstehen nun einige folgendermaßen: Jener, sagt man, herrscht als Fürst oder König nach seinem Willen und nicht nach dem Gesetz, der um

Trechsel, fol. 192vb / Goldast, S. 794

des gemeinen Wohls aller willen herrscht und der an keine menschlichen rein positiven Gesetze oder Gewohnheitsrechte gebunden ist, sondern über allen derartigen Gesetzen steht, wenn er auch an die Gesetze des Naturrechts gebunden bleibt. Dann hat ein solcher König auch keinen Eid zu leisten oder ein Versprechen, er wolle irgendwelche von Menschen gemachten Gesetze einhalten, wenn es auch sehr vorteilhaft sein kann, wenn er sich bei Antritt der Herrschaft eidlich bindet, er werde die Gesetze des Naturrechts um des Gemeinwohls willen einhalten und in allen Dingen, die seine Herrschaft betreffen, auf das gemeine Wohl achten und nicht auf sein privates.[78] Von solch einem König kann man sagen, er habe die Fülle der Amtsgewalt über die Angelegenheiten, die sich auf das Gemeinwohl beziehen und nicht auf sein privates Wohl. Solch eine Herrschaft ist von der *Tyrannis* unterschieden, insofern sie wegen des Gemeinwohls ausgeübt wird. Sie ist auch von der *despotischen* Herrschaft unterschieden, insofern eine despotische Herrschaft hauptsächlich um des eigenen Wohls des Herrschenden willen geübt wird, so wie eine Herrschaft über Tiere und andere zeitliche Vermögenswerte um des Wohls des Inhabers willen geübt wird. Eine *königliche* Herrschaft aber wird um des gemeinen Wohls willen geübt. Und darum wird sie nicht im eigentlichen Sinn eine despotische Herrschaft genannt. Und dennoch ist ein solcher König in gewisser Weise Herr aller, anders aber als in einer despotischen Herrschaft. Denn in einer despotischen Herrschaft hat der Herrschende eine Herrschaft, die soweit geht, daß er seine Sklaven und anderen Vermögenswerte, die seiner Herrschaft unterworfen sind, nicht nur um des Gemeinwohls willen, sondern auch um seines eigenen Wohls willen gebrauchen kann, sofern er nichts unternimmt, was gegen das göttliche Gesetz oder das Naturgesetz verstößt. Aber ein Herrschender in einer königlichen Herrschaft, wie sie oben beschrieben ist, kann seine Untergebenen und ihre Gesetze keineswegs gebrauchen, wie es ihm gefällt, nur um seines eigenen Wohls willen. Daher sind seine Untergebenen für ihn nicht Sklaven, sondern erfreuen sich ihrer natürlichen Freiheit. Denn es gehört zur natürlichen Freiheit, daß niemand freie Menschen gebrauchen darf zum Nutzen allein dessen, der sie gebraucht. Aber es verstößt nicht gegen die natürliche Freiheit, daß jemand in vernünftiger Weise freie Menschen zum gemeinen Wohl benützt, da jedermann verpflichtet ist, das Gemeinwohl dem privaten Wohl vorzuziehen.

SCHÜLER: Demgemäß wäre ja die despotische Herrschaft größer und vollkommener als die derart bestimmte königliche Herrschaft, weil sie eine größere Kompetenz einschlösse. Ein auf despotische Art Herrschender kann nämlich seine Sklaven und ihre Güter gebrauchen um des Gemeinwohls willen, aber auch wegen seines eigenen Wohls, ein König aber aus-

Trechsel, fol. 193ra / Goldast, S. 794

schließlich um des gemeinen Nutzens willen. Also ist despotische Herrschaft größer und vollkommener.

LEHRER: Die Antwort ist, daß die despotische Herrschaft in bestimmter Hinsicht größer ist, erstreckt sie sich doch in bestimmter Hinsicht auf mehr. Aber gerade darin ist sie von größerer Unvollkommenheit, sei es weil das Wohl vieler besser ist als das Wohl eines einzigen, sei es weil der Schaden am Wohl vieler nicht Vollkommenheit, sondern Unvollkommenheit heißen muß. In despotischer Herrschaft aber werden viele geschädigt, weil der despotische Herrscher seine Untergebenen und ihre Gesetze zu seinem eigenen Nutzen gebrauchen kann. Deshalb schließt diese größere Kompetenz eine Unvollkommenheit hinsichtlich eines größeren Gutes ein, nämlich des Wohles vieler Menschen. Darum wäre auch eine despotische Herrschaft nicht nur dann, wenn sie ein Hausvater in einem bestimmten Hause, sondern auch, wenn sie ein König in einem bestimmten Reich, und folglich auch, wenn sie ein Kaiser im ganzen Erdkreis übt, schlechthin unvollkommener als eine königliche Herrschaft von der beschriebenen Art.

Neben dieser königlichen Herrschaft gibt es andere Formen der Königsherrschaft, die in verschiedenen Punkten hinter dieser Form zurückbleiben, aber doch mit ihr darin übereinstimmen, daß sie zu den Formen der Monarchie gehören. So bleibt eine Form der Herrschaft eines Monarchen hinter dieser Herrschaftsform zurück, soweit es die Beachtung des Gemeinwohls betrifft, ist sie doch keineswegs ausschließlich um des Gemeinwohls willen eingerichtet, sondern auch wegen des eigenen Wohls. Und solche königliche Herrschaft hat etwas von tyrannischer oder despotischer Herrschaft und ist in gewisser Weise gemischt aus despotischer, tyrannischer und königlicher Herrschaft. Insofern sie nämlich in einigem das gemeine Wohl anstrebt und insofern einer allein herrscht, hat sie etwas von königlicher Herrschaft; insofern sie aber auch das eigene Wohl anstrebt, hat sie etwas von tyrannischer und despotischer Herrschaft an sich und ist deshalb in gewisser Weise vermischt aus diesen Herrschaftsformen und wird von Aristoteles auch eine königliche und tyrannische Herrschaft genannt [Politik III 7, 1279b4,6].

Die Herrschaft eines einzelnen bleibt aber hinter der oft genannten königlichen Herrschaft auch hinsichtlich der Amtsgewalt zurück, wenn sie nicht jene Fülle der Amtsgewalt hat, die die geschilderte königliche Herrschaft besitzt. Und solche königliche Herrschaft heißt die gesetzmäßige, herrscht in ihr doch ein einzelner, nicht aber nach seinem Willen, sondern gebunden an einige Gesetze und Gewohnheitsrechte, die von Menschen eingeführt wurden, welche zu wahren er gehalten ist; auch ist er ver-

Trechsel, fol. 193ra / Goldast, S. 794

pflichtet zu einem Eid oder Versprechen, er werde sie einhalten.[79] Und je zahlreicher solche Gesetze und Gewohnheitsrechte sind, die er zu wahren hat, desto mehr weicht seine Herrschaft von der besagten königlichen Herrschaft ab. Und daher ist vielleicht in unseren Tagen auf der ganzen Welt keine solche Herrschaft zu finden, wie sie die erstgenannte königliche Herrschaft ist.

Nach Aristoteles ist solcher Herrschaft nur jemand würdig, wenn er an Weisheit und Tüchtigkeit und allen Gütern, sowohl körperlichen Vorzügen als auch geistigen, und auch äußerlichen Gütern wie Freunden und Reichtümern herausragt [vgl. bereits Politik V 10, 1313a4–5]. Sonst müßte man nämlich fürchten, daß er sich der Tyrannis zuwendet. Daher sollte er eigenes Vermögen entweder von sich aus haben oder aus der Zuweisung derer, über die er herrscht, damit er sich keinesfalls die Güter freier Leute aneigne und sie auch nicht in irgendeiner Form nehme, wenn nicht ein evidenter Nutzen oder eine klare Notwendigkeit das erforderlich machen sollte.

Einer solchen königlichen Herrschaft diametral entgegengesetzt ist die Tyrannis, welche ihre übertreibende Verkehrung ist. Und sie ist die wichtigste Art und allerschlimmste der verdorbenen Verfassungen. Denn die Tyrannis achtet nicht auf das Wohl der Untergebenen, es sei denn zufällig, sondern achtet vielmehr in erster Linie auf das eigene Wohl, ob nun das eigene Wohl zugleich auch das Wohl der anderen ist oder deren Übel. Tyrannen aber erstehen nach Meinung des Aristoteles in Politik V 5 [1305a8–10] oft aus *Demagogen*. Demagogen nun sind jene Leute, die das Volk nach ihrem eigenen Willen dank dem Beschluß des Volkes anführen, nicht wie Könige oder Herren, auch Tyrannen oder Inhaber des Rechts, über das Volk zu herrschen und ihm zu befehlen, sondern gleichsam als seine Vertreter und als Redner in der Volksversammlung, die mit mahnenden Worten das Volk zu dem anstiften, was dem Volke gefällt [und was es beschließt], d. h. denen das Volk Glauben schenkt. Darum nennt Aristoteles sie, Politik IV [c. 4; 1292a15–17], *Schmeichler*. Solche Menschen nun beginnen häufig, wenn sie sich das Volk verbunden haben, wegen der Macht Tyrannei zu üben und auch über die ihre Herrschaft zu üben, die das nicht wollen.

Bisweilen werden auch aus Königen Tyrannen. Aristoteles sagt ja in der Nikomachischen Ethik VIII [c. 12; 1160b11–12]: *„Ein übler König wird zum Tyrannen."* Wenn er nämlich nach dem Gesetz über Menschen zu herrschen beginnt, die das nicht wollen, um seines eigenen Wohls willen, wird er zum Tyrannen. Wenn er um seines eigenen Wohls willen über Menschen herrscht, die das wollen, wird er zum Despoten im eigentlichen Sinn des Worts. Dessen Herrschaft wird von Aristoteles wohl an einigen Stellen

Tyrannis genannt wegen der großen Ähnlichkeit zur despotischen Herrschaft, dennoch ist die Tyrannis im eigentlichen Verständnis nicht eine Despotie, wie aus den obigen Erläuterungen klar werden kann.

Aus allem Gesagten kann man entnehmen, daß der königlichen Herrschaft, insbesondere in ihrer stärksten Form nicht allein die Tyrannis in ihrem eigentlichen Verstande, sondern auch die despotische Herrschaft gewissermaßen entgegengesetzt sind, oder eine despotische Herrschaft ist so unpassend, daß nicht ein und dieselbe Herrschaft über dieselben Untergebenen zugleich königlich und despotisch sein kann. Freilich ist es durchaus nicht ausgeschlossen, daß einer königlich herrscht und ein anderer despotisch.

c. 7

Die zweite Art einer gemäßigten, richtigen und gerechten Verfassung heißt *Aristokratie*. In ihr herrschen mehrere, wenn auch wenige Männer, die sehr gut sind, um des gemeinen Wohls der Mehrheit willen und nicht wegen ihres eigenen Wohls. Diese Verfassung hat zwar mehrere Unterarten, wie Aristoteles in seiner Politik IV 1 [1289a8f./24f.] lehrt, dennoch ist ihre vornehmste und beste Form, wenn man bei der Erhebung bestimmter Personen zur aristokratischen Herrschaft allein auf die Tüchtigkeit abstellen kann und abstellt, d.h. auf die intellektuellen Fähigkeiten und die sittliche Tüchtigkeit, nicht auf Reichtümer noch auch auf Macht, nicht auf Anhänger noch auf irgend etwas, was man auch ohne sittliche Güte und ohne Weisheit finden kann. Die ungemäßigte verdorbene und durch Übersteigerung verkehrte Verfassung aber, die unmittelbar der Aristokratie entgegengesetzt ist, heißt *Oligarchie*. Sie ist dann gegeben, wenn mehrere reiche oder mächtige oder andersWie bedeutende Leute um ihres eigenen Wohls willen herrschen. Wenn folglich selbst die besten Männer um ihres eigenen Wohls willen herrschten und nicht wegen des Wohls der Mehrheit, so müßte man von ihnen sagen, daß sie oligarchisch herrschen und ihre Herrschaft müßte als oligarchisch qualifiziert werden. Wann immer bei der Wahl von Herrschenden oder ihrer Erhebung irgend etwas in Rücksicht genommen wird, mit Ausnahme von Weisheit und sittlicher Tüchtigkeit, also etwa Reichtümer oder Macht, Adel, Freunde, Würde, Überlegenheit oder hoher Rang, Anhängerschaft oder irgendeine andere besondere Eigenschaft, muß man daher die Herrschaft als oligarchisch betrachten. Und keineswegs ist das immer als tadelnswert einzuschätzen, denn aus gutem Grund darf man zu einem guten Zweck in derartigen Fällen auf besondere Eigenschaften Rücksicht nehmen. So sind sowohl die Aristokratien, als auch die Oligarchien von ihrer Art her verschieden. Aber darüber ist jetzt nicht zu handeln.

Trechsel, fol. 193va / Goldast, S. 795

c. 8

Die dritte Art einer gemäßigten, richtigen und gerechten Verfassung wird mit verschiedenen Namen belegt. Ein Namen, den sie im allgemeinen trägt, ist „*Politie*", ein Wort, das in einer bestimmten Bedeutung jeder richtigen und auch nichtrichtigen Verfassung gemeinsam ist. In einer anderen Bedeutung bezeichnet das Wort nur eine bestimmte Art einer Verfassung, welche mit anderem Namen „*Timokratie*" heißt. Über diese Form gibt es verschiedene Meinungen. Eine von ihnen besagt: Timokratie oder Politie in ihrem allgemeinen Verstande heißt jene Verfassung, in der die vielen um des gemeinen Wohles willen Herrschaft üben, ob sie nun die besten sind oder nicht, ob sie reich sind oder arm, dergestalt daß die Politie an sich nur durch die Mehrzahl [der Regierungsträger] von der Aristokratie unterschieden ist. Eine andere Auffassung ist: die Politie ist jene Verfassung, in der einige Bedürftige, die tüchtig sind, um des gemeinen Wohls willen Herrschaft üben. Eine weitere Auffassung besagt, daß Politie jene Verfassung heißt, in welcher einige, die weder die Besten noch auch Schlechte sind, sondern mittelmäßig, Herrschaft ausüben um der Tüchtigkeit und des Gemeinwohls willen, dergestalt, daß diese Verfassung durch ihren Mangel an Tüchtigkeit und Güte von der Aristokratie unterschieden wäre.

Aber welche Verfassung auch immer Timokratie oder mit dem Namen Politie im allgemeinen Sinn genannt werden muß, die verdorbene Verfassung und durch Übertreibung verkehrte heißt *Demokratie*, wenn nämlich das Volk herrscht oder den Herrschenden bestimmt oder einsetzt nicht um des Gemeinwohls willen. Und diese Form umfaßt mehrere Unterarten. So wie die allerbeste aller maßvollen Verfassungen das Königreich ist und nach ihr die Aristokratie und zuletzt die Timokratie, so ist unter den maßlosen oder verdorbenen Verfassungen die übelste die Tyrannis; und nach ihr kommt die Oligarchie. In der Demokratie aber findet man die geringste Schlechtigkeit, wie Aristoteles im VIII. Buch seiner (Nikomachischen) Ethik sagt [12; 1160b19–20].

XIII.: Von der Gleichheit*

III Dialogus I ii, c. 15

SCHÜLER: Damit mir und anderen Gelegenheit gegeben werde, in diesen Fragen die Wahrheit zu finden, bemühe dich, mir einige Antworten vorzutragen auf alles, was für die Gegenmeinung an Gründen aufgeführt wurde. So berichte denn zuerst, wie auf das geantwortet wird, was nach der an

---

* Trechsel, fol. 195va / Goldast, S. „799" [= 796]

zweiter Stelle oben in c. 2 angeführten Meinung gesagt wurde und was dem, was du soeben an Argumenten angeführt hast, offensichtlich widerstreitet. Ich glaube nämlich, daß diese Auffassung den Schein des Rechts für sich hat. LEHRER: Diese Meinung kann man zwiefach vertreten: einmal sagt man: wenn im christlichen Volk niemand zu finden ist, der allen anderen überlegen ist, und doch einer gefunden wird, der geeignet und tüchtig ist, dann muß der zum Papst gewählt werden. Wenn aber niemand tüchtig und geeignet erfunden wird, darf niemand zu solch hohem Amt erhoben werden. Anders freilich wird auch gesagt, daß, gleichgültig ob ein geeigneter Kandidat zu finden ist oder nicht, irgend jemand zum Papst gewählt werden muß, denn es sei besser, irgendeinen als Haupt zu haben, als eines Hauptes überhaupt zu entbehren.

SCHÜLER: Sage zuerst, wie die Antwort nach der ersten dieser beiden Meinungen lautet. LEHRER: Zur ersten Argumentation, die oben im 2. Kapitel angeführt wurde, welche sich anscheinend auf jenes Wort aus Aristoteles stützen kann, der ja sagt, es sei ungerecht, daß jemand über ihm Ähnliche oder Gleiche Herrscher sei, wird geantwortet: Wenn in einer Gesellschaft alle gut und tüchtig wären und keinesfalls durch Schlechtigkeit wirklich oder auch nur der Möglichkeit nach zu verderben wären, dann wäre es ungerecht, wenn jemand über andere, die ihm an Weisheit und Tüchtigkeit ähnlich oder gleich wären, Herrscher sein könnte; denn dann gäbe es offensichtlich keinen Grund, warum einer mehr als ein anderer Herrscher sein sollte. Wenn aber in einer Gesellschaft viele oder doch mehrere schlechte Menschen existieren oder doch Menschen, die sich verderben lassen können, und wenn der größere und machtvollere Teil dieser Gesellschaft freiwillig die Herrschaft eines einzelnen erträgt, dann ist es nützlich, damit sie von solchem Willen nicht abgebracht werden können, daß einer die Herrschaft über alle erhält, sofern nur einer gefunden wird, der würdig ist, über die zu herrschen, die schlechter sind als er. Denn anders wäre er überhaupt nicht als tüchtig und tauglich anzusehen. Wenn aber irgendein Teil so mächtig ist, daß er einen für die gesamte Gesellschaft gefährlichen Aufruhr erregen könnte, der nicht gestillt werden könnte, und wenn dieser Teil die Herrschaft eines einzelnen keinesfalls ertragen wollte, dann dürfte nicht einer allen anderen, die ihm ähnlich sind, vorgezogen werden. Vielmehr wäre die Einsetzung dieses Herrschers auf eine andere Zeit zu verschieben. Bisweilen nämlich darf auch ein Bischof wegen der Schlechtigkeit seiner Untergebenen erlaubtermaßen die ihm anvertrauten Menschen verlassen, indem er dem Leitungsamte gänzlich entsagt, X 1.9.10 und C.7 q.1 p.c.48; ebenso ist es bisweilen auch erlaubt, wegen der Schlechtigkeit einiger die Einsetzung eines Herrschers zu verschieben.

Trechsel, fol. 195va / Goldast, S. 799

Mag es somit auch im Regelfall der gesamten Gemeinschaft der Gläubigen frommen, daß ein einzelner da ist, der zum höchsten Priesteramt über alle anderen gewählt wird, so gilt doch: wenn die Schlechtigkeit irgendeines Teils der Christen derart groß wäre, daß sie die gesamte Christenheit einer Gefahr aussetzen könnte, und wenn (dieser Teil) keinesfalls einem einzigen höchsten Bischof gehorchen wollte, dann dürfte niemand zu solch hohem Amt gewählt werden, sondern die Wahl wäre zu verschieben. Wie häufig ja geringere Übel gestattet werden, um größere zu meiden (D. 3 c. 4), so werden manchmal auch bedeutende Dinge unterlassen, die gut sind, um übergroßen Gefahren zu begegnen.[80]

Aristoteles meint, es sei ungerecht, daß jemand Herrschaft übe über Leute, die ihm an Tüchtigkeit ähnlich sind oder gleich, wenn es nicht aus irgendeinem Nutzen oder einer Notwendigkeit heraus doch vorteilhaft wäre anzuordnen, daß einer auch über ihm Ähnliche oder Gleiche und nicht nur über ihm Ungleiche und Unähnliche Herrschaft übt. Auf die Argumentation des Aristoteles aber, mit der er absolut, undifferenziert und ohne Abschattierung beweisen will, daß es ungerecht ist, wenn jemand über ihm Ähnliche Herrschaft übt, da doch denen, die an Tüchtigkeit gleich seien, auch gleiche Würde und gleicher Rang gebühre, ist die Antwort: Wenn es angemessen und schicklich geschehen kann, daß Gleichen gleicher Rang und gleiche Würde zuerkannt wird, dann muß das geschehen. Und von solch einem Fall spricht Aristoteles. Wenn es jedoch nicht möglich ist oder nicht schicklich oder auch nur weniger schicklich, vor allem hinsichtlich des Gemeinwohls, daß Gleichen gleicher Rang und gleiche Würde zuerkannt wird, dann kann ohne alle Ungerechtigkeit, ja durch gerechte Wahl oder durch Losverfahren oder auf irgendeine andere erlaubte Weise irgend jemand hinsichtlich seiner Würde und seines Ranges den ihm Gleichen vorgezogen werden. Und wenn andere sich davon verwirren ließen und sich zu einem Aufruhr herausgefordert sähen, dann würden sie eben damit hinsichtlich der Tüchtigkeit im Verhältnis zu dem, welchem sie zuvor gleich und ähnlich gewesen waren, zu Unähnlichen und Ungleichen, weil sie sich als ehrgeizig und neidisch erzeigten und damit als Leute, die ihren eigenen Rang dem gemeinen Wohl vorziehen, da sie ja lieber wollen, daß das Gemeinwohl in Gefahr gerät oder daß sich darum überhaupt niemand kümmert, als daß jemand anders ihnen zum gemeinen Besten vorgezogen werde.

Beim Beispielfall des Aristoteles hinsichtlich derer, die eine gleiche oder ungleiche Tüchtigkeit besitzen, muß ich differenzieren: Einmal hinsichtlich derer, die eine gleiche oder ungleiche Körperverfassung haben – denn es ist angemessen, daß diejenigen, die eine gleiche körperliche Verdauungs-

Trechsel, fol. 195vb / Goldast, S. 800

kraft haben, auch eine gleiche Nahrung erhalten, und die, die eine gleiche Körperbeschaffenheit besitzen, gleiche Kleidung bekommen, was freilich denen, die nach ihrer Verdauungskraft und Körperbeschaffenheit ungleich wären, schaden müßte. Aber der Schluß ist nicht allgemein ohne jede Ausnahme gültig, daß Gleichen und Ähnlichen, soweit es ihre Tüchtigkeit betrifft, gleicher Rang und gleiche Würde zugeteilt werden muß. Bei der Zuteilung von Nahrung und Kleidung an Gleiche und Ungleiche hinsichtlich der Verdauungskraft ihres Körpers achtet man nämlich ausschließlich auf die eigene Tüchtigkeit und das eigene Wohl jedes einzelnen für sich genommen, was ihm je für sich nützt oder schadet. Bei der Zuteilung von Rang und Würde nun achtet man bisweilen ebenfalls auf das Verdienst und die Würde jener, an die solches zugeteilt werden soll; dann ist es wirklich ungerecht, daß Gleichen ein ungleicher Rang oder ungleiche Würde zugeteilt wird. Und wenn man es so sieht, ist das Beispiel des Aristoteles stimmig. Bisweilen aber achtet man nicht allein auf das Verdienst und die Würdigkeit derer, die eine Ehrung erhalten sollen, sondern man achtet auf den offensichtlichen Nutzen, der besser gewahrt werden kann, wenn prinzipiell einer Herrschaft übt, als wenn das mehrere tun. Weil aber größere Rücksicht zu nehmen ist auf das gemeine Wohl als auf Verdienst und Würdigkeit derer, die die Ehrenrechte erhalten, entspricht es durchaus der Gerechtigkeit, daß denen, die hinsichtlich ihrer Tüchtigkeit gleich oder ähnlich sind, eben nicht gleicher Rang oder gleiche Würde zuerkannt wird.

XIV.: Verfassungsänderung in der Kirche*

III Dialogus I ii, c. 20

SCHÜLER: Anläßlich dessen, was du zu allerletzt vorgetragen hast, glaube ich, fragen zu müssen, ob es nach dieser Meinung der Gemeinschaft der Gläubigen frommt, daß sie die Kompetenz hat, eine aristokratische Herrschaftsverfassung die der königlichen Herrschaft ähnlich wäre, einzurichten, und umgekehrt, so daß sie ⟨einerseits⟩ die Kompetenz besäße, einen einzigen höchsten Bischof, der ihnen allen vorgesetzt sei, einzusetzen, und ⟨andererseits⟩ auch die Kompetenz, zugleich mehrere oberste Bischöfe einzusetzen oder zu wählen, die allesamt mit der gleichen Amtsgewalt ausgestattet wären und auf aristokratische Weise ihre Regierung über die Gläubigen und alle anderen ausübten, dergestalt, daß sie ohne Unterschied eine Verfassung in die andere verwandeln könnte, je nachdem es ihr nützlich zu sein schiene, in einer Weise, wie Völker vernünftig eine ari-

---
* Trechsel, fol. 198ᵛᵇ / Goldast, S. 806

stokratische Herrschaftsverfassung in eine königliche umwandeln können und umgekehrt.

LEHRER: Darüber gibt es verschiedene Auffassungen. Wenn die Meinung Bestand hat, die annimmt, daß bisweilen für einige Menschen die aristokratische Verfassung besser ist als die königliche und ein andermal ihr die königliche Verfassung überlegen ist, dann gibt es etwas, was der Gemeinschaft der Sterblichen einzig frommt: daß sie nämlich solche Kompetenz zum Wechsel einer aristokratischen Verfassung in die Herrschaft eines einzigen höchsten Priesters habe und umgekehrt, je nachdem Notwendigkeit und Beschaffenheit der Zeit[81] die eine oder die andere Verfassung erfordern und verlangen.

SCHÜLER: Führe zugunsten dieser Meinung andere Argumente an!

LEHRER[82]: Für diese Auffassung läßt sich folgendermaßen argumentieren: wie es gut ist, daß die menschlichen Rechtssatzungen sich wandeln, X 4.14.8, so ist es auch gut, daß sich nach dem Wandel der Zeiten die Herrschaftsverfassungen der Menschen wandeln. Die Kirche Christi aber hat vornehmlich die Kompetenz über die Herrschaftsverfassungen der Menschen hinsichtlich alles dessen, was ihr frommt. Also hat sie die Kompetenz, derartige Verfassungen zu wandeln.

SCHÜLER: Man könnte sagen, daß die Verfassung, nach der ein höchster Priester über alle Gläubigen herrscht, nicht menschlich, sondern göttlich ist; denn sie besteht, da sie von Gott allein eingerichtet ist. Also ziemt es sich nicht und folglich ist es auch nicht gut, daß ⟨die Kirche⟩ auch über die päpstliche Herrschaft solche Kompetenz hat. LEHRER: Diese Antwort findet Widerspruch. Mag auch die päpstliche Herrschaft göttlich sein vor allem darin, daß Christus angeordnet hat, daß es in der Kirche einen Papst geben solle; in vielen Dingen ist die päpstliche Herrschaft aber offensichtlich menschlich: denn Menschen steht es zu anzuordnen, wer zu dieser Herrschaft zu berufen ist und wer das Wahlrecht üben soll und wer den Erwählten zurechtzuweisen hat, wenn er einer Zurechtweisung bedarf, und dergleichen. Also wird sie auch hinsichtlich dessen menschlich sein, daß durch Menschen angeordnet werden muß, ob nur ein einziger oder mehrere, wenn das frommt, zu welcher Herrschaft bestellt werden sollen.

Weiterhin: Für die Gemeinschaft der Gläubigen ist bestens vorgesorgt in allem Nötigen für das, was den Christen eigentümlich ist, und zwar nicht weniger gut als für jede beliebige andere Gemeinschaft oder für jedes Volk, daß sie nämlich in allem und für alles Kompetenz hat, was nützlich ist und wie es nützlich ist. Wenn jedoch die Kirche die Kompetenz hat, die Herrschaftsverfassung, wenn sie weniger geeignet erscheint, in eine besser geeignete Herrschaftsverfassung zu verwandeln, ist besser vorgesorgt, als wenn

Trechsel, fol. 198vb / Goldast, S. 806

sie eine derartige Kompetenz nicht besitzt. Da nun in solchen Fragen allerbestens für sie vorgesorgt ist, hat sie die Kompetenz, die Herrschaft eines einzigen in die Herrschaft von mehreren zu verwandeln, wenn sie denn wahrnehmen sollte, daß es ihr besser frommt, von mehreren in einer aristokratischen Verfassung regiert zu werden als von einem einzigen allein.

Wiederum: nicht weniger zuträglich ist es der Gemeinschaft der Gläubigen, daß sie die Kompetenz hat, Herrschaftsverfassungen aufzuheben, die belastend oder weniger nütze zu werden beginnen, als belastende Rechtsgewohnheiten abzuschaffen, da nichts der Kirche mehr schaden kann, als eine belastende und unnütze Herrschaftsverfassung nach dem Urteil Augustins, der (wie man D. 83 c. 2 lesen kann) sagt: *„Niemand freilich richtet in der Kirche größeren Schaden an, als wer Titel und Stand der Heiligkeit und des Priesters innehat, während er verbrecherisch handelt."* Daraus kann man entnehmen, daß der Kirche niemand schlimmeren Schaden tut als ein verkehrter (Kirchen-)Fürst und eine verkehrte Auffassung. Wenn daher die Kirche bemerkt, daß die Kirche verkehrt oder auch nur weniger vorteilhaft regiert wird, nur ⟨weil⟩ einer allein über alle herrscht, dann ist es sinnvoll, daß sie die Kompetenz hat, diese Herrschaftsverfassung in eine andere umzuwandeln, welche für diese Zeit vorteilhafter ist.

Weiterhin ist es für die Kirche nicht angemessen, sich an eine Herrschaftsverfassung fest gebunden zu sehen, die sich in die schlimmste Form verwandeln kann. Aber jene Verfassung, nach der einer allein herrscht, kann sich zur schlechteren Verfassung verwandeln, wie etwa die königliche Herrschaftsverfassung, wenngleich sie (an sich) die beste Form ist, dennoch aus der Natur der Verfassung sich zur Tyrannis verwandeln kann, welche die allerschlechteste Verfassung ist, wie es Aristoteles in der (Nikomachischen) Ethik [VIII 11, 1160b1–12] ausführt und klar beweist. Also frommt es der Kirche nicht, sich in einer solchen Weise an eine Herrschaftsverfassung, nach der einer allein herrscht, derart gebunden zu sehen, daß sie sie nicht in eine andere vorteilhaftere, d. h. in die aristokratische, (wenigstens) für eine Zeit lang umwandeln könnte.

Außerdem gilt, wie es auch ein Kaisergesetz [Dig. 1. 4. 2] bezeugt: *„Wenn Neues gesetzlich festgesetzt werden soll, so muß der Nutzen evident sein, daß man von jenem Recht abweicht, das lange als gerecht gegolten hat."* Daraus kann man entnehmen: Wegen eines evidenten Nutzens muß man eine Neuerung einführen auch dergestalt, daß man von jenem Recht abweicht, das lange als gerecht gegolten hat. Aber man muß nicht stärker vom Recht abweichen als von der Herrschaftsverfassung; in allen Gemeinwesen nämlich ist nichts mehr zu beachten als das Recht, denn was mit dem Recht

Trechsel, fol. 199ra / Goldast, S. 806

nicht übereinstimmt, ist keineswegs zu beachten. Also muß man wegen eines evidenten Nutzens eine Neuerung einführen, so daß man von der Verfassung abweicht, die lange als vernünftig und gerecht erschienen ist. Wenn es der Kirche daher für eine bestimmte Zeit evident erscheint, daß der Kirche größerer Nutzen erwachsen würde aus einer aristokratischen Verfassung, nach welcher mehrere ⟨Päpste⟩ zugleich die Gemeinschaft der Gläubigen regieren, als aus der Herrschaft eines einzigen, dann muß man eine derartige Neuerung einführen, so daß von der Herrschaft eines einzigen, die lange als gerecht erschien und nützlich, dann abgewichen wird.

Weiterhin: Was zugunsten und zum Nutzen einiger eingeführt wurde, darf nicht zu ihrem Schaden und zu ihrer Gefährdung gereichen. Aber die Herrschaft, der alle Gläubigen insgesamt unterworfen sein müssen, ist zugunsten und zum Nutzen aller Gläubigen eingeführt; wenn daher eine bestimmte Art der Herrschaft für die Gläubigen gefährlich zu werden beginnt oder auch weniger nützlich, so ist es sinnvoll, für eine Zeitlang diese Herrschaftsform in eine andere von größerem Nutzen zu verwandeln. Darum hat auch die Kirche die Kompetenz, eine aristokratische Herrschaftsverfassung über alle Gläubigen einzurichten, wenn man erkennt, daß die Herrschaft eines einzelnen für die Gläubigen schädlich zu sein beginnt.

Mehr noch: Nach Papst Leo I. gilt (man kann das D. 45 c. 6 lesen): *„Was zur Eintracht vorgesehen ist"*, darf nicht *„zum Schaden ausschlagen"*. Daraus kann man folgern: was immer zur Eintracht vorgesehen ist, muß aufgehoben werden, wenn es zum Schaden ausschlägt. Aber die Herrschaft eines einzigen höchsten Bischofs ist zur Eintracht aller Gläubigen vorgesehen, *„damit nämlich einer den anderen Vorsteher sei, um eine Spaltung zu verhüten"*, so sagt es die Glosse ebenda [s. v. *concordiam*]. Wenn also die Herrschaft eines einzigen Bischofs zum Schaden ausschlägt, d. h. zur Begierde nach Herrschaft oder nach tyrannischer Regierung, oder auch zu einer gefährlichen Spaltung unter den Christen führt – wenn z. B. der in zeitlicher Hinsicht größere und mächtigere Teil der Christen oder auch nur ein gleich starker keinesfalls die Herrschaft eines einzigen höchsten Bischofs ertragen will und doch die aristokratische Herrschaft mehrerer, die zugleich regieren, deren jeglicher ein höchster Bischof wäre, ertragen möchte, so wie früher einmal mehrere Kaiser zugleich existierten und wie bisweilen in ein und demselben Rechtsstreit mehrere Richter mit gleicher Kompetenz zur Verfügung stehen –, dann wäre zumindest für eine Zeitlang die Herrschaft eines einzigen, die einer königlichen Verfassung ähnlich ist, aufzuheben und eine aristokratische Verfassung wäre einzuführen, wenigstens bis die genannten Übel oder die Gefahren oder dergleichen aufgehört hätten.

Trechsel, fol. 199rb / Goldast, S. 807

Wiederum: *„Wenn der Grund hinfällt, ist auch die Folge hinfällig",* X 2.28.60.[83] Nun ist aber der gemeine Nutzen der Grund, weshalb einer allein als höchster Bischof allen Gläubigen vorstehen soll. Wenn also aus der Herrschaft eines einzigen gemeiner Nutzen nicht erwächst, sondern allgemeine Gefahr, muß für diese Zeit eine solche Herrschaft wegfallen. Demnach hat dann die Gemeinschaft der Gläubigen die Kompetenz, eine andere Herrschaftsverfassung einzurichten.

Weiterhin: In allen Kirchen ist einzuhalten, was die Mehrheit einzuhalten für richtig hält, X 3.11.1; D.65 c.1,2,3; X 1.6.6. Wenn also die Mehrheit der Gläubigen meint, daß eine aristokratische Verfassung in der gesamten Gemeinschaft der Gläubigen eingerichtet werden muß, so hat sie dazu die Kompetenz, eine andere Verfassung einzurichten, und solch eine Verfassung ist dann auch einzurichten. Daraus kann man folgern, daß die Kirche oder die Gemeinschaft der Gläubigen die Vollmacht besitzt, eine solche Herrschaftsverfassung einzurichten.

SCHÜLER: Wie die Glosse zu dem oben zitierten Kapitel X 3.11.1 [s. v. *rationabiliter*] notiert, *„muß nicht immer der größere Teil oder die größere Zahl gelten, wie hier in diesem Fall und in D.31 c.12 und oben X 1.6.6".*[84] Und weiter unten: *„Es ist im Regelfall gültig, daß die Mehrheit gilt; die Mehrheit ist aber jener Teil, der sich auf größere Frömmigkeit oder auf größere Vernunft stützt, D.9 c.11; D.40 c.12 a.E.; C.4 q.3 c.3, § Item iurisiurandi."* Und dasselbe meint anscheinend auch die Glosse zu D.40 c.12 [s. v. *in honore*], wenn sie sagt: *„Nicht der auserlesenere Grad, sondern das bessere Verhalten in der Lebenspraxis wird hier gelobt, C.23 q.4 c.48, [C.16] q.1 c.25. Und hier kann man das Argument bilden, daß jener Teil, der sich auf die gerechteren Gründe stützt, auch der größere Teil heißen kann, auch wenn er ⟨der Zahl nach⟩ der kleinere ist, so in D.31 c.12; D.19 c.6; C.4 q.3 c.3 u. ⟨4⟩, § In nostra."* Daraus kann offensichtlich entnommen werden, daß nicht immer die Mehrheit gilt. Wenngleich deshalb die Mehrheit der Christen urteilt, die Herrschaft eines einzigen sei in eine aristokratische Herrschaftsverfassung zu verwandeln, so darf das dennoch nicht geschehen.

LEHRER: Diese Begründung findet Widerspruch. Wenn freilich auch nicht immer die Mehrheit gilt, sondern bisweilen auch die Minderheit, so gilt doch immer dann die Mehrheit, wenn die Minderheit nicht klar beweisen kann, daß man der Mehrheit nicht folgen darf. Das ist der oben zitierten Glosse zu X 3.11.1 [s. v. *rationabiliter*] zu entnehmen, die unmittelbar im Anschluß fortfährt: *„Es herrscht aber eine gesetzlich festgelegte Vermutung für die größere Zahl, D.61 c.3 a.E., wenn nicht das Gegenteil erwiesen wird, wie es hier klar ist oder in D.23 c.5 sowie X 1.6.22."* Und ebendort sagt die Glosse zum Wort *„ostensum": „Es genügt nicht zu wider-*

sprechen, man muß es auch beweisen!" Wenn aber nicht bewiesen werden kann, daß die Mehrheit nicht gültig ist, wenn sie zum gemeinen Nutzen die Herrschaft eines einzigen höchsten Bischofs in eine aristokratische Verfassung verwandeln will, so hat folglich in einem solchen Fall die Mehrheit der Gläubigen Geltung.

SCHÜLER: Es möchte mir scheinen, daß mit guten Gründen gezeigt werden kann, daß hier nicht die Mehrheit der Christen Gültigkeit hat, wenn sie beschließt, eine aristokratische Herrschaftsverfassung unter allen Christen einzurichten. Denn die Minderheit könnte sich bei ihrem Widerspruch auf die gerechtere Begründung stützen. Die Minderheit stützte sich dann nämlich auf eine göttliche Anordnung, die jeder menschlichen Anordnung überlegen ist.

LEHRER: Einige sind der Auffassung: Selbst wenn Christus angeordnet hätte, daß ein einziger oberster Bischof über alle Gläubigen herrschen soll, so könnte die Kirche dennoch zum gemeinen Nutzen eine andere Verfassung einrichten. Das wird folgendermaßen bewiesen: Notwendigkeit und Nutzen sind gleich zu setzen, wie Alexander III. offenbar andeutet in X 1. 14. 6. In der Not ist es aber erlaubt, gegen göttliches Gebot zu handeln, auch gegen ein ausdrückliches, in Dingen, die nicht an sich schlecht sind, sondern nur deshalb schlecht, weil sie verboten sind. Also ist es auch zugunsten des gemeinen Nutzens erlaubt, gegen das göttliche Gebot und die Anordnung Christi zu handeln. Selbst wenn Christus also auch angeordnet hätte, daß ein einziger oberster Bischof allen Gläubigen voranzustellen ist, so wäre es den Gläubigen doch erlaubt, zum gemeinen Nutzen zumindest für eine Zeitlang eine andere Verfassung einzurichten. Der Obersatz scheint klar erwiesen und zieht auch daraus noch eine Stütze, daß Notwendigkeit und Frömmigkeit gleich zu achten sind (wie Gregor IX. es in X 2. 9. 5 zu verstehen gibt), Frömmigkeit aber den Nutzen einschließt: demnach sind Notwendigkeit und Nutzen gleich zu achten und folglich gilt: wenn Notwendigkeit erlaubt macht ⟨was zuvor nicht erlaubt war⟩, dann macht das auch Nutzen erlaubt. Der Untersatz wird auf vielfache Weise bewiesen: Das meint ganz offenkundig auch Beda in seinem Kommentar zum Markus-Evangelium (man findet das in X 5. 41. 4), wenn es dort heißt: *„Was im Gesetz nicht erlaubt ist, das läßt die Notwendigkeit erlaubt sein. Denn es ist auch geboten, den Sabbat zu halten; die Makkabäer aber haben ohne Sünde am Sabbat Kampf geführt."* Aus diesen Worten kann man deutlich entnehmen, daß die Makkabäer erlaubtermaßen aus Notwendigkeit gegen ein ausdrückliches Gebot Gottes verstoßen haben. Auch Christus selbst hat augenscheinlich ebendies in Mt. 12, 3 f. und Lc. 6, 3 f. ausdrücklich gelehrt, als er sagte, daß David und die, die mit ihm

Trechsel, fol. 199va / Goldast, S. 807

waren, die Schaubrote erlaubtermaßen essen durften, obwohl Gott ausdrücklich geboten hatte, daß allein ein Priester die besagten Brote essen sollte. Daraus und aus vielen anderen Belegstellen geht hervor, daß die Regel „*Not kennt kein Gebot*", die in X 1.4.4 geschrieben steht,[85] auch jene andere: „*Notwendigkeit braucht nicht zurückzustehen*", X 3.46.2, sowie jene: „*Bei ⟨allen⟩ gesetzlichen Bestimmungen ist Not(wendigkeit) als Ausnahme zu betrachten*", X 2.24.1, und dergleichen, allesamt nicht allein bei den menschlichen positiven Gesetzen, sondern auch bei den göttlichen positiven Gesetzen Geltung haben, es sei denn, daß in diesen göttlichen Gesetzen selbst das Gegenteil bestimmt ist. Somit muß man es so verstehen, daß die Notwendigkeit hinter einem göttlichen positiven Gesetz nicht zurückstehen muß. Anders freilich ist es beim natürlichen Gesetz und beim natürlichen Gesetz Gottes. Denn jenem Gesetz gegenüber hat die Notwendigkeit zurückzustehen; hier kann keine Notwendigkeit Entschuldigungsgrund sein.

Weiterhin wird bewiesen, daß eine solche Anordnung der Anordnung Christi keineswegs widerspricht. Die Christen nämlich haben im neuen Gesetz keine geringere Vollmacht über die Verwandlung der priesterlichen Verfassung als sie jene besaßen, die unter dem alten Gesetz standen. Aber ungeachtet des Gebotes Gottes, das auf die Einsetzung eines einzigen obersten Bischofs zielt, Exod. 29, 4ff., und man liest es auch in D. 21 a.c. 1, hat dennoch später David mehrere oberste (Hohe) Priester eingesetzt, wie man in I. Paral. 16, 4–6 lesen kann. Auch der Evangelist bezeugt (Lc. 3, 2) augenscheinlich, daß es zur Zeit Christi mehrere Hohepriester gab. Also haben auch die Christen die Vollmacht, mehrere oberste Bischöfe einzusetzen unangesehen der Tatsache, daß Christus angeordnet hat, daß nur ein einziger zum obersten Bischof zu erheben sei.

Trechsel, fol. 199vb / Goldast, S. 808

XV.: Programm des zweiten Traktats der Tertia Pars*

III Dialogus II i, Prolog[86]

SCHÜLER: Die Heilige Schrift preist die Römer, wie man weiß, für jene Zeit, in der sie sich darum bemühten, die Herrschaft über die Welt zu erlangen, mit vielfältigem und überschwenglichem Lob, wie wir es im I. Buch der Makkabäer ganz deutlich lesen können. So soll sich denn, nach dem Traktat über die Amtskompetenz des Papstes und der Amtskirche eine Abhandlung über die Rechte des römischen Kaiserreichs anschließen, die einige Gelehrte aus der Heiligen Schrift zu entwickeln bestrebt sind, zumal ja, wie wir hören, anläßlich des Römischen Reiches einige Leute angefangen haben, sich um den rechten Glauben zu streiten, deren Geschichte hier, wie die vieler anderer sehr bedeutungsvoller Gestalten in weiteren Traktaten folgen soll, für welche diese ersten beiden Traktate des dritten Teils unseres Zwiegespräches [nur] eine Vorbereitung und Einleitung bilden. Der gegenwärtige [zweite] Traktat soll fünf Bücher enthalten, deren erstes untersuchen soll, ob es dem gesamten Menschengeschlecht frommt, daß ein einziger Kaiser dem gesamten Erdkreis vorsteht; mit welch hervorragenden Eigenschaften oder Gaben, mit welchem Verhalten oder welch [besonderer] Tüchtigkeit einer, der Kaiser über die Welt ist, glänzen sollte, woraus das Römische Reich hervorging und ob es von Rechts wegen zerstört, abgeschafft, vermindert, geteilt oder ⟨auf andere Nationen⟩ übertragen werden kann. Das zweite Buch untersucht, welche Rechte der römische Kaiser über zeitliche Güter besitzt. Das dritte Buch soll danach forschen, ob der römische Kaiser irgendeine Kompetenz über Geistliches besitzt und ob er einer solchen Kompetenz über Geistliches überhaupt fähig ist[86a]. Das vierte Buch soll untersuchen, ob jeder, der ein Kaiser der Römer ist, die Rechte des römischen Kaiserreiches gegen jedermann, der sie bekämpft, angreift, irgendwie behindert, auch gegen den Papst, die Kardinäle und die Amtskirche, wenn sie die Rechte des römischen Kaiserreichs bekämpfen, angreifen oder behindern, unangesehen irgendeiner Anordnung, eines Urteils, Gesetzes, oder Gerichtsverfahrens des Papstes, der Kardinäle und aller anderen, mit bewaffneter Macht, wenn er es anders nicht kann, um seiner Seligkeit willen zu verteidigen verpflichtet ist und sie, wenn sie gestört sind, wiederherzustellen hat. Das fünfte Buch soll

* Baudry, S. 233 [Trechsel, fol. 229vb / Goldast, 889]

über die Rebellen, Verräter, Zerstörer, Zerteiler und Usurpatoren des römischen Kaiserreichs oder eines seiner Bestandteile handeln.

LEHRER: Die vollkommene Erkenntnis dessen, was du jetzt zu untersuchen mich mahnst, wäre in aller Klarheit aus den Büchern der heiligen Theologie, aus denen der beiden Rechte, d. h. des kanonischen und des Zivilrechts, aus den Büchern der praktischen Philosophie und aus den Geschichtsaufzeichnungen der römischen Kaiser sowohl als auch der römischen höchsten Bischöfe und den Geschichtsbüchern der anderen Völker zu entnehmen und mit ihrer Hilfe argumentativ ganz solide zu beweisen. Von all diesen Büchern habe ich [hier in München] die Hoffnung, allenfalls die Bibel, das „*Decretum*" Gratians zusammen mit den fünf Büchern der Dekretalen zu bekommen. Darum scheint es wohl ratsamer, um nicht ein ganz unzulängliches, ja lächerliches Werk zu verfassen, von dem Vorhaben Abstand zu nehmen. SCHÜLER: Wenn wir auch derzeit ein vollkommenes Werk nicht schaffen können, wäre es doch nützlich, hier keinesfalls in Stillschweigen zu verharren, zumal über einen so notwendigen Gegenstand – notwendig deshalb, weil er ja das gesamte Menschengeschlecht betrifft – bisher meines Wissens noch von niemand anderem sonst eine eigene Schrift in Angriff genommen wurde, damit wir andere, die eine Menge Bücher zur Hand haben, zur Schaffung vollkommener Werke herausfordern. Ich glaube nämlich, daß aus unserer künftigen Erörterung diejenigen, die sich eifrig um die Wahrheit, die Gerechtigkeit und das Gemeinwesen bemühen, in aller Offenheit sehr viele Wahrheiten über diese Fragen erkennen werden, die sehr zum Schaden des gemeinen Wohls jetzt noch vor jenen Menschen verborgen sind, die andere lenken, wenn sie über sie herrschen, ihnen raten oder sie unterrichten. Experten, die Liebhaber des Gerechten und Zuträglichen sind, können dann zu all diesen Problemen auserlesene Schriften schreiben und all das Falsche, was wir hier wiedergeben, wirksam widerlegen; das Wahre aber, das wir anführen, können sie mit Vernunftgründen und unwiderleglichen Autoritäten stützen.

Denn auch in diesem Traktat wollen wir, wie in diesem gesamten Zwiegespräch, uns ausschließlich referierend äußern. Wir werden darum über das, was wir hier untersuchen wollen, auch Auffassungen und Meinungen, wahre und falsche, törichte, ja ganz fantastische anführen, welche du jeweils, so gut es geht, durch Gründe zu befestigen versuchen wirst. Denn nicht allein die Behauptung des Wahren und seine Erläuterung, sondern auch das Beibringen von Argumentationen mit nur scheinbarer Überzeugungskraft (wenn das auch nur Scheingründe sein können), die für falsche und fantastische Auffassungen angeführt werden, mögen oftmals zur Verdeutlichung, Verbreitung und Erhöhung der Wahrheit Gelegenheit geben.

Baudry, S. 234 [Trechsel, fol. 229vb / Goldast, 889]

Denn dadurch wird der Scharfsinn der Intellektuellen angeregt und aus der Uneinsehbarkeit dieser Scheingründe kann die Wahrheit im Gegensatz um so klarer einleuchten, da ja *Gegensätzliches, einander gegenüber gestellt, besser zur Erscheinung kommt und die Wahrheit, hin und her gewendet, um so klarer an den Tag tritt* [C. 35 q. 9 c. 7] und da die Wahrheit sich auch durch Argumentieren, durch Opponieren, durch Disputieren und durch die Erwiderung auf Gegengründe abklärt.[87] Darum darf man wegen eines Mangels an Büchern ein so nützliches Werk keinesfalls unterlassen, zumal man auch in den eben genannten Büchern, die man hier [in München] bekommen kann, sehr vieles finden kann, was unsere Themen berührt, und andererseits sehr vieles von dem, was du einmal gelesen hast, wie ich vermute, deinem Gedächtnis nicht gänzlich entfallen sein wird, kannst du doch häufig hier den Wortlaut, dort doch bei Gelegenheit wenigstens den Sinn anführen.

LEHRER: Durch dein unpassendes Drängen bezwingst du mich, daß ich die Untersuchung in Angriff nehme. Weil ich aber, wie ich annehme, zum Schaden der Wahrheit und der gerechten Sache von Übelmeinenden allzu große Verleumdung erführe, wenn ich darin das offen darlegte, was ich selbst zum Untersuchungsgegenstand als Meinung hege, deshalb möchte ich, deinem Willen gemäß, in dieser Schrift nicht entscheiden, welche der angeführten Meinungen ich selber für zutreffend halte. Dadurch wird nämlich die Wahrheit nicht Gefahr laufen, vielmehr Gefahr vermeiden, weil ich der Auffassung bin, daß wegen meiner Zustimmung keiner mit größerer Festigkeit der Wahrheit anhängen wird, wohl aber viele sie, wie ich fürchte, aus Mißgunst und Haß oder aus Bosheit und Intrige nur noch heftiger und schlimmer mit Wort und Tat bekämpfen würden, weil ich das schon von anderen, die ihre Mißgunst dazu drängte, erfahren habe, wie ich nur allzu genau weiß. Wenn ich jedoch jemals zur Einsicht gelangen sollte, daß die Wahrheit gestärkt werden könnte dadurch, daß ich zum Ausdruck brächte, was ich selber als wahr erkenne, will ich es dann ohne Zögern sofort und ausdrücklich öffentlich verbreiten. Da du nun möchtest, daß diese Untersuchung verfaßt werde, beeile dich damit, sie zu beginnen!

Baudry, S. 235 [Trechsel, fol. 230ra / Goldast, 871]

XVI.: Kaiserspiegel*

III Dialogus II i, cc. 14–17

c. 14

SCHÜLER: Bisher haben wir untersucht, ob es dem gesamten Menschengeschlecht zuträglich ist, daß ein einziger Kaiser oder weltlicher Fürst dem gesamten Erdkreis vorstehe; wir haben einigermaßen ausführlich die Meinung behandelt, die dahingeht, daß es in der Regel zuträglich ist, daß alle Sterblichen einem einzigen Fürsten in zeitlichen Angelegenheiten unterworfen sind. Jetzt aber beabsichtige ich, mit dir zu erforschen, wenn auch ganz knapp, mit welchen Vorzügen oder Begabungen, Stärken und Verhalten der Weltkaiser vor anderen glänzen sollte. Ich glaube aber, daß Glaube, Gerechtigkeit, Wahrheit, Sachkenntnis, Macht, Reichtum, Freigebigkeit und Tapferkeit bei einem Weltkaiser am meisten verlangt werden. Daher nehme ich mir vor, darüber in aller Kürze einiges zu fragen, zuerst, ob der Weltkaiser den wahren und katholischen Glauben haben muß? LEHRER: Einige meinen, daß auf deine Frage kein Zweifel bleibt, da jeder erwachsene Sterbliche im Vollbesitz seiner Vernunft gehalten ist, den Glauben zu haben, zumal wenn er sich im Glauben unterrichten lassen konnte. Aber vielleicht wolltest du fragen, ob jemand wahrer Kaiser sein kann, der nicht den wahren katholischen Glauben hat. Darüber freilich gibt es viele verschiedene und widersprüchliche Meinungen.

c. 15

SCHÜLER: Über diese zweite Frage will ich dich später ausführlicher fragen. Daher komme gleich zur Sachkenntnis, die dem Kaiser nötig ist. Zuerst möchte ich wissen, ob der Weltkaiser, wenn er ein Katholik ist, Kenntnis der Heiligen Schrift haben muß. LEHRER: Darüber gibt es verschiedene Auffassungen. Eine sagt, daß der Weltkaiser, wenn er Katholik ist, Kenntnis des göttlichen Gesetzes und der Heiligen Schrift haben muß, denn nicht geringerer Vollkommenheit muß ein katholischer Kaiser im Neuen Bunde sein, als es der König im Alten Bunde war. Aber der König im Alten Bunde mußte die Kenntnis der heiligen Texte haben und ständig über Gottes Gesetz nachsinnen [vgl. Ps. 1, 2]. Also muß ein katholischer Kaiser all das in noch vollkommenerem Grade besitzen. Sodann kommt es einem katholischen Kaiser zu, den christlichen Glauben, der in den heiligen Texten enthalten ist, zu verteidigen und seine Feinde mit der schuldigen Strafe zu züchtigen. Niemand aber kann verteidigen, was er nicht

---
* Trechsel, fol. 236va / Goldast, S. 883

kennt, also muß ein katholischer Kaiser all das besitzen, d. h. die Kenntnis der heiligen Texte haben.

Die zweite Meinung sagt: wenn es auch geziemend scheint, daß ein katholischer Kaiser eine gewisse Kennerschaft der heiligen Texte besitzt, so daß er zumindest das Gesetz kennt oder beim Lesen die heiligen Schriften dem Wortlaut nach versteht, ist es für ihn aber dennoch nicht schlechterdings notwendig, solche Kennerschaft zu haben, weil er ohne solche Kenntnis über die zeitlichen Dinge mit Erfolg und in Gerechtigkeit verfügen kann, was ja bekanntlich dem Kaiser allein zukommt.

SCHÜLER: Muß der Kaiser nicht Kennerschaft des Zivilrechts haben? LEHRER: Eine Meinung bejaht das, denn da der Kaiser in zeitlichen Dingen der höchste Richter ist, darf er nicht eine geringere Kenntnis der Zivilgesetze haben (nach denen das Urteil ja gefällt werden muß) als die untergebenen Richter. Aber die untergebenen Richter sind gehalten, Kenntnis der Zivilgesetze zu haben, nach denen sie zu richten gehalten sind. Also muß um so mehr der Kaiser Kenntnis der Zivilgesetze besitzen.

Eine andere Meinung sagt, daß er keineswegs mit Notwendigkeit gehalten ist, Kenntnis der Zivilgesetze zu haben, wenn es auch sehr passend und sehr nützlich ist, daß er einer solchen Kenntnis nicht gänzlich ermangelt. Denn es gab viele Kaiser und Könige, die gerecht waren, ja Heilige, welche keineswegs Kenntnis der Zivilgesetze besaßen, die dennoch, wenn sie mit Notwendigkeit zu ihrer Kenntnis verpflichtet gewesen wären, ohne Zweifel die Gesetze erlernt hätten. Und keineswegs darf man den Kaiser oder König mit den anderen unterworfenen Richtern gleichsetzen. Denn der Kaiser ist im Weltkaiserreich und der König in seinem Königreich von den Gesetzen los und ledig[88] und ist nicht gehalten, mit Notwendigkeit nach den Gesetzen zu urteilen, wie die untergebenen Richter nach den Gesetzen zu urteilen mit Notwendigkeit gehalten sind. Dabei wird eine derartig große Kenntnis der Gesetze vom Kaiser oder König nicht verlangt, wie sie bei unteren Richtern gefordert ist. SCHÜLER: Aus dem Gesagten scheint es mir wahrscheinlich, daß es angemessen ist, für einen künftigen Kaiser und König eine vertiefte Kenntnis der Heiligen Schrift als auch der Gesetze der Natur zu verlangen, und daß ein (solcher), wenn man ihn fände, vor allen anderen, bei Gleichheit der übrigen Umstände, zum Kaiser zu erheben wäre und zum König, zumindest dann, wenn durch Wahl und nicht durch Erbfolge die Nachfolge in der Regierung des Königreiches geregelt wird.

Wäre es nicht vielmehr angemessen, daß jemand, der zum Kaiser oder zum König erhoben werden soll, wenn er nicht ein profunder Kenner der Heiligen Schriften und der Zivilgesetze ist, besser Abstand nähme und sich

Trechsel, fol. 236vb / Goldast, S. 884

dem Studium widmete, um eine derartige hervorragende Kenntnis zu gewinnen? Und wenn er auch in solider Kenntnis brillierte, müßte er nicht sich mit dem Nachdenken darüber unablässig beschäftigen? LEHRER: Die Antwort ist, daß es für den Kaiser oder König wohl löblich wäre, mit Urteilsfähigkeit solchem Studium zu obliegen, soweit er das vermag, so freilich, daß er durch dies Studium sich nicht von seinen Pflichten abhalten ließe. Seine Untertanen zu vernachlässigen aber und die ⟨Menschen⟩ des Königreichs oder Kaiserreichs oder die Hauptaufgaben der Regierung einem anderen anzuvertrauen, um solchem Studium zu obliegen, muß bei einem Kaiser oder König als tadelnswert angesehen werden. Denn solch ein Herrscher widmete seinen Untertanen nicht die schuldige Sorge. Von ihm gälte dann das Wort des Apostels [I. Tim. 5, 8]: *„Wenn aber jemand die Seinen, sonderlich seine Hausgenossen, nicht versorgt, der hat den Glauben verleugnet und ist ärger als ein Ungläubiger."* Denn wenn schon ein kirchlicher Prälat zum Nutzen seiner Untergebenen bisweilen das beschauliche Leben unterbrechen und mit aller Tatkraft tätig sein muß, wie es aus den heiligen Canones hervorgeht (C. 8 q. 1 c. 8, c. 9, c. 11), muß ein Kaiser oder König um so mehr solches Studium unterlassen, um seinen Untertanen die geschuldete Leitung nicht nur durch andere, sondern in eigener Person zuzuwenden.

SCHÜLER: Muß ein Kaiser nicht eine hervorragende Kenntnis in weltlichen Geschäften haben? LEHRER: Die Antwort ist, daß jener, der alle anderen an weltlicher Geschäftserfahrung übertrifft und der die anderen in natürlicher Auffassungsgabe und geistiger Urteilskraft überragt, bei Gleichheit der anderen Bedingungen vor anderen zu Kaiser oder König (sofern der durch Wahl zur Regierung gelangt) erhoben werden muß. ‚Natürliche Auffassungsgabe' und herausragende ‚geistige Urteilskraft' aber, so heißt das, verdient bei einem Kandidaten vor Gelehrsamkeit, Beredsamkeit, Rednergabe, Erfahrenheit, Gedächtniskraft, so hervorragend die auch ausgebildet sein mögen, den Vorzug, während bei einem Kandidaten für ein (anderes) weltliches Amt, zumal wenn es nur kurze Zeit dauern soll, bisweilen gegenüber hervorragender geistiger Urteilskraft sowohl Gelehrsamkeit, als auch Erfahrenheit den Vorzug verdienen. Wenn aber jemand zum Kaisertum, d. h. zur Regierung der Welt erhoben ist, dann muß er sich um Kennerschaft in weltlichen Geschäften, in erster Linie um Kenntnis des Naturrechts und insbesondere um die Kenntnis jenes Naturrechts bemühen, über das zu irren oder doch zu zweifeln auch einem gebildeten Mann zustößt und dessen Kenntnis zu seinem Amt gehört. Er muß das noch mehr tun, als sich um Kenntnis der heiligen Schriften oder weltlicher Wissenschaften oder irgendwelcher Gesetze zu bemühen, es sei denn, er könnte durch sie mehr als sonst Erfahrenheit in weltlichen Dingen gewinnen.

SCHÜLER: Warum heißt es, daß er sich um die Kenntnis jenes Naturrechts bemühen muß, über das zu irren oder zu zweifeln auch einem Gebildeten zustoßen kann? Ein solches Naturrecht gibt es doch wohl nicht. Denn jede Rechtsunkenntnis, welche auch die Experten bisweilen befallen kann, liefert einen Entschuldigungsgrund für den, der diesem Recht zuwider handelt. Denn darum entschuldigt ja die Unkenntnis des Tatbestandes, weil sie auch die Experten in die Irre führt, wie die Glosse schreibt (zu D. 38 a. c. 1, s. v. *cum itaque*). Wenn also über das Naturrecht auch Experten irren können, dann könnte eine solche Unkenntnis ein Entschuldigungsgrund sein. Außerdem: Jede begründete Unkenntnis entschuldigt. Aber Unkenntnis, die sich bei Experten zeigt, kann durchaus begründet sein. Daher würde eine solche Unkenntnis des Naturrechts entschuldigen; das Gegenteil aber schreibt die Glosse D. 38 c. 1 [*wie oben*] und Gratian, der in C. 1 q. 4 d. p. c. 12 anmerkt, daß *„bei allen Erwachsenen jede Unkenntnis des Naturrechts zu verurteilen ist"*. Aus alledem scheint man folgern zu können, daß es kein Naturrecht gibt, über das bisweilen auch die Experten irren oder zweifeln können.

LEHRER: Die Antwort ist, daß man die natürlichen Rechte in einer doppelten Unterscheidung sehen muß: Einige sind aus sich selbst bekannte Prinzipien oder folgen und könnten entnommen werden aus solchen unveränderlichen aus sich selbst bekannten Prinzipien. Über solche Rechte kann niemand irren oder auch nur zweifeln. Es kann freilich vorkommen, daß man sie nicht kennt, denn man kann ihrer nie gedacht haben. Solche Unkenntnis entschuldigt aber niemanden, denn solche natürlichen Rechte, auch wenn jemand ihrer nie gedacht haben sollte, wird jedermann sofort erkennen, wenn er ihnen gemäß irgend etwas zu tun oder zu unterlassen verpflichtet ist, wenn nicht jemand ohne alle Überlegung und vernünftige Richtschnur zur Tat schreiten oder eine Tat unterlassen wollte, weil die Unkenntnis solchen Rechtes in solchem Fall aus verurteilenswürdiger Fahrlässigkeit oder aus Verachtung hervorgeht und deshalb keine Entschuldigung sein kann. Wenn nämlich jemand bei irgendeiner Gelegenheit einen Unschuldigen töten will, der ihm niemals Schaden getan hat, dann schließt er unmittelbar, wenn er auch nur in aller Kürze eine Erwägung anstellen will, ob er ihn töten soll, daß er ihn nicht töten darf. Und wenn er ihn ohne alle Überlegung tötet, kann solche Unkenntnis ihn nicht entschuldigen.

Weiterhin gibt es einmal natürliche Rechte, die aus den ersten Prinzipien klar und ohne große Überlegung oder Betrachtung abgeleitet werden können, wie bei den Wissenschaften einige Folgerungen aus den ersten

Prinzipien klar und ohne große Betrachtung sich auch von weniger Gelehrten ziehen lassen. Die Unkenntnis eines solchen Naturrechts entschuldigt nicht, denn jeder kann ohne großes Studium sofort diese natürlichen Rechte kennen. Und solche Unkenntnis des Rechts meint der (oben zitierte) Obersatz. Aber es gibt auch andere natürliche Rechte, die von wenigen, auch wenn sie Experten sind, nur mit großer Aufmerksamkeit, großer Bemühung und durch viele Zwischenschritte aus den ersten natürlichen Rechten abgeleitet werden, über die auch die Experten gegensätzliche Meinungen haben, wobei die einen glauben, es sei gerecht, und andere, es sei ungerecht. Und die Unkenntnis eines solchen Naturrechts ist ein Entschuldigungsgrund, besonders wenn es um die Unterlassung einer Handlung geht, die gleichwohl zu tun wäre, wenn nicht Unkenntnis vorliegt, es sei denn, es sei eine grobe und bewußt herbeigeführte Unkenntnis.

Die Kenntnis solcher natürlicher Rechte zu erwerben, muß sich also ein Kaiser bemühen. Weil die anderen Rechte, die hier als erste und zweite Gruppe benannt wurden, sich ihm leicht, wenn es nötig ist, zeigen werden und weil er Kennerschaft und vollkommene Kenntnis solcher Rechte und weltlicher Geschäfte nicht erwerben ⟨muß⟩, ist es angemessen, daß er nach dem Beispiel der Römer, die, wie oben angeführt, 32 Männer eingesetzt hatten, die täglich berieten, zahlreiche gelehrte Räte bei sich hat und daß er viele Männer aus der Menge um sich hat, die ihm Rat geben können. Denn nach dem Zeugnis Salomons in Prov. 15, 22 gilt: *„Die Pläne werden zunichte, wo man nicht miteinander berät, wo aber viele Ratgeber sind, gelingen sie"*; er sagt Prov. 11, 14 auch: *„Heil ist, wo Ratschläge zahlreich sind."*

SCHÜLER: Eine Lehre des Weisen scheint aber dieser These zu widersprechen, daß ein Kaiser viele Räte haben soll. Denn wir lesen im Prediger (Ecclus. 6, 6) *„Lebe in Frieden mit vielen, aber zum Ratgeber nimm unter tausend nur einen."* LEHRER: Die Antwort ist, daß Rat von verschiedenen Leuten aus verschiedenen Gründen erfragt wird. Denn manchmal wird Rat erfragt über Geheimes, und dabei ist die Gefahr groß, wenn man es eröffnet, es sei denn, man tut es an gläubige und getreue, an befreundete und an urteilsfähige Leute. Ein andermal wird Rat erfragt über Öffentliches oder über Probleme, die ohne Gefahr auch an ungläubige und ungetreue, an verfeindete und törichte Leute eröffnet werden können. Wiederum wird manchmal der Rat weiterer Personen erfragt, damit eine Übereinstimmung unter so vielen zusätzlichen Räten die Problemlösung, die erwogen wurde, mit noch größerer Autorität versehe, oder auch, damit dann ⟨die Maßnahme⟩ mit größerer Anordnungsgewalt ⟨erfolgen kann⟩ und mit größerem Respekt in Liebe oder Furcht von anderen zur Kenntnis

Trechsel, fol. 237rb / Goldast, S. 885

genommen wird. Ein andermal aber wird Rat erfragt, damit der, der da um Rat fragt, das, was durch seine Räte schon erwogen wurde, nun auch wirklich tut. Bisweilen wird um Rat gefragt, damit der, der um Rat fragt, Kenntnis der Rechtslage oder der Sachlage, die er nicht hat, durch die gegebenen Antworten erhalte und so erkenne, was er tun muß. Sehr häufig auch wird der Rat von bestimmten Leuten erbeten, damit der, der um Rat fragt, ihre Ratschläge und ihre Urteilskraft und Klugheit oder ihre Treue oder Einstellung und ihre Absichten ihm gegenüber oder gegenüber anderen auf die Probe stellen und erfahren könne.

Wenn nun ein Ratschlag über Geheimes erfragt wird, dessen Eröffnung gefährlich wäre, darf es nur sehr wenige Räte geben, d. h. nur die erprobten, getreuen, befreundeten und urteilsfähigen. Wenn ein Ratschlag verlangt wird, damit das durch die Räte Erwogene endlich durchgeführt wird, dann dürfen auch nur wenige gefragt werden, nämlich nur getreue, gelehrte und befreundete Ratgeber. Für diese beiden Fälle gilt die Autorität des Predigers, die oben angeführt ist. Wenn aber ein Rat in öffentlichen Angelegenheiten oder in Fragen erfragt wird, die ohne Gefahr eröffnet werden können, nur damit eine Übereinstimmung der Ratgebenden erreicht wird, wonach das, was erwogen wurde, größere Autorität gewinnt, oder damit der, der um Rat fragt, durch die Antwort seiner Ratgeber Kenntnis der Rechts- oder Sachlage, die ihm fehlte, gewinnt oder damit er etwas über seine Ratgeber in Erfahrung bringt und ihre Urteilsfähigkeit erprobt, ihre Klugheit, ihre Treue, ihre Einstellung oder ihre Meinung gegen ihn, dann muß es zahlreiche Ratgeber geben. Manchmal ist es dann auch nicht widersinnig, den Rat von Gottlosen oder Übelwollenden zu erfragen, denn bisweilen kann ein Weiser aus der Antwort auch derer, die ihm schaden oder ihn betrügen wollen, besser sehen, was er tun muß, so wie nicht nur aus guten Werken der Weisen, sondern auch an den schlechten Taten der Toren ein Weiser seine Lehre zieht, nach dem Zeugnis Salomons, der in Prov. 24, 30–32 sagt: *„Ich ging am Acker des Faulen entlang und am Weinberg des Toren und siehe, lauter Nesseln waren darauf und es stand voller Disteln und die Mauer war eingefallen. Als ich das sah, nahm ich's zu Herzen und aus dem Beispiel zog ich meine Lehre."*

c. 16

SCHÜLER: Wenngleich wir über die einem Kaiser nötige Kennerschaft und Klugheit, wie ich glaube, einen dicken Band zustande bringen könnten, soll das Gesagte für jetzt genug sein. Daher wende ich mich der Gerechtigkeit zu, die ein Kaiser nötig hat, wie ich glaube. Ich möchte wissen, ob ein Kaiser immer und in jedem Fall die Strenge des Rechts an-

Trechsel, fol. 237vb / Goldast, S. „885" [883]

wenden muß. LEHRER: Die Antwort ist, daß der Kaiser bisweilen die Gerechtigkeit gänzlich beiseite lassen oder eine Zeitlang aussetzen muß. Bisweilen auch ist es ihm angemessen, ja ist er mit Notwendigkeit gehalten, die Strenge des Rechts durch Milde zu mäßigen, bisweilen muß er auch die Strenge des Rechts heilsnotwendig anwenden.

SCHÜLER: Das kann, so vermute ich, mit unzähligen Argumenten und Autoritäten bewiesen werden, aber um die Sache abzukürzen, wollen wir das beiseite lassen. Nur zu einer Frage begehre ich für jetzt verschiedene Meinungen zu hören, ob einem Kaiser, wenn er Gerechtigkeit übt, alle Strafen für alle beliebigen Verbrechen nach Willkür zur Verfügung stehen, so daß er eine bestimmte Strafe oder eine beliebige andere für irgendein Verbrechen verhängen darf. LEHRER: Darüber findet man unterschiedliche Ansichten. Eine sagt, daß bei dem Kaiser alle Strafen in seiner Willkür stehen, so daß er in jedem konkreten Fall und bei jedem beliebigen Verbrechen eine Strafe jeglicher Art verhängen kann. Diese Auffassung läßt sich mit folgendem Argument stützen: Wo eine Strafe nicht im Recht festgelegt ist, bleibt es der Wahl auch des untergebenen Richters überlassen, welche Strafe zu verhängen sei, und das ist durchaus nicht unvernünftig; denn wo kein ausdrückliches Recht vorliegt, wie er strafen soll, bleibt es ihm überlassen, nach seiner Einschätzung und Wahl zu strafen. Der Kaiser aber steht über allem positivem Recht.[89] Also ist er nach keinerlei positivem Recht verpflichtet, das Verbrechen irgendeines Täters abzustrafen, und folglich ist er verpflichtet, jedes Verbrechen nach seiner Einschätzung zu strafen und kann jegliche Art von Strafen verhängen.

Eine andere Ansicht geht dahin, daß ein Kaiser nicht immer in der Ausübung der Gerechtigkeit jegliche Art von Strafen nach seiner Wahl für jedes Verbrechen verhängen darf. Denn mit einer Geldstrafe darf er sich nicht immer zufrieden geben, sondern hat eine andere zu verhängen. Ähnlich darf er sich keineswegs immer mit der Strafe der Auspeitschung etwa oder der Deportation oder der Ächtung oder der Verbannung begnügen, sondern ist verpflichtet, die Todesstrafe oder die Strafe der Verstümmelung oder Einkerkerung oder dauernder Gefangenschaft aufzuerlegen. Und häufig darf er solch eine Strafe auch nicht in Ansehung seiner Freundschaft, Verwandtschaft, seiner bloßen Willkür oder irgendeines anderen Gesichtspunkts ermäßigen. Der Grund dafür ist, daß so wie dort, wo eine bestimmte Strafe im Gesetz nicht festgelegt ist, ein untergebener Richter vorzugehen hat *„unter Beachtung der Billigkeit"*, wie es X 1. 36. 11 heißt, so ist auch der Kaiser damit, daß er über dem positiven Recht steht, nicht über die Billigkeit des Naturrechts gestellt, so daß er, wenn er aus bestimmtem Grund bei der Ausübung der Gerechtigkeit nicht die im Recht festgesetzte

Trechsel, fol. 237vb / Goldast, S. „885" [883]

Strafe verhängen will, doch mit Notwendigkeit verpflichtet ist, eine Strafe unter Wahrung der Billigkeit zu verhängen, so wie es nach seinem Urteil das gemeine Wohl und das Heil seiner Untertanen, vor allem aber seiner guten Untertanen fordert. Oft aber würde ohne Beeinträchtigung des gemeinen Wohls und ohne Gefährdung der gehorsamen Guten eine Geldstrafe, die Strafe einer Deportation, Ächtung oder Verbannung der Verbrecher keineswegs (angemessen) züchtigen, nach dem Zeugnis des Ambrosius, der in *De officiis* sagt (und das findet sich in Gratians Dekret C. 23 q. 4 c. 33): „*Wenn jemand einen Räuber, bewogen durch die Bitten seiner Kinder und durch die Tränen seines Weibes geneigt gemacht, freilassen zu müssen glaubt, den immer noch die Lust zum Raube umtreibt, übergibt der nicht Unschuldige ihrem Tod, wenn er den losläßt, der auf den Tod vieler sinnt?*" Und daher sagt auch Hieronymus, wie man es D. 45 c. 17 lesen kann, wenn er von denen spricht, die die Übeltäter schonen: „*Während sie einen einzigen verschonen, wollen sie die gesamte Kirche in den Untergang reißen. Was ist das für eine Güte, was ist das für ein Erbarmen, einen einzigen zu schonen und alle ins Verderben zu führen?*" Daraus ergibt sich, daß der Kaiser, wenn er einem Könige, Fürsten oder einem Verbrecher, der ihm verwandt ist, oder jemandem, der ihm sonst verbunden ist oder auch fremd und der augenscheinlich danach strebte, das Kaiserreich oder das gemeine Wohl oder Unschuldige zu verwirren, nur eine Geldstrafe oder irgendeine andere Strafe auferlegte, durch die er von der Verfolgung seiner üblen Absichten keineswegs völlig abgehalten würde, eine Todsünde begeht und schuldhaft die Billigkeit überschreitet, der zu folgen er verpflichtet ist. In solch einem Falle also muß er einem derartigen Verbrecher, ob er nun ein König wäre oder ein Fürst, ein Verwandter oder ein Fremder, die leibliche Todesstrafe oder dauernde Einkerkerung oder irgendeine andere Strafe auferlegen, durch welche er von Übeltaten und der Möglichkeit, Übles zu tun, völlig abgehalten wird.

SCHÜLER: Offenbar kann doch ein Kaiser völlig legitim eine solche schwere Strafe auch jenem erlassen, der sich des Verbrechens der Majestätsbeleidigung schuldig gemacht hat oder einer anderen schweren Untat, weil der *Richter bei der Bestrafung sich der menschlicheren Seite zuneigen* soll (X 1. 36. 11) und auch weil ein Urteil, das Erbarmen nicht kennt, zu meiden ist (D. 50 c. 14 a. E.). Also kann der Kaiser legitim jedem Übeltäter Erbarmen zeigen, indem er ihm die Todesstrafe oder eine andere Strafe erläßt.

LEHRER: Hier ist die Antwort: Wenn der Kaiser erkennt, daß der Verbrecher völlig gebessert ist, so daß er jeden Willen zum Übeltun aufgegeben hat und niemand gegen ihn ein erlittenes Unrecht verfolgt, kann ihm der Kaiser alle Strafe erlassen. Wenn er aber nicht vollkommen gebessert ist

Trechsel, fol. 238ra / Goldast, S. „888" [884]

und mit Plausibilität gefürchtet werden muß, daß er bei sich bietender Gelegenheit seine üblen Pfade fortsetzen will und auf seinen gewohnten Wegen oder auf anderen wieder ⟨in Übeltaten⟩ verwickelt wird, darf ihm der Kaiser nicht jede leibliche Strafe erlassen, noch wäre es ihm erlaubt, solches Erbarmen zu zeigen. Denn solches Erbarmen zu zeigen, hieße nicht, *„sich der menschlicheren Seite zuneigen"*, ja wäre nicht barmherzig, sondern der Kaiser wäre als allergrausamster, unmenschlichster und gottlosester Mensch einzuschätzen, nach dem Zeugnis Augustins, der zu Lucanus sagt (wie es C. 23 q. 5 c. 38 heißt): *„Wer wachsendem Verbrechen Schonung gewährt und ihm Vorschub leistet, damit er nicht die Neigung der Übeltäter betrübe, der ist ebensowenig barmherzig wie derjenige, der einem Knaben ein Messer nicht fortnimmt, weil er sein Weinen nicht hören will."* Und dem stimmt Hieronymus zu, der über Jesaia sagt (und man kann es ebendort C. 23 q. 5 c. 28 lesen): *„Nicht der ist grausam, der grausame Menschen erwürgt."* So ist derartiges Erbarmen ein ungerechtes Erbarmen, wie Ambrosius sagt, ja ist das gottloseste Erbarmen und schlimmer als Ehebruch und Raub, Diebstahl und sehr viele andere Verbrechen, die allgemein als ganz besonders schlimm gelten.

SCHÜLER: Diese Meinung hat offenbar irgendwie den Anschein des Rechts. Darum berichte, wie auf die Beweggründe der anderen Auffassung geantwortet wird, welche ja auch keineswegs jeden Anschein der Berechtigung entbehrt! LEHRER: Die Antwort ist, daß die untergebenen Richter dort, wo kein ausdrückliches Recht vorhanden ist, nach der Willkür ihrer Einschätzung weder strafen können noch dürfen, sondern in diesem Falle müssen sie es so einschätzen, daß die Billigkeit bewahrt wird, daß also der Richter eine Strafe verhängt, die dem Gemeinwesen und der Bewahrung der Gerechtigkeit am ehesten zuträglich ist und durch die der Übeltäter am wirksamsten korrigiert wird, denn Augustin sagt, wie es im Dekret (C. 23 q. 5 c. 4) heißt: *„Ob Strafe oder Verzeihung, alles geschieht nur zur Besserung des menschlichen Lebens."*

c. 17
SCHÜLER: Wenn wir noch über die anderen Stärken und Verhaltensweisen, die einem Kaiser gut anstehen, handelten, würden wir ein recht weitläufiges Werk produzieren, das allzu langatmig geriete. Ich glaube, daß folgende zwei Eigenschaften einem Kaiser besonders nötig sind, um seine Untergebenen mit Nutzen regieren zu können, nämlich Kennerschaft und Unterscheidungsvermögen. Ja sie könnten fast, wie es scheint, schon genügen. Doch sind sie, wenn es darauf ankommt, von anderen nicht zu trennen. Darum wollen wir ganz schnell in allergrößter Kürze zu dem

Trechsel, fol. 238vb / Goldast, S. 885

kommen, was mehr im Verborgenen liegt und von anderen Autoren weniger erörtert wurde, zumal die, die das Werk „Über die beste Methode, das Recht zu lernen"[90] besitzen, in ihm sehr viel über die Fähigkeiten, die den Herrschenden nötig sind, finden können. Zuerst wollen wir kurz nach der Wahrhaftigkeit sehen, wann ein Kaiser sie üben sollte. Sage also, ob nach irgendeiner Ansicht ein Kaiser in Wahrhaftigkeit glänzen muß: wie es ihm nicht erlaubt ist, irgend etwas Falsches zu behaupten oder etwas arglistig oder betrügerisch zu versprechen, was er gar nicht zu halten beabsichtigt, so ist es ihm auch nicht erlaubt, irgendein Versprechen zu widerrufen oder nicht zu erfüllen oder umzudeuten. LEHRER: Einige glauben, daß ein Kaiser, obwohl er keineswegs verpflichtet sei, das schlimm Versprochene oder auch das, was er mit Fug und Recht versprechen konnte, was er später dann aber als schädlich erkennt, auch wirklich einzulösen, doch dazu gehalten ist, so etwas stark einzudämmen. Im selben Maße darf er auch, wenn ihm zu irgendeinem von seinen Versprechen etwas viel Besseres einfällt, als er zuvor gesagt hat, keineswegs dabei erröten, seinen Worten dann eine sachangemessene Korrektur zu geben. Damit darf er nicht warten, bis er von anderen berichtigt wird. Dennoch gibt es einige andere Versprechungen, die er in keiner Weise widerrufen oder ohne ganz deutlichen wichtigen Grund in ihrer Erfüllung verschieben darf. Außerdem muß er sich hüten, etwas rasch oder leichtfertig zu behaupten oder zu versprechen, wenn er nicht ganz sicher ist, er müsse das sagen oder versprechen.

SCHÜLER: Macht, Reichtum und Großzügigkeit wollen wir gemeinsam prüfen, ob sie dem Kaiser zu Hilfe kommen. Reichtum widerspricht doch offensichtlich der Großzügigkeit, bedeutet doch großzügig zu sein, seinen Reichtum zu verteilen, und damit schwindet der Reichtum dahin. LEHRER: Einige meinen, daß das kaiserliche Amt ohne Reichtum nicht gut ausgeübt werden kann, da eine Gerichtshoheit ohne Strafhoheit als nichtig zu betrachten ist, X 1.29.28 u. 29. Um so mehr aber ist die kaiserliche Autorität ohne Züchtigungsmittel nichtig. Züchtigung aber kann ohne Macht nicht geübt werden, also ist Macht bei dem Kaiser gefordert. Macht aber wird anscheinend durch Reichtum am besten gestützt, weil Macht ohne Freunde oder wenigstens Anhänger nicht Bestand haben kann. Freunde und Anhänger aber gewinnt man durch Reichtum, nach dem Zeugnis Salomons, Prov. 19, 4: *„Reichtum macht viel Freunde, aber der Arme wird auch von seinem Freunde verlassen, den er hat"*, und Prov. 19, 6–7 heißt es: *„Viele schmeicheln dem Vornehmen, und wer Geschenke gibt, hat alle zu Freunden. Den Armen hassen alle seine Brüder, wieviel mehr halten sich seine Freunde von ihm fern"*, und Eccles. 7,12 [11] kann man lesen: *„Nützlicher ist Weisheit, von Reichtum begleitet, denn wie Weisheit schirmt, so*

Trechsel, fol. 238vb / Goldast, S. 885

schirmt auch Reichtum." Und Eccles. 10, 19 sagt er: *„Dem Gelde gehorcht alles."* Also ist Reichtum für die kaiserliche Erhabenheit von höchstem Wert, um damit Freunde und Anhänger zu gewinnen. Freunde und Anhänger aber lassen sich durch Reichtum nur gewinnen und halten, wenn er freigiebig weitergegeben wird; nur dann gewinnt Reichtum wirklich neue Freunde. Und wenn er nicht in verschwenderischer Großzügigkeit aufgebraucht wird, verliert man Freunde schnell. Daher erscheint Freigiebigkeit, um Freunde und Anhänger zu gewinnen und zu halten, für die kaiserliche Majestät von Nutzen.

SCHÜLER: Ist nicht Tapferkeit dem Kaiser ebenso nötig? LEHRER: Tapferkeit als Seelenkraft muß der Kaiser in hervorragendem Maße haben; allein körperliche Kriegstauglichkeit aber, d. h. Körperkraft, ist für den Kaiser nicht in gleichem Maße nötig. Wenngleich es sehr passend ist, wenn ein Kaiser körperliche Kriegstauglichkeit und militärische Geschicklichkeit in hervorragendem Maße besitzt, so ist das doch nicht schlechthin notwendig, auch ist es anderen Anforderungen keineswegs vorzuziehen und weder Verständnis noch Gerechtigkeit noch anderen Tugenden voranzustellen, nach dem Zeugnis des Weisen, der Sap. 6, 1 sagt: *„Weisheit ist ⟨...⟩ besser als Stärke und ein kluger Mann gilt mehr als ein starker."* Und Eccles. 9, 16 sagt Salomon: *„Da sprach ich: Weisheit ist besser als Stärke."* Und später im gleichen Kapitel [9, 18] heißt es: *„Weisheit ist besser als Kriegswaffen."* Schließlich sagt er Prov. 16, 32: *„Ein geduldiger Weiser ist besser als ein Starker, und wer sich selbst beherrscht, besser als einer, der Städte gewinnt."*

XVII.: Papst und Römisches Reich*

III Dialogus II i, c. 18

SCHÜLER: Nachdem wir nun über das Problem disputiert haben, ob es der Welt frommt, einem Kaiser unterworfen zu sein, und in welchen Fähigkeiten ein Kaiser brillieren muß, wollen wir zum römischen Kaiserreich kommen. Zuerst fragen wir, von wem das Römische Reich ausgeht, von den Menschen oder von Gott.

LEHRER: Eine Meinung ist, daß das Reich von Gott errichtet wurde und nicht von Menschen. Eine zweite Meinung geht dahin, daß es zuerst von Gott eingerichtet wurde und doch auch durch Menschen, und zwar die Römer. Eine dritte Auffassung ist, daß das wahre Reich vom Papst kam. Diese Leute sagen nämlich: *„Nachdem sich Konstantin der Große zum ka-*

* Trechsel, fol. 239ra / Goldast, S. 886

tholischen Glauben bekehrt hatte, resignierte er jene un(an)geordnete Gewalt, die er zuvor, wie man anführt, in Gebrauch gehabt hatte, in Demut der Kirche, und zwar dem höchsten Bischof, und erhielt sie wiederum von Christi Stellvertreter und Nachfolger des heiligen Petrus als von Gott (an-)geordnete Gewalt des Kaiserreichs zurück, um sie künftig ‚zur Strafe der Bösen' [vgl. Rm. 13, 4] *und zum Lohne der Guten legitim zu gebrauchen, so daß der, der zuvor nur eine (von Gott) geduldete Gewalt gebraucht hatte, dann eine (von Gott) übertragene Gewalt übte. Demgemäß sagen sie, Konstantin habe, bevor er das Römische Reich vom Nachfolger des heiligen Petrus empfing, nicht das wahre Reich, sondern ein von Menschen usurpiertes, von Gott nur geduldetes, doch von ihm nicht übertragenes und ordentlich gegebenes ⟨Reich besessen⟩.*"[91]

SCHÜLER: Weil ich weiß, daß diese letzte Auffassung die Meinung eines der größten Prälaten in der Welt[92] war, will ich sie mit dir etwas eingehender disputieren und erörtern, indem Gründe für sie und gegen sie angeführt werden und auch Widerlegungen solcher Argumente, damit die Interessenten Gelegenheit erhalten, die katholische Wahrheit zu erkennen, die selbst sehr vielen derer, die als die gelehrtesten Fachleute gelten, anscheinend verborgen ist. Zuerst also versuche, die Gründe für diese Auffassung auszuführen.

LEHRER: Diese Auffassung, die sinngemäß öfters in den Glossen zu Dekret und Dekretalen angeführt und auch gebilligt wird, kann offenkundig mit sehr vielen Argumenten, die sich auf die Aussagen der größten Autoritäten stützen, bewiesen werden. So meint etwa die Glosse zu D. 96 c. 6 [s. v. *usurpavit*]: Das Römische Reich stammt von jemandem, der den Kaiser absetzen kann. Wie aber die genannte Glosse andeutet, „setzt" der Papst „den Kaiser ab, C. 15 q. 6 c. 3 und c. 5". Also ist das wahre Römische Reich vom Papst.

SCHÜLER: Dieses Zeugnis geht offenbar fehl, denn die angezogene Glosse führt die Kanones irrig an, die sie zitiert. Deshalb erkläre, wie darauf geantwortet wird. LEHRER: Man sagt, daß der erste Kanon nicht über den römischen Kaiser spricht, sondern über den Frankenkönig. Der Wortlaut dieses Kanons lautet: „*Ein anderer römischer Bischof, nämlich Zacharias, hat den König der Franken nicht so sehr wegen seiner Untaten, als deshalb, weil er solch großer Gewalt nicht gewachsen war, vom Königreich abgesetzt und Pippin, den Vater des Kaisers Karl, an seiner Stelle eingesetzt und hat alle Franken vom Treueid gelöst.*" In diesen Worten ist vom Kaiser mit keinem Wort die Rede. Also ist mit diesem Kanon nicht zu beweisen, daß das Römische Reich vom Papst herrührt, wenn er auch offensichtlich beweist, daß das fränkisch-französische Königreich vom Papst kommt.

Trechsel, fol. 238va / Goldast, S. 885

SCHÜLER: Wenn man zugibt, daß das fränkisch-französische Königreich vom Papst rührt, kann man offenbar auch schließen, daß das Römische Reich vom Papst rührt, denn es gibt kein Argument über das fränkisch-französische Königreich, das sicherer wäre als eines über das römische Königreich.

LEHRER: Diesem Einwand versuchen verschiedene auf verschiedene Weise zu antworten. Einige sagen, daß man das römische Kaiserreich und das fränkisch-französische Königreich nicht gleichsetzen darf; denn Frankreich kann, wie sie sagen, dem Papst mehr unterworfen sein als das Römische Reich, denn, so sagen sie, Frankreich war seit alters von Rechts wegen und auch tatsächlich dem Römischen Reich unterworfen und ist es heute noch von Rechts wegen, wie die Glosse zu X 4.17.13 bezeugt; dort nämlich, wo der Papst [Innozenz III.] sagt: *„Da ja der König Frankreichs einen Oberherrn in zeitlichen Dingen nicht anerkennt"*, steht [s. v. *minime recognoscat*]: *„de facto – de iure aber ist er dem Römischen Reich unterworfen".*[93] Und die Glosse sagt zu D.1 c.12 [s. v. *quod nulli*]: *„Der Kaiser ist der Fürst über die gesamte Welt* ⟨...⟩ *Dig.14.2.8. Wer also nicht unter dem Römischen Reich sein will, kann auch keine rechtmäßige Erbschaft machen"* – so steht es wörtlich da! Und die Glosse zu X 5.33.28 [s. v. *non utuntur*] sagt klipp und klar, daß *„die Gesetze der römischen Kaiser von Rechts wegen von allen zu beachten sind, wenn sie auch de facto nicht von allen beachtet werden."* Aus all dem und vielem anderen geht klar hervor, daß Frankreich von Rechts wegen dem Römischen Reich unterworfen ist. Darum kann der römische Kaiser, dem Frankreich unterworfen ist, dem Papst wie auch anderen die Kompetenz übertragen, den König Frankreichs wegen verschiedener Frevel absetzen, während er im gleichen Falle dem Papst nicht die Kompetenz übertragen könnte, den Kaiser abzusetzen. Darum kann zunächst kraft des Auftrags des Kaisers und der Römer Frankreich dem Papst stärker unterworfen sein als das Römische Reich. Und das wird dadurch bestätigt, daß der Kaiser der Römer dem Papst nicht mehr unterworfen ist als ein Fürst, der von Rechts wegen dem Kaiser unterstellt ist. Wenn also der König Frankreichs von Rechts wegen dem Kaiser unterworfen ist, ist der Kaiser dem Papst nicht stärker unterworfen als der König Frankreichs.

Auf andere Weise sagen andere: Der Papst kann aufgrund seiner päpstlichen Vollmachten weder den Kaiser noch den König Frankreichs absetzen, es sei denn wegen Ketzerei. Doch könnte der Papst in Vollmacht der Römer den Kaiser wegen einiger weiterer Gründe absetzen, und in Vollmacht der Franzosen könnte er ⟨wegen⟩ einiger weiterer Gründe den König der Franzosen absetzen. Das scheint die Glosse zu dem angeführten Kanon zu

Trechsel, fol. 239ra / Goldast, S. 886

meinen, die zum Wort „*deposuit*" sagt: „*Es heißt, daß er abgesetzt hat, weil er denen seine Zustimmung gab, die die Absetzung vollzogen*", indem er von ihnen, so ist gemeint, die Kompetenz zur Absetzung erhielt. Demnach hat er gewissermaßen in einem Zuge zusammen mit ihnen die Absetzung vollzogen.

Auf andere Weise heißt es, Papst Zacharias habe, als er den König der Franken absetzte, *seine Sichel an eine fremde Ernte gesetzt*[94] und sich eine Kompetenz angemaßt, die ihm von Amts wegen nicht zustand, so wie das bekanntlich auch andere höchste Bischöfe zum Präjudiz von Laien tun, nach dem Zeugnis der Glosse, die zu X 2.2.5. [s. v. *de consuetudine*] sagt: „*Der Papst gewährt, ob nun die Laien* (beim Halten des Gerichts über Kleriker) *nachlässig sind oder nicht, alltäglich seine Gnadenbriefe an Kleriker gegen Laien in ganz beliebigen Rechtshändeln, und so maßt er sich die Gerichtshoheit anderer an entgegen dem, was er selbst am Anfang von X 2.1.13 sagt*", wo er folgendes ausführt: „*Niemand soll glauben, daß wir die Gerichtshoheit des Königs der Franzosen im geringsten stören wollen, weil er ja selber unsere Gerichtshoheit nicht behindern kann oder darf.*"

SCHÜLER: Nun hast du die Argumente einiger ⟨Leute⟩ genannt, weshalb die Glosse sich zu Unrecht auf den Canon „*Alius*" (C. 15. q. 6 c. 3) bezieht. Sage jetzt, weshalb die Glosse zu Unrecht den Canon „*Iuratos*" (C. 15 q. 6 c. 5) anführt. LEHRER: Einige meinen das, weil jener Kanon des Kaisers keine Erwähnung tut; vielmehr spricht er von einem Ritter namens Hugo, dem einige andere Ritter einen Eid geleistet hatten; der Papst hat dort den besagten Hugo von seiner Würde und seinem Amt auch nicht abgesetzt, sondern hat nur befohlen, man solle den Rittern gebieten, daß sie dem besagten Hugo nicht dienen sollten; das aber heißt nicht, daß er den Hugo abgesetzt hat. Wenn nämlich ein Herrschaftsinhaber exkommuniziert ist, dürfen ihm seine Vasallen keinen Gehorsam leisten oder Umgang mit ihm haben, und dennoch wird dieser Herrschaftsträger wegen seiner Exkommunikation nicht von seiner Herrschaft abgesetzt, noch wird auch die Verpflichtung aufgehoben, mit der ihm sein Vasall verpflichtet ist, wie die Glosse bezeugt, die zu C. 11 q. 3 c. 94 [s. v. *obediebant*] sagt: „*Es ist wahr, daß die Exkommunikation die Verpflichtung des Vasallen auf seinen Herrn nicht aufhebt, sondern nur die Wirkung der Verpflichtung. Daher sind sie, wenn der Herr die Absolution erhalten hat, ihm erneut zu Gehorsam verpflichtet.*" Wegen dieser genannten Gründe und vieler anderer glauben einige Leute, daß sich durch diesen Kanon nicht beweisen läßt, daß der Papst den Kaiser absetzen kann.

Sodann steht es, wie sie meinen, dem Papst von Rechts wegen nicht zu, den Kaiser abzusetzen, da er über den Kaiser und das Römische Reich keine höhere Gewalt hat als über die anderen Könige und Königreiche. Hätte er nämlich über den Kaiser eine höhere Gewalt als über die anderen Könige, so hätte er solche Gewalt entweder aus göttlichem oder aus menschlichem Recht. Er hat sie nicht aus göttlichem Recht, denn in der ganzen Heiligen Schrift ist nichts zu lesen, daß dem Papst irgendwelche Gewalt über den römischen Kaiser übertragen wurde, die ihm nicht über andere Könige gegeben wäre. Auch hat er solche Gewalt nicht aus menschlichem Recht, denn offensichtlich hat ihm niemand solche Gewalt gegeben oder geben können. Denn wenn jemand ihm eine solche gab oder geben konnte, dann war das ein Kaiser oder ein Mann unter dem Kaiser. Der Kaiser war es nicht, konnte er doch solche Gewalt über den Kaiser – und nicht über die anderen Könige – nicht übertragen, weil der Kaiser einen Kaiser nicht mehr als andere Könige dem Papst unterwerfen konnte, und zwar erstens deshalb, weil er das Kaiserreich nicht durch einen Kaiser hat, und zweitens deshalb, weil der Kaiser, wenn er dem Papst solche Gewalt über den Kaiser gab, dem Papst (zuvor) nicht untergeben war, der nachfolgende Kaiser aber wäre dem Papst untergeben. Damit aber wäre der nachfolgende Kaiser nicht der wahre Nachfolger; denn wenn der Nachfolger stärker unterworfen ist als der Vorgänger, ist das keine wahre Nachfolge im Recht eines anderen. Somit wäre der nachfolgende Kaiser nicht ein wahrer Kaiser und folglich wäre der Kaiser, der das Römische Reich dergestalt dem Papst unterstellte, ein Zerstörer des Reichs, soweit es auf ihn ankommt, und hätte folglich auch nichts (rechtmäßig) zustande gebracht, denn kein Kaiser vermag das Reich zu zerstören. Was immer er zur Zerstörung des Reiches unternähme, wäre von Rechts wegen nichtig und auch durch seinen Nachfolger von Rechts wegen und auch faktisch zu widerrufen. Auch konnte niemand, der unter dem Papst steht, dem Papst solche Gewalt über den Kaiser geben, da ja der Kaiser selbst sie nicht geben konnte. Und deswegen glauben einige, daß diese Argumentation ungültig ist und nicht beweisen kann, daß das wahre Römische Reich vom Papste ist.

XVIII.: Translatio Regnorum*

III Dialogus II i, cc. 20–23

c. 20

SCHÜLER: Ein anderes Zeugnis für die genannte Meinung solltest du noch bringen. LEHRER: Ein weiteres Argument deutet die Glosse zu D. 10 c. 8 [s. v. *discrevit*] an, aus der sich folgende Begründung ableiten läßt: Das

---
* Trechsel, fol. 240ra / Goldast, S. 888

römische Kaiserreich rührt von jenem her, der es von einem Haus oder Volk auf ein anderes überträgt und übertragen kann. Der Papst nun hat das Kaiserreich von den Griechen auf die Germanen[95] übertragen (X 1.6.34), also rührt das römische Kaiserreich vom Papst her. SCHÜLER: Diese Argumentation wirkt unwiderleglich, aber dennoch möchte ich gerne wissen, ob man sich darum bemüht, sie zurückzuweisen. LEHRER: Nach der Auffassung einiger folgt aus einem bestimmten Verständnis dieser Begründung, wie viele sie verstehen wollen, eine ganz offenkundige Absurdität, nämlich daß der Papst alle Königreiche, die der Christen und die der anderen (Sterblichen), von einem Haus auf ein anderes und von einem Volk auf ein anderes übertragen kann. Und derart kann er das Königreich Frankreich auf die Engländer übertragen oder auf die Deutschen, Spanier oder irgendwelche anderen (Völker), wie er ja das römische Kaiserreich von den Griechen auf die Germanen übertragen hat. Und daß diese absurde Konsequenz entstünde, beweisen sie auf einer Grundlage, die viele zu mancherlei Beweisführungen in dieser Frage benutzen: und diese Grundlage ist oben schon berührt worden; sie besagt, daß Christus dem heiligen Petrus nur jene geistliche Gewalt über das römische Kaiserreich gegeben hat, die er ihm auch über das Königreich Frankreich und alle anderen Königreiche gab.

Das wollen sie mit zwei Argumenten beweisen: Erstens kann als Beweis gelten: Überall in der Heiligen Schrift, wo die Gewalt erwähnt wird, die Christus dem Papst übertragen hat, wird des Römischen Reiches keinerlei besondere Erwähnung getan. Auch wird kein Königreich von jener Gewalt ausdrücklich ausgenommen. Wenn etwa Christus zu Petrus sagt: *„Was du auf Erden lösen wirst"* (usw. Mt. 16,18f.) und wiederum: *„Weide meine Schafe"* (Ioh. 21,17), ist das Königreich Frankreich oder irgendein anderes Reich aus dieser Gewalt nicht in höherem Grade ausgenommen als das Römische Reich. Und dasselbe ⟨gilt⟩ in allen jenen Schriftzeugnissen, mit denen die besondere Gewalt des Papstes bewiesen wird. Wenn es nämlich Gen. 1,16 heißt *„Und Gott machte zwei große Lichter"* (usw.) – und damit ist die Königsherrschaft und das priesterliche Amt gemeint – und wenn es Ier. 1,10 heißt: *„Siehe, ich habe dich heute gesetzt über Völker und Königreiche"*, und wenn es Lc. 22,38 heißt: *„Herr, siehe, hier sind zwei Schwerter"*, und in den (anderen) ähnlichen Schriftstellen, nirgends wird des Königreichs Frankreich oder eines anderen Reiches besondere Erwähnung getan, als sei es in besonderem Maße ausgenommen, mehr als das Römische Reich, von jeglicher Kompetenz, welche der Papst empfangen hat, die er über Frankreich und die anderen Reiche nicht erhalten hätte.[96] Wenn daher der Papst kraft der dem Petrus von Christus gegebenen Gewalt das

Römische Reich von einem Volk auf ein anderes Volk übertragen kann, könnte er kraft der nämlichen Gewalt auch das Königreich Frankreich von einem Volk auf ein anderes übertragen. Zweitens führen sie folgenden Beweis: Dem heiligen Petrus wurde über das Römische Reich keine größere Gewalt gegeben als über einzelne Teile des Römischen Reichs oder über Königreiche, die damals dem Römischen Reich unterworfen waren. Als aber Christus dem heiligen Petrus die päpstliche Gewalt gab, war das Königreich Frankreich wie andere Königreiche Teil des Römischen Reichs und dem römischen Kaiserreich unterworfen. Der heilige Petrus hat also von Christus über das römische Reich keine größere Gewalt erhalten als über das Königreich Frankreich. SCHÜLER: Vielleicht würden einige einwenden, daß die Herrschaft über das Königreich Frankreich (damals) dem römischen Kaiserreich unterworfen war und daß der Papst alle Gewalt, die er über das Römische Reich hatte, auch über das Königreich Frankreich besaß. Aber jetzt hat er sie nicht (mehr), weil das Königreich Frankreich dem Römischen Reich nicht (mehr) unterworfen ist. LEHRER: Dieser Einwand erscheint vielen absurd. Denn einmal dürfte der Papst durch einen Aufruhr des Königreichs Frankreich oder durch dessen Exemption keinesfalls irgendeiner Gewalt beraubt werden. Außerdem kann auch die Gewalt, die der Papst kraft der Anordnung Christi hat, nicht geändert oder von ihm fortgenommen werden durch jemanden, der unter Christus steht. Schließlich hätte auch ein Papst, der nach dem Aufruhr oder der Exemption des Königreichs Frankreich sein Amt führt, nicht die gleiche Gewalt wie ein Papst, der sein Vorgänger war, und somit wäre er nicht sein wahrhaftiger Nachfolger.

SCHÜLER: Du hast berichtet, wie Einwände erhoben werden. Erzähle nun, wie auf diese Einwände geantwortet wird! LEHRER: Die Antwort ist: Kraft der Kompetenz und Vollmacht, kraft derer Papst Zacharias den König des Frankenreiches absetzte und Pippin eingesetzt hat, wie oben angeführt, kraft derselben oder doch der gleichen Kompetenz und Vollmacht übertrug er auch das römische Kaisertum von den Griechen auf die Germanen. Den König des Frankenreiches hat er nicht kraft einer Vollmacht oder Kompetenz abgesetzt, die ihm von Christus gegeben war, sondern das tat er aufgrund der Ermächtigung durch die Franken, die ihm für dieses eine Mal solche Vollmacht und Kompetenz gegeben haben. Oder, wie es in der Glosse zu C. 15 q. 6 c. 3 [s. v. *deposuit*] heißt, *„man sagt, er habe ihn abgesetzt, weil er denen seine Zustimmung gab, die die Absetzung vornahmen"*. Somit hat der Papst nicht kraft der Vollmacht oder Gewalt, die ihm von Christus gegeben wurde, sondern kraft der Vollmacht durch die Römer, die an ihn als einem besonders hervorragenden Mann unter den

Trechsel, fol. 240rb / Goldast, S. 888

Römern solche Gewalt gegeben hatten, für dieses eine Mal das römische Kaiserreich von den Griechen auf die Germanen übertragen. Oder man kann auch sagen, daß er *denen seine Zustimmung gab, die die Absetzung vornahmen.*

SCHÜLER: Diese Antwort stützt sich, wie es scheint, auf jene Meinung, die annimmt, daß der Papst von Christus unmittelbar wahrhaftig Amtsgewalt hat, nämlich die Amtsgewalt in geistlichen Dingen und das Recht, weltliche Dinge einzufordern, die ihm selbst zum Unterhalt und zur Amtsübung nötig sind. Einige (weitere) Vollmacht hat er von allgemeinen Konzilien, (und damit) von der Gesamtheit der Gläubigen zumindest durch stillschweigende Zustimmung, und von verschiedenen Völkern, auch von Kaisern und Fürsten, oder dergleichen. Über diese Auffassung kannst du ausführlicher im Traktat über die Kompetenz des Papstes und der Amtskirche [= III Dialogus I] gehandelt finden; darum will ich für jetzt die meisten Einwände gegen jene Antwort hier nicht behandeln und nur einen einzigen anführen, nämlich folgenden: Wenn irgend etwas nach der Redensart „durch den Apostolischen Stuhl" geschieht, so meint man doch damit nicht, es geschehe kraft einer Kompetenz, die allein der Person des Papstes eingeräumt wäre, sondern daß es kraft der Vollmacht des Amtes geschieht, das ihm von Christus eingeräumt und aufgetragen ist. Jene Dekretale *Venerabilem* [X 1.6.34] aber sagt, „*der Apostolische Stuhl*" habe „*das Kaiserreich von den Griechen auf die Germanen übertragen*", und zwar führt diese Dekretale wörtlich aus: „*Daher erkennen wir, wie es sich gehört, jenen Fürsten, denen dies nach Recht und alter Gewohnheit zusteht, das Recht und die Vollmacht zu, den König zu wählen, der später zum Kaiser zu erheben ist, zumal ja auf sie solches Recht und solche Kompetenz vom Apostolischen Stuhl übertragen wurden, der das römische Kaisertum in der Person des großen Karl von den Griechen auf die Germanen übertragen hat.*" Demnach hat der Papst in der Vollmacht seines ihm von Christus übertragenen Amtes das römische Kaisertum übertragen.

LEHRER: Auf diesen Einwand wird geantwortet, daß unter dem Apostolischen Stuhl häufig der Papst verstanden wird, und oft sagt man, was der Papst als Papst tue, geschehe durch den Apostolischen Stuhl. Weil nun der Papst, nachdem er die Kompetenz dazu von den Römern erhalten hatte, das Kaisertum übertragen hat, heißt es deshalb ⟨in der Dekretale⟩, der Apostolische Stuhl habe das Kaisertum übertragen.

c. 21

SCHÜLER: Verfolgen wir noch etwas weiter andere Zeugnisse zugunsten der besagten Auffassung. LEHRER: Für dieselbe Auffassung wird auch ein

Trechsel, fol. 240vb / Goldast, S. „891"

Zitat von Augustinus [de Ancona⁹⁷] angeführt, folgendermaßen: Der Kaiser hat das römische Kaisertum von dem, von dem er, wenn er einmal gewählt ist, geprüft, bekräftigt, gesalbt, geweiht und gekrönt wird und dem er einen Eid zu leisten hat. Aber der römische Kaiser wird, nachdem er gewählt ist, vom Papst geprüft, bekräftigt, gesalbt, geweiht und gekrönt, und der Kaiser schwört ihm einen Eid (X 1.6.34 und D.63 c.33)⁹⁸, demnach hat der Kaiser sein Kaisertum vom Papst. SCHÜLER: Dieses Argument schließt offenkundig mehrere Teilschritte ein. Sage also, ob gemäß einer bestimmten Auffassung dadurch, daß ein zum Kaiser Gewählter vom Papst geprüft wird, auch bewiesen werden kann, daß der Kaiser sein Kaisertum vom Papst erhalten hat. LEHRER: Einige sagen: Nein. Denn auch Gesandte müssen von denen geprüft werden, zu denen sie gesandt sind, D. 97 c. 3, wo es in der Glosse [s. v. *signatis*] heißt: „*Gesandte werden nicht ohne Gefahr empfangen, daher muß über sie eine ganz strenge Prüfung erfolgen.*" Dennoch aber ist das Amt der Gesandtschaft nicht von diesen. Also läßt sich durch die Prüfung nicht beweisen, daß der Geprüfte sein Amt von dem hat, der ihn prüft. Außerdem ist es ja doch erlaubt, päpstliche Schreiben zu prüfen, X 5.20.7; gleichwohl haben derartige Prüfer nicht irgendeine Kompetenz über diese Schreiben, die sie prüfen. Demnach läßt sich daraus, daß der zum Kaiser Gewählte vom Papst geprüft wird, nicht folgern, daß der Kaiser sein Kaisertum vom Papst hat. Also wird der zum Kaiser Gewählte vom Papst geprüft, nicht damit der Papst ihm das Kaisertum übertrage, sondern damit nicht der Papst und die anderen Menschen jemanden für einen Kaiser halten, der nicht rechtmäßig gewählt ist und der folglich nicht wahrer Kaiser ist, so wie ja auch diejenigen, die von päpstlichen Schreiben Gebrauch machen wollen, sie prüfen, damit sie nicht gefälschte Schreiben als echte akzeptieren.

SCHÜLER: Ich sehe, warum es heißt, daß durch die Prüfung sich nicht beweisen läßt, daß das Kaisertum vom Papste sei. Berichte jetzt, was über die Bekräftigung gesagt wird. LEHRER: Es wird gesagt, daß man in keinem authentischen alten Text finden kann, daß der Kaiser vom Papst bekräftigt wurde. Darum geschieht ja in der Dekretale *Venerabilem* [X 1.6.34], deren Wortlaut noch am ehesten danach klingt, daß das Kaisertum vom Papste sei, auch einer Bekräftigung keinerlei Erwähnung. Deshalb heißt es, daß der Kaiser in alten Zeiten nicht vom Papst bekräftigt wurde. Wenn aber jemand später vom Papst bekräftigt wurde, so ging das aus der Einfalt oder der Demut des Kaisers hervor, konnte jedoch dem Kaiser kein Gesetz auferlegen.

SCHÜLER: Läßt sich nicht durch Salbung, Weihe und Krönung zeigen, daß das Kaisertum vom Papst ist? LEHRER: Es heißt dazu: Nein. Denn

Trechsel, fol. 240ᵛᵇ / Goldast, S. „891"

auch andere Könige werden gesalbt, geweiht und gekrönt von Erzbischöfen und Bischöfen ihrer Königreiche und haben gleichwohl von diesen nicht ihre Reiche.

SCHÜLER: Läßt sich nicht durch den (Krönungs-)Eid zeigen, daß das Kaisertum vom Papst ist? LEHRER: Dazu sagen sie: Nein. Denn es läßt sich nicht beweisen, daß irgendein Kaiser dem Papst einen anderen Eid geleistet hat als jenen, den Kaiser Otto I. dem (Papst) Johannes XII. leistete. Dieser Eid Ottos war aber kein Treueid oder Unterwerfungseid, wie ihn ein Vasall seinem Herrn für das Lehen leistet, das er von ihm erhält. Zum Beweis dafür sind nur der Eid des besagten Kaisers Otto im Wortlaut und ein Eid, wie ihn ein Vasall seinem Herrn leistet, anzuführen. Den Eid Ottos findet man D. 63 c. 33, er lautet: *„Dir, dem Herrn Johannes, verspreche ich, Otto, und leiste diesen Eid bei Vater, Sohn und Heiligem Geist, bei diesem Holz des lebendigmachenden Kreuzes und bei diesen Reliquien der Heiligen, daß ich, wenn ich mit Gottes Hilfe nach Rom komme, die Heilige Römische Kirche und dich, ihren Leiter, nach meinem Vermögen erhöhen will, und daß du das Leben, die Glieder und die Ehrenrechte, die du innehast, nicht mit meinem Willen oder Rat oder Zustimmung oder auf meine Aufforderung hin verlieren sollst. Auch werde ich in der Stadt Rom kein Gericht halten oder eine Anordnung erlassen, die dich oder die Römer betrifft, ohne deinen Rat. Und was immer vom Land des heiligen Petrus in unsere Gewalt gelangt ist, will ich dir zurückgeben. Und wem immer ich das Königreich Italien zuwenden werde, den werde ich schwören lassen, daß er dich unterstütze bei der Verteidigung des Landes des heiligen Petrus nach seinem und meinem Vermögen."* Das Formular, nach dem ein Vasall seinem Herren schwört, lautet, wie man beim Hostiensis lesen kann, folgendermaßen[99]: *„Ich, Titius, schwöre bei den heiligen Evangelien Gottes, daß ich von dieser Stunde an in Zukunft bis zu dem letzten meiner Tage dir treu sein will, wie es ein Vasall seinem Herrn sein soll. Auch werde ich das, was du mir unter dem Hinweis auf den Treueid aufträgst, nicht einem anderen wissentlich zu deinem Schaden offenbaren."* Ein anderes Formular zitiert derselbe Hostiensis, es lautet: *„Ich, Titius, schwöre bei den heiligen Evangelien Gottes, daß ich von dieser Stunde an künftig bis zum letzten Tag meines Lebens dir, Gaius, meinem Herrn treu sein will gegen jedermann."*[100] Einige glauben nun angesichts dieser Eidesformulare, daß der Eid Kaiser Ottos kein Treueid war, einmal weil in jenem Eid von der Treue keinerlei Erwähnung geschieht, sodann aus folgendem Grund: selbst wenn vielleicht durch einige Worte dieses Eides eine gewisse Treue gemeint sein sollte, selbst dann ist durch kein einziges Wort in diesem Eid jene Treue gemeint, die ein Vasall seinem Herrn hält; denn nicht jede Treue ist eine Treue, die ein Vasall seinem Herrn schuldet. Manchmal nämlich muß jemand sogar seinem Feind Treue halten, denn (nach C. 23 q. 1 c. 3) ist dem Feinde ein gegebenes Wort treu zu halten. Dennoch ist keineswegs dem Feinde jene Treue zu halten, die ein Vasall seinem Herrn schuldet.

SCHÜLER: Aber anscheinend war der Eid Ottos doch ein Treueid, und zwar deswegen, weil er ihm geschworen hat, daß jener niemals sein Leben oder seine Glieder oder seine Stellung verlieren würde mit seinem Willen, Rat oder Geheiß. Das aber gehört zu einem Treueid, wie man C. 22 q. 5 c. 18 lesen kann: *„Wer seinem Herrn Treue schwört, halte sich folgende sechs Punkte stets in seinem Gedächtnis: ‚Unversehrt, sicher, ehrbar, nutzbringend, möglich, machbar.' Unversehrt, d. h., daß er seinem Herrn nicht an seinem Leibe Schaden zufügt."*[101] Aus diesen Worten läßt sich entnehmen: wer jemandem schwört, ihm keinen Schaden zuzufügen, der schwört ihm einen Treueid. Das aber war im genannten Eid Ottos enthalten. Also schwor er dem Papst einen Treueid.

LEHRER: Dazu sagt man, daß nicht jeder, der einem anderen eidlich zusichert, ihm an seinem Leib keinen Schaden zu tun, diesem auch einen Treueid leistet, wie ihn ein Vasall seinem Herrn schwört. So liest man etwa in I. Sam. 30, 11–16, wie David dem ägyptischen Knaben einen Eid leistete, der ihn zu den Amalekitern führen sollte, die Ziklag verheert hatten, daß er ihn nicht in die Hand seines Herren übergeben würde. Und dennoch hat David jenem Knaben keinen Treueid geleistet, wie ihn ein Vasall seinem Herren schuldet. Folglich hat auch Otto damit, daß er dem Papst geschworen hat, mit seinem Willen oder Rat sein Leben oder seine körperliche Unversehrtheit nicht zu gefährden, ihm keinen Treueid geleistet. Ja, hätte er ihm selbst geschworen, daß er ihm niemals irgend etwas Übles zufügen wolle, so ließe sich daraus doch keineswegs folgern, daß er ihm einen Treueid geschworen hat, wie ihn ein Vasall seinem Herren schuldet, auch wenn er ihm damit eidlich zugesichert hätte, daß er ihn nicht schädigen wollte. Auch Abimelech hat ähnliches dem Isaak geschworen, wie man Gen. 26, 26–29 lesen kann. *„Und Abimelech ging zu ihm von Gerar mit Ahusath, seinem Freund, und Pichol, seinem Feldhauptmann. Aber Isaak sprach zu ihnen: ‚Warum kommt ihr zu mir? Hasset ihr mich doch und habt mich von euch getrieben.' Sie sprachen: ‚Wir sehen mit sehenden Augen, daß der Herr mit dir ist. Darum sprechen wir jetzt: es soll ein Eid zwischen uns sein, und wir wollen einen Bund beschwören, daß du uns keinen Schaden tust.'"* Und etwas später heißt es (Gen. 26, 31): *„Und früh am Morgen standen sie auf, und einer schwor dem anderen."* Daraus ergibt sich, daß Isaak jemandem, dessen Vasall er nicht war, einen Eid leistete, ihm nicht schaden zu wollen, und umgekehrt. Folglich gilt: Hätte Otto auch

Trechsel, fol. 241ra / Goldast, S. 890

dem Papst geschworen, daß er ihm nicht zum Schaden sein wolle an seinem Leibe, weder insgeheim noch öffentlich, sei es an seinen Befestigungsanlagen, an seinen Herrschaftsrechten oder an seinen Besitzungen oder an irgend etwas, was ihm gehörte, so ließe sich daraus doch nicht folgern, daß er ihm einen Treueid geleistet hat, wie ihn ein Vasall seinem Herrn schuldet, zumal auch im Wortlaut nicht enthalten ist, daß er ihm bis ans Ende seiner Tage treu sein wolle gegen jedermann wie ein Vasall seinem Herrn. SCHÜLER[102]: Doch konnte, wie es den Anschein hat, Kaiser Otto I. dem Papst Treue und Unterwerfung schwören, auch wenn er ihm keinen Treueid leistete, wie ihn ein Vasall seinem Herrn schuldet. X 2.24.4 [Glossa, *Casus*] heißt es: *"Bischöfe aber schwören jenen (Treu-)Eid dem Herrn Papst."* Und gleichwohl schwören sie ihm nicht jene Treue, welche ein Vasall seinem Herrn schuldet, sind doch Bischöfe nicht Vasallen des Papstes, noch ist der Papst ihr Herr, nach jenem Wort des heiligen Petrus [I. Petr. 5,3]: *"Nicht als die, die über den Klerus herrschen."*
LEHRER: Die Antwort ist: Hier ist die Rede von dem Eid, der vom Kaiser aufgrund des römischen Kaisertums geleistet wird, das, wie man sagt, vom Papste herrührt, heißt es doch, daß niemand wahrhaft römischer Kaiser ist, er empfange denn das römische Kaisertum vom Papst. Daraus ist zu folgern, daß der Kaiser vom Papst (sein Amt) zu Lehen nehmen muß, und folglich ist der Kaiser ein Vasall des Papstes. Daraus folgt, daß er, wenn er dem Papst für das römische Kaisertum einen Eid leisten muß, er ihm einen Treueid schwören muß, welchen ein Vasall seinem Herrn schuldet.
SCHÜLER: Anscheinend hat Otto I. dem Papst Johannes XII. einen Treueid geschworen, wie ihn ein Vasall seinem Herrn schuldet, nennt er ihn doch seinen Herrn, weil er ja sagt: *"Dir, dem Herrn Papst Johannes..."* LEHRER: Die Antwort ist: so, wie dort Otto den Papst seinen Herrn nennt, so nennt auch der Papst den Kaiser seinen Herrn, nämlich in C. 11 q. 1 c. 41. Demnach darf aus solchem Sprachgebrauch nicht gefolgert werden, daß der Kaiser ein Vasall des Papstes ist. Also liegt der Grund dafür, daß Otto den Papst seinen Herrn nennt, nicht darin, daß der Papst sein weltlicher Herr wäre, sondern das geschieht wegen des Vorrechts von dessen Amt und Würde. Wie ja oft weltliche Herren sogar Bettelmönche „Herren" nennen wegen ihres Vorrechts von Heiligkeit und frommem Leben, nicht weil sie sich als deren Vasallen betrachteten. Und dieser Sprachgebrauch findet sich auch oft in der Heiligen Schrift.
SCHÜLER: War Otto nicht dazu verpflichet, auch ohne besondere Aufforderung dem Herrn Papst einen Eid zu leisten? LEHRER: Darauf ist die Antwort, daß Otto aus eigener freier Willensentscheidung dem Papst Johannes seinen Eid leistete, zu solchem Eid aber nicht gezwungen werden konnte.

Das kann mit folgendem Argument bewiesen werden. Aus Christi Anordnung ist ein Kaiser dem Papst nicht stärker für das Römische Reich verpflichtet, als es der König Frankreichs und alle anderen Könige für ihre Königreiche sind. Der König Frankreichs und viele andere Könige sind aber nicht verpflichtet, dem Papst einen Eid zu leisten, es sei denn, sie wollten es selbst. Folglich gilt das auch für den Kaiser. Und daraus läßt sich folgern, daß der Kaiser sein Kaisertum nicht vom Papst hat und auch nicht dessen Vasall ist, denn ein Vasall muß seinem Herrn einen Eid leisten, zumal wenn er dazu aufgefordert wird.

c. 22

SCHÜLER: Gehe kurz auf einige andere Gründe zugunsten dieser oft genannten Auffassung ein! LEHRER: Eine andere Begründung dafür ist: Der Papst tritt bei einem Versagen des Kaisertums, während das Kaisertum vakant ist, für es ein, X 2.2.10; also hängt das Kaisertum vom Papst ab. SCHÜLER: Sage knapp, wie auf diese Argumentation geantwortet wird. LEHRER: Es heißt, wie der Papst aus der Vollmacht, die ihm von Christus gegeben ist, sich nicht in weltliche Geschäfte einmischt, wenn viele andere Königreiche vakant sind und wenn er nicht zum Vormund anderer Königreiche oder ihrer unmündigen Erbprinzen gesetzt ist, so mischt sich der Papst aufgrund der ihm von Christus übertragenen Vollmacht auch nicht in das Kaisertum bei dessen Vakanz; daß er sich aber einmischt, das geschieht, wenn er es mit Recht tut, aufgrund der Ermächtigung durch die Römer oder durch die Kurfürsten, denen es bei einem Versagen des Kaisertums in besonderem Maße zusteht, in dessen Rechte einzutreten, weil diese ja ihre Befugnis auf den Papst übertragen könnten.

SCHÜLER: Führe eine andere Begründung an! LEHRER: Ein anderer Grund ist: Der Papst hat beide Schwerter, das materielle und das geistliche. Also ist das Kaisertum von ihm. SCHÜLER: Sage, wie man darauf antwortet! LEHRER: Man sagt, daß der Papst keineswegs beide Schwerter hat, nach dem Zeugnis Papst Nikolaus' [I.], der (wie man C. 33 q. 2 c. 6 lesen kann) sagt, wo er über die Kirche spricht: *"Sie hat nur das geistliche Schwert, (denn) sie tötet nicht, sondern macht lebendig."* SCHÜLER: Die Glosse erwidert ebenda [s. v. *gladium*], daß die Kirche freilich nur das geistliche Schwert habe *"hinsichtlich des Gebrauchs".* Sie hat aber auch das materielle Schwert, gleichsam in der Scheide geborgen, dessen Gebrauch sie dem Kaiser anvertraut: *"Im Schoß der gläubigen Kirche sind beide Schwerter geborgen. Daher hat, wer nicht dortselbst ist, keines von ihnen. Und das läßt sich durch jenes Schriftwort beweisen, daß der Herr dem Petrus nicht sagt: ‚Wirf das Schwert fort!', sondern: ‚Stecke das Schwert in die*

Trechsel, fol. 241va / Goldast, S. 891

Scheide!', *damit Petrus nicht durch eigene Hand, sondern durch den Kaiser ⟨anderen⟩ die Kompetenz des Schwertes mitteile. Auch ist die Kompetenz des materiellen Schwertes bei der Kirche nur implizit, sie wird aber durch den Kaiser, der sie empfängt, dann explizit gemacht. Zum Zeichen dessen übergibt der höchste Bischof, wenn er den Kaiser krönt, ihm ein Schwert, das in der Scheide steckt, und der Kaiser nimmt es und zieht es sofort und macht damit einen Streich und deutet damit an, daß er die Befugnis erhalten hat, es zu gebrauchen."*[103]

LEHRER: Diese Argumentation wird von einigen, die sie für ketzerisch halten, mit vielen Gründen widerlegt. SCHÜLER: Weil jene Meinung, die wir gerade verhandeln, für ketzerisch gilt, so erzähle in Kürze, wie man diese Begründung widerlegt! LEHRER: Zuerst widerlegt man sie folgendermaßen: Der König von Frankreich und sehr viele andere Könige empfangen die Befugnis, das Schwert zu gebrauchen, nicht vom Papst. Wenn sie ihre Regierung antreten, bitten sie ihn um gar nichts, nicht um die Krönung und nicht darum, ihnen irgendeine andere Befugnis zu übertragen. Also erhält auch der Kaiser seine Befugnis, das Schwert zu brauchen, nicht vom Papst.

Zweitens: Auch außerhalb der Kirche gibt es die Befugnis zum Schwertgebrauch. Sonst könnte kein Heide in Wahrheit Herrscher sein.

Drittens: Mag auch Christus Petrus gesagt haben: „Stecke dein Schwert in die Scheide!", wurde Petrus doch erst nach der Auferstehung mit dem Hirtenamt betraut, wenn er auch schon zuvor Apostel war, D. 50 c. 53 und c. 54; folglich kann durch diese Worte nicht bewiesen werden, daß die Befugnis, das Schwert zu gebrauchen, dem Papst durch Christus übertragen wurde.

Viertens: Andere Könige erhalten ihre Krone von Bischöfen und Erzbischöfen ihres Reiches, und dadurch wird ihre Macht und weltliche Gewalt angezeigt. Und dennoch haben sie ihre Herrschaft nicht von diesen Bischöfen und Erzbischöfen ihres Reiches, benützen sie doch alle Schwertgewalt und weltliche Herrschaftsrechte auch schon vor ihrer Krönung, welche sie nach ihrer Krönung besitzen. Doch erhalten sie bei der Krönung viel mehr, als diejenigen Kleriker bekommen, die nach bestätigter Wahl (zum Bischof) geweiht werden. Und dennoch haben sie schon vor der Krönung alles erhalten, was zur Regierung gehört, X 1.7.1.

Fünftens: Derjenige, der zum Kaiser gewählt ist, wird zuerst zum König gekrönt, bevor er vom Papst zum Kaiser gekrönt wird. Jeder König aber hat die Gewalt des materiellen Schwertes. Also hat ein Kaiser, bevor er vom Papst das in der Scheide steckende Schwert überreicht bekommt, bereits das materielle Schwert auch hinsichtlich seines Gebrauchs.

Trechsel, fol. 241vb / Goldast, S. 891

c. 23

SCHÜLER: Diese Begründung kann man mit Wahrscheinlichkeit zurückweisen, aber wir werden später noch auf sie zurückkommen. Deshalb behandle nun eine andere Begründung, die zu derselben Schlußfolgerung führt. LEHRER: Eine andere Begründung ist folgende: Von dem rührt die Gewalt des römischen Kaisertums, der von Christus die Gewalt erhalten hat, alles zu binden und zu lösen. Christus aber gab diese Gewalt dem heiligen Petrus, als er ihm, wie es Mt. 16,18 heißt, sagte: *„Du bist Petrus und auf diesem Felsen"* (usw. bis zu der Textstelle:) *„wird auch im Himmel gelöst sein"*. Demzufolge konnte Petrus alles, und folglich konnte er das Kaisertum dem Kaiser übertragen. SCHÜLER: Wenngleich wir über die Grundlagen dieser Argumentation vieles in dem Traktat über die Gewalt des Papstes und des Klerus finden können [= III Dialogus I], so sage hier dennoch in Kürze, ob alle darin übereinstimmen, daß der Papst ohne alle Ausnahme alles vermag. Es hat jedenfalls diesen Anschein, denn Innozenz III. stimmt anscheinend damit überein, wenn er X 1.33.6 sagt: *„Laß uns auch jenen allerbekanntesten Beleg nicht übergehen, daß nämlich Gott zu Petrus sagt – und in Petrus sagt er es zu seinem Nachfolgern: ‚Alles, was du binden wirst auf Erden, das soll auch im Himmel gebunden sein', wobei er nichts davon ausnahm, als er sagte: ‚Alles!'"* LEHRER: Zu sagen, daß der Papst ohne jede Ausnahme alles vermag, das halten viele für eine Ketzerei, auch wenn nur davon die Rede ist, was von Menschen geschehen kann. Einmal weil er nichts gegen das göttliche Recht oder das Naturrecht vermag, zum anderen weil er auch vieles von dem nicht kann, was weder gegen das göttliche noch gegen das natürliche Recht ist, wobei vieles davon von anderen durchaus getan werden kann. SCHÜLER: Daß der Papst das nicht kann, was gegen das göttliche Recht oder das Naturrecht ist, bezweifle ich nicht, darum führe dafür keinen Beispielfall an. Aber gib mir in Kürze einige Beispiele, die bestimmte Leute zum Beweis dafür anführen, daß der Papst nicht alles kann, was weder gegen das Göttliche noch gegen das Naturrecht gerichtet ist.

LEHRER: Das erste Beispiel ist, daß der Papst sich nicht selbst einen Nachfolger einsetzen kann, der nach ihm Papst sei, C. 8, q. 1 p. c. 7, das zweite, daß die Ungläubigen den Glauben annehmen, ist nicht gegen das göttliche Recht oder das Naturrecht, sondern stimmt damit überein; und dennoch kann der Papst die Ungläubigen nicht zwingen, den Glauben anzunehmen, D. 45 c. 5; C. 23 q. 5 c. 33 und ⟨C. 23 q. 4⟩ c. 43.[104] Das dritte Beispiel ist, daß er niemanden ohne schuldhaftes Versagen dazu zwingen kann, einem religiösen Orden beizutreten, C. 20 q. 3 c. 4. Das vierte ist, daß er niemandem ohne seine Schuld oder offenkundiges Unrecht befehlen

Trechsel, fol. 242ra / Goldast, S. 891

kann, Jungfräulichkeit zu bewahren, nach dem Zeugnis des Ambrosius, der C. 32 q. 1 c. 13 sagt: *„Allein die Jungfräulichkeit ist es, die nur angeraten, nicht befohlen werden kann. Sie gehört mehr dem Gelübde als dem Befehl."* Aus diesen Worten kann man ein fünftes Beispiel heraushören, nämlich daß der Papst niemandem Übergebührliches befehlen kann ohne dessen Schuld und ohne Grund, weder Enthaltsamkeit noch Fasten, es sei denn aufgrund eines Delikts oder aus manifestem Grund, D. 74 c. 2, wo der heilige Gregor sagt: *„Wie es gerecht ist, daß niemand gegen seinen Willen zum Glauben*[105] *gezwungen wird, so muß man, wie ich glaube, auch hier ähnlich urteilen, damit nicht ein Unschuldiger vom Dienst seiner Ordination ungerecht degradiert werde."* Aus diesen Worten läßt sich folgendermaßen argumentieren: Der Papst kann auch aus der Fülle seiner Gewalt niemanden ungerecht degradieren, also kann er auch niemanden gegen seinen Willen dazu zwingen zu glauben, es sei denn aufgrund seiner Schuld oder aus einem (vernünftigen) Grund. Ein sechstes Beispiel ist, daß der Papst keinem Mönch Dispens erteilen kann, Eigentum zu haben oder eine Ehe zu schließen, X 3. 35. 6, wo es heißt: *„Der Verzicht auf Eigentum und die Beachtung der Keuschheit ist so sehr der Mönchsregel verbunden, daß gegen beides auch der höchste Bischof keine (gegenteilige) Erlaubnis gewähren darf."* Das siebte Beispiel ist, daß der Papst nicht ohne Grund gegen jedes Gelübde Dispens geben darf nach dem Zeugnis der Glosse zu X 3. 34. 5 zum Wort *adimplere*, die sagt: *„Wem der Papst Dispens erteilt hat, ist hinsichtlich Gottes nicht sicher, wenn kein Grund für den Dispens vorhanden ist; wie man ja auch jemand nicht (vom Banne) gelöst heißen darf, der (bei der Bitte um Absolution) die Ursache seiner Exkommunikation verschwiegen hat. Doch hat sehr wohl eine Entschuldigung gegenüber der Kirche, wer ohne Grund Dispens erhielt; jedoch wird dieser Hinweis Gott gegenüber nicht gelten, ⟨wo er gerichtet werden wird⟩."*

Das achte Beispiel ist, daß der Papst nicht Grundherrschaften und Besitztümer der Kirche entfremden darf, es sei denn aus einem (vernünftigen) Grund und in der schicklichen Weise, C. 12 q. 2 c. 20, wo Papst Symmachus sagt: *„Nicht sei es dem Papst erlaubt, Grundherrschaften und Besitztümer der Kirche auf irgendeine beliebige Art zu entfremden"*, d. h. nach seinem Gutdünken; jedoch im (Not)fall und auf schickliche Weise könne er sie veräußern, auch legt er seinem Nachfolger damit kein Gesetz auf, sondern zeigt ihm nur an, was er von Rechts wegen nicht tun kann, wie die Glosse zu D. 40 c. 6 (s. v. *a nemine*) sagt.[106] Das neunte Beispiel ist, daß der Papst früher einmal Subdiakone nicht zu Enthaltsamkeit zwingen konnte, nach dem heiligen Gregor, gemäß C. 27 q. 2 c. 20 und D. 31 c. 1, wo er eine Konstitution seines Vorgängers mißbilligt, der nach der Glosse zu [D. 31] c. 1

Trechsel, fol. 242ʳᵃ / Goldast, S. 892

(im *Casus*) angeordnet hatte, „*daß die Subdiakone, welche keine Enthaltsamkeit versprochen hatten, (sich zu entscheiden hätten,) entweder nur mit ihren Frauen zufrieden zu sein oder ihrer Pfründen beraubt zu werden*".[107] Und ebenda: „*Später machte der Vorgänger Gregors eine Konstitution, in welcher er ausdrücklich verbot, daß die Subdiakone mit ihren Frauen Verkehr übten*", worüber der heilige Gregor schreibt: „*Vor drei Jahren wurde es den Subdiakonen aller Kirchen Siziliens verboten (nämlich von Papst Pelagius), daß sie, wie es die römische Sitte will, mit ihren Frauen keinerlei Verkehr haben sollten. Das erscheint mir hart und unzulässig, daß der, der sich dem Gebrauch der Unkeuschheit nicht hingegeben hat, der aber auch Enthaltsamkeit nicht gelobt hat, gezwungen wird, sich von seiner Frau zu trennen, und dadurch, was ferne sei, vielleicht in Schlimmeres verfällt.*" Wo die Glosse den *Casus* dieses Canons bestimmt, merkt sie über diese Konstitution des Papstes Pelagius an: „*Aber diese Konstitution, daß jemand, der nicht Enthaltsamkeit gelobt hatte, gezwungen wurde, enthaltsam zu sein, war ungerecht. Das wird hier von Gregor widerrufen. Hier wird festgesetzt, daß die, die keine Diakone sind, nicht gegen ihren Willen zur Enthaltsamkeit gezwungen werden. Wenn aber in Zukunft Subdiakone geweiht werden sollen, so solle nicht zugelassen werden, wer nicht Enthaltsamkeit gelobe.*" Und die Glosse zu *durum* sagt: „*Das Statut des Pelagius verstieß gegen das Evangelium, das ja nur Unzucht untersagt ⟨...⟩. Deshalb wurde es auch widerrufen.*"

SCHÜLER: Wenn es auch feststeht, daß das, was Pelagius vorschrieb, gegen das Evangelium war, so beweist dieses Beispiel doch nicht, daß ein Papst nicht alles kann, was nicht gegen das göttliche und natürliche Recht verstößt. LEHRER: Die Antwort ist: Jenes Statut des Pelagius war sowohl gegen das Evangelium als auch gegen die Freiheit, d.h. gegen das Recht jener Subdiakone und ihrer Frauen. Denn es wollte die Subdiakone zwingen, Enthaltsamkeit zu üben, ohne auf den Widerspruch des Evangeliums und des Freiheitsrechts der Subdiakone und das ihrer Frauen zu achten. Es stand nämlich sehr wohl in der Kompetenz der Subdiakone, mit Zustimmung ihrer Frauen Enthaltsamkeit zu üben, und das hätte nicht gegen das Evangelium verstoßen. Aber diese Kompetenz der Subdiakone und ihrer Frauen konnte Papst Pelagius ihnen nicht fortnehmen, wie Gregor bezeugt. Also konnte er nicht alles, was ⟨nicht⟩ gegen das göttliche Recht und gegen das natürliche Recht ist. Aus diesem Urteil folgert Gregor, daß ein Papst nichts gegen die Freiheit und das Recht eines einzelnen Christen vermag, auch nicht in geistlichen Fragen, es sei denn aufgrund von Schuld oder mit offensichtlichem Grund. Denn niemanden kann er seines Rechts oder seiner Freiheit berauben ohne Schuld oder ohne

Trechsel, fol. 242rb / Goldast, S. 892

Grund. Und darum kann er, ohne daß Schuld vorliegt oder ein Grund, niemandem Enthaltsamkeit vorschreiben oder Fasten oder Almosen, wozu dieser nicht auch ohne die (päpstliche) Beipflichtung verpflichtet wäre, oder irgend etwas Derartiges. SCHÜLER: Darüber, wie über andere Fragen, werden wir in der Abhandlung über die Kompetenz des Papstes und der Amtskirche [d. i. III Dialogus I] vielerlei finden. Deshalb berühre hier noch kurz weitere Beispiele!

LEHRER: Das zehnte Beispiel ist, daß er nicht irgendeinen Subdiakon gegen dessen Willen dazu zwingen kann, eine Prälatenstelle zu übernehmen, wie in einer Glosse zu C. 23 q. 4 c. 38 angemerkt ist.[108]

Das elfte Beispiel ist, daß er nicht durch Statut bestimmen kann, daß er nicht der Ketzerei angeklagt werden darf, was die Glosse bezeugt, die zu D. 40 c. 6 [s. v. *a fide devius*] fragt: *"Könnte denn der Papst durch Statut bestimmen, daß er einer Ketzerei nicht angeklagt werden darf?"* und darauf antwortet: *"Nein, denn dadurch geriete die gesamte Kirche in Gefahr."* Und aus dem gleichen Grund könnte er nicht durch Statut festsetzen, daß er irgendeines anderen Verbrechens, um dessentwillen er abgesetzt werden kann, nicht angeklagt werden darf. Wegen eines anderen Verbrechens aber kann in Sonderfällen ein Papst abgesetzt werden nach dem Zeugnis der Glosse (ebendort), wo es heißt: *"Gewiß glaube ich, wenn irgendein Verbrechen von ihm offenkundig ist und ist der Kirche ein Anstoß und wenn er sich nicht besserungsfähig zeigt, daß er dann dessen angeklagt werden kann";* folglich kann auch über ihn Gericht gehalten werden, weil ja eine Anklage vor einem Richter erfolgen muß. Also kann er nicht durch Statut bestimmen, daß er nicht irgendeines Verbrechens angeklagt werden und um dessentwillen auch nicht gerichtet werden kann.

Das zwölfte Beispiel ist, daß er niemanden dazu zwingen kann, (ihm erneut) eine Sünde zu beichten, die er einem anderen bereits gebeichtet hat, der ihn lösen durfte, weil die Beichte im Sakrament nur einem göttlichen Geheiß unterliegt, nicht einem menschlichen. Das dreizehnte Beispiel ist, daß der Papst niemanden zwingen kann, eine Ehe einzugehen, und dafür führen einige als Grund an, daß ein Mensch nicht gehalten ist, einem anderen Menschen zu gehorchen in dem, was zur Natur des Leibes gehört, sondern allein Gott. Alle Menschen sind von Natur aus gleich, jedenfalls in dem, was zum Unterhalt ihres Leibes und zur Zeugung von Nachkommen gehört, und also auch in dem Abschluß einer Ehe oder der Einhaltung des Zölibats oder allem derartigen. Das vierzehnte Beispiel ist, daß der Papst in weltlicher Hinsicht keine Bastarde legitimieren kann, wie die Glosse anmerkt zu X 4. 17. 13 [s. v. *beati Petri*]. Das fünfzehnte Beispiel, das mehrere andere einschließt, ist, daß ein Papst außerhalb der Grenzen, die seiner

Trechsel, fol. 242va / Goldast, S. 892

weltlichen Rechtsherrschaft unterworfen sind, all das nicht vermag, was ein weltlicher Herr gegenüber seinen Knechten tun kann, soweit sie seine Hörigen sind.

SCHÜLER: Dies Beispiel hat seine Beweiskraft aus dem (Satz), daß nicht alle Menschen bloße Knechte des höchsten Bischofs sind. Denn wenn der Papst alles könnte, was nicht gegen das natürliche Recht verstößt noch gegen das göttliche Recht, könnte er selbst alles gegen Kaiser, König, Fürsten und überhaupt gegen alle Sterblichen, was jeder Herr gegen jeglichen seiner Hörigen vermag, und somit wäre niemand außer dem Papste frei, sondern alle wären seine Knechte. Wenn wir nun auch darüber, wie über vieles andere, was zur Kompetenz des Papstes und der Amtskirche gehört, vieles in der ersten Abhandlung dieses (dritten) Teils unseres Zwiegesprächs finden können, so versuche hier doch, knapp Beweise dafür anzuführen, daß nicht alle Menschen bloße Knechte des Papstes sind.

LEHRER: Das kann wohl vielfach bewiesen werden. Zuerst so: Könige, Fürsten und andere Laien haben Eigentum an zeitlichen Gütern. Ein Sklave aber hat kein Eigentum. Also sind nicht alle Menschen bloße Knechte des Papstes. Zweitens: Es besteht ein Unterschied zwischen den Hörigen der Kirche und den Hörigen anderer (Herren). Also sind nicht alle Menschen Knechte des höchsten Bischofs. Drittens: Ein Papst hat nicht dieselbe Amtsgewalt über alle, die seiner Rechtsherrschaft unterworfen sind, wie über die, die seiner zeitlichen Rechtsherrschaft nicht unterworfen sind. Also sind nicht alle Knechte des höchsten Bischofs. Viertens folgendermaßen: Einige sind oberste Herren, die (über sich) keine Herren haben, X 5.7.13. Also sind nicht alle Menschen Knechte des Papstes. Fünftens: Wenn alle Menschen bloße Knechte und Sklaven des Papstes wären, könnte der Papst jede beliebige weltliche Sache nach Belieben entfremden. Also könnte er auch nach Belieben Grundherrschaften der Kirche entfremden, das aber läuft der Bestimmung in C. 12 q. 2 c. 20 zuwider. Sechstens folgendermaßen: Ein Papst darf nicht Herr über den Klerus sein nach jenem Vers aus dem Petrusbrief (I. Petr. 5, 3): *„nicht als die über den Klerus herrschen"*. Also sind Kleriker nicht Knechte des Papstes.

Trechsel, fol. 242vb / Goldast, S. 893

XIX.: Der Ursprung von Kaisertum und Kaiserreich und seine Translation*

III Dialogus II i, cc. 26–27, 29–31

c. 26

SCHÜLER: Jene Meinung, die annimmt, daß das Reich vom Papst ist, wäre gewiß noch weitläufiger zu diskutieren, insbesondere daraufhin, daß hier gesagt wird, daß das Reich vom Papst ist. Weil aber darüber und über das andere, was in dieser Auffassung impliziert ist, noch später zu sprechen Gelegenheit sein wird, wenn wir andere Auffassungen behandeln, so wollen wir in aller Kürze jene Auffassung ansehen, die annimmt, daß das Römische Reich von Gott ist. Dafür versuche, Argumente anzuführen. *(Folgen Argumente des Lehrers.)* SCHÜLER: Sage kurz, wie diese Auffassung widerlegt wird. LEHRER: Man widerlegt sie mit folgendem Argument: Nirgends steht zu lesen, daß Gott durch sich selbst oder einen anderen einen Kaiser eingesetzt hätte. Darum kann man diese Auffassung mit gleicher Leichtigkeit verachten wie beweisen.

SCHÜLER: Und wie antwortet man auf die Gründe für diese Auffassung? LEHRER: Mit einem einzigen Wort läßt sich antworten: Wenn nämlich gesagt wird, die kaiserliche Macht und überhaupt jegliche legitime Macht sei von Gott, so ist sie doch nicht von Gott allein, vielmehr ist eine bestimmte Macht von Gott durch Menschen. Derart ist auch die kaiserliche Macht: sie ist von Gott, aber durch Menschen.

c. 27

SCHÜLER: Nun wollen wir die dritte, oben in Kap. 18 benannte Meinung behandeln. LEHRER: Diese Auffassung geht dahin, daß das Römische Reich zuerst von Gott eingerichtet wurde, und doch auch durch Menschen, d. h. durch die Römer. Das bezeugt offensichtlich die Glosse zu D. 17 [p. c. 6, s. v. *iussione domini*]: *„Die römische Kirche hat ihr Recht von den Konzilien, der Kaiser aber vom Volk"*,[109] jedenfalls steht es so da. Hierher gehört auch die Glosse zu D. 2 c. 1 [s. v. *populi*]: *„Früher hat das Volk Gesetze erlassen, heute aber hat es diese Kompetenz auf den Kaiser übertragen."* Das Kaisertum und Reich aber kommen von dem, der dem Kaiser die Gesetzgebungsmacht übertragen hat. Also sind das Kaisertum und Reich vom Volk.

Ferner kam das Kaisertum von jenen, die die anderen Nationen dem Römischen Reich unterwarfen, und von jenen, welche die Herrschaft über die unterworfenen Völker dem anvertrauten, welchem sie wollten, sowie die

---

* Trechsel, fol. 244va / Goldast, S. 898

Ursprung von Kaisertum und Kaiserreich

Art der Herrschaft und Regierung bestimmten, wie und wann sie wollten. Das aber taten die Römer mit den von ihnen unterworfenen Völkern. Denn es steht I. Mach. 8, 1–16 *[in Auswahl ...]*.

Über die Veränderungen der Herrschaftsform und Regierungsweise über die Botmäßigen findet sich in glaubwürdigen Schriften folgendes: Bisweilen hatten sie Könige, bisweilen Konsuln, bisweilen auch nur einen, der jedes Jahr wechselte. Zuletzt aber wählten sie einen Kaiser, der ohne Wechsel alle befehligte. Also wurde das Römische Reich von den Römern begründet.

SCHÜLER: Es ist unrichtig, daß vom Volk das wahre Kaisertum und Reich herrührt, vielmehr war es nur das angemaßte. Denn die Römer haben die anderen unterdrückt. LEHRER: Darauf gibt es eine doppelte Antwort: Erstens, die Römer erkannten, daß es für den gemeinen Nutzen der ganzen Welt notwendig war, daß ein Kaiser über alle Sterblichen herrschte. Darum ging die Kompetenz, über das Imperium zu verfügen, von denen, die der Einheit des Reiches als Hindernis des gemeinen Wohls widersprachen, auf die Römer über und auf die anderen, die darin mit ihnen übereinstimmten. Von dieser Zeit an konnten die Römer legitim diejenigen, die ihrem Imperium widersprachen und sich dagegen auflehnten, unterwerfen. Zweitens heißt es, wenngleich die Römer zuerst und lange Zeit danach ungerecht andere gezwungen haben, ihnen unterworfen zu sein, so haben sie doch, nachdem die anderen der Herrschaft der Römer ihre Zustimmung zu geben begannen, über diese ein wahres Kaisertum erhalten. Darum war auch, nachdem der gesamte Erdkreis freiwillig der Herrschaft und dem Kaisertum der Römer zustimmte, dieses Kaisertum ein wahres und gerechtes und gutes Kaisertum.

SCHÜLER: Mußte nicht dafür, daß das römische Kaisertum über die ganze Welt ein wahres Kaisertum sein könnte, der ganze Erdkreis dem Kaisertum der Römer seine Zustimmung geben? LEHRER: Die Antwort ist: Nach dem Zeugnis der Glosse zu X 1.2.6 [s. v. *constitutum*] gilt: Wenn mehrere Menschen in ihrer Mehrzahl ein Kollegium sind, genügt bei dem, was notwendig zu tun ist, daß es von der Mehrheit getan wird. Nun sind aber alle Sterblichen eine Körperschaft und ein Kollegium. Das galt mit Notwendigkeit auch in der Zeit, als die Römer mit ihrer Herrschaft über alle Sterblichen anfingen. Also konnte auch damals die Mehrheit der Welt selbst bei Widerspruch von anderen einen Kaiser über die ganze Welt einsetzen; ein Konsens aller war nicht gefordert. Auch als Könige und Fürsten eingesetzt wurden, war es nicht nötig, daß alle ihre Zustimmung gaben. Oder wenn ein Land von Feinden bedroht würde, könnte die Mehrheit auch gegen den Widerspruch einiger sich ein Haupt setzen für die Verteidigung des Vaterlandes.

Trechsel, fol. 245ra / Goldast, S. 899

SCHÜLER: Demnach haben also die Römer, so scheint es, sich mit Recht und ohne Sünde den ganzen Weltkreis unterworfen, aber das ist offenbar nicht richtig, da der heilige Augustin an ihnen ihre Herrschbegierde tadelt.[110] LEHRER: Darauf ist die Antwort: Wenn die Römer in der Anordnung über das Kaisertum allein von der Liebe zum gemeinen Wohl und zum Gemeinwesen bewogen gewesen wären und nicht von Herrschbegierde, sich auch nicht eitler Ruhmsucht hingegeben und kein anderes verderbtes Streben gekannt hätten, dann wären sie darin ohne Sünde gewesen. Vielleicht haben ja einige von ihnen beim Erwerb des Kaisertums bzw. in der Zustimmung zu diesem Erwerb keine Sünde begangen. Wenn sie aber ihr eigenes Wohl anstrebten, um nämlich andere zu beherrschen und ihren Reichtum zu mehren, dann sündigten sie; so sagt der heilige Augustin, wie es im Dekret (C. 23 q. 1 c. 5) heißt: *„Krieg zu führen ist kein Vergehen, aber um der Beute willen Krieg zu führen, ist Sünde. Sich um das Gemeinwesen nicht zu kümmern, ist verbrecherisch, doch sich deshalb um das Gemeinwesen zu kümmern, um den eigenen Reichtum zu mehren, ist offensichtlich zu verurteilen."* Gleichermaßen ist es auch keine Sünde, ⟨andere⟩ einem einzigen Fürsten unterwerfen zu wollen. Aber das zu tun aus eitler Ruhmsucht oder um anderen Schrecken einzuflößen oder aus Herrschgier, muß man offenbar als verdammenswert einschätzen.

SCHÜLER: Wenn die Römer beim Erwerb des römischen Kaisertums eine verderbte Absicht hatten, so daß sie verdammenswert sündigten, war dann nicht ihr Kaisertum, das sie derart gewonnen haben, nicht als usurpiert, illegitim und nicht als ein wahres Kaisertum einzuschätzen? Demnach war es offenbar kein wahres Kaisertum, wenn es derart aus schlechtem Streben gewonnen wurde. Denn kein zeitliches Ding, das illegitim und ungerecht erworben ist, geht in das wahre Eigentum des Erwerbers über, was Augustin zu behaupten scheint, wie es C. 23 q. 7 c. 1 steht, wo es heißt, daß *„kraft göttlichen Rechts alles den Gerechten gehört, die Gottlosen aber auf Grund keinerlei Rechts etwas besitzen, was anderen* (den Gerechten nämlich) *gehört"*[111].

LEHRER: Die Antwort ist, daß ohne Rücksicht auf die verderbte Absicht das römische Kaisertum, das mit Zustimmung der Völker erworben wurde, ein wahres Kaisertum war, denn eine verderbte Absicht hindert nicht den Erwerb wahren Eigentums. Wer nämlich eine Sache in schlechter Absicht kauft, gewinnt nicht etwa deshalb kein wahres Eigentum an der gekauften Sache. Und wer in schlechter Absicht eine Sache als Geschenk von einem Geber entgegennimmt, der sie verschenken durfte, erhält auch das wahre Eigentum an der geschenkten Sache. Jene schlechte Absicht also hindert weder bei dem, der eine zeitliche Sache überträgt, noch bei dem Emp-

Trechsel, fol. 245ra / Goldast, S. 899

fänger der Übertragung den Übergang wahren Eigentums. Über die weiteren Aussagen Augustins aber sagen einige Leute, daß einige ihn falsch verstehen. Denn Augustin meint nicht, daß nach göttlichem Recht alles den Gerechten gehört in wahrhaftem Eigentum, denn sonst hätte kein Sünder wahres Eigentum an irgendeiner zeitlichen Sache: Wenn immer ein König oder irgendein Herrscher, ein Fürst oder ein anderer Herr eine Todsünde beginge, ginge das wahre Eigentum an allen seinen Gütern auf die Gerechten über und würde bei keinem Sünder bleiben. Augustin will also (sagen), daß nach göttlichem Recht alles den Gerechten gehört nach der Würde ihres Verdienstes, d. h., allein die Gerechten sind eines wahren Eigentums an zeitlichen Gütern würdig, und kein Sünder ist irgendeiner zeitlichen Sache würdig. Daher besitzt er unwürdig, was immer er besitzt.

SCHÜLER: Immer noch scheint mir, daß das römische Kaisertum, bevor es Konstantin aufgab, kein wahres Kaisertum war, denn „außerhalb [der Kirche] bauen alle für die Hölle",[112] wo doch der Apostel (Rom. 14, 23[113]) sagt: „Alles was nicht aus Glauben ist, ist Sünde." Also ist außerhalb der Kirche keine von Gott (an)geordnete Gewalt. Und Konstantin hätte auf das Kaisertum nicht verzichtet, wenn er nicht erkannt hätte, daß er das wahre Kaisertum nicht besaß. Also war vorher das römische Kaisertum kein wahres Kaisertum.

LEHRER: Die Antwort ist: Es ist nicht allgemein ohne alle Ausnahmen wahr, daß alle, die draußen sind, für die Hölle bauen. Denn die Ungläubigen begehen keineswegs durch jede Handlung eine Todsünde: die Hebammen, von denen man in Exod. 1, 17 ff. lesen kann, begingen keine Todsünde, als sie Mose retteten, wenn sie auch tödlich oder läßlich sündigten, als sie logen.[114] Und viele andere Ungläubigen begehen in ihren Handlungen keine Todsünde. Wenn der Apostel sagt: „Alles, was nicht aus Glauben ist, ist Sünde", so kann man sagen, der Apostel verstehe darunter: Alles, was außerhalb des guten Gewissens[115] geschieht, ist Sünde, ob es von Gläubigen oder Ungläubigen geschieht. Wenn es aber heißt, Konstantin habe auf das Kaisertum verzichtet, so sagen sie, daß man das in den alten Schriften keineswegs finden könne. Einige Quellen deuten vielmehr an, daß Konstantin dem Apostolischen Stuhl kaiserliche Ehren erwies, denn wie es im Dekret D. 96 c. 14 zu lesen steht, heißt es in der Geschichte des heiligen Sylvester folgendermaßen: *[... folgen ausführliche Zitate aus der sogenannten „Konstantinischen Schenkung" = D. 96 c. 14].*

Aus diesen Worten kann man entnehmen, daß Konstantin dem Papst das Kaisertum zugewiesen hat, nicht weil er etwa keine legitime Kompetenz gehabt hätte, das Kaisertum beizubehalten oder weil er etwa zuvor kein wahres Kaisertum gehabt hätte, sondern aus Frömmigkeit und kaiserlicher

Trechsel, fol. 245rb / Goldast, S. 900

Freigebigkeit gab er ihm alle die Vollmacht, von der in dem zitierten Wortlaut und an anderen Stellen die Rede ist, so daß von allen zeitlichen Gütern, von denen die Rede ist, der Papst Sylvester ausschließlich aufgrund der Schenkung Konstantins etwas besessen hat und nicht aufgrund von dessen Verzichts auf irgend etwas, was er zuvor ungerecht besessen hätte. Niemals hat Konstantin eingestanden, daß er vor seiner Taufe nicht ein wahres Kaisertum gehabt habe.
[... folgen weitere einzelne Argumente in c. 28]

c. 29
SCHÜLER: Noch blieben über den Ursprung des römischen Kaisertums und Reiches viele Fragen zu behandeln, über die wir vielleicht noch später zu sprechen Gelegenheit finden werden. Jetzt wollen wir das aber überspringen und erforschen, ob das Römische Reich legitim vernichtet, vermindert, geteilt oder übertragen werden kann.[116] Zuerst fragen wir, ob das Römische Reich übertragen werden kann.

LEHRER: Daß das Römische Reich übertragen werden kann, läßt sich an drei Exempeln beweisen. Erstens wurde es von den Römern auf die Griechen übertragen, D. 96 c. 14. Zweitens wurde es von den Griechen auf die Germanen übertragen in der Person Karls des Großen, X 1. 6. 34. Drittens wurde es von den Franken[117] auf die Deutschen übertragen, darum sagt die Glosse zu D. 63 c. 33 zu dem Wort: *„Francorum":* „*Beachte, daß das Reich zuerst den Franken gehörte, später aber haben sich die Deutschen kraft ihrer Tüchtigkeit das Reich verdient.*"

SCHÜLER: Man kann nicht bezweifeln, so scheint mir, daß das römische Kaisertum und Reich von Volk zu Volk übertragen werden kann. Jedoch wie jemand es übertragen kann, das schafft offenbar vielen große Zweifel. Sage also, wie nach der Meinung einiger das Reich übertragen werden kann.

LEHRER: ‚Das Römische Reich übertragen' kann vielerlei bedeuten. Einmal, daß das Reich derart von den Römern ⟨hinweg⟩ übertragen wird, daß es nicht mehr ein Römisches Reich ist, an welchem die Römer ein besonderes Recht, mehr als die übrigen Völker, behielten. Anders kann das Reich auch derart übertragen werden, daß es dennoch ein Römisches Reich bleibt und daß die Römer eine besondere Kompetenz und am Reich in höherem Maße als die anderen Völker ein besonderes Recht behalten. Und auch noch diese zweite Weise der Übertragung läßt sich vielfach verstehen. Einmal, daß die Kaiserwürde einem bestimmten Mann gegeben wurde, dessen Nachkommen nach Erbrecht das römische Kaisertum besitzen sollen. Anders so, daß festgesetzt wird, daß aus einer bestimmten Nation

Trechsel, fol. 246^(ra) / Goldast, S. 901

oder einem Volk ein Kaiser gewählt werden soll, also etwa wenn angeordnet würde, daß zum Kaiser nur ein Deutscher gewählt werden solle. Wieder anders so, daß einer bestimmten oder mehreren Personen die Kompetenz gegeben wird, einen Kaiser aus irgendeinem Volk zu wählen.

SCHÜLER: Wer hat die Kompetenz, das Kaisertum und Kaiserreich so oder so zu übertragen? LEHRER: Die Antwort ist: Die Kompetenz, das Reich so oder so zu übertragen, liegt in erster Linie bei der Gesamtheit der Sterblichen, wie auch bei ihr in erster Linie die Kompetenz liegt, das Kaisertum einzusetzen. Wenn darum die Gesamtheit der Sterblichen wollte, könnte sie das Kaisertum von einem Volk auf ein anderes übertragen.

SCHÜLER: Könnte nicht die Gesamtheit der Sterblichen (mit Ausschluß der Römer) das Römische Reich von den Römern (auf ein anderes Volk) übertragen? LEHRER: Die Antwort ist: Ohne Schuld der Römer und ohne offenbaren Grund könnte auch der ganze Rest der Welt gegen ihren Widerspruch das Reich nicht[118] von ihnen (auf ein anderes Volk) übertragen: Denn sie dürfen nicht ohne Schuld und ohne Grund ihres Rechts beraubt werden. Doch wegen einer Schuld der Römer und aus vernünftigem Grund könnte der Rest der Welt das Reich von ihnen nehmen. Denn wie man in D. 93 c. 21 liest: *„Der Erdkreis ist größer als Rom."* Und das trifft nicht nur für den Erdkreis einschließlich Roms zu (weil ja das Ganze größer ist als seine Teile), sondern enthält Wahrheit auch von dem Erdkreis, wenn man ihn von der Stadt Rom unterscheidet. Somit liegt bei vorliegender Ursache oder Schuld der Römer die Kompetenz der Übertragung beim Rest des Erdkreises.

Die Kompetenz, das Kaisertum von den Römern zu nehmen, liegt nach einer Auffassung (aber auch) bei den Römern, denn jedermann kann sein Recht preisgeben und es einem anderen abtreten. So können auch die Römer auf ihr Recht verzichten, das sie am Kaisertum und Reich haben, und dieses ihr Recht an jemanden anderen oder an andere abtreten, wie sie auch einmal die Kompetenz des römischen Volkes zur Gesetzgebung und zur Regierung des Reiches auf den Kaiser übertragen haben.[118a]

Über die Art der Übertragung des römischen Kaisertums gibt es verschiedene Auffassungen. Einmal heißt es, die Römer hätten das Kaisertum nicht von sich (auf andere) auf die erste (der geschilderten Arten) übertragen können, und sie können es nicht dergestalt, daß sie kein besonderes Recht an Kaisertum und Reich, mehr als die anderen Völker, bei sich behielten. Wie nämlich ein Kaiser nicht einem Kaiser ein Gesetz aufzwingen darf, weil kein Gleicher über einen ihm Gleichen Befehlsgewalt hat,[119] und wie er auch seinen Nachfolger nicht seines Rechts berauben kann, das er hat, so kann auch das römische Volk nicht seinem Nachfolger ein Gesetz

Trechsel, fol. 246rb / Goldast, S. 901

auferlegen und kann es auch nicht allen Rechtes, das es über das Kaisertum hat, berauben.

Eine andere Auffassung ist, daß das römische Volk all sein Recht, das es an Kaisertum und Reich hat, abtreten kann. Denn wenn auch durch privaten Vertrag öffentlichem Recht kein Abbruch geschehen kann, X 2.2.12, so kann dennoch durch Vertrag und Konsens der gesamten Gemeinschaft, was andere berührt, und also durch öffentliches Recht diesem öffentlichen Recht Abbruch geschehen, sofern nur dieses öffentliche Recht kein göttliches Recht ist, noch auch Naturrecht, sondern positives menschliches Recht. Wenngleich nämlich ein Kleriker auf sein Klerikervorrecht nicht verzichten kann, da es dem gesamten Kollegium der Kleriker eingeräumt ist, kann doch das Kollegium auf sein Vorrecht verzichten. Weil nun das Recht, das die Römer am Kaisertum haben, menschliches positives Recht ist, so kann doch, wenngleich es als öffentliches Recht der Gemeinschaft der Römer eingeräumt worden ist, bei Zustimmung der gesamten Gemeinschaft der Römer eben diesem ihrem Recht Abbruch geschehen. Und somit kann eben dieses Recht ganz und gar auf jemand anderen oder andere übertragen werden.

c. 30

SCHÜLER: Nach dieser Auffassung konnten die Römer ihr Recht, das sie an Kaiser und Reich hatten, gänzlich auf den Papst übertragen und (so) kann das Reich vom Papst sein.

LEHRER: Nach einer Auffassung konnten die Römer das nicht nur, sondern sie taten es auch und übertrugen ihr Recht auf den Papst; seither ist das Kaisertum und Reich vom Papst, und seither hat der Papst beide Schwerter, wenn auch nicht beide zum Gebrauch, sondern dazu, daß er die Kompetenz über das materielle Schwert übertrug, an wen er es wollte. Und damit läßt sich die scheinbare Widersprüchlichkeit vieler Canones und Glossen zum Dekret und zu den Dekretalen auflösen.

SCHÜLER: Wenn die Römer ihr Recht gänzlich auf den Papst übertrugen oder übertragen konnten, so haben sie ihm auch den Gebrauch des materiellen Schwertes übertragen oder konnten das tun bzw. das materielle Schwert zum Gebrauch übergeben. LEHRER: Die Antwort ist: die Römer konnten das Recht gänzlich auf den Papst übertragen und alle Kompetenz, die die gesamte Menge der Römer besaß. Gleichwohl konnten sie nicht das Recht gänzlich übertragen, das eine einzelne Person oder eine abgeteilte und besondere Menge der Römer besaß. So konnten sie ihm nicht alles Recht, das der römische Kaiser hatte, übertragen, auch nicht alles Recht, das die Senatoren besaßen oder der Stadtpräfekt. Und so konnten sie Teil-

Trechsel, fol. 246va / Goldast, S. 902

rechte römischer Einzelpersonen oder Personenverbände bzw. Kollegien oder Teilkörperschaften nicht auf den Papst übertragen. Den Gebrauch des Schwertes aber hatte nicht die gesamte Gemeinschaft der Römer, sondern der Kaiser oder eine bestimmte Einzelperson unter ihm oder eine Teilgemeinschaft. Und daher konnte die (gesamte) Gemeinschaft der Römer den Gebrauch des materiellen Schwertes nicht auf den Papst übertragen.

SCHÜLER: Nach dieser Meinung hat der Papst in zeitlichen und geistlichen Dingen nicht die Fülle der Gewalt, so daß er alles vermag. LEHRER: Diese Meinung hält es sogar für ketzerisch zu sagen, daß der Papst alles vermag; denn daß er alles vermag, hat er nicht von Gott noch von einem Menschen noch auch von (mehreren) Menschen. Denn von Gott unmittelbar hat er nicht das materielle Schwert, weder zum Gebrauch oder dazu, daß er anderen den Gebrauch des materiellen Schwertes anvertraue. Von einem Menschen aber oder von Menschen hat er oder kann er das materielle Schwert haben hinsichtlich dessen, daß er den Gebrauch des materiellen Schwertes einem anderen anvertrauen kann, doch hat er damit keineswegs das materielle Schwert hinsichtlich seines Gebrauchs.[120]

SCHÜLER: Welches Recht am römischen Kaisertum und Reich also haben die Römer dem Papst übertragen, oder welches konnten sie ihm übertragen? LEHRER: Die Antwort ist: Sie konnten ihm die Kompetenz übertragen und übermitteln, Anordnungen zu treffen über Kandidaten für das Kaisertum, d. h., daß er selbst den Kaiser wählen durfte oder anderen die Kompetenz zur Wahl übermitteln konnte.

SCHÜLER: Durch die Aussagen bedeutender Autoritäten steht fest, daß der Papst sich in vielerlei Hinsicht beim Kaiser sowie in Kaisertum und Reich einmischt. Aber nach dieser Meinung hat der Papst über den Kaiser sowie über Kaisertum und Reich von Gott keine besondere Kompetenz in höherem Maße als über beliebige andere Könige und Königreiche, sondern ausschließlich von den Römern. Was haben denn die Römer nun wirklich als Recht über Kaisertum und Reich übertragen?

LEHRER: Die Antwort ist: Niemand kann dies sagen, wenn er nicht ausführlich und sorgfältig die Privilegien des Papstes oder glaubhafte Aktenaufzeichnungen oder Schriftstücke öffentlicher Glaubwürdigkeit über solche Übertragung oder Rechtsverleihung über Kaisertum und Reich durch den Papst gelesen hat. Und dies gilt deshalb, weil die Römer dem Papst ein umfänglicheres Recht oder ein weniger umfängliches Recht über Kaisertum und Reich übertragen konnten. Sie konnten ein derartiges Recht auch an den Apostolischen Stuhl oder nur an die Person des Papstes geben. Sie konnten es dem Papst für ein einziges Mal oder für mehrere Male geben.

Trechsel, fol. 246vb / Goldast, S. 902

SCHÜLER: Ist in diesem Leben nicht der Person des Papstes allein so viel Glauben zu schenken, wenn er erklärt, auf ihn sei das Recht der Römer an Kaisertum und Reich gänzlich übergegangen, auch wenn er das durch Schriftstücke öffentlicher Glaubwürdigkeit oder andere Beweisstücke nicht belegen könnte? LEHRER: Daß man der Behauptung eines einzelnen, welch hoher Würde er sich auch immer erfreut, zum Präjudiz anderer niemals Glauben schenken darf, ist offensichtlich: das zeigt C. 6 q. 2 in Gänze. Darum darf man der Behauptung des Papstes allein zum Präjudiz gegen die Römer in diesem Fall keineswegs Glauben schenken, wenn er nicht die entsprechenden Beweise erbringen kann.

SCHÜLER: Kann nicht der Papst Recht und Kompetenz über Kaisertum und Reich deshalb beanspruchen, weil er sich gewohnheitsmäßig in die Verfügung über Kaisertum und Reich einmischt? Eine rechtmäßige Gewohnheit aber gibt Herrschaftsrecht und folglich Recht und rechtmäßige Kompetenz. LEHRER: Die Antwort ist: Was der Papst gegen die Römer durch rechtmäßige Verjährung ersitzen konnte, das kann er als Recht und Kompetenz haben, anderes nicht.

c. 31

SCHÜLER: Wir haben in aller Kürze untersucht, ob das römische Kaisertum und Reich auf andere übertragen werden kann, jetzt wollen wir fragen, ob es geteilt, vermindert, zerstört oder vernichtet werden kann. Sehen wir zuerst, ob das römische Kaisertum und Reich zerstört und vernichtet werden kann. LEHRER: Die Antwort ist: Daß das Römische Reich, obwohl es das Reich der gesamten Welt ist, zerstört und aufgehoben werden kann, das kann in dreifacher Hinsicht verstanden werden. Einmal so: Es wird einfach derart zerstört, daß Kaisertum und Kaiserreich, wie es jetzt ist, weder bei den Römern noch bei anderen von Rechts wegen bestehen bleibt. Zweitens so, daß Kaisertum und Reich nicht bei den Römern bleibt und niemals, aus welchem Grund auch immer, zu ihnen zurückkehren wird. Drittens so, daß das römische Kaisertum und Reich zwar nicht bei den Römern bleibt, zu ihnen aber, sofern ein Grund vorliegt, zurückkehren kann. Nach dieser und der zweiten genannten Art kann man offensichtlich in eigentlichem Sinn sagen, daß das römische Kaisertum und Reich eher übertragen worden sei als zerstört und aufgehoben. Aber in der ersten Art würde man im eigentlichen Sinn sagen, es sei zerstört und aufgehoben.

SCHÜLER: Könnte also nicht auf diese erste Art das römische Kaisertum und Reich zerstört und aufgehoben werden? LEHRER: Darauf ist die Antwort: Wie oben im 8. Kapitel berührt wurde, darf von Rechts wegen le-

Trechsel, fol. 247ra / Goldast, S. „901" [903]

Ursprung von Kaisertum und Kaiserreich 159

gitim das römische Kaisertum und Reich nicht vermindert oder zerstört werden. Denn wie auch die Gesamtheit der Sterblichen, bevor das Römische Reich bestand, nicht bestimmen konnte, daß niemals jemand zum Kaiser über die ganze Welt erkoren werden dürfe, so kann jetzt, nachdem alle Sterblichen einem Kaisertum und Reich unterworfen sind, auch mit Zustimmung aller keineswegs festgesetzt oder angeordnet werden, daß Kaisertum und Reich gänzlich zerstört werden, denn das wäre zum Schaden des gemeinen Wohls.

SCHÜLER: Aber kann nicht das Römische Reich auf die zweite Art zerstört werden? LEHRER: Eine Auffassung geht dahin, daß es derart zerstört werden kann, daß es niemals mehr zu den Römern zurückkehren wird. Aber so kann es von ihnen nicht genommen werden ohne offenbare Schuld der Römer. Ihre Schuld könnte derart sein, daß sie gänzlich des Kaisertums und Reichs beraubt werden könnten. Denn wie jeder einzelne für sich und seine Nachkommen wegen seiner Schuld aller seiner zeitlichen Güter beraubt werden kann und aller seiner Ämter, Rechte und Vorrechte, die er hat, so kann auch jede einzelne Gesamtheit oder Gemeinschaft wegen ihrer Schuld für immer jeden Amtes oder besonderen Rechts beraubt werden.

Eine andere Auffassung ist: Die Gemeinschaft der Römer kann nicht wegen irgendeiner Schuld für immer jeden Rechts und besonderen Amtes oder des römischen Kaisertums und Reichs beraubt werden, weil solche dauerhafte Beraubung zum Nachteil der ganzen Gesamtheit der Sterblichen gereichen könnte: also darf man sie nicht für erlaubt halten.

SCHÜLER: Diese Argumentation ist nicht schlüssig: auch wenn man nämlich irgend jemanden allen seines Rechts beraubte, könnte das zum Schaden des gemeinen Wohls gereichen; nicht aber folgt daraus, daß jegliche Beraubung als illegitim gelten muß. LEHRER: Die Antwort ist: wenn jemand all seines Rechts beraubt wird dergestalt, daß, bevor das Urteil vollzogen wird, keiner es widerrufen könnte wegen irgendwelcher (zusätzlicher) Geheimnisse, dann ist das weder legitim noch gerecht. Wenn daher jemand – absolut gesprochen – wegen irgendeines Verbrechens zum Tode verurteilt würde, so sind doch dabei stets einige zusätzliche allgemeine Bedingungen impliziert, wie in jedem Eid, Versprechen, Gelöbnis und Vertrag einige allgemeine Zusatzbedingungen impliziert sein müssen. So könnte auch die Gesamtheit der Römer wegen einer Schuld an und für sich jeglichen besonderen Rechts und Vorrechts beraubt werden, das sie am römischen Kaisertum und Reich hat. Und dennoch muß man einige allgemeine Bedingungen impliziert sehen. Weil daher die Gesamtheit der Römer nicht gänzlich vernichtet werden darf, darf auch kein derartiges Urteil gegen die Römer so zum Vollzug angeordnet werden, daß es nicht aus

Trechsel, fol. 247ra / Goldast, S. „901"

gegebener Ursache widerrufen werden könnte. Die Römer können wegen einer Schuld oder aus gegebener Ursache des Kaisertums und Reichs derart beraubt werden, daß sie es niemals mit Recht wiedergewinnen können ohne neue Einsetzung durch den oder diejenigen, die ihnen das Kaisertum oder Reich auftragen können, es sei denn, daß alle anderen wegen einer Schuld Kaisertum und Reich verlören.

SCHÜLER: Kann nicht auch auf die dritte Art Kaisertum und Reich aufgehoben und vermindert werden dergestalt, daß das Römische Reich nicht bei den Römern bliebe, dennoch aber aus gegebener Ursache zu ihnen zurückkehren könnte? LEHRER: Darauf ist die Antwort: Ja. Denn es kann ja von den Römern auf andere Völker übergehen.

SCHÜLER: Kann das Römische Reich nicht geteilt und gemindert werden? LEHRER: Eine Meinung geht dahin, daß ohne ausdrückliche oder stillschweigende Zustimmung der Gesamtheit aller Sterblichen das römische Kaisertum und Reich nicht geteilt oder gemindert werden kann. Denn wenn schon eine Privatperson oder ein abgeteilte besondere Gruppe ihres Rechts nicht beraubt werden darf, so darf erst recht und um vieles eher die Gesamtheit aller Sterblichen ihres Rechts nicht beraubt werden. Das römische Kaisertum und Reich gehört aber in allererster Linie zur Gesamtheit aller Sterblichen, so wie die Sachherrschaft über zeitliche Güter in allererster Linie der nämlichen Gesamtheit zugehört, sagt Gott doch zu den Ureltern für diese Gesamtheit aller: „*Füllet die Erde und machet sie euch untertan und herrscht über die Fische im Meer!*" (Gen. 1, 28) Also darf die Gesamtheit der Sterblichen ihres Rechts an dem Kaisertum und Reich nicht beraubt werden ohne ihre eigene Zustimmung. Wenn aber Kaisertum und Reich vermindert oder geteilt würden, beraubte man die Gesamtheit der Sterblichen eines Rechts, das sie an Kaisertum und Reich hat. Denn nachdem zeitliche Güter auf die Teilgruppen einer Gesamtheit aufgeteilt sind, gehören sie nicht mehr der gesamten Gemeinschaft. Also kann das römische Kaisertum und Reich nicht vermindert oder geteilt werden, zumindest nicht ohne die verschwiegene oder ausdrückliche Zustimmung der Gesamtheit der Sterblichen.

SCHÜLER: Hinsichtlich der Kompetenz zur Zerstörung, Teilung, Minderung und Übertragung des römischen Kaisertums und Reiches müßte noch sehr vieles behandelt werden. Aber ein Großteil davon wird später seinen Platz haben. Darum sehe ich für jetzt davon ab, das zu verfolgen. Eins jedoch frage ich noch, ob irgendein Teil der Gesamtheit der Sterblichen ohne eigene ausdrückliche oder stillschweigende Zustimmung seines Rechts beraubt werden kann.

LEHRER: Die Antwort ist: Wegen einer Schuld kann jede Person oder

Trechsel, fol. 247rb / Goldast, S. „901"

jede Teilgruppe ihres Rechtes am Kaisertum und Reich, das sie gemeinschaftlich im Besitz hat, beraubt werden, so daß dieses Recht gänzlich auf andere übergeht. Wie etwa auch einige meinen, daß das ganze Recht am Kaisertum und Reich auf die Christen übergegangen ist wegen der Schuld der Ketzer, Juden und anderen Ungläubigen, so daß die Christen in Freiheit über Kaisertum und Reich gänzlich verfügen können, so wie nur je die Gesamtheit aller Sterblichen das konnte.

SCHÜLER: Weiter frage ich zu diesem Thema, ob irgendein Christ oder ein anderer auf all sein Recht, das er an Kaisertum und Reich gemeinsam mit anderen hat, ohne jeden bestimmten Grund aus freiem Entschluß und in freier Wahl verzichten kann? LEHRER: Darüber gibt es verschieden gerichtete Meinungen. Die eine ist, daß es jedermann erlaubt ist, auf jegliches derartige Recht Verzicht zu leisten. Man sagt auch, daß es auf diese Weise nicht erlaubt ist, auf alles menschliche positive Recht zu verzichten. Eine andere Meinung ist, daß es nicht erlaubt ist, auf solches Recht zu verzichten. Solches Recht im Gemeinbesitz ist öffentliches Recht, und darum ist ein Verzicht nicht statthaft.

Hier endet das erste Buch ⟨des zweiten Traktats des dritten Teils⟩.

XX.: Der dem Kaiser geschuldete Gehorsam[*]

III Dialogus II ii, cc. 20–28 (Exzerpte)

c. 20

SCHÜLER: Wir haben die Frage behandelt, welche Gewalt der Kaiser über die Schlechten hat. Nun wollen wir untersuchen, welche Gewalt er über die Guten hat, die ihm unterworfen sind, ob sie ihm in allem zu gehorchen verpflichtet sind. LEHRER: Die Antwort: In Unerlaubtem und Unrecht darf ihm niemand gehorchen.

SCHÜLER: Müssen ihm nicht alle in allem, was erlaubt ist, gehorchen, so daß, wer sich weigert, ihm in erlaubten Dingen zu gehorchen, sich einer Sünde schuldig macht? LEHRER: Die Antwort ist: Nur dies, daß jemand ihm in einer erlaubten Forderung nicht Gehorsam leistet, darf man ihm nicht als Sünde anrechnen. Wenn er nämlich jemandem vorschriebe zu fasten, keinen Wein zu trinken oder etwas derartiges, was nicht zum Amt des Kaisers gehört, dann ist er ihm keineswegs zum Gehorsam verpflichtet, vielmehr nur in den Dingen, die zur zeitlichen Leitung des Volkes gehören. In solchen zeitlichen Angelegenheiten ist ihm jedermann zu Gehorsam verpflichtet.

[*] Trechsel, fol. 255rb / Goldast, S. 917

SCHÜLER: Ist etwa in derartigen Dingen jeder dem Kaiser mehr zu Gehorsam verpflichtet als irgend jemand anderem, also etwa seinem König oder dem Herzog oder dem Markgrafen oder einem anderen unmittelbaren Herren? Doch scheint es so, daß, wie ein Bischof höher steht als ein Abt, dennoch dessen ungeachtet die Mönche in vielen Dingen eher verpflichtet sind, dem Abt Folge zu leisten als dem Bischof. So sind doch wohl auch ungeachtet dessen, daß der Kaiser über den Königen, Herzögen und anderen weltlichen Herren steht, die Untergebenen der anderen Herren eher ihren unmittelbaren Herren zu Gehorsam verpflichtet als dem Kaiser? LEHRER: Die Antwort ist: so wie der Papst nach der Auffassung vieler Gelehrter der unmittelbare Vorgesetzte aller Christen in geistlichen Angelegenheiten ist, so daß alle in allen derartigen Dingen ihm mehr gehorchen müssen als irgendeinem ihm unterstellen Prälaten,[121] so ist auch der Kaiser in zeitlichen Dingen der unmittelbare Herr über alle, so daß er von ihnen in den Dingen, die die Herrschaft in zeitlicher Hinsicht betreffen, mehr Gehorsam fordern darf als jeder andere zeitliche Herr unter ihm. Das scheint der heilige Augustinus zum Römerbrief anzunehmen, der zu jenem Vers *„Die aber widerstreben, werden über sich ein Urteil empfangen"* (Rom. 13,2) anführt: *„Wenn selbst der Proconsul das eine befähle und der Kaiser etwas anderes, wer könnte daran zweifeln, daß man jenen übergehen und diesem gehorchen muß?"* Dasselbe sagt er auch in den *„Confessiones"* III 8 (und das steht auch D. 8 c. 2): *„Bei den Gewaltenträgern der menschlichen Gesellschaft ist die höhere Gewalt der niedrigeren zum Gehorsam vorgesetzt."* Also ist dem Kaiser immer mehr Gehorsam zu leisten als jedem anderen Herren unter ihm.

SCHÜLER: Daraus folgen offenbar zwei Schwierigkeiten: Einmal, alle sind Sklaven des Kaisers, und niemand ist in höherem Maße Sklave als jemand anderes, und keiner ist vor dem Kaiser freier als ein anderer, denn wenn alle jemandem in gleichem Maße zu Gehorsam verpflichtet sind, sind alle gleichermaßen Sklaven von ihm oder gleichermaßen frei. Wenn also alle Untertanen des Kaisers ihm verpflichtet sind als ihrem unmittelbaren Herren, ihm in allem, was zur Leitung eines Volkes gehört, zu gehorchen, sind entweder alle gleichermaßen seine Sklaven oder gleichermaßen frei. Die zweite Schwierigkeit, die folgen würde, ist: Jeder, der für seinen Herrn in den Krieg gegen den Kaiser zöge, beginge ein Majestätsverbrechen, denn jeder der unmittelbar dem Kaiser untergeben ist, begeht ein Majestätsverbrechen, wenn er auf den Tod des Kaisers sinnt. Das aber tut der, der in einem tödlichen Kampf gegen den Kaiser zieht. Berichte, was darüber zu sagen ist.

LEHRER: Zum ersten heißt es: Aus dem zuvor Gesagten folgt dies nicht.

Trechsel, fol. 255^(va) / Goldast, S. 918

Denn wie schon gesagt, sind die Untertanen des Kaisers ihm nicht in allen Dingen zu Gehorsam verpflichtet, sondern nur in dem, was zur Leitung des Volkes gehört, d. h. in dem, was notwendig dazu ist, um das Volk gerecht und zum Nutzen der Untertanen zu leiten. Wenn er daher befähle, was gegen den Nutzen des ihm untergebenen Volkes wäre, wären sie ihm nicht zum Gehorsam verpflichtet, sondern nur darin, was für eine gerechte und zuträgliche Leitung des ihm untergebenen Volkes nötig ist. Und das ist auch der Grund, warum die Sklaven des Kaisers und Freie ihm nicht in gleichem Maße zum Gehorsam verpflichtet sind. Vielmehr sind die Sklaven ihm in vielen Dingen zu gehorchen schuldig, in denen Freie ihm nicht verpflichtet sind. Denn Sklaven müssen ihm auf sein bloßes Geheiß hin alle Güter, die sie innehaben, abgeben, ohne daß sie irgendeinen gemeinen Nutzen vorschützen könnten. Dazu aber sind Freie nicht verpflichtet, und der Kaiser kann ihnen das auch nicht vorschreiben ohne Nutzen für das gemeine Wohl, ja ohne ganz evidenten Nutzen oder ohne Notwendigkeit.

Auch in mancherlei anderer Weise sind die Sklaven des Kaisers ihm zu Gehorsam verpflichtet, wozu Freie ihm keineswegs verbunden sind. Es würde nämlich der Würde des Menschengeschlechts Abbruch tun, wenn alle Sklaven des Kaisers wären. Und seiner Würde würde es auch Abbruch tun, wenn der Kaiser in allen Dingen Freie wie Sklaven behandeln könnte. Weil aber der Kaiser verpflichtet ist, das zu besorgen, was der Würde und dem Nutzen des ganzen Menschengeschlechts frommt, und deshalb keineswegs Freie wie Sklaven darf behandeln wollen, darum sind ihm Freie auch nicht in allem zu demselben Gehorsam verpflichtet wie Sklaven.

Zum zweiten Argument heißt es: jeder, der zusammen mit seinem Herrn, wer immer das ist, zu einem ungerechten Krieg gegen den Kaiser auszieht, begeht ein Majestätsverbrechen, ist der entsprechenden Strafe verfallen und zu bestrafen. Das bezeugen offenbar auch die Kaiser Honorius und Arkadius in Cod. 9.8.5, und das steht auch in C.6 q.1 c.22: *„Wenn jemand mit Soldaten, Privatleuten oder auch Barbaren eine verbrecherische Bande bildet oder einen Eid auf solch eine Vereinigung entgegennimmt oder leistet, wenn er auf den Tod der erlauchten Männer, die an unserem Rat und Konsistorium teilhaben – sie sind nämlich Teil unseres Leibes – oder auf den Tod eines von denen sinnt, die auf unserer Seite in den Krieg ziehen, so haben die Rechte es gewollt, daß bei ihm mit gleicher Strenge die Absicht des Verbrechens wie ein Erfolg bestraft werde; er soll, als des Majestätsverbrechens schuldig, mit dem Schwert gerichtet werden; alle seine Güter sollen unserem Fiscus verfallen; seine Söhne, denen wir aus besonderer kaiserlicher Gnade ihr Leben schenken (sie hätten nämlich mit der Hinrichtung des Vaters zugrunde gehen müssen, weil bei ihnen Taten nach*

Trechsel, fol. 255va / Goldast, S. 918

dem Beispiel des väterlichen, d. h. des ererbten Verbrechens, zu fürchten sind) sollen jedoch von dem Erbrecht an ihrer Mutter Erbe und von allem Folgerecht in das Erbe ihrer Verwandten ausgeschlossen sein."

SCHÜLER: Das scheint einer Äußerung Augustins zu widersprechen, wenn jemand in einen ungerechten Krieg ziehe, so sündige er nicht, solange er nicht wisse, daß der Krieg ungerecht ist, wie es in C. 23 q. 1 c. 4 zu finden ist: *„Was beschuldigt man einen Gerechten? Wenn er vielleicht sogar unter einem gottlosen König in den Krieg zieht, so kann er in den Krieg ziehen, sofern dieser es ihn heißt. Wenn er im Frieden die Ordnung einhält und tut, was ihm befohlen, und tut, was entweder mit Sicherheit nicht gegen Gottes Gebot verstößt oder, wenn das unsicher ist, so tut, daß die Ungerechtigkeit des Befehls den König schuldig macht, den Soldaten aber die Ordnung des Dienstes als schuldlos erweist."* Aus diesen Worten kann man entnehmen: wenn ein König oder ein anderer (Fürst) seine Ritter gegen den Kaiser führt, dann können sie, selbst wenn es ein ungerechter Krieg ist, legitim gegen den Kaiser in den Krieg ziehen, sofern es den Rittern nicht mit Sicherheit feststeht, daß der Krieg ihres Herrn ungerecht ist.

LEHRER: Darauf ist die Antwort: wenn Krieger mit ihrem Herrn zusammen gegen einen anderen, der nicht ihr Herr ist, den Kampf führen, sind sie von Sünde entschuldigt, auch wenn der Krieg ungerecht ist, solange sie das nicht wissen und dabei nicht an einer leichtfertigen und groben Unwissenheit leiden. Wenn sie aber in einen Krieg ausrücken mit ihrem tiefer gestellten Herrn gegen ihren höher gestellten Herrn und insbesondere gegen den Kaiser (der ihr unmittelbarer Herr ist), so sind sie nicht entschuldigt vom Majestätsverbrechen, wenn der Krieg ungerecht ist, auch wenn sie davon keine Kenntnis haben. Denn sie müssen von Rechts wegen zugunsten des Kaisers ein größeres Wohlwollen aufbringen, als sie es zugunsten ihres niedriger gestellten Herren verpflichtet sind zu tun, und müssen ihm unterstellen, daß er einen gerechten Krieg führt. Wenn sie also nicht sicher sind, daß ihr niedriger gestellter Herr einen gerechten Krieg gegen den Kaiser hat, so sind sie nicht vom Majestätsverbrechen entschuldigt.

[...]

c. 21

SCHÜLER: Wir haben, wenn auch kurz, über die Macht des Kaisers über Personen disputiert, nun wollen wir seine Gewalt über zeitliche Güter betrachten, ob er der Eigentümer[122] aller zeitlichen Güter ist, die nicht der Kirche gehören.

LEHRER: Darüber gibt es verschiedene Meinungen und Auffassungen:

Trechsel, fol. 256ra / Goldast, S. 919

Die eine ist, daß der Kaiser nicht der Eigentümer aller Sachen dieser Welt ist.
[…]

c. 22
SCHÜLER: Gerne würde ich einige Argumente für die entgegengesetzte Meinung hören. LEHRER: Die Gegenmeinung, die annimmt, daß der Kaiser der Eigentümer aller zeitlicher Sachen ist, kann sich, wie es scheint, auf mehrere Argumentationen stützen. […]

c. 23
SCHÜLER: Wenn es eine Meinung gibt, die zwischen diesen beiden Meinungen vermittelt, so nenne sie unverzüglich. LEHRER: Eine Meinung ist, daß der Kaiser nicht derart Eigentümer aller zeitlichen Sachen ist, auch wenn sie keineswegs der Kirche gehören, daß es ihm erlaubt wäre und er mit allen solchen Sachen rechtsgültig tun könnte, was er anordnen will. Doch ist er in gewisser Weise Herr und Eigentümer aller dieser Güter, weil er all diese Güter gegen den Widerspruch jedermanns gebrauchen und verwenden darf zum gemeinen Nutzen, wann immer er sieht, daß der gemeine Nutzen dem privaten Nutzen vorzuziehen ist. Um das einzusehen, muß man wissen, daß es bewegliche Güter gibt und Liegenschaften. Von beiderlei Art von Besitz gehört einiges ausschließlich dem Kaiser, und niemand sonst hat darüber Eigentum und Verfügungsgewalt, es sei denn im besonderen Auftrag des Kaisers; diese Güter könnte man ‚kaiserliche Dinge' oder ‚Sachen des Fiscus' nennen. Einige (andere) Dinge, so sagt man, gehören anderen Menschen, die in gewisser Weise Eigentümer dieser beweglichen Güter sind, die (freilich) in einer besonderen Beziehung zum Kaiser stehen; der Kaiser ist nämlich dergestalt Herr über sie, daß er über sie nach seinem Belieben verfügen kann, ohne zu irgendeiner Wiedergutmachung verpflichtet zu sein: Gold und Silber, wertvolle Steine, Gewänder, Waffen, Tiere und andere bewegliche Vermögenswerte kann er verkaufen, verschenken, vererben, veräußern, wie er will, ohne zu einer Wiedergutmachung verpflichtet zu sein. Denn mag der König auch sündigen, wenn er unerlaubterweise aus schlechter Ursache solche Sachen veräußert, er wäre doch nicht verpflichtet, sie dem Reich oder jemandem anderen zu ersetzen. Auch über einige ⟨un⟩bewegliche Güter ist er solcherart Herr: daher kann er Burgen oder Liegenschaften, Weinberge und Städte auf solche Weise weggeben oder veräußern; daher hat er an solchen Gütern eine weitausgedehnte Sachherrschaft und ein ganz vollständiges („fettes") Recht.[123] Über einige Liegenschaften aber hat er nicht solch vollständige Sachherrschaft

Trechsel, fol. 256rb/256vb / Goldast, S. 919f.

und Recht, denn er kann sie nicht verkaufen, verschenken, frei vererben oder veräußern, so etwa das Reich und die Königreiche, denn ihre Veräußerung würde Kaisertum und Reich zu offensichtlichem Schaden gereichen. Und daher kann er sie nicht veräußern. Wenn er sie *de facto*[124] veräußerte, wäre von Rechts wegen die Veräußerung nichtig, vielmehr wäre alles zum Recht des Reiches zurückzubringen, und er selbst wäre, wenn er dazu imstande wäre, zum Ersatz verpflichtet. In bestimmter Weise ist er jedoch gleichwohl Herr auch über solche Güter, insofern er sie beanspruchen und schützen kann und sie für den gemeinen Nutzen brauchen kann. Daneben hat aber bekanntlich irgend jemand anders an ihnen ein Recht. Auch über Sachen, die anderen gehören, hat der Kaiser ein Herrschaftsrecht, insofern er es begründet und für den gemeinen Nutzen des Volkes ausübt. Auch wegen einer Schuld des Besitzers kann er es ihm nehmen und sich zueignen oder jemand anderem geben. Weil er solches aber nicht nach Belieben tun kann, sondern nur wegen einer Schuld der Besitzer oder begründet, das heißt wegen des gemeinen Nutzens, darum hat er an ihnen kein vollständiges Recht wie an den erstgenannten Gütern, welche er nach Gefallen und Belieben veräußern konnte, so daß die Veräußerung, sofern sie nur an einen erfolgte, der im Gehorsam des Reiches blieb, auch gültig war und von niemandem widerrufen werden durfte.

c. 24

SCHÜLER: Dieser Meinung entsprechend, wollen wir die Belege für jene Auffassungen durchmustern, die ihr konträr widersprechen und die oben in c. 21 u. 22 angeführt wurden. Sehen wir, was sie dazu zu sagen hat. So berichte denn zuerst, was über herrenloses Gut zu sagen ist.

LEHRER: Dazu sagt man, daß das hauptsächliche Eigentum an herrenlosem Gut nach dem göttlichen Verfügungsrecht unmittelbar bei dem gesamten Menschengeschlecht liegt; denn Gott gab den Urelten ein Verfügungsrecht über zeitliche Güter für sich und für ihre Nachkommen, wie man aus Gen. 1 entnehmen kann. Nichtsdestoweniger ist der Kaiser in bestimmter Hinsicht Herr über alle derartigen Güter, insofern er sie sich zum gemeinen Nutzen dergestalt aneignen kann, daß sie dem, der sie in Besitz nimmt, nur mit Billigung des Kaisers überlassen werden und daß sie dem Kaiser überlassen werden, wenn er das als dem gemeinen Nutzen zuträglich erkennt.

SCHÜLER: Kann denn der Kaiser nach Belieben befehlen, daß sich keiner seiner Untergebenen solche Sachen aneignen darf? LEHRER: Die Antwort darauf ist: Nein. Denn darum sind dem Kaiser bestimmte Einkünfte oder Erträgnisse oder zeitliche Güter zuerkannt und für seinen eigenen Bedarf bestimmt, daß er sich nicht die Güter anderer nehme und herrenloses Gut dem, der es in Besitz nimmt, überlasse, außer wenn er wegen einer Schuld, aus einer Ursache oder für den gemeinen Nutzen erkennt, daß er sie sich selbst aneignen muß.

SCHÜLER: Sage, was die Antwort auf die zweite Argumentation ist, die ja darin besteht, daß ein weltlicher Eigentümer diese Sachen verkaufen kann, wenn er will, ein Kaiser aber keineswegs. LEHRER: Die Antwort ist, daß ein Herr über weltliche Sachen, wenn er an ihnen Eigentum hat und das umfänglichste (Verfügungs-)Recht, sie, wenn er will, verkaufen kann. Und von solch einer Sachherrschaft spricht das Dekret in C. 1 q. 1. Solch eine Sachherrschaft aber hat der Kaiser nicht über alle zeitlichen Güter, sondern nur über einige von ihnen.

SCHÜLER: Was sagt man von der dritten Argumentation, die sich darauf gründet, daß Kaiser viele Dinge verschenkt haben? LEHRER: Man sagt, daß viele Leute viele Dinge häufig verschenken und doch dabei sich das Obereigentum an diesen Dingen vorbehalten. Deshalb kann der Kaiser sich ja vieler Dinge entäußern, nicht freilich derart, daß er sie nicht in vielen Fällen wieder zurückrufen könnte und sich zum gemeinen Nutzen in ihren Besitz setzen könnte, und deshalb bleibt er immer in bestimmter Hinsicht ihr Herr.

SCHÜLER: Sage, was die Antwort auf die vierte Argumentation ist, die davon ausgeht, daß der Kaiser von der Kriegsbeute im gerechten Krieg einen Sonderanteil erhält. LEHRER: Man sagt, der Kaiser sei, wenn er auch ein besseres Recht an seinem Sonderteil besitzt, der ihm zugewiesen wird, dennoch in gewisser Weise der Herr über alle anderen Anteile, insofern er sie sich zum gemeinen Nutzen aneignen kann.

SCHÜLER: Sage, wie man auf die fünfte Argumentation antwortet, die vom Staatsbesitz ausgeht. LEHRER: Die Antwort ist: der Kaiser hat, wenngleich er auch am Staatsbesitz ein besseres Recht als an anderen Gütern besitzt, dennoch aus den genannten Gründen auch an den anderen Gütern in gewisser Weise ein Herrschaftsrecht.

SCHÜLER: Was sagt man zur sechsten Argumentation, die davon ausgeht, daß der Kaiser entweder Herr über alle Güter ist oder alle Güter zumindest im gemeinschaftlichen Eigentum mit anderen besitzt usw.? LEHRER: Man sagt: weil der Kaiser nicht in derselben Weise Herr über alle zeitlichen Güter ist, sondern auf eine bestimmte Weise Herr seiner eigenen Güter ist und auf eine andere Weise Herr über andere Güter, darum sind weder alle Güter ihm und anderen gemeinsam noch ihm zu eigen. Vielmehr gibt es einige, die im Eigentum des Kaisers sind, so daß niemand anders Eigentum an ihnen hat. Einige aber sind anderen zugeeignet. Über diese nun ist der

Trechsel, fol. 257rb / Goldast, S. 921

Kaiser in gewisser Weise Herr, insofern er sie ihnen wegnehmen kann zum gemeinen Nutzen.

SCHÜLER: Berichte, was man zu der siebten Argumentation sagt, die darin besteht, daß der Kaiser nicht der Herr über alle Dinge ist, weder kraft göttlichen, noch kraft menschlichen Rechts usw. LEHRER: Die Antwort ist, daß der Kaiser in der besagten Weise Herr über alle Dinge ist kraft menschlichen Rechts. Denn wie das Kaisertum von Menschen ist, so ist auch die Sachherrschaft, die der Kaiser innehat, von Menschen. Folglich hat er seine Sachherrschaft über alle Güter kraft menschlichen Rechts. Und wenn man einwendet, daß menschliche Rechte doch Kaiserrecht sind, D. 8 c. 1, so ist die Antwort, daß zur Zeit Augustins, der in D. 8 c. 1 diese Formulierung gebraucht hat, menschliche Rechte Kaiserrecht waren, denn damals *„hatte das Volk seine Kompetenz zur Gesetzgebung auf den Kaiser übertragen"*[125]. Aber zu anderer Zeit waren menschliche Rechte nicht Kaiserrecht, denn es gab ja früher menschliche Rechte als kaiserliche Rechte. Auf gewisse Weise aber ist er der Herr über alle Güter kraft eines Rechts des Volkes; denn das Volk hat auf den Kaiser solche Sachherrschaft über alle Dinge übertragen, wie es der Herr den Ureltern und ihren Nachkommen gegeben hat; zu gemeinem Nutzen könnte er sie ⟨ gebrauchen⟩ und über sie verfügen und Anordnungen treffen, je nachdem, was er für den gemeinsamen Nutzen für zuträglich hält.

c. 25

SCHÜLER: Berichte nun kurz, wie man nach dieser dritten Auffassung auf die Argumentationen antwortet, die oben in c. 22 für die zweite Meinung angeführt wurden.

LEHRER: Auf die erste sagt man, daß der Kaiser nicht derart Herr über die ganze Welt ist, daß er nach seinem Belieben mit allen Menschen der Welt machen könnte, was ihm gefällt, sondern alle sind ihm ausschließlich darin zum Gehorsam verpflichtet, was zum gemeinen Wohl gehört. Und darum ist er nur in jener Weise, wie es oben in c. 23 geschildert wurde, Herr über alle zeitlichen Güter.

Auf die zweite Argumentation wird mit demselben Gedanken geantwortet: denn wer Herr über die Leute ist, ist in gewisser Weise auch Herr über die Sachen, die seinen Untergebenen gehören oder eben diesen Leuten. Daher ist der Kaiser Herr aller Dinge, die seinen Untergebenen gehören. Denn er kann sie gebrauchen für den gemeinen Nutzen, nicht freilich nach eigenem Belieben ohne vernünftigen Grund.

Auf die dritte Argumentation wird gesagt, daß alle Dinge in der Kompetenz des Kaisers stehen; denn er kann alle Dinge an sich nehmen zum gemeinen Nutzen, nicht freilich nach eigenem Belieben. So ist er nur in der eben beschriebenen Weise Herr über sie, nicht anders.

Auf die vierte Argumentation ist die Antwort: Der König ist in gewisser Weise Herr aller Dinge, die in seinem Königreich sind, nicht derart freilich, daß er nach Belieben über sie Anordnungen treffen könnte, wie er will, sondern weil er alle zum gemeinen Wohl wegnehmen kann. Und so hat Gott es gemeint, als er prophezeite, daß alle Dinge, die ⟨zuvor⟩ den Kindern Israels gehörten, künftig im Recht des Königs stünden [vgl. I. Sam. 8, 9–18].

SCHÜLER: Zu jenem Recht des Königs gehört anscheinend nicht allein, für den gemeinen Nutzen zu nehmen, was den Untergebenen gehört, sondern auch für seinen eigenen Nutzen, für den Nutzen des Königs. Denn in der angezogenen Schriftstelle soll ⟨Samuel⟩ den Kindern Israel ausdrücklich sagen: *„Eure Söhne wird er nehmen für seinen Wagen [...], und daß sie ihm seinen Acker bearbeiten und seine Ernte einsammeln"* (I. Sam. 8, 12), und wenig später: *„Eure besten Äcker und Weinberge und Ölgärten wird er nehmen und seinen Dienern geben"* (I. Sam. 8, 14). Daraus und aus fast allen Sätzen dieser Belegstelle kann man entnehmen, daß es zum Königsrecht gehört, alles nehmen zu können oder zu beanspruchen für den privaten Nutzen des Königs.

LEHRER: Die Antwort ist, daß der Nutzen des Königs der gemeine Nutzen ist. Denn wie der, der sich gegen den König vergeht, in gewisser Weise sich gegen alle vergeht, die diesem untergeben sind, so tut anscheinend der, der dem König etwas antut, das in gewisser Weise all jenen an, die diesem untergeben sind. Wenn darum der König seine Privatgeschäfte nicht mit seinem eigenen Vermögen und seinen eigenen Hörigen besorgen könnte, dann könnte er für die Besorgung seiner Privatgeschäfte Vermögen und Hörige anderer und ihre Kinder, die ihm unterstellt sind, nehmen, damit er dadurch dem gemeinen Nutzen aufhelfe. Auf diese Weise sagt Gott (I. Sam. 8, 9), daß all das zum Königsrecht gehört. Wenn der König aber nicht in solcher Notlage war, dann konnte er auch all das nicht tun. Deshalb hat auch, wie wir I. Reg. 21, 21 lesen können, der Israelit Naboth dem König Ahab seinen Weinberg nicht geben, ihn auch nicht vertauschen oder verkaufen wollen, weil er sah, daß der König ihn keineswegs aus einer Notlage haben wollte, auch nicht zum gemeinen Wohl, sondern nur aus Habsucht und Begierde. So sagt auch die ganze Gemeinde Israel zu Rehabeam, dem Sohn Salomons (das steht I. Reg. 12, 4): *„Dein Vater hat uns das allerhärteste Joch auferlegt"*, und damit meinten sie, daß er sie gegen Gerechtigkeit und gegen legitimes Recht des Königs bedrückt habe. Wiewohl also der König Vermögen, Hörige und Kinder seiner Untergebenen

Trechsel, fol. 257va / Goldast, S. 922

nehmen kann und sie zum eigenen Nutzen verwenden darf, wenn seine eigenen Mittel nicht ausreichen und der gemeine Nutzen behindert würde, wenn nicht die Geschäfte des Königs erledigt würden, so kann er das doch dann nicht, wenn das keineswegs zum gemeinen Nutzen ausschlagen würde.

SCHÜLER: Das scheint den Wortlaut der Aussagen Gottes doch allzu sehr zu pressen, der I. Sam. 8, 17 sagt: *„Und ihr müßt seine Knechte sein"*, haben doch Knechte keinerlei Eigentum.

LEHRER: Die Antwort ist: nicht deshalb sagt er ihnen: ,*ihr müßt seine Knechte sein*', weil sie etwa künftig knechtischen Standes und keine Freien sein sollten, denn man kann in I. Reg. 9, 22 lesen: *„Aber aus Israel machte er niemand zu Fronleuten, sondern ließ sie Kriegsleute und seine Reiter und Oberste* und Ritter *und Hauptleute über seine Wagen und Gespanne sein."* Aber sie waren doch künftige Knechte, wenn man das Wort „Knechte" weit faßt für Untergebene, die in einigen Fällen als Freie Untergebene sind, weil man sie ihrem Herrn Dienste leisten sieht.

SCHÜLER: Sage, wie man auf die fünfte Argumentation antwortet.

LEHRER: Man antwortet wie auf die vorausgehende Argumentation: Alles, was im Königreich ist, gehört dem König hinsichtlich seiner Kompetenz, es für das gemeine Wohl zu gebrauchen, nicht aber hinsichtlich seiner Kompetenz, darüber nach seinem Belieben zu verfügen unangesehen des gemeinen Nutzens. Auf diese Art gehört Kriegsbeute in einem gerechten Krieg dem König, und auf bestimmte Weise gehört sie auch den Soldaten, nämlich hinsichtlich der Kompetenz, die Beute aufzuteilen und an die Soldaten zu verteilen, die sie zu Recht erbeutet haben; das aber muß ohne Ansehen der Person geschehen. Und das sagt die Glosse zu D. 1 c. 10 [s. v. *ac principis portio*]: *„Alles gehört dem Fürsten hinsichtlich des Schutzes, er selbst aber ist gehalten, alles zu verteilen, gemäß den Verdiensten der Empfänger, wie es in C. 12 q. 2 ⟨c. 25 und⟩ c. 26 steht."* Deswegen sagt ja auch die Glosse zu C. 23 q. 5 c. 25 über das Wort *omnia*: „Wenn man unter jemand anderem Kriegsdienst leistet, gehört die Beute ganz dem Herrn; der aber ist verpflichtet, sie gleichmäßig zu verteilen nach der Qualität der Personen, wie oben, D. 1 c. 10. In dieser Weise werden auch Zehnten an den Bischof gegeben, damit er sie teile: C. 12 q. 2 c. 26. Wenn es also hier heißt: ,Nach dem Völkerrecht wird das unser (Eigentum), was wir im Kriege erbeuten', Dig. 41.1.5.7, so ist es wahr, daß es dem zusteht, der es erbeutet hat; dennoch aber ist er verpflichtet, es seinem Herren zu geben, damit er es nach den Verdiensten seiner Leute verteile."[126]

c. 26

SCHÜLER: Wir haben hier im einzelnen besondere Untersuchungen angestellt, welche Kompetenz der Kaiser über zeitliche Güter hat. Nun will ich allgemein fragen, ob der Kaiser in zeitlichen Dingen die Fülle der Kompetenz besitzt, so wie der Papst nach Meinung einiger in geistlichen Angelegenheiten deutlich die Fülle der Kompetenz besitzt. LEHRER: Darüber gibt es verschiedene Ansichten. Die eine geht dahin, daß der Kaiser in zeitlichen Dingen derart die Fülle der Kompetenz besitzt, daß er alles vermag, was nicht gegen das göttliche Recht oder das natürliche Recht verstößt, so daß ihm in allen derartigen Angelegenheiten alle seine Untergebenen zu Gehorsam verpflichtet sind.

SCHÜLER: Versuche, für diese Auffassung Belege anzuführen. LEHRER: Dafür läßt sich vielfach argumentieren: Wer nämlich von keinem menschlichen Gesetz beschränkt ist, sondern allein durch göttliches und natürliches Recht verpflichtet wird, der kann alles, was nicht gegen eines der besagten Rechte verstößt. Der Kaiser aber ist durch kein menschliches Recht gebunden, sondern nur durch göttliche und natürliche Gesetze. Denn (wie man in den Digesten [1.3.31] liest, was die Glosse X 1.2.1. [s.v. *ab omnibus*] zitiert): *„Der Kaiser ist von den Gesetzen ledig."*[127] Also hat er in zeitlichen Dingen eine derartige Kompetenzfülle, daß er alles vermag, was nicht gegen göttliche und natürliche Gesetze ist.

Weiterhin: Jener hat in zeitlichen Dingen Kompetenzfülle, dessen Willen in derartigen Dingen Gesetzeskraft hat. Aber *„was der Fürst beschließt"* (vor allem aber der Kaiser), *„das hat Gesetzeskraft"* [Dig. 1.4.1.pr.].[128] Demnach hat der Kaiser in derartigen Dingen die Fülle der Kompetenz.

Weiterhin: Jener hat die Fülle der Kompetenz in zeitlichen Dingen, bei dem selbst *ein Irrtum* in zeitlichen Angelegenheiten *Recht schafft*.[129] Demnach hat er in zeitlichen Dingen die Fülle der Kompetenz.

Außerdem: Wenn ein dem Kaiser Untergebener in zeitlichen Angelegenheiten einem Gebot des Kaisers, das nicht gegen das göttliche oder gegen das natürliche Recht verstößt, mit Recht Widerstand leisten kann, dann darf er diesen Widerstand leisten kraft eines bestimmten Rechts. Denn wir können das in rechter Weise, was wir aus Rechtsgründen können. Nun kann er ihm aber entweder kraft göttlichen oder natürlichen oder menschlichen Rechts Widerstand leisten; nicht kraft göttlichen oder natürlichen, denn, wie gesagt wurde, das kaiserliche Gebot verstößt ja gegen keines dieser Rechte; auch nicht kraft menschlichen Rechts, denn wie es in D. 8 c. 7 heißt (was oben zitiert wurde), stehen die menschlichen Rechte dem Recht des Kaisers entgegen, denn *„eben die menschlichen Rechte verteilt*

Trechsel, fol. 257vb / Goldast, S. 922

Gott an das Menschengeschlecht durch die Kaiser und Könige dieser Welt". Demnach kann niemand kraft Kaiserrechts gegen des Kaisers Gebot Widerstand leisten, weil der Kaiser in allem Derartigen alles tun kann. Außerdem: Das, wozu sich die menschliche Gesellschaft selber verpflichtet, das zu halten, ist diese Gesellschaft auch verpflichtet. Aber sie verpflichtet sich dazu, ihren Königen im allgemeinen Gehorsam zu leisten und folglich desto mehr dem Kaiser. Denn Augustinus sagt im III. Buch seiner „Confessiones" [c. 8], und das steht D. 8 c. 2: *„Es ist eine allgemeine Abmachung der menschlichen Gesellschaft, ihren Königen Gehorsam zu leisten."* Demnach muß im allgemeinen dem Kaiser Gehorsam erwiesen werden, so daß er alles vermag, was nicht gegen das göttliche oder natürliche Recht verstößt.

c. 27
SCHÜLER: Nun referiere die gegenteilige Auffassung! LEHRER: Die entgegengesetzte Auffassung geht dahin: Der Kaiser besitzt in zeitlichen Dingen nicht die Fülle der Kompetenz, daß er alles vermöchte, was nicht gegen das göttliche noch gegen das natürliche Recht verstößt, vielmehr ist seine Kompetenz dergestalt beschränkt, daß er hinsichtlich der ihm unterworfenen Freien und ihres Eigentums nur das vermag, was dem gemeinen Nutzen zuträglich ist.

SCHÜLER: Führe einige Argumentationen an zugunsten dieser Auffassung!

LEHRER: Es wird dafür folgendermaßen argumentiert: Jener hat nicht die Fülle der Kompetenz, daß er alles vermöchte, dessen Gesetze nicht zu seinem eigenen Vorteil, sondern nur zum gemeinen Nutzen erlassen werden müssen. Hätte er nämlich die Fülle der Kompetenz, könnte er nicht allein zum gemeinen Nutzen Gesetze erlassen, sondern auch zu seinem privaten Nutzen oder zum Nutzen von anderen, auch in beliebigen Fragen, solange das nicht gegen das göttliche Recht verstieße oder gegen das natürliche Recht. Kaiserliche und andere Gesetze aber dürfen nicht zugunsten eines privaten Vorteils, sondern nur zu gemeinem Nutzen erlassen werden, nach dem Zeugnis Isidors, der, wie man D. 4 c. 2 lesen kann, sagt: *„Das Gesetz aber soll ehrsam und gerecht, im Rahmen des Natürlichen und auch im Rahmen des Gewohnheitsrechts des Landes durchführbar sein, nach Ort und Zeit notwendig, auch offenkundig von Nutzen, so daß es niemandem durch dunkle Formulierungen verleitet, zudem keinesfalls zu privatem, sondern allein zu gemeinem Vorteil verfaßt."* Also hat der Kaiser nur dann die Fülle der Kompetenz, daß er alles vermag, wenn es zum gemeinen Nutzen dient.

Trechsel, fol. 258rb / Goldast, S. 923

Weiterhin: Wenn der Kaiser in derartigen Dingen solche Kompetenzfülle hat, dann wären alle anderen Könige und Fürsten und alle anderen Laien, die ihm untergeben sind, seine Knechte. Denn ein Herr hat keine größere Gewalt über seine Hörigen als die, daß er ihnen alles gebieten kann, was nicht gegen das göttliche oder natürliche Recht verstößt. Ja, vielleicht hat ein Herr nicht einmal eine so weitgedehnte Kompetenz (über sie). Wenn also der Kaiser nicht allein das, was zum gemeinen Nutzen dient, sondern auch anderes, was immer in zeitlichen Dingen nicht gegen das göttliche Recht noch gegen das natürliche Recht verstößt, ⟨befehlen könnte⟩, dann wären alle ihm Untergebenen seine echten Hörigen.

Wiederum: Auch der Papst hat keine solch vollkommene Kompetenz in geistlichen Dingen; denn er kann, was zur Übergebühr gehört, niemandem gebieten, wie etwa Keuschheit, Fasten bei Wasser und Brot, Eintritt in einen religiösen Orden und dergleichen. Um so mehr hat also auch der Kaiser keine derartige Kompetenzfülle.

Außerdem: Der Kaiser hat in zeitlichen Dingen keine größere Kompetenz, als sie das Volk hatte, da der Kaiser seine Kompetenz vom Volke hat, wie oben angeführt wurde. Denn das Volk konnte ja nicht mehr Herrschaftsrecht oder Kompetenz auf den Kaiser übertragen, als es sie hatte. Aber das Volk hatte niemals eine derartige Kompetenzfülle, daß es einem einzelnen aus dem Volk alles, was nicht gegen das göttliche Recht oder gegen das natürliche Recht ist, gebieten könnte. Denn es konnte ja schon nicht gebieten, was nicht mit Notwendigkeit zu tun war, nach dem Zeugnis der Glosse zu X 1.2.6. [s. v. *constitutum*], nach deren Wortlaut „*in Angelegenheiten, die nicht mit Notwendigkeit getan werden müssen, nichts getan werden kann, wenn nicht alle zustimmen*". Wenn also das Volk einem einzelnen aus dem Volk etwas gebietet, was nicht mit Notwendigkeit getan werden muß, dann ist er nur verpflichtet, das zu tun, wenn er selber einwilligt. So bleibt nur der Schluß, daß der Kaiser keine solche Kompetenzfülle hat.

Außerdem: Das Kaiserreich einzuziehen,[130] zu veräußern, zu verkaufen, wegzugeben oder zu vermachen verstößt nicht gegen das göttliche Recht noch auch gegen das natürliche Recht, und doch kann der Kaiser das alles nicht. Also hat er nicht die Fülle der Kompetenz.

Wiederum: Der Kaiser hat keinerlei Kompetenz, die dem gemeinen Wohl gefährlich wäre. Solch eine Kompetenzfülle aber wäre dem Gemeinwohl gefährlich. Denn damit könnte er alle seine Untergebenen in Armut stürzen, was dem gemeinen Wohl widerspräche.

Außerdem: Eine Kompetenz, die nur wegen des gemeinen Nutzens eingerichtet ist, erstreckt sich ausschließlich auf das, was dem gemeinen

Trechsel, fol. 258rb / Goldast, S. 923

Nutzen zugeordnet ist. Folglich erstreckt sie sich nicht auf alles, was ⟨nicht⟩ gegen das göttliche oder natürliche Recht verstößt. Aber die kaiserliche Gewalt ist ausschließlich zum gemeinen Nutzen eingerichtet; also erstreckt sie sich nicht auf das, was nicht zum gemeinen Nutzen gehört. Und diese Argumentation wird noch gestützt: Was nicht seinem gehörigen Ziel zugeordnet ist, scheint unordentlich; was aber unordentlich ist, ist als nicht erlaubt einzuschätzen. Der Zweck der Einsetzung eines Kaisers ist aber der gemeine Nutzen. Also ist, was der Kaiser nicht in kaiserlicher Vollmacht tut und was nicht dem gemeinen Nutzen zugeordnet ist, unordentlich und folglich unerlaubt. Daraus kann man schließen, daß der Kaiser kraft seiner kaiserlichen Vollmacht nicht alles kann, was nicht gegen das göttliche Recht und auch nicht gegen das natürliche Recht verstößt, sondern allein das, was dem gemeinen Nutzen frommt.

c. 28

SCHÜLER: Weil diese zweite Auffassung mit der Gemeinschaft der Sterblichen und ihrem gemeinen Wohl – für das jedermann zu kämpfen verpflichtet ist – ⟨am ehesten⟩ im Einklang zu stehen scheint, wünsche ich zu wissen, wie man auf die Argumente zugunsten der entgegengesetzten Argumentation antwortet. Sage darum, wie man auf die erste Argumentation, die in c. 26 angeführt wurde, entgegnet. LEHRER: Auf sie antwortet man, indem man beim menschlichen Gesetz eine Unterscheidung macht. Denn unter solchen Gesetzen gibt es einige, die von Kaisern und anderen Personen und besonderen Personengemeinschaften, die dem Kaiser untergeben sind, herrühren; diese kann man die „bürgerlichen Gesetze" nennen. Einige andere rühren in gewissem Sinn von der gesamten Gemeinschaft der Sterblichen her; sie gehören offenbar dem Recht der Völker an. Und diese sind in gewisser Weise natürliche Gesetze, in gewisser Weise aber auch menschliche oder positive Gesetze , wie man es aus dem entnehmen kann, was in diesem Teil im 10. und 11. Kapitel gesagt wurde. Der Kaiser ist keineswegs mit Notwendigkeit verpflichtet, sie einzuhalten, wenn es *„ihm auch ziemt, nach seinen eigenen Gesetzen zu leben"* [vgl. die Lex *„Digna vox"*: Cod. 1. 14. 4], solange er nur diejenigen Gesetze einhält, die dem Recht aller Völker angehören, weil ja alle Völker und insbesondere die, die vernünftig sind und ihr Leben nach der Vernunft führen, solche Gesetze einhalten. So ist auch der Kaiser diesem nämlichen Gesetz verpflichtet, und es ist ihm nicht erlaubt, es regelwidrig zu überschreiten, ausgenommen in jenem Fall, wo er sieht, daß es dem gemeinen Nutzen abträglich ist. Darum wäre es ihm nicht erlaubt, ganz allgemein *„die Besetzung eines Wohnsitzes, Kriege und Gefangenschaften, Knechtschaftslasten, das Restitutionsrecht*

Trechsel, fol. 258va / Goldast, S. 924

und die Verpflichtung zum Schutz von Gesandten gegen Verletzungen" [vgl. D. 1 c. 9] und alles andere, was offenkundig zum Recht aller Völker gehört, ⟨zu mißachten⟩. Der Kaiser hat demnach keineswegs die Fülle der Kompetenz, daß er in zeitlichen Angelegenheiten alles könnte, was nicht gegen göttliches und gegen das absolute natürliche Recht verstößt, von dem oben in Kapitel 10 und 11 die Rede war,[131] das gehört zum Recht aller Völker, wie z. B. die Tatsache zum Recht aller Völker gehört, daß es einige Freie gibt, die nicht bloße Hörige sind, weil ja das eine aus dem anderen folgt. Und darum ist der Kaiser an dieses Gesetz gebunden. Und doch ist dieses Gesetz ein menschliches Gesetz, weil mit der Zustimmung aller Sterblichen, die ihm widersprächen, sein Gegenteil als Gesetz beachtet werden könnte.

SCHÜLER: Sage, wie man auf die zweite Argumentation antwortet.

LEHRER: Darauf erwidert man: *„Was der Fürst"*, gemeint ist der Kaiser, vernünftig, gerecht und um des gemeinen Wohls willen *„beschließt, hat Gesetzeskraft"*, sofern es klar ist, daß er es machen darf. Wenn er aber etwas beschließt, nicht um des gemeinen Wohls willen, sondern zu seinem eigenen Wohl, so hat das keineswegs Gesetzeskraft, gemeint ist dabei: von Rechts wegen, sondern ist Unrecht und Ungerechtigkeit.

SCHÜLER: Diese Argumentation tut, wie auch die unmittelbar zuvor im vorangehenden Kapitel vorgebrachte, der Wahrheit und der Autorität der Kaiser Abbruch. Denn nach dieser Meinung könnte der Kaiser nur allgemeine Gesetze erlassen und nur dann, wenn sie sich auf das gemeine Wohl beziehen. Daraus aber folgt, daß er kein Privileg an irgend jemanden erteilen dürfte, denn *„Privilegien sind private"*, gemeint ist: Gesetze, nicht gemeinsame oder allgemeine, D. 3 c. 3.[132] Daß der Kaiser aber niemandem ein besonderes Privileg erteilen dürfe, das scheint sowohl der Wahrheit als auch der Autorität des Kaisers Abbruch zu tun. LEHRER: Darauf ist die Antwort, daß jede Privatperson und jedes besondere Kollegium ein Teil der gesamten Gemeinschaft ⟨der Sterblichen⟩ ist. Daher ist das Wohl jeder Privatperson und jedes besonderen Kollegiums das Wohl der ganzen Gemeinschaft. Daher wird es auch zum gemeinen Wohl überreichlich beitragen können und wird zu ihm hingeordnet werden können. Wenn darum der Kaiser besondere Privilegien an bestimmte Personen oder besondere Kollegien erteilt, so sind diese Privilegien (sofern seine Überlegung nicht gegen das gemeine Wohl in Irrtum fällt) gerecht und beachten das gemeine Wohl. Wenn er aber das gemeine Wohl in dieser besagten Weise nicht im Auge hat, sondern derartige Privilegien aus privater Liebe oder aus anderer, weniger gerechter Ursache erteilt, so sind jene Privilegien nicht gerecht, sondern unrecht und ungerecht. Und ⟨der Kaiser⟩, der sie erteilt, macht

Trechsel, fol. 258vb / Goldast, S. 924

sich des Lasters der Voreingenommenheit schuldig, von dem er nicht entschuldigt werden kann.

SCHÜLER: Sage, wie auf die dritte Argumentation geantwortet wird. LEHRER: Man sagt, daß auch ein Irrtum des Fürsten mit Wahrscheinlichkeit Recht schafft;[133] denn er bewirkt, daß die anderen zu Gehorsam verpflichtet sind, außer wenn ihnen offensichtlich ist, daß der Irrtum des Fürsten gegen das gemeine Wohl verstößt. In diesem Fall schafft der Irrtum des Fürsten kein Recht.

SCHÜLER: Wie antwortet man auf die vierte Argumentation? LEHRER: Die Antwort geschieht durch das, was oben in der Antwort auf die erste Argumentation gesagt wurde. Denn oft kann jemand dem Gebot des Kaisers, auch wenn es nicht gegen göttliches oder natürliches Recht verstößt, kraft menschlichen Rechts Widerstand leisten, freilich nicht kraft bürgerlichen Rechts, sondern kraft des Rechts aller Völker, wie schon gesagt wurde. Zum Argument im einzelnen sagt man, daß es von den bürgerlichen menschlichen Gesetzen spricht, nicht vom Recht aller Völker. Die bürgerlichen Rechte nun sind Rechte der Kaiser und Könige, das Recht aller Völker hingegen ist nicht von Kaisern oder Königen kraft ihres Erlasses, mag es auch durch ihre Billigung und Beachtung eingeschärft werden.

SCHÜLER: Sage, was diese Auffassung von der letzten Argumentation meint. LEHRER: Sie meint, daß es eine allgemeine Vereinbarung der menschlichen Gesellschaft ist, ihren Königen in dem zu gehorchen, was zum gemeinen Wohl dient. Und deshalb ist die menschliche Gesellschaft dazu verpflichtet, dem Kaiser allgemein darin Gehorsam zu leisten, nicht in anderen Dingen, die, wie unzweifelhaft zu sehen ist, dem gemeinen Wohl keineswegs zuträglich sind.

XXI.: Die Organismus-Metapher*

III Dialogus II iii, cc. 2 u. 4

c. 2

SCHÜLER: Gefragt wird zuerst, ob der Kaiser bei der Wahl des höchsten Bischofs eine Kompetenz hat oder irgendein Recht oder ob er sie doch haben kann. Zweitens, ob er über die Person dessen, der zum höchsten Bischof gesetzt ist, irgendeine Kompetenz besitzt oder doch haben kann. Zuvor freilich möchte ich erforschen, ob die Wahl des höchsten Bischofs in die persönliche Kompetenz des Kaisers fallen kann.

* Trechsel, fol. 259va / Goldast, S. 926

LEHRER: Darüber gibt es widersprüchliche Aussagen. Eine erste ist, daß solch ein Recht nicht in die persönliche Kompetenz des Kaisers fallen kann, solange er Kaiser bleibt. *[... folgen sechs Argumentationen für diese These, darunter auch die fünfte Argumentation:]* Weiterhin: Wie im menschlichen Leib verschiedene Glieder verschiedene Funktionen haben, nach Rom. 12, 4, so müssen auch im Leib der Kirche die verschiedenen Glieder verschiedene Funktionen haben. Deshalb sagt Gregor I., wie man in D. 89 c. 1 lesen kann, daß im Leibe der Kirche viele Glieder sind, und „*nach dem Wahrspruch des Apostels Paulus muß in ein und demselben geistlichen Körper ein bestimmtes Amt dem einen und ein anderes einem anderen anvertraut werden*", und weiter unten heißt es: „*Und wie es unziemlich ist, daß in einem menschlichen Körper ein Glied das Amt eines anderen übernimmt, so wäre es auch überaus schädlich, zugleich auch äußerst schändlich, wenn die einzelnen Dienste und sachlichen Aufgaben nicht ebenso vielen einzelnen Personen anvertraut würden.*" Kleriker und Laien sind aber verschiedene Glieder, also haben sie verschiedene Funktionen. Die Wahl eines höchsten Bischofs kommt den Klerikern zu, D. 23 c. 1, also kann sie keineswegs in die Kompetenz von Laien fallen. [...]

c. 4

[... Unter den Antworten auf die Argumentationen von c. 2 findet sich auch folgende:]

Auf die fünfte Argumentation gibt es eine doppelte Antwort. Einmal folgendermaßen: Die verschiedenen Glieder im menschlichen Körper haben einige spezifische Funktionen und einige gemeinsame Funktionen: eine Ortsbewegung etwa können alle menschlichen Glieder spüren, einen Hieb schlagen, tragen und vieles andere kann ein Mensch im Gebrauch verschiedener Glieder. Andere Funktionen aber sind spezifische Funktionen, wie Sehen, Hören und dergleichen. Entsprechend gibt es im Körper der Kirche einige den Klerikern und Laien gemeinsame Funktionen und einige Funktionen, die den Klerikern eigentümlich sind. Einen Prälaten zu wählen, soweit das nicht durch Rechtsgewohnheit oder menschliche Satzung anders bestimmt ist, kommt beiden zu, denn sein Amt ist ja für Kleriker und für Laien gemeinsam. Wenngleich daher die Wahl des höchsten Bischofs auch den Klerikern zusteht, so kann sie doch auch in die Kompetenz der Laien fallen.

Zweitens sagt man: keineswegs ist eine vollkommene Gleichsetzung von Gliedern am menschlichen Leibe und von Organen am Leibe der Kirche möglich, wenngleich sie hinsichtlich vieler Gesichtspunkte gültig sein mag. Denn die eigentümlichen Funktionen der Glieder am menschlichen

Trechsel, fol. 261vb / Goldast, S. 930

Körper kommen ihnen von Natur aus zu, dergestalt daß ein Organ den Ausfall eines anderen, wenn irgendeine Notlage eintritt, nicht ersetzen kann. Aber die Glieder am Leibe der Kirche können einander in vielen Funktionen, ja selbst in den ihnen jeweils eigentümlichen bei Ausfällen ersetzen. Denn ein Kleriker kann die Stellvertretung ⟨übernehmen⟩ und den Ausfall von weltlichen Personen wettmachen auch in jenen Angelegenheiten, die den weltlichen Personen gewissermaßen eigentümlich sind. Das kann man durch vielerlei beweisen, was schon oben berührt wurde. In gleichem Maße können aber auch die Laien in vielen Dingen den Ausfall und die Nachlässigkeit, auch den schlechten Willen der Kleriker ersetzen. Wenn also auch gilt: sofern der Leib der Kirche in bester Weise verfaßt ist (soweit das der Zustand des gegenwärtigen Lebens überhaupt zuläßt), müssen verschiedene Ämter verschiedenen Personen anvertraut werden. Doch dann, wenn der Leib der Kirche an verschiedenen Organen verschiedene Ausfälle hinnehmen muß, ist es doch keineswegs unangemessen, vielmehr notwendig, daß einer einzigen Person verschiedene Ämter anvertraut werden und daß ein Glied die Funktion eines anderen übernimmt. Mag daher auch die Wahl eines höchsten Bischofs in bestimmter Weise den Klerikern eigentümlich sein, so ist es dennoch keineswegs unangemessen, daß in einem Sonderfall der Kaiser den höchsten Bischof wählt, sei es allein oder zusammen mit anderen.

XXII.: Der dreifache Sinn von Naturrecht*

III Dialogus II iii, c. 6

SCHÜLER: Sage, was auf meinen Einwand zur Antwort gegeben wird, daß die Römer weder kraft göttlichen noch kraft menschlichen Rechts ein Recht darauf haben, den Papst zu wählen. LEHRER: Die Antwort darauf ist, daß den Römern, wenn man das göttliche Recht auf jede Art von Naturrecht ausdehnt, aus göttlichem Recht das Recht der Papstwahl zusteht. SCHÜLER: Diese Antwort scheint mir dunkel, daher möchte ich sie gemäß dieser Auffassung aufgeklärt sehen. Zuerst erkläre also nach dieser Meinung, warum es heißt: ‚wenn man das göttliche Recht auf jede Art von Naturrecht ausdehnt', zum zweiten, warum jedes Naturrecht göttliches Recht heißen kann.

LEHRER: Erstens: Diese Unterscheidung ist wegen der drei Arten des Naturrechts notwendig. Denn einmal heißt Naturrecht jenes Recht, das der natürlichen Vernunft entspricht, die in keinem Einzelfall in die Irre

* Offler, S. 212 [Trechsel, fol. 263ra / Goldast, S. 932]

leitet, wie zum Beispiel: Du sollst nicht ehebrechen. Du sollst nicht lügen, und dergleichen.

Zweitens heißt Naturrecht das, was von jenen zu beachten ist, die allein natürliche Billigkeit ohne jedes Gewohnheitsrecht und menschliche Satzung gebrauchen. Das heißt deswegen auch „natürliches" Recht, weil sein Gegenteil dem Stand der ursprünglich geschaffenen Natur entgegengesetzt ist: wenn die Menschen gemäß ihrer natürlichen Vernunft lebten oder gemäß dem göttlichen Gesetz, bräuchte man es nicht einzuhalten oder zu tun. Auf diese zweite Weise – und nicht nach der ersten Weise – sind kraft Naturrechts alle Dinge gemeinsam, denn im ursprünglichen Naturzustand waren alle Dinge gemeinsam; und wenn nach dem Sündenfall alle Menschen gemäß der Vernunft lebten, müßten alle Dinge gemeinsam sein und nichts im Eigentum. Denn *„das Eigentum ist wegen der Ungerechtigkeit eingeführt"*, wie es C. 12 q. 1 c. 2 heißt. Dementsprechend formuliert es Isidor in den Etymologien V 4, und das steht auch D. 1 c. 7, wenn er sagt: *„Nach dem Naturrecht gibt es an allem gemeinsamen Besitz, und alle haben gleiche Freiheit."* Der gemeinsame Besitz an allem und die gleiche Freiheit aller ist nämlich nicht vom Naturrecht in der ersten genannten Weise. Sonst könnte sich niemand legitim irgend etwas aneignen, noch könnte aufgrund irgendeines „Völker-Rechts" [das alle Völker gebrauchen] oder aufgrund eines bürgerlichen Rechts irgend jemand Sklave werden; denn das Naturrecht nach der ersten (genannten) Weise ist unwandelbar und unveränderlich, und von ihm kann niemand befreit werden, D. 5 d. a. c. 1 und D. 6 d. p. c. 3. Nun steht aber fest, daß einige kraft Völkerrechts legitim zu Sklaven werden nach dem Zeugnis des heiligen Gregor, der, wie es C. 12 q. 2 c. 68 heißt, gesagt hat: *„Heilsam handelt man, wenn man Menschen, welche die Natur von Anbeginn an als freie hervorgebracht hat, die aber das Völkerrecht dem Joch der Sklaverei unterworfen hat, zu jener Natur, in der sie geboren waren, durch die Wohltat der Freilassung befreit."* Aus diesen Worten geht hervor, daß nach Naturrecht alle Menschen frei sind und dennoch kraft Völkerrecht zu Sklaven werden. Daraus kann man folgern, daß das Naturrecht, wenn man es auf eine bestimmte Weise versteht, nicht unwandelbar ist. Vielmehr ist es legitim, das Gegenteil davon durch Statut rechtsgültig zu machen, so daß von Rechts wegen sein Gegenteil geschehen kann.

Auf eine dritte Weise nennt man Naturrecht jenes Recht, das aus Völkerrecht [das alle Völker gebrauchen] oder einem anderen Recht oder aus irgendeiner göttlichen Handlung oder aus menschlichem Tun in evidenter Beweisführung entnommen wird, es sei denn, es würde mit Zustimmung derer, denen das obliegt, das Gegenteil davon statutarisch festgesetzt. Dies

Offler, S. 212 [Trechsel, fol. 263ra / Goldast, S. 932]

Naturrecht könnten wir „Naturrecht unter bestimmten Bedingungen" oder „bedingtes Naturrecht" nennen, wie es bei Isidor am genannten Ort (D. 1 c. 7) heißt: *„Naturrecht ist die Rückgabe einer hinterlegten oder anvertrauten Sache, die gewaltsame Antwort auf gewaltsamen Angriff."* Dies alles ist nicht Naturrecht nach der ersten Weise, auch nicht nach der zweiten Weise, denn diese Rechtssätze hätten nicht im ursprünglichen Naturzustand gegolten, noch haben sie Geltung unter Menschen, die sich gemäß der Vernunft allein mit der natürlichen Billigkeit ohne alles Gewohnheitsrecht und menschliche Rechtssatzung begnügen, denn unter ihnen würde keine Sache bei jemandem hinterlegt oder jemandem anvertraut, noch auch würde einer dem anderen Gewalt antun. So ist das also bedingtes Naturrecht. Denn unter der Bedingung, daß Sachen und Geld kraft Völkerrechts oder kraft irgendeines (anderen) menschlichen Rechts angeeignet werden, kann man in evidenter Beweisführung erkennen, daß eine hinterlegte Sache und anvertrautes Geld zurückzugeben ist, es sei denn, daß aus schwerwiegendem Grund durch die Betroffenen das Gegenteil rechtlich verbindlich festgelegt wird. Ähnlich gilt: unter der Bedingung, daß einer dem anderen Unrecht und tätliche Gewalt antut – und das kann nicht kraft Naturrechts geschehen, sondern ist gegen jedes Naturrecht – ergibt sich in evidenter Beweisführung, daß es legitim ist, solche Gewalt mit Gewalt zurückzuschlagen.

Weil das Naturrecht in diesen drei Weisen auftritt, sagen sie auch, daß die Römer ihr Recht, den Papst zu wählen, kraft göttlichen Rechts haben, wenn man das göttliche Recht auf jede Art von Naturrecht ausdehnt. Denn verstünde man es nur von jenem Naturrecht, wie es in der ersten Weise gebraucht wird, so wie in D. 5 a. c. 1; D. 6 p. c. 3; D. 8 p. c. 1; D. 9 a. c. 1 und an vielen anderen Stellen vom Naturrecht gesprochen wird, dann hätten die Römer nicht ausschließlich kraft göttlichen Rechts das Recht, den Papst zu wählen.

SCHÜLER: Weil ich diese Unterscheidung im Begriff des Naturrechts andernorts nicht gehört habe, will ich gegen sie Einwände erheben, damit ich aus der Auflösung dieser Gegenvorstellung gemäß dieser Auffassung besser erkennen kann, ob sie irgend Wahrheit enthält. Diese Unterscheidung widerspricht ganz offensichtlich, wie es den Anschein hat, den Worten Isidors im herangezogenen Kapitel (D. 1 c. 7): Einmal sagt ja Isidor: *„Das Naturrecht ist allen Völkern gemeinsam, weil es überall kraft eines Anstoßes durch die Natur, nicht kraft irgendeiner menschlichen Satzung gilt."* Das kann nicht vom zweiten Glied dieser Unterscheidung zutreffen, einmal weil das, dessen Gegenteil nach Völkerrecht legitim sein kann, keineswegs allen Völkern gemeinsam ist, noch auch überall kraft

Offler, S. 213 [Trechsel, fol. 263rb / Goldast, S. 933]

eines Anstoßes durch die Natur gilt, weil es eben nicht gilt, wo das Gegenteil nach Völkerrecht beachtet wird; außerdem auch deswegen, weil Isidor ebenda sagt: „*Dies oder was ihm ähnlich ist, sofern es das gibt, gilt niemals als ungerecht, sondern als natürlich und gerecht.*" Das alles kann weder bei dem zweiten Glied noch bei dem dritten Glied [dieser Unterscheidung] Wahrheit beanspruchen, denn was Naturrecht nach der zweiten Weise heißt, kann ungerecht sein, da es ja dem kraft Völkerrechts Gerechten entgegengesetzt sein kann. Was aber dem Völkerrecht entgegengesetzt ist, kann als ungerecht gelten. Auch was Naturrecht auf die dritte Weise heißt, kann ungerecht sein, da es ja kraft Naturrechts der zweiten Weise (dem Gerechten) entgegengesetzt sein kann: während nach dem Naturrecht, auf diese zweite Weise verstanden, gilt, daß kein Geld ausgeliehen und keine Sache (als Pfand) hinterlegt wird, weil nach dem Naturrecht in diesem Verständnis des Worts alles gemeinsam ist; und folglich kann nach diesem Recht kein Geld ausgeliehen und keine Sache zum Pfand gesetzt werden. Dies sind die Gründe, die mich gegen die vorausgeschickte Unterscheidung einnehmen. Du aber sage mir, wie darauf geantwortet wird!

LEHRER: Zweifach ist die Antwort. Einmal daß einige Worte im besagten Canon (D. 1 c. 7) nur von dem Naturrecht in der ersten Weise verstanden werden dürfen, andere dagegen vom Naturrecht in den anderen Weisen. Darum dürfen die Worte, die du in deinem Einwand zitierst, allein auf das Naturrecht in der ersten Weise des Verständnisses bezogen verstanden werden. Auf diese Weise widersprechen sie dem oben Gesagten aber offenbar nicht.

Eine andere Antwort ist, daß jene Worte, die du in deinem Einwand zitierst, sich zwar auf jede Art von Naturrecht beziehen, aber in rechter Weise verstanden werden müssen. Wenn nun Isidor sagt: „*Das Naturrecht ist allen Völkern gemeinsam*" (usw.), so ist das so zu verstehen, daß das Naturrecht der ersten Weise des Sprachgebrauchs dergestalt allen Völkern gemeinsam ist, daß alle Völker unauflöslich und ohne Ausnahme daran gebunden sind. Und aus diesem Grunde „*gilt es kraft eines Anstoßes durch die Natur*", d.h. durch die natürliche Vernunft, die niemals irren kann. Das Naturrecht der zweiten Weise ist dergestalt allen Völkern gemeinsam, daß alle Völker, sofern sie nicht aus vernünftigem Grund das Gegenteil rechtsgültig festsetzen, daran gebunden sind; darum ist es auch aus einem Anstoß der Natur, d.h. der natürlichen Vernunft, bevor irgend etwas, was dem widerspricht, durch menschliche Anordnung rechtsgültig festgesetzt wird, da ja Vernunft gebietet, daß alles gemeinsam ist, bevor es aufgrund menschlicher Übereinkunft angeeignet wird. Das Naturrecht in seiner dritten Weise aber ist allen Völkern bedingungsweise gemeinsam, d. h.

Offler, S. 214 [Trechsel, fol. 263va / Goldast, S. 933]

⟨unter der Bedingung gültig,⟩ daß alle Völker das festsetzten oder täten, woraus ein Naturrecht in diesem Verständnis in evidentem Beweisgang erhoben werden kann, und deshalb „*gilt es*" dann „*kraft eines Anstosses durch die Natur*", d. h. durch die natürliche Vernunft, unter der Voraussetzung dessen, woraus sich das dermaßen ableiten läßt.

Ähnliches läßt sich über das andere Zitat sagen, das du dann anführst: „*Dies aber oder was ihm ähnlich ist*" (usw.), was sich von dem Naturrecht in der zweiten Weise des Sprachgebrauchs verstehen läßt; denn dieses Naturrecht ist niemals ungerecht, sondern gilt als natürlich und gerecht, es sei denn, daß das Gegenteil kraft eines menschlichen Rechts aus vernünftigem Grund rechtsgültig festgesetzt wird. Auch das Naturrecht in der dritten Weise seines Verständnisses ist in gewissem Maße „*niemals ungerecht, sondern gilt immer als natürlich und gerecht*", es sei denn, es wurde durch denjenigen oder diejenigen, die es angeht, das Gegenteil angeordnet.

SCHÜLER: Anscheinend ist das sehr ungeschickt gesagt, denn dementsprechend müßte man ein und dasselbe Wort in dem angeführten Satz Isidors als zweideutig verstehen. LEHRER: Das kann man nicht als ungeschickt ansehen, denn so schreibt die Glosse zu D. 63 c. 12 *[s. v. clero et populo]*: „*Beachte, daß das Wort, das hier einmal steht, in zweifacher Bedeutung gebraucht wird, so auch in D. 28 c. 1.*"

SCHÜLER: Du hast erklärt, warum die oben genannte Meinung sagt, daß die Römer das Recht, den Papst zu wählen, aus göttlichem Recht haben, wenn man das göttliche Recht auf jede Art von Naturrecht ausdehnt. Nun sage mir, warum dieselbe Auffassung sagt, daß alles Naturrecht göttliches Recht heißen kann.

LEHRER: Das sagen sie einmal deshalb, weil alles Recht, das von Gott kommt, der der Schöpfer der Natur ist, göttliches Recht heißen kann. Alles Naturrecht aber ist von Gott, der der Schöpfer der Natur ist. Also (usw.). Außerdem deshalb, weil alles Recht, das explizit oder implizit in der Heiligen Schrift enthalten ist, göttliches Recht heißen darf, weil „*das göttliche Recht in der Heiligen Schrift steht*", D. 8 c. 1. Alles Naturrecht aber ist in der Heiligen Schrift explizit oder implizit enthalten, denn in der Heiligen Schrift stehen einige allgemeine Regeln, aus denen allein oder in Verbindung mit anderen alles Naturrecht in der ersten, zweiten und dritten Weise des Verständnisses sich ableiten läßt, auch wenn es darin nicht explizit zu finden sein sollte.

SCHÜLER: Du hast nach der oben beschriebenen Auffassung zweierlei erklärt, was mir dunkel erschien, nun sage mir, auf welche Weise die Römer nach eben dieser Auffassung aus göttlichem Recht das Recht der Wahl des Papstes haben.

Offler, S. 215 [Trechsel, fol. 263ᵛ / Goldast, S. 933]

LEHRER: Darauf ist die Antwort, daß die Römer das Recht zur Wahl des Papstes aus dem Naturrecht in der dritten Weise seines Verständnisses haben. Wenn man nämlich voraussetzt, daß bestimmten Menschen irgendein Prälat oder Fürst oder Leiter voranzustellen ist, folgt daraus in evidentem Beweisgang, daß, wenn nicht durch die Betroffenen das Gegenteil rechtsgültig angeordnet wird, diejenigen, denen er vorgesetzt werden soll, das Recht haben, den zu wählen, der ihnen vorzusetzen ist; denn niemand darf anderen gegen ihren Willen (als Herrscher) gegeben werden. Das kann offenbar durch unzählige Vernunftgründe und Beispiele bewiesen werden, ich will aber nur wenige anführen.

Ein Beispiel dafür ist, daß der Gesamtheit der Sterblichen keiner vorgesetzt werden darf, es sei denn durch ihre Wahl und mit ihrer Zustimmung.

Weiterhin: *Was alle betrifft, muß von allen verhandelt werden;*[134] daß jemand allen vorgesetzt wird, berührt alle; also muß das durch alle verhandelt werden.

Wiederum: Wem es zusteht, sich selbst Rechte zu setzen, dem steht es auch zu, wenn er es will, sich ein Haupt zu wählen. Jedes Volk aber und jede Stadt kann sich eigenes Recht setzen, das dann „Bürgerliches Recht" heißt, D.1 c.8; also kann ein Volk und eine Stadt sich auch ein Haupt wählen. Und dergestalt kommt es immer denen zu, denen jemand vorgesetzt werden soll, den zu wählen, der ihnen vorgesetzt werden soll, wenn nicht durch die Betroffenen das Gegenteil rechtsgültig festgesetzt wurde.

Das wird deshalb so gesagt, weil diese [Betroffenen] wenigstens in vielen Fällen auf ihr Recht verzichten können und ihr Recht auf einen anderen oder andere übertragen können. So *„hat ja auch das Volk"*, wenngleich es aus dem Naturrecht in der dritten oder in der zweiten Weise seines Verständnisses das Recht hat, Gesetze zu geben, *„diese Kompetenzen"* doch *„auf den Kaiser übertragen";*[135] so stand es also in seiner Macht, auch das Recht, einen Kaiser zu wählen, auf jemand anderen oder auf andere zu übertragen. Ähnlich gilt nun: Wenn diejenigen, denen irgend jemand vorgesetzt werden soll, in derartigen Fragen irgendeinem Oberen untergeben sind, dann kann dieser Obere anordnen, daß jene nicht das Recht auf Wahl haben, wenngleich sie ein solches Wahlrecht aus dem Naturrecht in der zweiten Weise seines Verständnisses besitzen, sofern freilich weder durch sie selbst noch durch einen Oberen etwas Gegenteiliges angeordnet worden ist. Und derart verstanden, so glauben sie, ist die obengenannte Aussage als evident einzuschätzen.

Der höchste Bischof nun ist in ganz besonderer Weise den Römern vorzusetzen, weil sie keinen anderen Bischof haben. Also haben sie aus dem Naturrecht in der dritten Weise seines Verständnisses, d.h. aus dem Natur-

Offler, S. 216 [Trechsel, fol. 263vb / Goldast, S. 934]

recht aus einer Bedingung heraus, und zwar aus jener Bedingung, daß sie einen Bischof haben müssen, das Recht, ihn zu wählen, sofern nicht durch die Römer selbst oder einen Oberen, der über eine solche Kompetenz verfügt, statutarisch das Gegenteil festgesetzt oder angeordnet worden ist. Die Römer selbst nämlich können auf ihr Recht zu wählen jederzeit verzichten oder das Recht, einen höchsten Bischof zu wählen, auf jemanden anderen übertragen. Sie konnten auch das Recht, Wahlmänner für diese Wahl eines höchsten Bischofs einzusetzen, auf jemand anderen übertragen. Auch kann ein Oberer, der in derartigen Fragen die Kompetenz hat, anderen als den Römern dieses Wahlrecht einräumen. Ein solcher Oberer aber war Christus, nicht der Papst. Und deshalb konnte Christus, nicht der Papst, die Römer ihres Wahlrechts für den höchsten Bischof berauben. Christus hat aber die Römer ihres Wahlrechts für ihren eigenen Bischof nicht beraubt. Als nämlich Christus den heiligen Petrus allen Christen vorsetzte und ihm die Kompetenz gab, sich einen Sitz zu wählen, wo er wollte, so daß er dort gewissermaßen der eigene Bischof jener Leute sei, da hat er sie keineswegs jenes Rechts beraubt, das allen zukommt, denen irgendein Amtsinhaber vorgesetzt wird, sei diese Kompetenz weltlich oder geistlich, außer wenn von jenen, denen dieser Amtsinhaber vorgesetzt werden soll, oder von ihrem Vorgesetzten das Gegenteil angeordnet wäre. Weil demnach der heilige Petrus sich als Sitz Rom erwählte, haben die Römer folglich das Recht, den Nachfolger des heiligen Petrus zu wählen, der ihnen, in geistlichen Angelegenheiten, so versteht sich, Vorsteher sein soll. Somit haben die Römer aus göttlichem Recht, wenn man das göttliche Recht auf jedes Naturrecht ausdehnt, das Recht, den höchsten Bischof und Papst zu wählen.

SCHÜLER: Anscheinend ließe sich nach dieser Auffassung treffender sagen, die Römer hätten das Recht, sich ihren Bischof zu wählen aus dem Völkerrecht, denn kraft Völkerrecht gilt, daß alle, denen jemand vorgesetzt werden soll, das Recht haben, den zu wählen, der ihnen vorgesetzt werden soll, wenn sie nicht auf ihr Recht verzichten oder wenn ihr Oberer nicht etwas Gegenteiliges anordnet.

LEHRER: Wenngleich vieles, was zum Völkerrecht gehört, auch Naturrecht in der dritten Weise des Verständnisses dieses Wortes ist, so sagt man doch nach dieser Meinung, daß die Römer ihr Recht, ihren Bischof zu wählen, eigentlich und besser aus dem göttlichen Recht oder aus dem Naturrecht in der dritten Weise seines Verständnisses haben als aus dem Völkerrecht, weil es nicht zum Völkerrecht gehört, einen katholischen Bischof zu haben; das gehört vielmehr zum göttlichen Recht. Auch daß der, der vorgesetzt werden soll, von jenen zu wählen ist, denen er vorstehen soll, ge-

Offler, S. 217 [Trechsel, fol. 264ra / Goldast, S. 934]

hört, mag es auch zum Völkerrecht gehören, doch nichtsdestoweniger zum göttlichen Recht, weil es aus dem, was in der Heiligen Schrift steht, in Verbindung mit anderem erschlossen werden kann. Somit gehören beide Voraussetzungen, aus denen entnommen werden kann, daß die Römer das Recht haben, sich ihren Bischof zu wählen, zum göttlichen Recht, wenn auch in verschiedener Weise. Nur eine dieser Voraussetzungen gehört zum Völkerrecht. Deshalb sollte man wohl eigentlich und besser sagen, daß die Römer ihr Recht auf die Wahl ihres Bischofs kraft göttlichen Rechts besitzen, d. h. aus dem Naturrecht in der dritten Weise seines Verständnisses, als ⟨zu sagen, sie hätten es⟩ aus dem Völkerrecht.

Die Vertreter dieser Auffassung sagen gleichwohl, weil sie nicht um Worte streiten wollen, daß es ihnen genüge, daß die Römer das Recht, ihren Bischof zu wählen, aus eben der Tatsache ziehen, daß sie einen Bischof haben müssen und daß von denjenigen, denen jemand zum Vorgesetzten bestellt werden soll, der auch gewählt werden muß, es sei denn, sie verzichteten auf dieses Recht oder durch einen Oberen würde etwas Gegenteiliges angeordnet. Ob man aber im eigentlichen Sinn sagen soll, daß die Römer ihr Wahlrecht aus göttlichem Recht oder aus Naturrecht in der dritten Weise seines Verständnisses oder aus dem Völkerrecht oder zugleich aus göttlichem Recht und dem Völkerrecht haben, darauf legen sie nicht allzu großes Gewicht. Einige sind aber der Meinung, daß man im eigentlichen Sinn sagen müsse, daß sie ihr Wahlrecht aus göttlichem Recht und dem Völkerrecht zugleich haben. Wenn du daher fragst, ob sie das Wahlrecht aus göttlichem oder aus menschlichem Recht haben, sagen sie: weder allein aus göttlichem noch allein aus menschlichem Recht, sondern aus beiden zugleich, wobei sie den Begriff des menschlichen Rechts auch auf das Völkerrecht ausdehnen und nicht allein für das bürgerliche Recht und das kanonische Recht gebrauchen.

Offler, S. 218 [Trechsel, fol. 264rb / Goldast, S. 934]

ANMERKUNGEN ZUM TEXT

[1] 1322 Dezember 8, in: Bullarium Franciscanum, Bd. V, ed. Conrad Eubel, Rom 1898, S. 235–245 *nota,* spätere Fassung (unter demselben Datum): ebenda, S. 233–246, nr. 486; jetzt auch in: Extravagantes Iohannis XXII., ed. Jacqueline Tarrant (Monumenta Iuris Canonici, B 6), Città del Vaticano 1983, S. 228–254, nr. 18. – Zum sog. „Theoretischen Armutstreit" vgl. etwa Malcolm David Lambert, Franciscan Poverty, London 1961; Jürgen Miethke, Ockhams Weg zur Sozialphilosophie, Berlin 1969, S. 348–427; Giovanni Tarello, Profili giuridici della questione della povertà nel francescanesimo prima di Ockham, in: Scritti in memoria di Antonio Falchi, Milano 1964, S. 338–448; Andrea Tabarroni, *Paupertas Christi et apostolorum,* L'ideale francescano in discussione 1322–1324 (Nuovi studi storici 5), Rom 1990. Knapper Überblick bei Roberto Lambertini und Andrea Tabarroni, Dopo Francesco, L'Eredità difficile (Altri Saggi, 12), Torino 1989. Zu Ockhams Biographie vgl. insbesondere Léon Baudry, Guillaume d'Occam, Sa vie, ses oeuvres, ses idées sociales et politiques, vol. I: L'Homme et les œuvres (Etudes de philosophie médiévale 39), Paris 1949.

[2] 1323 November 12, ed. Eubel [wie Anm. 1], S. 256–259, nr. 518; ed. Tarrant [wie Anm. 1], S. 255–257, nr. 19.

[3] 1324 November 10, ed. Eubel, S. 271–280, nr. 554; ed. Tarrant, S. 257–287, nr. 20.

[4] Derselbe hyperbolisch formulierte Vorwurf begegnet auch später noch in: *Contra Iohannem,* c. 24 (OPol III, 103$^{14-20}$); *Contra Benedictum,* I 17 (OPol III, 213$^{21-23}$); *Octo Quaestiones,* VIII 8 (OPol I², 213); oder *De imperatorum et pontificum potestate,* c. 27, ed. Wilhelm Mulder in: Archivum franciscanum historicum 17 (1924), S. 72–97; hier S. 83 und 95 [hier weitgehend wörtlich wiederholt].

[5] Glossa ordinaria zu D. 96 c. 4, s.v. *pertinet,* vgl. auch X 1.23.7 sowie insbes. VI 5.13 *[De regulis iuris]* 29 (im *Corpus Iuris Civilis:* Cod. 5.59.5.2). Dazu etwa Gaines Post, A Romano-Canonical Maxim „Quod omnes tangit" in Bracton, in: Traditio 4 (1946), S. 197–251, jetzt in: Post, Studies in Medieval Legal Thought, Public Law and the State 1100 to 1322, Princeton, N.J. 1964, S. 163–238; Yves M.J. Congar, „Quod omnes tangit, ab omnibus tractari et approbari debet", in: Revue historique de droit français et étranger 36 (1958), S. 210–259. Antonio Marongiu, Il principio della participazione e del consenso „Quod omnes tangit ab omnibus approbari debet" nel XIV secolo, in: Marongiu, Dottrine e istituzioni politiche medievali e moderne, Raccolta, Milano 1979, S. 255–279; zuvor auch in: Studia Gratiana 8 (1962), S. 553–575, in deutscher Sprache in: Die geschichtlichen Grundlagen der modernen Volksvertretung, hrsg. von Heinz Rausch, Bd. I (Wege der Forschung 196), Darmstadt 1980, S. 183–211 [hier auch der zitierte Aufsatz von Congar in deutscher Übersetzung: S. 115–182].

188   Anmerkungen zum Text

⁶ In Wahrheit nahm Ockham bereits an der von Michael von Cesena insgeheim in Avignon eingelegten Appellation vom 13. April 1328 teil: Vgl. das Notariatsinstrument, etwa in: Miscellanea, ed. Stephanus Baluze, novo ordine digesta per Johannem Dominicum Mansi, Bd. III, Lucca 1764, S. 238–240; ed. Eubel [wie Anm. 1], S. 341–343.

⁷ Vgl. die *Appellatio in forma maiori* [Pisa, 1328 September 18], ed. Baluze-Mansi, Misc. III [wie Anm. 6], S. 246–303; sowie die *Appellatio in forma minori* [Pisa, 1328 Dezember 12], ed. Baluze-Mansi, Misc. III, S. 303–310; ed. Eubel [wie Anm. 1], S. 410–425. Dazu grundlegend Hans-Jürgen Becker, Die Appellation vom Papst an ein allgemeines Konzil, Historische Entwicklung und kanonistische Diskussion im späten Mittelalter und in der frühen Neuzeit (Forschungen zur kirchlichen Rechtsgeschichte und zum Kirchenrecht 17), Köln–Wien 1988; dazu die Bemerkungen von Tilmann Schmidt, Vom Nutzen nutzloser Appellationen an ein allgemeines Konzil, in: Deutsches Archiv 46 (1990), S. 173–176. Allgemein vgl. Hans Jürgen Becker, Protestation, Protest. Funktion und Funktionswandel eines rechtlichen Instruments, in: Zeitschrift für historische Forschung 5 (1978), S. 385–412 (ein Artikel „Protest" ist dagegen in: Geschichtliche Grundbegriffe, Historisches Lexikon der politisch-sozialen Sprache in Deutschland, hrsg. von Otto Brunner, Werner Conze, Reinhart Koselleck, Bd. 5, Stuttgart 1984, nicht enthalten).

⁸ 1329 November 16, ed. Eubel [wie Anm. 1], S. 408–449, nr. 820.

⁹ Nimmt man das wörtlich, so hätte Ockham damals schon 50 Hefte von je 6 Bogen oder 12 Blatt bzw. 24 Seiten (d. h. insgesamt 1200 Seiten) vollgeschrieben, doch ist der Begriff *sexternus* mehrdeutig und kann eine geringere Zahl von Bogen umfassen. Auch darf man natürlich die gerundeten „50" nicht pressen. Offenbar bezieht sich Ockham hier vor allem auf sein ›*Opus Nonaginta Dierum*‹ [ed. H. S. Offler in: OPol I, 287–368 u. OPol II, 373–858] sowie einen guten Teil von ›*I Dialogus*‹.

¹⁰ Der Jesaja-Vers fährt unmittelbar fort: Denn ich weiß, daß ich nicht zuschanden werde. Das muß man gewiß in dem Zitat mithören!

¹¹ Ockham stützt sich hier auf eine schon auf die Frühscholastik zurückgehende Tradition, die zusammenfassend herausgearbeitet hat Yves M. J. Congar, Incidence ecclésiologique d'un thème de dévotion mariale, in: Mélanges de science religieuse 7 (1950), S. 227–292 (zu Ockham S. 286–288), abgedruckt in Congar, Etudes d'ecclésiologie médiévale (Collected Studies Series 168), London 1983, nr. X. Unter den Franziskanern war sie besonders verbreitet. Vgl. auch – außer den von Congar genannten Belegen – etwa Roger Bacon, Opus tertium, c. 9, ed. John S. Brewer, Fr. Rogeri Bacon Opera quaedam hactenus inedita, vol. I (Rerum Britannicarum medii aevi scriptores [Rolls Series] 15), London 1859, Neudruck Neldeln 1965, S. 28.

¹² Vgl. I. Reg. 19,18. Insgesamt vgl. Dialogus VII 47, fol. 147^{ra-b} [= hier Text nr. VII].

¹³ Johannes XXII. war nach einem Studium, das ihn auch nach Paris geführt hatte, in Orléans zum *doctor utriusque iuris* promoviert worden, bevor er sich seiner administrativen Karriere zuwandte, hat aber niemals eine Graduierung in Theologie erreicht, worauf Ockham, ohne zu ermüden, immer wieder hinweist: z. B. *Opus Nonaginta Dierum*, cc. 49; 71; 76 (OPol II, 536$^{57-60}$; 596$^{57-60}$; 596$^{97-105}$;

623⁷⁵⁵ᶠ·); *Contra Benedictum* I 17 (OPol III, 213⁹ᶠ·); *Compendium errorum* (in: Opera plurima, Bd. II, fol. AA 2ᵛᵃ); I *Dialogus* VII 15 (fol. 123ᵛᵇ); usw. Johannes seinerseits freilich hat den Theologen seiner Zeit öfters vorgeworfen, sie läsen (im Gegensatz natürlich zu ihm selbst) zu wenig in Bibel und Kirchenvätern, vgl. etwa das Zitat in Ockham, *Contra Iohannem* c. 1 (OPol III, 33²⁹⁻³⁶); vgl. auch oben Anm. 4. Zu den Studien des Papstes (die sich aber ebenfalls vornehmlich auf speziell für ihn zusammengestellte Exzerpte richteten) anschaulich Anneliese Maier, Annotazioni autografe di Giovanni XXII in codici vaticani, in: Rivista di Storia della Chiesa in Italia 6 (1952), S. 317–332, jetzt in Maier, Ausgehendes Mittelalter, Bd. II (Storia e letteratura 105), Rom 1967, S. 81–96, S. 492–495.

¹⁴ Vgl. die Enzyklika von Perugia [1322 Juni 4/6], ed. Carl Müller, in: Zeitschrift für Kirchengeschichte 6 (1884), S. 106–108, bzw. ed.Fernand Delorme in: Archivum franciscanum historicum 10 (1917), S. 100–102; dazu die beiden Begleittexte, Kurzfassung: ed. Eubel [wie Anm. 1], S. 234 f. *nota;* Langfassung ed. Baluze-Mansi [wie Anm. 6], S. 208–211. Dazu vgl. zusammenfassend Attilio Bartoli Langeli, Il manifesto franciscano di Perugia del 1322, in: Picenum Seraphicum 11 (1974), S. 204–261.

¹⁵ Offenbar ist hier vor allem das Generalkapitel von 1329 gemeint, auf dem – nach der Flucht Michaels von Cesena aus Avignon und seiner Exkommunikation und Absetzung durch den Papst – der französische Magister der Theologie Geraldus Odonis zum Generalminister der papsttreuen Mehrheit gewählt wurde.

¹⁶ Vielleicht spielt Ockham hier auf die Bemühungen des Generalministers Geraldus Odonis von 1331 an, die Ordensstatuten gegen die Regel zu ändern, dazu zuletzt etwa Duncan Nimmo, Reform and Division in the Franciscan Order, From St. Francis to the Foundation of the Capuchins (Bibliotheca Seraphico-Capuccina 33), Rom 1987, S. 206–210.

¹⁷ Johannes XXII. (geboren ca. 1245) war, als Ockham seine *Epistola* schrieb, um die 90 Jahre alt; er starb in Avignon am 4. Dezember 1334.

¹⁸ Eine Diskussion über diese Frage fand offenbar bereits an der Universität Paris im späteren 13. Jahrhundert im Anschluß an die berühmte Irrtumsliste des Bischofs Stephan Tempier († 1279) von 1277 statt [vgl. dazu die Übersicht in: Kurt Flasch, Aufklärung im Mittelalter? Die Verurteilung von 1277 (Excerpta classica 6), Mainz 1989; jetzt auch die zusammenfassende Studie von Luca Bianchi, Il vescovo e i filosofi, La condanna parigina del 1277 e l'evoluzione dell'aristotelismo scolastico (Quodlibet 6), Bergamo, 1990]; darauf könnte sich Ockham hier beziehen. Besonders sprechend ein Quodlibet [qu. 61] des Servasius von Mont-Saint-Eloi [neben Heinrich von Gent einer der Lehrer des Gottfried von Fontaines], vgl. Roland Hissette, Une question quodlibétique de Servais du Mont-Saint-Eloi sur le pouvoir doctrinal de l'évêque, in: Recherches de théologie ancienne et médiévale 49 (1982), S. 234–242 [Text S. 238 ff.: „*Utrum si primas vel episcopus condempnavit aliquos articulos illicite, successor suus teneatur illos revocare?*"], wo Servais z. T. dieselben Belege benutzt und zu durchaus ähnlichen Ergebnissen gelangt wie hier Ockham: vgl. vor allem S. 241 [wo keineswegs ein Stück des Textes fehlt, sondern wo ausdrücklich auf die Glossa ordinaria zu D. 80 c. 2 verwiesen wird, was der Hrsg. mißverstanden hat].

¹⁹ Vgl. dazu bereits Ockham, *De corpore Christi,* c. 37; ed. Carolus A. Grassi

(OTh X [1986], S. 206–213); der Traktat ist wohl (in Oxford) 1323/24 entstanden [vgl. die *Praefatio* in: OTh X, S. 23*–28*, bes. S. 27*] (vielleicht in Avignon 1324 ff. überarbeitet worden?) und nimmt eine ganze Reihe von Argumenten, die hier gebraucht werden, vorweg. Ockham zitiert auch die Glossen zu D. 80 c. 2 in dieser Schrift, und zwar ohne die mechanischen Übermittlungsfehler, die im gedruckten Text des *Dialogus* begegnen. Eine nähere Untersuchung des Verhältnisses beider Schriften dürfte sich lohnen.

[20] Ockham zitiert die Glosse hier [jedenfalls nach der Fassung des gedruckten Textes des *Dialogus* zu urteilen] in einer sehr korrupten Form. Obwohl solche Operationen immer problematisch bleiben, habe ich die ärgsten Mißverständnisse – gegen den gedruckten Text und gegen die Fassung der verglichenen Handschrift – emendiert, wo die Sinnwidrigkeit der überlieferten Lesung offensichtlich ist, habe in meiner Übersetzung aber diese Stellen durch Hervorhebung gekennzeichnet. Zum Beleg, daß auch noch weitere „Lesefehler" im überlieferten Text Ockhams zu finden sind (die natürlich auch auf seine Vorlage zurückgehen könnten), sei hier die *Glosse* (mit Hervorhebung der Abweichungen) wörtlich eingerückt, (s. v. *fidei*): „*Sed aliud est questionem de fide motam terminare, quod* nulli preterquam Romane sedi *permittitur, sicut hic dicitur, aliud est ipsam sine definitione ventilare, quod* patriarche primates *facere possunt.*" – (s. v. *nisi ad Petrum*): „*Videtur contra, Extra, De hereticis, Ad abolendam, nam ibi innuitur, quod illi sunt* vitandi *tamquam heretici, quos* episcopi vitandos dixerunt. ⟨ *Sed dic quod illud intelligendum est, quando tale quid dicunt quod certum est esse heresim. Hic vero, ubi dubium est, Extra, eo(dem titulo), Cum Christus* ⟩." Daß Ockham den letzten Satz der Glosse (hier in spitzen Klammern) wegläßt, der dem Papst die Kompetenz wenigstens in diesem Falle (mit Allegation von X 5. 7. 7) zuschiebt, ist für seine polemische Nutzung der Argumente der Glosse bezeichnend.

[21] Auch hier finden sich wieder gravierende Verlesungen, die das Argument (vor allem aber die Übersetzung) tangieren: auch hier rücke ich die *Glossa* nach der Druckfassung mit Hervorhebung der Abweichungen ein *[„In fide"]:* „⟨*Infra 24 q. 1 c. Quoties, contra infra 16 q. 1 c. Frater noster, contra, ubi dicitur, quod tantum ad Petrum est referenda questio fidei. Sed expone hoc*⟩ ‚*in fide'* id est *fideliter,* vel possunt *agitare causas fidei, sed non procedere ad sententiam, vel* distingue*, qui sint qui dubitant: nam si laici, videtur quod episcopi possint determinare, Extra, De hereticis, Ad abolendam, si clerici, papa, Extra, eodem titu(lo), Cum Christus.*" – Am Argument Ockhams ändert sich ersichtlich durch die Verlesungen nichts Grundlegendes, da in der Tat beide Zuständigkeiten getrennt genannt sind, wenn auch der Satz so, wie die (mir zugängliche) Überlieferung ihn zitiert, wegen Auslassungen und der Verwechslung argumentativer Satzteile mit (nichtidentifizierbaren) Allegationen unverständlich ist: ob man Ockham die unkritische Wiedergabe eines solchen Satzes seiner Vorlagen zutrauen muß, kann erst nach Vorliegen einer kritischen Ausgabe wirklich entschieden werden. Jedenfalls gibt es wenige Vergleichsfälle im *Dialogus*.

[22] Auch hier ist der Text zu verbessern: es muß nach dem Wortlaut der Dekretale heißen: *Maiores ecclesiae causas presertim articulos fidei contingentes ad Petri sedem referendas intelliget qui eum quaerenti … respondisse notabit …*

²³ Robert Kilwardby, OP [zu ihm etwa Alfred Brotherston Emden, A Biographical Register of the University of Oxford, vol. II, Oxford 1958; S. 1051ᵇ–1052ᵇ]. 1272 Oktober 1: Durch päpstliche Provision Erzbischof von Canterbury; 1277 März 18: Verurteilung theologischer Irrtümer in Oxford; 1278 April 4: Von Nikolaus III. zum Kardinalbischof von Porto (mit Titelkirche Santa Rufina) erhoben, † 1279 September 10. Zu seinen und zu Peckhams Verurteilungen vgl. etwa zuletzt Clifford Hugh Lawrence, The University in State and Church, in: The History of the University of Oxford, vol. I: The Early Oxford Schools, ed. Jeremy I. Catto, Oxford 1984, bes. S. 116 ff., sowie P. Osmund Lewry, Grammar, Logic and Rhetoric, 1220–1320, ebenda, bes. S. 419–426; vgl. William J. Courtenay, Schools and Scholars in Fourteenth Century England, Princeton, N.J. 1987, S. 179f. Ockham selbst scheint sich in: *De corpore Christi*, c. 32, ed. Carolus A. Grassi in: OTh X, S. 184 auf die Verurteilung einiger Thesen des Thomas von Aquin durch Kilwardby zu beziehen.

²⁴ Johannes Peckham, OFM [zu ihm Emden, Register (wie Anm. 23), vol. III, Oxford 1959, S. 1445ᵃ–1447ᵃ]. 1279 Januar 1: Durch päpstliche Provision Nachfolger Kilwardby's als Erzbischof von Canterbury; 1284 Verurteilung von Richard Knapwell OP; † 1292 Dezember 8; zur Verurteilung von 1284 auch z. B. Frederick Roensch, Early Thomistic School, Dubuque, Iowa 1964, S. 34–40. Zur allgemeinen Kontroverse, in die auf entgegengesetzten Seiten auch Olivi und Peckham involviert waren, vgl. ausführlich Theodor Schneider, Die Einheit des Menschen, die anthropologische Formel „*anima forma corporis*" im sogenannten Korrektorienstreit und bei Petrus Johannis Olivi, Ein Beitrag zur Vorgeschichte des Konzils von Vienne (Beiträge zur Geschichte der Philosophie und Theologie des Mittelalters, NF 8), Münster 1973, passim.

²⁵ 14. Febr. 1325, edd. Heinrich Denifle-Emile Châtelain, in: Chartularium Universitatis Parisiensis, Bd. II, Paris 1897, S. 280f., nr. 838. Zur Textgeschichte Anneliese Maier, Der Widerruf der ‚*Articuli Parisienses*' (1277) im Jahre 1325; in: Archivum fratrum Praedicatorum 38 (1968), S. 13–19, jetzt in: Maier, Ausgehendes Mittelalter, Bd. III (Storia e letteratura 138), Rom 1977, S. 601–608, 612. Wie aus dem folgenden deutlich wird, ist der Text Trechsels, dem auch das Ms. aus Salamanca entspricht, nicht in Ordnung: es geht vor allem um diejenigen, die vor dem Widerruf der Entscheidung anders gelehrt hatten, als von ihnen durch die Entscheidung verlangt war. Durch die Ergänzung, die ich vermutungsweise sinngemäß vorgenommen habe, versuche ich, die Argumentation verständlich zu machen.

²⁶ Vgl. Quodlibet VII 18 und XII 5, edd. Johan Hoffmanns u. Maurice de Wulf (Les philosophes Belges 3 und 5), Brüssel 1914 und 1932, S. 402–405 bzw. S. 100–105.

²⁷ Einen Abdruck der Glosse des Johannes Teutonicus zu D. 40 c. 6 gab (zusammen mit anderen „Passages ... on the authority of pope, church and council") Brian Tierney, Foundations of the Conciliar Theory, The Contribution of the Medieval Canonists from Gratian to the Great Schism (Cambridge Studies in Medieval Life and Thought II 4), Cambridge 1955 [Neudruck 1968], S. 250–254, hier S. 251 f.

²⁸ Zur Biographie zuletzt zusammenfassend Wolfgang P. Müller, Huguccio of Pisa: canonist, bishop, and grammarian, in: Viator 22 (1991), S. 121–152. Die De-

kretsumme liegt bisher immer noch nicht im Druck vor; die (umfangreiche) Glosse zu D. 40, c. 6 haben (nach verschiedenen Handschriften) abgedruckt: Johann Friedrich von Schulte, Die Stellung der Concilien, Päpste und Bischöfe, Prag 1871, S. 262–264; sowie Tierney, Foundations [wie Anm. 27], S. 248–250. Daß Ockham Huguccio's Positionen teilweise (vielleicht vermittelt durch Guido de Baysio's *Rosarium Decreti*) gekannt hat, hat Brian Tierney vermutet: Ockham, the Conciliar Theory and the Canonists, in: Journal of the History of Ideas 15 (1954), S. 40–70, hier S. 45, vgl. auch Dens., Natural Law and Canon Law in Ockham's *Dialogus*, in: Aspects of Late Medieval Government and Society, Essays Presented to Jack Robert Lander, ed. by John Gordon Rowe, Toronto–Buffalo–London 1986, S. 3–24, hier S. 7. Bei den hier in diesem Bande vorgestellten Texten fällt freilich unmittelbar keine Benutzung Guidos auf, auch in dem unten (bei Anm. 108) zitierten Fall findet sich bei Guido nicht des Rätsels Lösung.

[29] Vgl. unten Anm. 129 zu Text nr. XX, S. 171: *princeps, licet non sit verisimile quod erret, tamen errare potest.*

[30] Papst Marcellinus (296–304) wird in den „Symmachianischen Fälschungen" (vom Beginn des 6. Jahrhunderts) als einer der Präzedenzfälle für den Rechtssatz „*Nemo iudicabit primam sedem*" angeführt und mit erdichteten Quellenzitaten verewigt. Zu den Symmachianischen Fälschungen etwa zusammenfassend Erich Caspar, Geschichte des Papsttums, Bd. I–II, Tübingen 1930 [Neudruck Münster 1985] und 1933, hier Bd. II, S. 107; zu Marcellinus selbst („ein schwarzes Kapitel in der Geschichte der römischen Kirche") Bd. I, S. 98 f. Ockham kennt den Fall, wie das späte Mittelalter überhaupt, aus Gratian, den er ja auch zitiert. Sein Zeitgenosse, der englische Carmelit John Baconthorpe († 1345/52), hat etwa, anders als Ockham, aus demselben „Präzedenzfall" die entgegengesetzten (papalistischen) Schlüsse gezogen, vgl. Beryl Smalley, John Baconthorpe's postill on St. Matthew, in: Medieval and Renaissance Studies 4 (1958), S. 91–145, S. 138 f.; jetzt in Smalley, Studies in Medieval Thought and Learning, from Abelard to Wyclif (History Series 6), London 1981, S. 336 f. Diese Beispiele (auch die folgenden und zusätzlich einige andere) sind sämtlich in dem unten, Anm. 48, zitierten Traktat *Quoniam omnis humane sententie* enthalten, vgl. dazu auch unten im Nachwort Anm. 63.

[31] Papst Liberius (352–366). Vgl. Caspar [wie Anm. 30] Bd. I, S. 166–196, S. 588–592. Auch Liberius war in den Symmachianischen Fälschungen aufgeführt. Ockham beruft sich offensichtlich wiederum auf das *Decretum* Gratians.

[32] Zur Häresie des Arius, der seit 316/17 in Alexandria als Priester seine Lehre verbreitete, 318/319 (oder 323) und auf dem Konzil von Nikaia *(„Nicaenum")* verurteilt wurde, von Kaiser Konstantios (337–361) wieder gefördert, von Bischof Athanasius von Alexandrien aber unerbittlich bekämpft wurde (auch während Athanasius 17 Jahre lang im kaiserlich verfügten Exil weilte), vgl. zusammenfassend etwa Hans Lietzmann, Geschichte der Alten Kirche, Bd. III, Berlin ³1961, S. 80 ff., S. 180 ff., S. 208 ff.; auch Carl Andresen, Die Kirchen der alten Christenheit (Die Religionen der Menschheit 29), Stuttgart–Berlin–Köln–Mainz 1971, S. 379 ff.

[33] Papst Anastasius II. (496–498). Vgl. Ignaz Döllinger, Papstfabeln des Mittelalters, München ²1890, S. 146–153; Caspar [wie Anm. 30] Bd. II, S. 82–87; S. 758; dem

Mittelalter durch das *Decretum* Gratians im Gedächtnis gehalten, vgl. etwa auch Dante, *Comedia*, Inferno XI 8f.

³⁴ Martin von Troppau, *Chronicon* ad annum 498, ed. Ludwig Weiland in: MGH SS XXII, S. 420.

³⁵ Papst Symmachus (498–514). Vgl. dazu etwa Caspar [wie Anm. 30] Bd. II, S. 88–129, und oben Anm. 26. Auch hier wiederum bezieht Ockham seine Informationen aus Gratians Dekret und seiner Glosse.

³⁶ In Wirklichkeit handelt es sich wohl um den Zusammenstoß Papst Leos I. (440–461) mit Bischof Hilarius von Arles, vgl. Caspar [wie Anm. 30] Bd. I, S. 439–451.

³⁷ Papst Sylvester II. [Gerbert von Aurillac] (999–1003), dem wohl bedeutendsten Gelehrten seiner Zeit, der sich auch bei der Rezeption arabisch-spanischer Gelehrsamkeit im Abendland große Verdienste erwarb, wurde schwarze Magie und ein minuziös ausgemalter Teufelspakt nachgesagt, vgl. z. B. Harald Zimmermann, Das Papsttum im Mittelalter, Eine Papstgeschichte im Spiegel der Historiographie, (UTB 1151), Stuttgart 1981, S. 104 f. Bezeichnend ist, daß Ockham offenbar keine Bedenken hatte, diese Legende argumentativ zu verwenden, die er wohl aus Martin von Troppau, *Chronicon*, ed. L. Weiland, in: MGH SS XXII, 432, 25 ff. [bzw. aus dem Traktat *Quoniam omnis humane sentencie*] kannte.

³⁸ Das Argument bezieht sich auf den Widerspruch im Armutstreit, vgl. dazu das Nachwort.

³⁹ Hier und beim nächsten Beispiel handelt es sich um den Streit um die Sonderlehren Papst Johannes' XXII. über die selige Schau Gottes nach dem Tode, die „*visio beatifica*". Dazu etwa die Arbeiten von Anneliese Maier, Ausgehendes Mittelalter, Bd. III (Storia e Letteratura 138), Rom 1977, S. 319–590. Ockham ist nicht müde geworden, auf diese „ketzerischen" Sonderlehren seines päpstlichen Gegners hinzuweisen, vgl. bereits oben in Text nr. 1 (hier freilich im Wortlaut ausgelassen), vgl. auch *De dogmatibus Johannis XXII* [= II Dialogus I–II]; *Compendium errorum*, c. 5, und, später noch, *De Imperatorum et pontificate potestate*, c. 27; oder *Octo Quaestiones*, VIII 7 (OPol I², 214).

⁴⁰ Gregorius Magnus, *Dialogi*, IV 25, ed. U. Moricca, Rom 1924, S. 262–264 (MPL 77, 356 sq.).

⁴¹ [Wie Anm. 8] S. 442; vgl. auch die Erörterung Ockhams in: *Opus nonaginta dierum*, c. 95 (OPol II, 718¹¹²ᶠᶠ·).

⁴² Vgl. *In Evang.*, Hom. 26 § 1 [Migne PL 76, 1197 C]; offensichtlich zitiert Ockham aus dem Gedächtnis: die Autorität findet sich bei Petrus Lombardus, *Sententiae*, lib. IV dist. XI cap. 3, in der „Editio tertia" des Collegio S. Bonaventura [ed. Ignatius Brady e.a.], Bd. II (Spicilegium Bonaventurianum 5), Grottaferrata 1981, S. 299. In seiner eigenen Sentenzenvorlesung hatte Ockham das Problem nicht behandelt, also auch die Allegation nicht angeführt, s. vor allem die Indices zu OTh V [1981] u. OTh VIII [1984]. Vgl. aber *Tractatus de corpore Christi*, cap. 41; ed. Grassi, in: OTh X, S. 224.

⁴³ Nach der *Legenda aurea* des Jakob von Varazze [ed. Theodor Graesse, Breslau ³1890, Neudruck Osnabrück 1965, cap. CLVIII (153), S. 701–705, bes. S. 703 f.; dt. Übersetzung von Richard Benz, Die *Legenda aurea* des Jakobus von Voragine, Hei-

delberg ¹⁰1985, S. 809 f.] ein Papst Cyriacus, nicht Symmachus. Der Verwechslung könnte ein Kopistenfehler zugrunde liegen – oder Ockham zitiert aus dem Gedächtnis.

⁴⁴ Papst Coelestin V. trat 1294 freiwillig zurück, vgl. Peter Herde, Cölestin V. (1294), Peter vom Morrone, Der Engelpapst (Päpste und Papsttum 16), Stuttgart 1981. Zur Diskussion der Kanonisten vor allem Martin Bertram, Die Abdankung Papst Coelestins V. (1294) und die Kanonisten, in: Zeitschrift der Savigny-Stiftung für Rechtsgeschichte, Kanon. Abt. 56 (1970), S. 1–101.

⁴⁵ Vgl. etwa *Opus Nonaginta Dierum*, Prolog (OPol I², 292); *Breviloquium* I 5, II 13 (S. 46 u. 81); oder unten Text nr. XV. Bei den Juristen war dieses Zitat offenbar verbreitet; vgl. etwa die *Glossa ordinaria* (von ca. 1325) des Jesselin von Cassagnes, ad Extrav. Ioh. XXII. 14,2 *[Quia nonnumquam]* s. v. *veritas*, und 14,4 *[Cum inter nonnullos]* s. v. *scholasticos*, sowie das *Consilium* des Recupero de San Miniato und des Bonifaz von Modena, gedruckt als Cinus de Pistoia, *Consilium* nr. 11, ed. Gennaro Maria Monti, Cino da Pistoia, Le „quaestiones" e i „consilia" (Orbis Romanus 14), Mailand 1942, S. 113.

⁴⁶ Zur *fallacia figurae dictionis* vgl. Ockham, *Summa logicae* III 4,10, ed. Philotheus Boehner, Gedeon Gál, Stephanus Brown, OPh I [1974], S. 791–819; dazu vgl. bes. Roberto Lambertini, *Consequentiae, fallaciae, virtus sermonis. Sul ruolo della terminologia logica nelle opere politiche di Guglielmo di Ockham*, Tesi di laurea/Filosofia Bologna 1981/82 *[masch.]*, S. 93–173, bes. S. 118 ff.

⁴⁷ Vgl. Gratian, C. 23 q. 1 d. a. c. 1: ... *Quia omnis militia vel ob iniuriam propulsandum vel propter vindictam inferendam est instituta ... Cum ergo, ut supra dictum est, militia videatur instituta vel ob iniuriam propulsandam vel ad vindictam inferendam, utrumque autem lege Evangelica prohibeatur, apparet quod militare peccatum est.*

⁴⁸ Ockham selbst benutzt die hier entwickelte Argumentation wenig später in *Contra Benedictum* VII 9–10 (OPol III, 313–317). Cap. 99 ist überhaupt teilweise wörtlich identisch mit Passagen des anonym überlieferten Textes *Quoniam omnis humane sententie*, vgl. unten im Nachwort, Anm. 63.

⁴⁹ Irrtum; vgl. vielmehr Glosse ad C. 23 q. 5 c. 1 s. vv. *confessos* und *interitu;* nicht wörtlich!

⁵⁰ Zu lesen ist mit der Glossa: *plurimum*, oder besser etwa: *pluri modo*, jedenfalls nicht: *plerumque*.

⁵¹ In Wahrheit: Augustinus, *De baptismo* 2,6.

⁵¹ᵃ Ockham bezieht sich hier offenbar auf Bibelstellen wie Deut. 22,22 (Todesstrafe für Ehebruch) einerseits, Exod. 22,2 f. (Strafen für Diebstahl) andererseits. Im Mittelalter galt diese Differenzierung nicht in dieser Form, hier wurde der Diebstahl mit der Todesstrafe geahndet, Ehebruch nicht mit Notwendigkeit.

⁵² *libere* steht offenbar nicht im gedruckten Dekret-Text, ein charakteristischer Zusatz Ockhams?

⁵³ Irrtum; vgl. vielmehr die Glosse ad X 1. 5. 1, s. v. *interpretatus*.

⁵⁴ Vgl. Nikomachische Ethik V 14, 1137b26 f.

⁵⁵ Vgl. dazu auch ähnlich III *Dialogus* II iii, c. 11 (fol. 267ᵛᵇ).

⁵⁶ Vgl. oben Anm. 31.

⁵⁷ Vgl. oben Anm. 33.
⁵⁸ Vgl. oben Anm. 32.
⁵⁹ Kenneth J. Pennington (Syracuse, N. Y.) machte mich freundlich darauf aufmerksam, daß Gratian in D. 78 d. p. c. 4 wörtlich schreibt: *Paulus quoque apostolus in adolescentia a domino electus et ad predicandum missus asseritur.* Vermutlich ist also Gratian selbst der *magnus canonista,* den Ockham kritisiert. Er hatte gewiß keineswegs eine These gemeint, wie Ockham sie hier brandmarkt, konnte aber bei flüchtiger Lektüre so verstanden werden (auch wenn keine kanonistischen Glossen bekannt sind, die es so verstanden haben). Vielleicht hatte Ockham auch eine defekte Textgrundlage, oder er hält sich an einen Topos im Streit der Fakultäten an der Universität Oxford.
⁶⁰ Nach der Vulgata-Zählung, in der Lutherbibel: II. Chron. 14, 10.
⁶¹ Zur Rolle von *memoria* und *iudicium* hat sich Ockham schon ganz am Beginn seiner Schrift (in I *Dialogus* I, cc. 8–10 [fol. 3va–4va]) geäußert, freilich dort im Zusammenhang des Streites der Fakultäten der Theologen und Kanonisten. Vgl. auch das *Elementarium Logicae* [VI 20], edd. Eligius Maria Buytaert, Gedeon Gál, Joachim Giermek in: OPh VII (1988), S. 186 [ich halte diese Schrift weiterhin für authentisch, vgl. Miethke, Der Abschluß der kritischen Ausgabe von Ockhams akademischen Schriften, in: Deutsches Archiv 47 (1991), S. 175–185, hier S. 180 ff.].
⁶² Diese Schrift konnte ich nicht identifizieren, evtl. identisch mit dem unten bei Anm. 90 von Ockham angeführten fast gleichnamigen Text [den ich gleichfalls nicht identifizieren kann].
⁶³ In deutscher Fassung zitiert auch unten im Nachwort, bei Anm. 49: Ockham, *An princeps,* Prologus (OPol I², 228⁹): [...] *tamen, quia ‚gaudent brevitate moderni' super prolixis operibus nauseantes, abbreviatum faciendo sermonem conabor ostendere,* [...]. – Hier wird Accursius, *Glossa ordinaria* ad Dig. 4. 2. 1, s. v. *quod metus causa,* zitiert, eine Stelle, die bei Ockhams Zeitgenossen Rudolf Losse in einer etwa 1344 in Trier gehaltenen Predigt wieder begegnet; vgl. diesen Sermo, ed. Edmund Ernst Stengel, in: Nova Alamanniae, Bd. II/2, Hannover 1976, S. 896, nr. 1557 § 2 (wo u. a. ausdrücklich zusätzlich auf D. 12 c. 12 [vgl. Glossa ordinaria, s. v. *quam paucissimis*] hingewiesen wird).
⁶⁴ Vgl. Ockham, III *Dialogus* I ii, c. 14 (fol. 195rb): *Discipulus: Ex rationibus istis mihi dedisti occasionem cogitandi quamplura...* – Das Argument ist natürlich nicht nur bei Ockham zu finden, vgl. etwa auch Petrus de Palude [bzw. Guillelmus Petri de Godino], *De causa immediata ecclesiastice potestatis, Epylogus,* ed. William David McCready, The Theory of Papal Monarchy in the Fourteenth Century (Studies and Texts 56), Toronto 1982, S. 326, Zl. 795.
⁶⁵ Vgl. auch die *Glossa ordinaria,* ebenda, s. v. *temporibus.* Vgl. unten S. 198, Anm. 81.
⁶⁶ Vgl. Cod. 9, 29, 2; C. 17 q. 4 a. c. 30 und c. 30; siehe etwa *Breviloquium* I 1 (S. 41); I *Dialogus* VI, c. 1.
⁶⁷ Zu Ockhams Theorem vgl. etwa Wilhelm Kölmel, Wilhelm Ockham, der Mensch zwischen Ordnung und Freiheit, in: Beiträge zum Berufsbewußtsein des mittelalterlichen Menschen, hg. von Paul Wilpert (Miscellanea mediaevalia 3), Berlin 1964, S. 204–229; Arthur Stephen McGrade, The Political Thought of Wil-

liam of Ockham, Personal and Institutional Principles (Cambridge Studies in Medieval Life and Thought III 7), Cambridge 1974, S. 140–149; Jürgen Miethke, Ockham's Concept of Liberty, in: Théologie et droit dans la science politique de l'état moderne, édd. Jean-Philippe Genet et Yves Tiliette (Publications de l'Ecole française de Rome 147) Rom 1991, S. 89–100.

⁶⁸ Vgl. *Regula bullata* [von 1223 November 29], c. 1 u. c. 12 [ed. Kajetan Esser, Die Opuscula des Hlg. Franziskus von Assisi, Neue textkritische Edition (Spicilegium Bonaventurianum 13), Grottaferrata 1976, S. 363–372, hier S. 366 f. u. S. 371; auch ed. K. Esser, Opuscula Sancti Patris Francisci Assisiensis (Bibliotheca Franciscana Ascetica Medii Aevi 12), Grottaferrata 1978, S. 225–238, hier S. 226 f. und S. 237 f.], dazu vgl. die verschiedenen Regelkommentare, z. B. den des Führers der Spiritualen Petrus Johannis Olivi († 1298), II 1–4 und XII B 1–2, hrsg. von David Flood, Peter Olivi's Rule Commentary (Veröffentlichungen des Instituts für Europäische Geschichte Mainz 67), Wiesbaden 1972, S. 120–122, S. 193 f.

⁶⁹ Vgl. oben S. 81: Iac. 1, 25.

⁷⁰ Vgl. oben S. 82: D. 12 c. 12.

⁷¹ Welche Franziskaner das gewesen sind, kann ich nicht feststellen, vgl. allenfalls oben Anm. 16.

⁷² Vgl. oben S. 94.

⁷³ Knapp zusammenfassend etwa Jean Dunbabin, The Reception and Interpretation of Aristotle's *Politics*, in: The Cambridge History of Later Medieval Philosophy, edd. Norman Kretzmann, Anthony Kenny, Jan Pinborg, Eleonore Stump, Cambridge 1982, S. 723–737. Im einzelnen vgl. die Dissertationen: Ferdinand Edward Cranz, Aristotelianism in Medieval Political Theory, A Study of the Reception of *Politics*, PhD-Thesis Harvard University 1938 *(masch.)*; Conor Martin, The Commentaries on the *Politics* of Aristotle in the Late 13th and 14th Centuries, PhD-Thesis Oxford 1949 *(masch.)*; Christoph Flüeler, Rezeption und Interpretation der aristotelischen *Politica* im 13. und 14. Jh., Studien Texte, Quellen, Phil. Diss. Freiburg/Schweiz 1989 *(masch.* [erscheint 1992]). Zu Ockham allgemein besonders Mario Grignaschi, L'interpretation de la *Politique* d'Aristote dans le *Dialogue* d'Ockham, in: Liber memorialis Georges de Lagarde, Paris 1970, S. 59–72. Ockham stützt sich an dieser Stelle offensichtlich besonders auf Thomas von Aquin und Peter von Alvernia, vgl. im einzelnen Roberto Lambertini, Wilhelm von Ockham als Leser der *Politik*, Zur Rezeption der politischen Theorie des Aristoteles in der Ekklesiologie Ockhams, in: Das Publikum politischer Theorie im 14. Jh., hrsg. von Jürgen Miethke (Schriften des Historischen Kollegs, Kolloquien 21), München 1992, S. 207–224, hier S. 211 f. – Zum Tyrannenbegriff zusammenfassend Hella Mandt, Artikel „Tyrannis, Despotie" in: Geschichtliche Grundbegriffe, Historisches Lexikon zur politisch-sozialen Sprache in Deutschland, hrsg. von Otto Brunner, Werner Conze, Reinhart Koselleck, Bd. 6, Stuttgart 1990, S. 651–706.

⁷⁴ Richtig: *teknopoiitika* (in der *Translatio incompleta* [von ca. 1260], ed. Pierre Michaud-Quantin, in: Aristoteles Latinus, tom. XIX/1, Brüssel/Paris 1961); bzw. (palaeographisch wahrscheinlicher) *teknofactiva* (in der *Translatio completa* [von ca. 1265], ed. Franz Susemihl, Aristotelis Politicorum libri octo cum vetusta translatione Guilelmi de Moerbeka, Leipzig 1872) = *Politik* I c. 3; 1253b10. Zu den Über-

setzungen und ihrer Datierung vgl. jetzt den Sammelband: Guillaume de Moerbeke, Recueil d'études à l'occasion du 700ᵉ anniversaire de sa mort (1286), édd. Jozef Brams et Willy Vanhamel (Ancient and Medieval Philosophy I 7), Leuven 1989, hier zur *Politik* bes. Vanhamel, S. 339–341, sowie vor allem Fernand Bossier, S. 282 f., S. 292.

⁷⁵ Vgl. *Glossa ordinaria* ad C. 9 q. 3 c. 3, s. v. *oeconomos*.

⁷⁶ *Politik* I c. 9, 1258b37; cf. Thomas von Aquin, *Sententiae libri Politicorum*, z. St. [Editio Leonina, tom. XLVIII, Rom 1971, S. A110].

⁷⁷ Vgl. dazu Petrus de Alvernia, Kommentar zur *Politica* [III/lect. 6], ed. Gundisalvus M. Grech, The Commentary of Peter of Auvergne on Aristotle's Politics, The Unedited Part: Book III, less. 1–6, Introduction and Critical Text, Rom 1967, S. 124,2–5, identifiziert durch Lambertini [wie Anm. 73]: „*Politheuma*' *enim primo significat impositionem ordinis politiae, secundo impositorem ipsius, tertio significat ipsum ordinem impositum qui est ipsa politia. Et sic verum est quod* „*politheuma*' *et* „*politia*' *idem significant*. Grech weist hier für *politheuma* die Lesart *politicum* bzw. *politice iona* [in: Ms. Salamanca, Biblioteca Universitaria 2258, XV. s.] nach, eine ähnliche Lesart muß auch Ockham vorgelegen haben.

⁷⁸ Vgl. die folgende Anmerkung!

⁷⁹ Gemeint ist hier offensichtlich die Selbstverpflichtung des Königs im Krönungseid, die insbesondere in der englischen Überlieferung starke Beachtung fand und demgemäß auch in der englischen Forschung besonders lebhaft diskutiert wurde. Besonders wichtig wurden die Verhandlungen vor der Krönung Edwards II. (1307/8, also zu Ockhams Lebzeiten), in denen der König (neu) verpflichtet wurde, bei seiner Krönung zuzusagen, „*les leys et les custumes droitureles, les quiels communaute de vostre roiaume aura eslu*" einzuhalten [Text des berühmten § 4 etwa in: Thomas Rymer, Foedera conventiones literae et cuiuscumque acta publica inter reges Angliae et alios quosvis imperatores, etc., Hagae Comitis ³1745, Bd. 1/2, Neudruck London 1967, S. 112, hier zitiert nach dem Druck von Hoyt, wie unten, S. 355 f.], im einzelnen vgl. etwa die ältere Übersicht über die Entwicklung des englischen Krönungseides bei Percy Ernst Schramm, Geschichte des englischen Königtums im Lichte der Krönung (¹1937), Neudruck Darmstadt 1970, S. 78 ff., S. 178–227, bes. S. 196 ff., S. 204 ff.; dazu auch Henry Gerald Richardson, The English Coronation Oath, in: Speculum 23 (1949), S. 44–75; Ernst Hartwig Kantorowicz, The King's Two Bodies, Princeton N. J. 1957, S. 347–358 [jetzt in der deutschen Übersetzung: Die zwei Körper des Königs (dtv 4465), München 1990, S. 348–358]. Außerdem etwa Robert Stuart Hoyt, The coronation oath of 1308, in: The English Historical Review 71 (1956), S. 353–383; E. H. Kantorowicz, Inalienability: A note on canonical practice and the English coronation oath in the thirteenth century, in: Speculum 29 (1954), S. 488–502, jetzt in Kantorowicz, Selected Studies, Locust Valley, N. Y. 1965, S. 138–150; Peter N. Riesenberg, Inalienability of Sovereignty in Medieval Political Thought, New York, N. Y. 1956, bes. S. 48 ff.; James Ross Sweeney, The problem of inalienability in Innocent III's correspondence with Hungary: A contribution to the study of the historical genesis of „*Intellecto*" [= X 2.24.33], in: Medieval Studies 37 (1975), S. 235–251. Allgemein zu den deutschen Krönungseiden vgl. jetzt die Übersicht von Lothar Kolmer, Promissorische Eide im Mittelalter (Regensburger historische Forschungen 12), Kallmünz/Opf.

1989, der aber auf das verfassungsgeschichtliche Problem der englischen Krönungseide nicht eingeht.

[80] Vgl. auch III *Dialogus* II iii, c. 18, fol. 272vb–273ra.

[81] *Qualitas temporis* als Grund für eine Änderung der Gesetze bei Augustin sowie im Kirchenrecht, vgl. die Belege aus dem *Decretum Gratiani* [D. 79 c. 9; C. 2 q. 1 c. 19] und aus Ockham bei Jürgen Miethke, Parteistandpunkt und historisches Argument in der spätmittelalterlichen Publizistik, in: Objektivität und Parteilichkeit in der Geschichtswissenschaft, hrsg. von Reinhart Koselleck, Wolfgang J. Mommsen, Jörn Rüsen (Beiträge zur Historik 1, = dtv/wr 4281), München 1977, S. 47–62, hier S. 59f. mit Anm. 17f.; zusätzlich vgl. etwa den argumentativen Gebrauch in I *Dialogus* VI 26; III *Dialogus* I ii, c. 17; II i, c. 5; II ii, c. 9 (fol. 52vb; 197rb; 233ra; 251va). Zum allgemeinen Rahmen insbes. Klaus Schreiner, „*Diversitas temporum*", Zeiterfahrung und Epochengliederung im späten Mittelalter, in: Epochenschwelle und Epochenbewußtsein, hrsg. von Reinhart Herzog und Reinhart Koselleck (Poetik und Hermeneutik 12), München 1987, S. 381–428. Vgl. oben S. 195, Anm. 65.

[82] Die Einfügung des letzten Satzes und der Rednerwechsel ist nach Ms. Paris, Bibl. Maz. 3522, fol. 216va, vorgenommen: *Pro ista opinione alias allegationes adducas!* MAGISTER: ...

[83] cf. Accursius, *Glossa ordinaria* ad Dig. 35.1.72.6, s. v. *non cohaeret;* Thomas von Aquin, *Summa theologica* I, 96, 3.

[84] In der Glosse folgen noch einige legistische Allegate, die Ockham ausläßt.

[85] Vgl. auch Accursius, Glosse zu Dig. 1. 10. 1. 1, s. v. *expedire*.

[86] Die Übersetzung folgt hier i. a. der Fassung, die Léon Baudry aus drei Pariser Mss. hergestellt hat, in: A propos de Guillaume d'Occam et de Wyclef, in: Archives d'histoire doctrinale et littéraire du moyen âge, a. 14 (1939), S. 231–251, hier S. 233–235 [teilweise wiederholt bei Baudry, Vie (wie Anm. 1) S. 210, Anm. 3].

[86a] Das hier entwickelte Programm hat Ockham nicht vollenden können: Mitten im 3. Buch bricht der Text in allen Manuskripten ab, zwar an verschiedenen Stellen, die aber so eng beieinanderliegen, daß mit einem rein mechanischen Verlust des Textes nicht zu rechnen ist.

[87] Vgl. oben Anm. 45 sowie auch *Octo quaestiones*, Prolog (OPol I^2, 15$^{20f.}$).

[88] Zur *Lex Regia* und zur Formel *Princeps legibus solutus*, die hier gemeint ist, vgl. unten Anm. 125.

[89] Vgl. wiederum Anm. 125.

[90] Diese Schrift konnte ich nicht identifizieren. Vgl. auch oben Anm. 62.

[91] Wörtliches Zitat aus Innozenz IV. [?], *Eger cui lenia,* ed. Peter Herde, Ein Pamphlet der päpstlichen Kurie gegen Kaiser Friedrich II. von 1245/46 (›*Eger cui lenia*‹), in: Deutsches Archiv 23 (1967), S. 468–538 [Text S. 510ff.], hier S. 521f. Vgl. auch Knysh [wie unten Anm. 103], S. 43–45, oder auch Alberto Melloni, William of Ockham's critique of Innocent IV, in: Franciscan Studies 46 (1986 [erschienen 1988]), S. 161–203 [zu unserer Stelle bes. S. 187ff.]; und allgemeiner C. Francisco Bertelloni, ‚*Constitutum Constantini*' y ‚Romgedanke', la donación constantiniana en el pensamiento de tres defensores del derecho imperial de Roma: Dante, Marsilio y Guillermo de Ockham, in: Patristica et mediaevalia 3 (1982), S. 21–46; 4–5 (1983/1984), S. 67–99; 6 (1985), S. 57–79 [zu Ockham bes. in Bd. 6].

Anmerkungen zum Text 199

⁹² Ockham schreibt hier den Traktat (wie auch sonst, wo er *Eger cui lenia* ausdrücklich einem Autor zuweist) offenbar Innozenz IV. zu, vgl. vor allem Carlo Dolcini, *Eger cui lenia* (1245/46): Innocenzo IV, Tolomeo da Lucca, Guglielmo d'Ockham, in: Rivista di storia della chiesa in Italia 29 (1975), S. 127–148, jetzt in: Dolcini, Crisi di poteri e politologia in crisi, Da Sinibaldo Fieschi a Guglielmo d'Ockham (Il mondo medievale 17), Bologna 1989, S. 119–146, bes. S. 139 ff. Der Herausgeber des Textes Peter Herde läßt sich von dieser spätmittelalterlichen Meinung nicht überzeugen ([wie Anm. 91], bes. S. 471–508), er zeigt vielmehr, daß in der Überlieferung „kein einziger Beweis dafür vorliege, daß es sich bei ‚*Eger cui lenia*' um einen offiziellen Papstbrief handelt, der in Reinschriften und beglaubigt durch die päpstliche Bulle die Kanzlei verlassen hat" [S. 488]; das freilich haben die spätmittelalterlichen Autoren, die in Innozenz IV. den Verfasser sehen wollten, ja nicht unbedingt behauptet; der Papst hat zudem auch seinen Kommentar zum *Liber Extra* der Dekretalen ausdrücklich als Privatarbeit veröffentlicht! Nach Herdes Meinung hätten wir es mit einem kurialen Pamphlet aus der Umgebung des Papstes zu tun. Hier ist der Streit nicht zu entscheiden. Mir scheinen die Kategorien der Alternative, die Herde aufstellt, auf beiden Seiten zu eng gefaßt. Vgl. auch James A. Watt, The theory of papal monarchy in the 13th century, in: Traditio 20 (1964), S. 179–317, hier S. 212 mit Anm. 14.

⁹³ Zur Unterscheidung *de iure/de facto* bei den Juristen vgl. unten Anm. 124.

⁹⁴ Beliebtes Stichwort (nach Deut. 23, 25), um die Trennung von weltlicher und kirchlicher Sphäre festzuhalten, vgl. etwa X 1.6.34 *[Venerabilem]*.

⁹⁵ Trechsels Text verliest hier ebenso wie der zweite Text in der Pariser Hs. (Bibl. Maz. 3522 [wie unten im Nachwort, Anm. 69] fol. 251ra) unsinnig ‚*Romanos*' statt ‚*Germanos*' und wiederholt diesen offensichtlichen Fehler wenige Zeilen später. Angesichts der palaeographischen Wahrscheinlichkeit der Verwechslung (die vielleicht schon im Archetypus geschah) habe ich hier den einzig möglichen Sinn durch Emendation wiederhergestellt, zumal auch im Pariser Ms. hier wenigstens bei der anderen Abschrift des Textes (fol. 162rb) ein Korrektor aus *Romanos* durch Überschreiben in *Ger(manos)* verbessert hat.

⁹⁶ Ich folge hier der Lesart von Ms. Paris, Bibl. Maz., 3522, fol. 251^r, wo es heißt: *... Luc. 22: ‚Ecce duo gladii hic!', et in consimilibus, nulla fit mencio specialis de regno Francie vel alio ut intelligendum specialiter exemptum a quacumque potestate data beato Petro a Christo magis quam Romanum imperium, quam non acceperit super Franciam et alia regna ...*

⁹⁷ Vgl. Augustinus de Ancona, *Summa de ecclesiastica potestate*, qu. 41 art. 2 (u. 3), im Druck Rom 1479, fol. 135rb–136ra, vgl. bes. in art. 2 (fol. 135va): *Respondendum quod ad eum pertinet electionem aliquam examinare, ad quem pertinet ius eligendi conferre et ordinare ac manus imponere et electionem confirmare.* Daß im Text nicht auf die Tatsache hingewiesen wird, daß es sich um Augustinus von Ancona, nicht um den Kirchenvater handelt, ist bemerkenswert. Zur Auffassung des Augustinus v. Ancona vgl. ausführlich Michael Wilks, The Problem of Souveränity in the Later Middle Ages, The Papal Monarchy With Augustinus Triumphus and the Publicists (Cambridge Studies in Medieval Life and Thought II 9), Cambridge 1963.

⁹⁸ Fassungen des Krönungseides bei der Kaiserkrönung sind in den *Ordines*

überliefert, bequem zugänglich bei Reinhard Elze (Hrsg.), Ordines coronacionis imperialis (MGH, Font. iur. germ. 9), Hannover 1960, etwa nr. XVII 6 (S. 63), oder nr. XX 6 (S. 106); der letztere (verbreitete, aber im 14. Jahrhundert wohl bei keiner Kaiserkrönung angewendete) Text wurde auch von Ockhams Gegner und Zeitgenossen Konrad von Megenberg in seiner *Yconomica* II 2.10 [ed. Sabine Krüger (MGH Staatsschriften III, 5/2) Bd. II, Stuttgart 1977, S. 62, 10–15] zitiert. Der Ordo der Kaiserkrönung Karls IV. (am 5. April 1355 in Rom [Elze nr. XXIII, S. 133–139]), der einzige erhaltene Ordo, der mit Sicherheit bei einer Krönung des 14. Jahrhunderts Verwendung fand, enthielt natürlich auch eine Eidesformel (S. 134, § 6); Ockham selbst zitiert hier aber nicht die Ordines, sondern Gratians Dekret. – In Deutschland galt es für den König zunächst als unpassend, nach seinem Krönungseid noch weitere Eide abzulegen (vgl. etwa Sachsenspiegel, Landrecht III 54). Zur Entwicklung dieser Vorstellung im Spätmittelalter besonders Ernst Schubert, König und Reich, Studien zur spätmittelalterlichen deutschen Verfassungsgeschichte (Veröffentlichungen des Max-Planck-Instituts für Geschichte 63), Göttingen 1979, S. 350–353; für die frühere Zeit (bis zur Mitte des 13. Jahrhunderts) Werner Goez, „... *iuravit in anima regis*", Hochmittelalterliche Beschränkungen königlicher Eidesleistung, in: Deutsches Archiv 42 (1986), S. 517–554; zuletzt Kolmer, Promissorische Eide [wie Anm. 79], S. 304–313.

99 Henricus de Segusio, genannt „Hostiensis", *Summa aurea*, Liber III, De feudis, *Quid sit fidelitas*, im Druck Lyon 1537 [Neudruck Aalen 1962], fol. 153va. Zur Entwicklung des ockhamschen Arguments gegen den Einwand eines kaiserlichen Lehnseides seit seinen Schriften der frühen 30er Jahre bis zu III *Dialogus* vgl. McGrade, Political Thought [wie Anm. 67], S. 88 f. (Ich würde nur das Argument in *Octo quaestiones* II 12 [OPol I^2, 90f.$^{14-20}$] nicht „*klarer*" nennen!) Man wird die Frage stellen müssen, ob Ockham die juristische Dimension der Debatte aus Lupold von Bebenburg kennt, dessen *Tractatus de iuribus regni et imperii* er nachweislich kennt und kritisiert. Vgl. dort insbes. cap. 9 (wo ausführlich nachgewiesen wird, daß das *iuramentum fidelitatis* des Kaisers kein *homagium* sei), zitiert nach dem Druck bei Simon Schardius, Syntagma tractatuum de imperiali iurisdictione ..., Straßburg 1609, S. 161–208, hier S. 187 f. Freilich arbeitet Lupold in seinem ganzen Traktat fast ausschließlich mit der *Lectura* des Hostiensis, kaum mit seiner *Summa*, die Ockham offenbar allein zur Verfügung stand (Ockham zitiert die Summa auch z. B. in *An princeps*, c. 6 [ed. H. S. Offler in OPol I^2, 252$^{203\,ff.}$]). Lupold zitiert die hier von Ockham verwandte Stelle m. W. nirgends.

100 Hostiensis [wie vorige Anm.], fol. 153^{va-b}.

101 Beim Hostiensis im Anschluß an den ausdrücklich [bei Anm. 99] zitierten Text (fol. 153va).

102 DISCIPULUS ist mit Ms. Paris, Maz. 3522, fol. 258rb, einzufügen.

103 Wiederum Zitat aus *Eger cui lenia*, ed. Herde [wie Anm. 91], S. 522–523. Die Identifikation dieses Zitates erfolgte bereits durch Yurij David Knysh, Political Authority as Property and Trusteeship in the Works of William of Ockham, PhD-Thesis University of London 1968 *(masch.)*, Appendix 2, S. 45.

104 Vgl. *Glossa ordinaria* ad D. 45 c. 1.

105 Im Text des Canons heißt es nicht *credere*, sondern: *crescere*, d. h. niemand

dürfe gegen seinen Willen zu höherer Vollkommenheit gezwungen werden, vgl. auch die *Glosse* s. v. *crescere!*

[106] Dort heißt es: [...] *Adhuc obstat II q. 2* [sic!], *Non liceat, ibi unus papa iudicat de suo successore. Sed ibi non iudicat de ipso, sed dicit quod non liceat ei alienare res ecclesiae:* „Weiterhin steht dem C. 2 q. 12 c. 20 entgegen, wo ein Papst über seinen Nachfolger zu Gericht sitzt; aber er sitzt dort ja nicht zu Gericht über ihn, sondern sagt (nur), daß es ihm nicht erlaubt ist, Grundbesitz der Kirche zu entfremden."

[107] Im Casus heißt es: *ut vel contenti essent uxoribus tantum vel beneficiis tantum;* „daß sie sich zufrieden geben sollten entweder mit ihren Frauen oder mit ihren Pfründen".

[108] Nur sehr indirekt in der *Glossa ordinaria* zu finden. Eine genauere Vorlage konnte ich nicht aufspüren, auch nicht bei Guido de Baysio.

[109] In der *Glosse* heißt es in der von mir benutzten Druckausgabe: *a domino, et non a conciliis:* „vom Herrn und nicht von Konzilien"! Aber vielleicht besaß Ockham wirklich ein Ms. mit der ihn offenbar selber erstaunenden Lesart, die er anführt.

[110] Vgl. Augustinus, *De civitate Dei*, IV 3 sqq., edd. Bernardus Dombart, Alphonsus Kalb (CC, SL XLVII), S. 100 ff.

[111] Diese These hat vor allem der Augustinereremit Aegidius Romanus [1292 Generalprior seines Ordens, 1295 von Bonifaz VIII. zum Erzbischof von Bourges erhoben, gest. 1316] in seinem Traktat ›De ecclesiastica potestate‹ [ca. 1302] verfochten, ed. Richard Scholz (¹1929) Neudruck Aalen 1961; vgl. dazu besonders Richard Scholz, die Publizistik zur Zeit Philipps des Schönen und Bonifaz' VIII. (Kirchenrechtliche Abhandlungen 6–8), Stuttgart 1903, Neudruck Amsterdam 1969, S. 32–129; Wilhelm Kölmel, *Regimen Christianum*, Wege und Ergebnisse des Gewaltenverhältnisses und des Gewaltenverständnisses (8. bis 14. Jahrhundert), Berlin 1970, S. 291–360.

[112] *Eger cui lenia*, ed. Herde [wie Anm. 91], S. 520.

[113] Vgl. auch die Diskussion bei Petrus Lombardus, *Sententiae*, lib. II dist. 41 cap. 1 n. 3 [wie Anm. 42] Bd. I (Spicilegium Bonaventurianum 4), Quaracchi–Florenz 1971, S. 562f.

[114] Hier folge ich erneut der Lesart von Ms. Paris, Maz. 3522, fol. 253va: *non peccaverunt mortaliter servando Moise, licet peccaverint mortaliter vel venialiter mentiendo.*

[115] Zu Ockhams Ethik etwa Jürgen Miethke, Ockhams Weg [wie Anm. 1], S. 300–335 (zur *conscientia* S. 330); Marilyn McCord Adams, The structure of Ockham's moral theory, in: Franciscan Studies 46 (1986 [ersch. 1988]), S. 1–35; Lucan Freppert, The Basis of Morality According to William of Ockham, Chicago 1988.

[116] Die sogenannte „*Translatio imperii*" ist seit dem 12. Jahrhundert intensiv diskutiert worden. Innozenz III. hat die Vorstellung als Argument in seiner berühmten Dekretale „*Venerabilem*" (von 1202) aufgenommen, die in die Dekretalensammlungen einging [cf. X 1. 6. 34] und damit zum *locus classicus* der Diskussion wurde, auf den sich natürlich auch Ockham im weiteren Verlauf stützt. Im einzelnen zur Entstehung und Geschichte der Diskussion Piet A. van den Baar, Die kirchliche Lehre von der „*Translatio imperii Romani*" bis zur Mitte des 13. Jahrhunderts (Ana-

lecta Gregoriana 78, sect. B 12), Rom 1956; Werner Goez, „Translatio imperii", Ein Beitrag zur Geschichte des Geschichtsdenkens und der politischen Theorien im Mittelalter und in der frühen Neuzeit, Tübingen 1958.

[117] D.h. den Deutschen und Franzosen zusammengenommen. In der deutschen Publizistik der Zeit war die Bezeichnung *Francigene* (im ausdrücklichen Unterschied zu *Franci*) für die Franzosen üblich, vgl. z.B. Alexander von Roes, Lupold von Bebenburg usw. Noch die »Heidelberger Postillen«, verfaßt von Konrad (Koler) von Soest und Job Vener im Jahre 1409, gebrauchen *Francigene* und *Gallici* nebeneinander für die Franzosen, vgl. Deutsche Reichstagsakten unter König Ruprecht, 3. Abteilung: 1406–1410, hrsg. von Julius Weizsäcker, Gotha 1888, S.422–444, nr.269, hier z.B. Glosse nr. 81. Zu den Postillen zuletzt Hermann Heimpel, Die Vener von Gmünd und Straßburg (Veröffentlichungen des Max-Planck-Instituts für Geschichte 52), Göttingen 1982, bes. S.257–276.

[118] Ein *non* ist mit Ms. Paris, Maz.3522, fol.263va, einzufügen.

[118a] Anspielung auf die „*Lex regia*"; vgl. unten Anm. 125.

[119] Diese berühmte Parömie, die für die Entwicklung des Souveränitätsgedankens wichtig wurde, ist aus Vorformen in Dig. 36. 1. 13. 4; 4. 8. 3. 3 und 4. 8. 4 schon in der *Glossa ordinaria* zu Dig.36. 1. 13. 4, s.v. *imperium* formuliert worden. Für die Kanonisten vgl. bereits Innozenz III., in: X 1.6.20 und dazu die *Glossa ordinaria* s.v. *in parem*. Vgl. auch Brian Tierney, Origins of Papal Infallibility (Studies in the History of Christian Thought 6) Leiden 1972, S.29f.

[120] Wieder folge ich der Lesung des Ms. Paris, Bibl. Maz. 3522, wo es heißt: ... *quia a deo immediate non habet gladium materialem nec quoad execucionem nec quoad hoc, quod possit aliis committere execucionem gladii materialis. Ab homine vero vel ab hominibus habet vel habere potest gladium materialem quoad hoc, quod posset committere execucionem gladii materialis alteri, non tamen habet gladium materialem quoad execucionem* ...

[121] Ockham stützt sich hier auf die „mendikantische Ekklesiologie", die im 13.Jahrhundert ausgearbeitet worden ist. Im einzelnen dazu vor allem Yves M.J. Congar, Aspects ecclésiologiques de la querelle entre mendiants et séculiers dans la seconde moitié du XIIIe siècle et le début du XIVe, in: Archives d'histoire doctrinale et littéraire du moeyen âge 28 (1961), S.35–151; vgl. auch Jürgen Miethke, Die Rolle der Bettelorden im Umbruch der politischen Theorie an der Wende zum 14.Jahrhundert, in: Stellung und Wirksamkeit der Bettelorden in der städtischen Gesellschaft, hrsg. von Kaspar Elm (Berliner historische Studien 3 = Ordensstudien II), Berlin 1981, S.119–153. Ders., Politische Theorie und die „Mentalität" der Bettelorden, in: Mentalitäten im Mittelalter, Methodische und inhaltliche Probleme, hrsg. von František Graus (Vorträge und Forschungen 35), Sigmaringen 1987, S.157–176. Die Übertragung auf die kaiserliche Stellung ist freilich Ockhams eigene Leistung.

[122] Die Frage des Eigentums als eines Zentralproblems der politischen Theorie des späteren Mittelalters hat zuletzt in knappem Überblick dargestellt Janet Coleman, Property and Poverty, in: The Cambridge History of Medieval Political Thought, c.1350 to c.1450, ed. James H.Burns, Cambridge 1988, S.607–648. Vgl. auch etwa Dietmar Willoweit, *Dominium und proprietas*, Zur Entwicklung des

Eigentumsbegriffs in der mittelalterlichen und neuzeitlichen Rechtswissenschaft, in: Historisches Jahrbuch 94 (1974), S. 131–156; Dieter Schwab, Eigentum, in: Historische Grundbegriffe, Historisches Lexikon zur politisch-sozialen Sprache in Deutschland, hrsg. von Otto Brunner, Werner Conze, Reinhart Koselleck, Bd. II, Stuttgart 1975, S. 65-115, bes. S. 66-74; Damian Hecker, Eigentum als Sachherrschaft, Zur Genese und Kritik eines besonderen Herrschaftsanspruches (Rechts- und staatswissenschaftliche Veröffentlichungen der Görres-Gesellschaft, NF 57), Paderborn 1990, bes. S. 27-76.

[123] Die Lesart des Druckes ist verwirrt. Ich folge hier wiederum Ms. Paris, Maz. 3522, fol. 275ra: *... que possunt vocari res imperiales et res fisci. Quedam, dicunt, spectant ad alios, qui earum aliquomodo sunt domini rerum mobilium, que specialiter spectant ad imperatorem ... non tamen teneretur eas imperio vel alii [!] restituere. Quarundam etiam rerum ⟨im⟩mobilium isto modo est dominus, unde et taliter dare et alienare potest ...*

[124] Zur Bedeutung der *de iure/de facto*-Unterscheidung bei den Juristen, vor allem bei Ockhams jüngerem Zeitgenossen Baldus de Ubaldis [† 1400] neuerlich etwa Joseph Canning, The Political Thought of Baldus de Ubaldis (Cambridge Studies in Medieval Life and Thought IV 6), Cambridge 1987, S. 64–68. Schon Johannes Duns Scotus [† 1308] hatte diese juristische Sprachtradition dazu benutzt, sich und seinen Zeitgenossen Gottes Allmacht in der theologischen Unterscheidung von seiner *potentia absoluta* und *potentia ordinata* verständlich zu machen; Ockham war ihm noch in den 30er Jahren in seiner ersten großen politischen Streitschrift, dem *Opus Nonaginta Dierum* [c. 95, OPol II, 726[412ff.]] gefolgt, vgl. bereits Miethke, Ockhams Weg [wie Anm. 1], S. 137–156, bes. S. 145 f. und S. 155; Eugenio Randi, A scotist way of distinguishing between God's absolute and ordained powers, in: From Ockham to Wyclif, edd. Anne Hudson, Michael Wilks (Studies in Church History, Subsidia 5), Oxford 1987, S. 43–50; jetzt auch William J. Courtenay, Capacity and Volition, A History of the Distinction of Absolute and Ordained Power (Quodlibet 8), Bergamo 1990, bes. S. 115–145.

[125] Anspielung auf die sogenannte „*Lex regia*": vgl. Inst. 1. 2. 5; Dig. 1. 4. 1. 1; Cod. 1. 17. 1. 7. Dazu zusammenfassend etwa Kantorowicz, The King's Two Bodies [wie Anm. 79], S. 87–192 [dt. Ausgabe S. 106–204]; Dieter Wyduckel, „*Princeps legibus solutus*", Eine Untersuchung zur frühmodernen Rechts- und Staatslehre (Schriften zur Verfassungsgeschichte 30), Berlin 1979, S. 163 ff.

[126] Diese Glosse stammt von Johannes Faventinus [dessen „*Summe*" um 1171 beendet worden war], was Johannes Teutonicus in der *Glossa ordinaria* noch angemerkt hat, Ockham aber bezeichnenderweise verschweigt: ihm kommt es nur auf „die Glosse", nicht auf die einzelne Lehrmeinung an.

[127] Dazu vgl. etwa Brian Tierney, „The prince is not bound by the laws", Accursius and the origins of modern state, in: Comparative Studies in Society and History 5 (1962/1963), S. 378–400, jetzt in: Tierney, Church, Law and Constitutional Thought in the Middle Ages (Collected Studies Series 90), London 1979, nr. III; zusammenfassend Wyduckel [wie Anm. 125] passim, bes. S. 48–62, S. 94 ff., S. 130 ff.

[128] Dazu vgl. etwa Kantorowicz, The King's Two Bodies [wie Anm. 79], S. 103, S. 150 f. (dt. Ausg. S. 121, S. 165 f.), wiederum auch Wyduckel [wie Anm. 125],

S. 42 ff., S. 93, S. 103 usw. Die Auslegung des Baldus de Ubaldis, die der Ockhams sehr verwandt ist, interpretiert umsichtig Canning [wie Anm. 124], bes. S. 76 ff. mit Anm. 20 [bzw. S. 239 (ad Dig. 1.4.1)]: *Nota tamen quod hec auctoritas, ‚quicquid principi placet', debet intelligi, scilicet ‚possibile' et ‚honestum'; nam impossibilia princeps non potest. Illud autem est impossibile, cuius contrarium est necessarium. Est autem necessarium ius divinum, item ius naturale ... sic non potest tolli ius gentium, supra [Dig. 1.1.11; Inst. 1.2.1]. Et ideo si principi placet quod deo non placet, non habet legis vigorem.*

[129] Die Parömie *(error principis facit ius)* findet sich so nicht im *Corpus Iuris Civilis*, vgl. aber Dig. 33.10.3.5: *... error ius facit.* Das war ursprünglich nicht auf den *princeps* bezogen. Doch durch einen Fehler in der Bologneser Vulgata wurde dieser Satz auf den *imperator* angewandt und wissenschaftlich erörtert, vgl. nur z. B. Accursius, *Glossa ordinaria* [ca. 1235] (hier benutzt nach der Ausgabe Lyon 1604) z. St. s. v. *usum imperatorum* [so statt richtig: ‚imperitorum', vgl. die Ausgabe von Paul Krüger und Theodor Mommsen, Neudruck Berlin 1956]: *et sic error principis facit ius ... Sed quomodo solius principis error facit ius? Respond(endum), quia et alii debent sequi quod ipse facit ... Item quomodo princeps errat in iure, cum omnia sint in eius pectore ... Respond(endum), non est verisimile eum errare, potest tamen ...;* für die Diskussion im 13. und 14. Jahrhundert vgl. nur den Kommentar des Bartolus von Sassoferrato († 1357) [hier zitiert nach dem Druck Venedig 1602, Bd. III: In primam Infortiati partem] ad Dig. 33.10.2, s. v. *Sed et de his:* Bartolus beruft sich auf Cinus de Pistoia († 1336], Iacobus de Arena († ca. 1296] und auf dessen Schüler Oldradus de Ponte [† nach 1343, vgl. Kenneth J. Pennington, Henry VII and Robert of Naples, in: Publikum (wie Anm. 73), S. 81–92, hier S. 87 Anm. 36]: *Princeps, licet non sit verisimile quod erret, tamen errare potest [...]. Sed dicitur hic quod error imperatoris facit ius [!]. Contra: Ius non potest per errorem constitui, ut l. Quod non ratione, supra, De leg(ibus)* [= Dig. 1.3.39]. *So(lvit) Cy(nus) variat(is) in fol(iis) in l(ege) I C(odicis), Que sit lon(ga) consue(tudo)* [= Cod. 8.52.1] *in quarto contrario, et in l(ege) Consuetudinis, eo(dem) ti(tulo)* [= Cod. 8.52.2]. *Finaliter Ja(cobus) de Are(na), quem sequitur Oldr(adus), dicit multum bene iudicio meo. Quandoque princeps vel alius, qui habet ius condendi, errat in ipsa legis constitutione, quia in veritate non intendit legem constituere, sed utitur, tamquam sit iam constitutum, tunc non facit ius talis error, quia deficit consensus, dicta l. Quod non ratione secundum unam lectionem, supra, De le(gibus)* [= Dig. 1.3.39]. *Quandoque non errat in constitutione legis, sed in modo condendi seu constituendi legem, et tunc dic: aut errat in causa de preterito, quia dicit imperator quod sic fuit constitutum, sed erat per desuetudinem sublatum, ideo statuimus, etc. Et tunc error facit ius, tamen tali modo non est trahendum ad consequentias, l. Quod vero, supra, De leg(ibus)* [= Dig. 1.3.14] *secundum aliam lectionem. Ita possumus intelligere hunc textum, et imperator statuit argentum esse in supellectili credens sic alias esse statutum, cum non esset. Si vero errat in causa de presenti, siquidem error esset talis qui faceret legis equitatem cessare, cessaret lex, quia cessaret causa s⟨u⟩i. Si vero error talis causae non faceret equitatem legis cessare, tunc valet lex et error ius facit. Hoc probatur in l(ege) Qui in aliena § Si is, et l. Is qui putat, supra, De acq(uirenda vel omittenda) haer(editate)* [= Dig. 29.2.6.4 und 29.2.15] *...* – Zudem wird in der *Addicio* auch auf

Baldus de Ubaldis, ad Cod. 1.22.2, verwiesen. (Bei der Identifizierung dieser Tradition half mir Frau cand. phil. Susanne Degenring.)

¹³⁰ Lies mit Ms. Paris, Bibl. Maz. 3522, fol. 276vb: ... *cassare* [!], *alienare, dare et vendere vel legare imperium* [!] *non est*... [statt: *falsare, alienare ... legare non est*].

¹³¹ So zu Recht die Lesart von Ms. Paris, Bibl. Maz. 3522. Ockham verweist auf seine Erörterung in III *Dialogus* II ii, c. 10–11, fol. 251vb–252rb zurück, wo er die Kompetenzen des Kaisers diskutiert hatte.

¹³² Die Allegation ist verwirrt: Der Druck Trechsels/Goldasts liest: „... seu generalia' *di. viii. secundum quod quaedam, et c. privilegia* [= D. 3 c. 3. Hier wörtlich das Zitat des Textes!]; *sed imperator* ...; Ms. Paris, Bibl. Maz. 3522: ... *D. 8 secundum quod quedam et c. quantumlibet* ... Offenbar zitiert Ockham sehr allgemein oder nach den Allegationen einer Glosse, die ich nicht identifizieren konnte [vgl. etwa die Glossen ad D. 100 c. 8; ad X 1.4.8; X 5.11.25].

¹³³ Vgl. oben S. 171 mit Anm. 129.

¹³⁴ Vgl. die oben Anm. 5 genannte Literatur.

¹³⁵ Erneut Anspielung auf die „*Lex Regia*"; vgl. oben Anm. 125.

NACHWORT

OCKHAMS POLITISCHE THEORIE

Von Jürgen Miethke

Historische Größe ist ein schillernder Begriff. Selten ist, daß jemand unbestritten Anspruch auf dieses Prädikat erheben kann. Wilhelm von Ockham darf sich in diesem Sinne zu den „Großen" seiner Zeit zählen, ein englischer Franziskaner, der weder in seinem Orden noch in der Kirche oder in staatlichen Institutionen ein herausragendes Amt bekleidet hat, ein Mann, der seine Bedeutung und seine Wirkung allein seinen Schriften verdankt. „An ihm führt kein Weg vorbei ... Früher oder später begegnet er jedem, der sich für das spätere Mittelalter interessiert", schrieb der Oxforder Historiker Ernest Frazer Jacob vor einem halben Jahrhundert.[1] An der Berechtigung dieses Urteils hat sich auch heute nichts geändert, so sehr sich unsere Interessen inzwischen verschoben haben mögen.

Das heißt nun nicht, daß unser Autor in seiner Zeit allgegenwärtig gewesen wäre. Im Zeitalter handschriftlicher Vervielfältigung von Texten war das ohnedies ausgeschlossen. Aber in seinen Schriften hat Ockham in theoretischer Bemühung und kritischer Analyse Probleme erkannt und formuliert, ist auf künftige Entwicklungen feinfühlig eingegangen und hat, sie fast vorwegnehmend, Orientierungshilfen bereitgestellt, so daß seine kritischen Anfragen die eigenen Antworten des Theoretikers in ihrer Wirkung weit überdauerten.

Ockham war in eine Zeit der Umbrüche und Krisen gestellt. Geboren kurz vor der Wende zum 14. Jahrhundert (wohl zwischen 1285 und 1290), gestorben wahrscheinlich 1347 oder 1348,[2] als die ersten Wellen des „Schwarzen Todes" über Europa zogen, lebte er in einem Jahrhundert, in dem sich langfristiger Strukturwandel mit kurzfristigen Konjunkturen verband, da in unterschiedlicher Kräftekonstellation beharrende Tendenzen sich neben untereinander durchaus nicht harmonierenden Neuansätzen fanden. Gewiß, grundsätzlich ist das eine mögliche Charakteristik jeder historischen Zeit, aber in einigen Epochen scheint das deutlicher auf der Hand zu liegen als in anderen. Das 14. Jahrhundert gehört zu jenen irritierend beunruhigten Epochen von plastischer Unentschiedenheit, in denen die Geschichte Atem zu holen scheint. Ockham hat die Umbrüche seiner Zeit nicht selber heraufgeführt. Seine Stellung als Gelehrter und Intellektueller, als Universitätslehrer und Berater am Kaiserhof war die eines Beobachters, der registriert, nicht die eines politisch Handelnden. Aber Ockham wollte genau hinsehen. Die Präzision seiner Bestandsaufnahme ist dann wegweisend geworden.

Ockham in Oxford und Avignon

Die Unruhe seiner Zeit hat ihn erst spät erfaßt. In den ersten Jahrzehnten seines erwachsenen Lebens spielten Probleme der sozialen und politischen Entwicklungen seiner Umwelt keine für uns erkennbare Rolle. Nichts deutete darauf hin, daß die Auseinandersetzungen um die Legitimität der politischen Verfassung, daß die Kämpfe zwischen Papst und Kaiser für ihn überhaupt Bedeutung gewinnen würden. Der Sohn, aus offenbar nichtadeliger Familie aus einem Dorf in der Nähe Londons stammend, dessen Namen er trägt, war mit jungen Jahren in den Franziskanerorden eingetreten, ob aus eigenem Entschluß oder auf Wunsch seiner Eltern, wissen wir nicht. Niemals hat er in seinem ganzen späteren Leben diesen Schritt nachträglich in Frage gestellt. Die Zugehörigkeit zum Franziskanerorden blieb für seinen Lebensweg bestimmend, sein franziskanisches Gelübde sollte auch für jene dramatische Kehre noch verantwortlich sein, die Ockham aus der Ruhe seines nur von intellektuellen Abenteuern bewegten Gelehrtenlebens in die streitbare Welt der politischen Publizistik, aus der akademischen Welt Oxfords an den kaiserlichen Hof des deutschen Herrschers Ludwigs des Bayern in München führte.

Der Franziskanerorden formte den jungen Mann, er gab ihm auch die materiellen Möglichkeiten einer Karriere – so wie er das für viele der Minderbrüder tat –, indem er ihn zum Studium an einer Universität bestimmte. Allein auf persönliche Begabung gestützt, konnte, wer begabt und fleißig genug war, unangesehen seines familiären Hintergrundes, als Ordensmann am ehesten dort Erfolg haben. Andere Förderungsmöglichkeiten waren an den Universitäten nur rudimentär vorhanden und schwer zu erhalten. Ein Universitätsstudium aber verursachte hohe Kosten.

Ockham vollzog in seinem Orden und an der Universität Oxford eine stetige, wenn auch keineswegs blitzhafte akademische Karriere, erfüllte, wie es scheint, sämtliche ausgedehnten Studienzeiten, die damals Universitätsstatuten und Ordensusancen einem Theologiestudenten abverlangten. Seinen Weg als Student und Dozent der Theologie (was damals unmittelbar ineinander überging) begleitend, produzierte er eine erstaunlich große Zahl von scholastischen Texten, bei denen nicht nur der quantitative Umfang überrascht. (Die gerade abgeschlossene Ausgabe seiner „Opera philosophica et theologica" umfaßt 17 Bände im Großoktavformat.[3]) Diese

„Schulschriften" im wörtlichen Verstand dieses Wortes übten auf die theoriegeschichtliche Entwicklung an den europäischen Universitäten der kommenden Jahrhunderte eine breite, im einzelnen freilich schwer zu bestimmende Wirkung aus.

Hier ist auf diesen Teil des Œuvres Ockhams nicht einzugehen. Nur so viel sei festgehalten: es waren nicht so sehr die Antworten, die Ockham im einzelnen auf die Fragen der Theologie und Erkenntnistheorie, der Naturphilosophie und der Logik, der Aristoteleserklärung und Ethik gab, die weiter wirkten. Seine Antworten haben seine Schüler und Nachfolger bisweilen rasch beiseite geschoben und durch ihnen passender scheinende Formulierungen ersetzt. Oft geschah das so rasch, daß heute in der Forschung manchmal die Frage gestellt wird, ob es im Spätmittelalter überhaupt einen Ockhamismus gegeben habe.[4] Was die dauernde Präsenz Ockhams an den Universitäten des Spätmittelalters eigentlich erklärt, ist vielmehr die Attraktivität seines methodischen Ansatzes, seine mutigen und genau die damalige Situation der Diskussion berücksichtigenden präzise gestellten Fragen. Die Kühnheit, mit der Ockham Konsequenzen aus langgedehnten und weiterästelten Kontroversen zog, die Entschiedenheit, mit der er Probleme zu „scholastisch" formulierten Fragen zuspitzte, die Klarheit seiner Lösungen, die bisweilen auch entschieden paradoxe Aussagen nicht scheuen, wirkten befreiend und sorgten dafür, daß auch dort, wo man Ockhams Antworten zu folgen nicht bereit war, doch die Formulierung seiner Fragen und damit die theoretische Fassung des Problems noch lange maßgeblich für die wissenschaftliche Erörterung geblieben ist.

Ockham sah sich, auf den Schultern der großen Theologen der Hochscholastik stehend, insbesondere immer wieder auf dem Franziskanertheologen Johannes Duns Scotus († 1308) aufbauend, aber auch in Kenntnis der theologischen Arbeit des Thomas von Aquin († 1274) und in ständigem Gespräch mit seinen Zeitgenossen vor die Aufgabe gestellt, einen schon kanonisch gewordenen ganzen Berg von Problembeständen entweder traditionell weiterzugeben oder methodisch vertretbare einsichtige Antworten auf der Basis der Problementwicklung zu suchen. Die scholastische Wissenschaft als eine Buchwissenschaft legte es ohnedies nahe, an den Universitäten des Spätmittelalters war es darüber hinaus aber eine allgemeine Tendenz, auf eine kritische Prüfung von wissenschaftlichen Argumenten hinzuzielen. Diese Haltung teilte Ockham mit vielen Zeitgenossen, sie war sozusagen ein wichtiges Bildungsziel des mittelalterlichen Universitätsunterrichts.[5] Der Franziskaner wußte diese Methode aber besonders luzide zu handhaben. Vorgefundene Antworten kritisch Schritt für Schritt aufzuarbeiten, die tragenden Argumente und Autoritäten auf ihren Sinn und ihre

Geltung zu prüfen, das war das Ziel. Wer das vermochte, konnte schon im 14. Jahrhundert befreiend wirken, weil er den Urwald eines überkommenen Stoffes lichtete.

Es war Ockham nicht beschieden, in stetiger Fortsetzung die Probleme seiner Analysen Schritt für Schritt voranzutreiben und in systematischer Vollständigkeit eine gelehrte Schulphilosophie zu entfalten. Der erkennbare Plan, das gesamte Corpus der aristotelischen Schriften der Reihe nach zu kommentieren, wurde nicht durchgeführt. Denn das klar und entschieden verfolgte Konzept einer kritischen Aufarbeitung der Tradition, die mutige Entschlossenheit, auch aporetische Folgerungen drastisch auszuformulieren, vielleicht auch persönliche Debattierfreude und eine gewisse Neigung zu paradoxen Thesen, all das machte ihn einigen Zeitgenossen verdächtig. Schon 1323 verlangte anscheinend in England ein Provinzialkapitel des Franziskanerordens von Ockham genauere Auskünfte in Fragen seiner Abendmahlslehre,[6] schließlich wurde auf eine Denunziation hin, er vertrete gefährliche Irrtümer und häresieverdächtige Lehren, an der päpstlichen Kurie in Avignon vom Papst eine Untersuchung angestrengt: der Papst setzte eine Kommission von Fachleuten ein. Das war damals an der Kurie fast schon Routine. Ein spätmittelalterlicher Theologe mußte sich daran gewöhnen, daß nicht nur die Kollegen seine Rechtgläubigkeit bezweifelten, daß nicht allein die Ordensoberen ängstlich im eigenen Verband auf Ordnung achteten, sondern daß auch die Amtskirche zur Prüfung (und Verurteilung) schritt. Papst Johannes XXII. (1316–1334), ein Kanonist von großer Entscheidungsfreude, scheint solche Lehruntersuchungen gegen Universitätstheologen sehr geschätzt zu haben. Während seines Pontifikats wurden besonders zahlreiche derartige Prozesse durchgeführt. Das „Berufsrisiko" eines scholastischen Theologen hatte sich also gewissermaßen noch erhöht. Aber in der Durchführung des Verfahrens gegen Ockham, über das wir durch einige Aktenstücke recht gut unterrichtet sind, zeigen sich keine besonderen Auffälligkeiten.[7] Es ist festzuhalten, daß trotz einer bedenklich langen Liste von irrigen und ketzereiverdächtigen Lehraussagen, die die Kommission nach monatelangen Beratungen schließlich erstellte und dem Papst vorlegte,[8] eine amtliche Verurteilung von Ockhams Theologie und Philosophie niemals erfolgt ist. Was die Gründe für diese merkwürdige Zurückhaltung waren, ist unbekannt. Ob Ockham an der Kurie einflußreiche verschwiegene Gönner fand, ob der Papst sich letztlich in solch diffizilen Fragen doch nicht festlegen wollte, wissen wir nicht.[9] Später hat der Erfolg von Ockhams Theologie an den europäischen Universitäten die Durchführung eines Ketzerprozesses obsolet gemacht.

Über Ockhams Lebensweg entschied jedoch dieser Prozeß an der Kurie aus ganz anderen Gründen. Im Sommer 1324 offenbar war er nach Avignon gereist,[10] auf 1326 ist die letzte Irrtumsliste der päpstlichen Kommission zu datieren. Ockham scheint sich in diesen Jahren zunächst vor allem auf die Verteidigung seiner Lehren, vielleicht auch auf die Redaktion gelehrter Schriften konzentriert zu haben,[11] um so seine Rückkehr an die Universität Oxford vorzubereiten, auf die er hoffen mußte. Da versetzte ihn der sogenannte „Theoretische Armutstreit" seines Ordens mit Papst Johannes XXII. in eine neue Lage.

Der ›Theoretische Armutstreit‹

Der Streit[12] hatte damals schon eine längere unmittelbare Vorgeschichte. 1321 hatte er damit begonnen, daß ein Inquisitor aus dem Dominikanerorden in Narbonne einen der Ketzerei verdächtigen Beguinen verhört und in die Liste der verwerflichen Irrtümer auch den Satz aufgenommen hatte, daß Christus und seine Apostel in ihrem Erdenleben keinerlei Güter im Sinne eines Eigentums oder eines Besitzrechtes gehabt hätten, weder als Einzelpersonen noch als Gruppe. Der *lector* (d.h. der Fachtheologe) des Franziskanerkonvents in Narbonne, als Sachverständiger mit anderen Theologen zum Verfahren hinzugezogen, protestierte heftig gegen die geplante Verurteilung dieses Satzes; diese Aussage sei vielmehr gesunde katholische und rechtgläubige Lehre, auch sei exakt das von Papst Nikolaus III. in seiner Bulle *Exiit qui seminat* (1279)[13] feierlich definiert worden. Als der Inquisitor den Franziskaner daraufhin auf der Stelle zum öffentlichen Widerruf dieser Behauptung vor allen anderen Theologen noch in derselben Versammlung zwingen wollte, weigerte der sich und appellierte, um sich vor dem Zugriff des Inquisitors zu schützen, an den Papst.

Damit war eine Entscheidung der Kurie nötig. Wollte sie sich auf die Seite des Franziskaners stellen, so hätte das keinen Aufwand gemacht. Eine negative Antwort aber wurde technisch vor allem dadurch erschwert, daß Papst Nikolaus III. wirklich in seiner Bulle geschrieben hatte, daß Christus durch sein Wort gelehrt und durch sein Beispiel bekräftigt habe, daß der Verzicht auf jedes Eigentum, sowohl für den einzelnen wie auch für die Gruppe, ein Weg zur Vollkommenheit sei. Am Ende seines langen Textes hatte Nikolaus III. strikt eine Glossierung, Kommentierung und öffentliche Erläuterung dieser seiner Entscheidung verboten.

Johannes XXII. war nicht der Auffassung, daß er durch die Entscheidung seines Vorgängers unverrückbar gebunden sei. Am 6. März 1322 stellte er im Konsistorium vor den Kardinälen und anderen Kurialen öffentlich die Frage zur Debatte, ob die hartnäckige Behauptung, Jesus Christus und seine Apostel hätten weder als Einzelperson noch als Gruppe auf Erden irgend etwas gehabt, als Ketzerei zu bewerten sei. Damit wählte Johannes das Verfahren, an das er sich auch bei anderen Fragen gerne gehalten hat: er veranstaltete eine „Anhörung" der Expertenmeinungen, um dann auf der Grundlage der vorliegenden mündlichen und schriftlichen Gutachten zu entscheiden. Am 26. März, drei Wochen später, hat er dann, um den Einwänden seiner franziskanischen Gesprächspartner zu begegnen, zusätzlich das Glossierungsverbot der Bulle *Exiit* ausdrücklich aufgehoben *(Quia nonnumquam)*.[14]

Die Diskussion, die damals heftig begann, sollte sich nicht so rasch beruhigen. In der Vatikanischen Bibliothek liegt heute noch ein dicker Pergamentkodex, in den die kontroversen Stellungnahmen verschiedener Autoren für den Papst säuberlich nacheinander eingetragen wurden.[15] Johannes XXII. hat in diesen Kodex in seiner feinen nervösen Handschrift mehrfach Anmerkungen eingetragen und damit bezeugt, daß er ihn als Arbeitsunterlage benutzt hat. Neben den gelehrten Kardinälen und Kurialen beteiligten sich an der Debatte damals auch Ordensleute verschiedener Richtung, Bischöfe und andere Kleriker, alles Männer mit Universitätsbildung, aber natürlich mit kontroversen Standpunkten. Naturgemäß haben sich besonders deutlich die Franziskaner zu Wort gemeldet, um die Auffassung ihres Ordens klarzustellen. Auf ihrem Generalkapitel in Perugia haben sie zu Pfingsten (am 4. und 6. Juni 1322) dem Papst und der Christenheit ihre Meinung, bewehrt mit langen Reihen von Autoritäten und Rechtsquellen, entgegengehalten und verkündet, was vom Römischen Stuhl einmal als Wahrheit definiert worden sei, müsse hinfort unverbrüchlich gelten und könne auch von einem Papst nicht mehr abgeändert werden.[16]

Johannes XXII. dagegen ließ sich von diesen Beschwörungen nicht aufhalten. Am 8. Dezember 1322 erklärte er kühl in einer apostolischen Konstitution *(„Ad conditorem")*,[17] künftig wolle er für die Römische Kirche das allgemeine Eigentumsrecht, das sie bisher an den Gütern und der Habe des Franziskanerordens wahrgenommen habe, nicht weiter festhalten; der Orden solle es, ebenso wie die anderen Orden der Kirche, in eigene Hände nehmen. Auf den Sturm der Entrüstung und auf die geharnischten Proteste hin, die das von seiten des Ordens hervorrief, geruhte der Papst, diese harsche Entscheidung etwas zu mäßigen und die Liegenschaften, Kirchengebäude und Vermögenswerte des Ordens weiterhin, wie bisher, im Eigentum der Römischen Kirche zu belassen. Der Orden sollte nur die Verbrauchsgüter, Nahrung und Kleidung in eigener Verantwortung gebrauchen, da sich hier das Gebrauchsrecht vom Eigentumsrecht nicht trennen lasse, weil diese Güter zu gebrauchen heiße, sie zu verbrauchen.

Mit diesem Dolchstich aber in die empfindlichste Stelle des Selbstverständnisses der großen Ordensgemeinschaft ließ es Johannes XXII. keineswegs bewenden. Fast ein ganzes Jahr später, am 12. November 1323 verkündete er schließlich in einer allgemein verbindlichen Konstitution („Cum inter nonnullos"),[18] hinfort solle die Behauptung als Ketzerei gelten, Christus und seine Apostel hätten keinerlei Eigentum auf Erden gehabt. Der heftige Streit war damit aber keineswegs zu Ende, vielmehr begann jetzt erst eigentlich eine lebhafte publizistische Diskussion und sollte noch jahrelang andauern. Entschieden wurde sie niemals, da die Definition von „Cum inter nonnullos" nicht aufgehoben worden ist, freilich auch die Bulle „Exiit" in Geltung blieb.

Einem heutigen Betrachter mag der Konflikt leicht als eine ins Absurde gesteigerte Wortklauberei um exegetische Quisquilien erscheinen, der man nur mäßige Aufmerksamkeit widmen möchte. Die Heftigkeit jedoch, mit der man sich da gegenseitig bekämpfte, die Erbitterung des Tones, die Härte der Maßnahmen, die die Inquisition auf diese Definition hin traf, all das beweist doch, daß Johannes XXII. mit seiner Frage und seiner Entscheidung einen neuralgischen Punkt getroffen hatte. Hier ging es nicht um unverbindliche Begriffserklärungen, um ein „theoretisches" Glasperlenspiel (was die üblich gewordene Bezeichnung des Konflikts als „Theoretischer Armutstreit" nahelegen könnte), hier stand, insbesondere die Reaktionen des Franziskanerordens bezeugen das, mehr auf dem Spiel.

Ein Historiker muß angesichts von Konflikten grundsätzlich hellhörig werden: im Streit zeigt sich, worauf es den Menschen ankommt. Das herauszufinden lohnt gewiß die Mühe genauen Hinsehens und gründlicher Untersuchung. Hier müssen wir uns auf einige Andeutungen beschränken. Dem Orden der Minderbrüder, von Franziskus von Assisi im Zuge des religiösen Aufbruches des 11. und 12. Jahrhunderts begründet, schon zu Lebzeiten des Stifters, erst recht aber in dem knappen Jahrhundert nach dessen Tod (1226) zur größten religiösen Gemeinschaft in der abendländischen Christenheit herangewachsen, die damals mit etwa 30 000 Brüdern in rund 1300 Konventen über ganz Europa verstreut und bis an die Grenzen der damals bekannten Erde lebten, war bereits von seinem Gründer der Keim ständiger Unruhe eingepflanzt worden, als Franziskus seine Brüder radikal auf die „Form des heiligen Evangeliums" *(forma sancti evangelii)* als Richtschnur ihres Lebens und auf die „äußerste Armut" *(altissima paupertas)* als Ziel verpflichtet hatte.[19] Die praktischen Schwierigkeiten sind offenkundig: Wie sollte ein großer Personenverband ohne jeden Abstrich nach den Bestimmungen der Bergpredigt leben können? Wie sollte eine Organisation, die ganz Europa umspannte, in ihrem täglichen Leben wirklich wie Lilien auf dem Felde oder Sperlinge unter dem Himmel existieren und dabei auf Dauer überleben können? Diese Frage wirkte als ständiger Stachel im Orden, da sie die Diskrepanz zwischen der Verpflichtung durch den Stifter und jener „unvermeidlichen" Alltagspraxis des Umgangs mit diesen Geboten jederzeit deutlich machen konnte. Immer wieder entstanden unter den Franziskanern darum heftige Konflikte.

Die Vorgeschichte des Armutstreites zieht sich durch das ganze 13. Jahrhundert. Es ist bei den Minderbrüdern nicht allein der in jedem Verband, der sich auf eine Stiftergestalt und eine schriftliche Regel beruft, naheliegende Streit zwischen den Rigorosen und den Laxen, der den Orden bis zum Zerreißen beschäftigte. Es ist diese schwierige Vermittlung zwischen radikaler Nachfolge und den Erfordernissen des Alltagslebens, der die ohnedies bis zur Erbitterung geführte Debatte nahezu ausweglos machte. Am Beginn des 16. Jahrhunderts schließlich sollte der Orden die Einheit seiner Organisation, die das unterschiedliche Regelverständnis bis dahin überdeckt hatte, endgültig verlieren und sich in drei Orden aufspalten. Zuvor hatte vor allem der glühende Appell des Stifters zur Ordenseinheit den Orden immer wieder zu einem Kompromiß – und sei es auch nur zu einem Formelkompromiß – finden lassen.

Auch die Bulle *„Exiit"* des Franziskanerpapstes Nikolaus III. war die Besiegelung eines solchen Kompromisses gewesen. Sie versuchte, die Ansichten und Einsichten des großen Theologen und Ordensgenerals Bonaventura († 1274) für Orden und Kirche verbindlich zu machen, was aber die Entzweiung zwischen den „Spiritualen" und den Anhängern der „Kommunität" für die Zukunft keineswegs ausschloß. Noch das Konzil von Vienne versuchte, in Erneuerung und Präzisierung des Kompromisses der 70er Jahre, in dem Dekret *„Exivi de paradiso"* (1311/12)[20] die Auseinandersetzungen zu beenden, ohne Erfolg.

Die Franziskaner hatten sich inzwischen daran gewöhnt, beim Heiligen Stuhl und bei der Kurie Unterstützung und Rückhalt zu finden. Seit den Lebzeiten des Franziskus, seit er sich (1209) zusammen mit seinen Gefährten in argloser Kirchenfrömmigkeit dem Papst gegenüber zu striktem Gehorsam verpflichtet hatte, hatte der Orden fast stets an der Kurie einen Kardinal als Ansprechpartner und „Protektor" gehabt, der seine Interessen sorgfältig zu erwägen wußte. Schon die vom Papst Honorius II. bestätigte Ordensregel, die *„Regula bullata"* (von 1223) war zwar von Franziskus entworfen, von Kardinal Hugolin von Ostia als Kardinalprotektor aber gründlich bearbeitet worden.[21] Der Verbindung zur Kurie verdankte der Orden vieles, Förderung, Stützung, Hilfe und Schutz bei seiner Ausbreitung und bei seiner nicht überall in Europa konfliktfreien Etablierung. Den Gehorsam dem Papst gegenüber hatte der Orden sozusagen eingeübt. Jeder Streit jetzt mußte schmerzen.

Das „Bündnis" zwischen dem Apostolischen Stuhl und den Franziskanern (das in die umfassendere Kooperation zwischen der Kurie und den Bettelorden eingebettet war) hatte für beide Seiten Gewinn gebracht. Auch die Amtskirche hatte gewonnen. Die Bettelmönche, und unter ihnen besonders zahlreich ihr größter Verband, die Franziskaner, hatten in den neu sich bildenden Agglomerationen der werdenden Städte die Aufgaben von Predigt und Seelsorge dort übernommen, wo die traditionelle Kirchenorganisation lückenhaft oder unzulänglich war. Der Auftrag der Mission nach außen war vor allen den Mendikanten zugefallen. Die neuen Orden hatten sich auch früh schon der neuen Formen des Lernens und Wissens bemächtigt, die die sich bildenden Universitäten im 13. Jahrhundert entwickelten: die großen Theologen der Hochscholastik waren zu einem erheblichen Teil Bettelmönche. Schließlich hatten die Mendikanten wie die anderen Ordenszweige der Kirche auch, aber ihrer eigenen Zahl entsprechend in quantitativ auffälligem Maße, schon im 13. Jahrhundert in Idealkonkurrenz zu ihrem Betteldasein der Amtskirche Amtsträger gestellt: Bischöfe, Kardinäle, Päpste, auch Inquisitoren, wobei keineswegs nur die Dominikaner diesen Weg der Ketzerbekämpfung suchten.[22]

Der Franziskanerorden war also in der Tat eine wichtige Stütze der katholischen Amtskirche geworden: lokal nicht allzu fest gebunden, beweglich, diszipliniert, einsatzfreudig und einsatzfähig, scholastisch geschult und predigterfahren, in enger Fühlung mit sehr verschiedenen Schichten der in Bewegung geratenen Bevölkerung, ein hochwillkommenes, auch publizistisch nutzbares Instrument, das wirksam einzusetzen war, am wirksamsten, wo Gleichklang zwischen Kurie und Orden herrschte. Der Streit um die franziskanische Armutsauffassung, der nun Papst und Orden entzweite, rührte also an die Grundlagen des Selbstverständnisses des Ordens. Das erklärt die Heftigkeit des Konflikts, erklärt auch die weitreichenden Konsequenzen.

Ockhams Parteinahme im Streit

Ockham will, wie er selber berichtet, von dieser erbitterten Auseinandersetzung, die an der Kurie kurz vor seiner Ankunft in Avignon gewiß hohe Wellen geschlagen hatte, während der ganzen Zeit seines Prozesses (während dessen er, wie anzunehmen ist, im Franziskanerkonvent in Avignon lebte, mitten im Hauptquartier des Ordens an der Kurie) zunächst nichts wahrgenommen haben und sich erst nach Eintreffen seines Ordensgenerals Michael von Cesena in Avignon (am 1. Dezember 1327) auf dessen Geheiß hin mit den päpstlichen Verlautbarungen beschäftigt haben.[23] Was immer wir von dieser Aussage halten wollen, Ockham berichtet jedenfalls, daß es ihm nun wie Schuppen von den Augen fiel. Er glaubte jetzt zu erkennen, daß auf dem Stuhle Petri ein Ketzer saß, und fühlte sich zu einem Kampf aufgerufen, der ihn ganz anders engagierte als ein Streit der Argumente im Hörsaal. Ockham war sich hinfort einer prophetischen Sendung bewußt.[24]

In der Nacht vom 26. auf den 27. Mai 1328[25] verließ eine kleine Schar von Franziskanern im Schutze der Dunkelheit Avignon: Michael von Cesena, Bonagratia von Bergamo, Franz von Marchia, Heinrich von Thalheim, und eben auch Ockham und sicherlich noch andere Minderbrüder. Sie flohen abenteuerlich, teilweise (wie auch Ockham) unter dem Bruch eines dem Papste eidlich gegebenen Versprechens, sich von der Kurie nicht ohne päpstliche Erlaubnis zu entfernen. Die ihnen gleich am Morgen nachgesandten bewaffneten Häscher konnten die Gruppe nicht rechtzeitig aufspüren. Im letzten Moment noch war es ihnen gelungen, im Hafen von Aigues Mortes ein Schiff zu erreichen, das sie in Sicherheit brachte. Auf einer genuesischen Galeere setzten sie nach Italien über, wo sie schließlich in Pisa den Schutz des deutschen Herrschers und römischen Kaisers Ludwig des Bayern fanden, der mit dem avignonesischen Papst in einen Streit ganz anderen Ursprungs verwickelt war[26] und der sich nun mit diesen Gegnern seines Feindes nicht ohne eigene Erwartungen verband.

Im kaiserlichen Schutz sollte Ockham auch künftig bleiben, bis zu seinem Tod. Im Münchener Franziskanerkloster hat er gelebt, am Hof des Kaisers in München hat er gewirkt und als einer der Berater versucht, die kaiserliche Politik mitzubestimmen. Freilich mußte er von Mal zu Mal das Ohr des Herrschers erst gewinnen, und er hatte viele Konkurrenten dabei.[27] Gewiß aber wurde er auch in München nicht zum politischen Praktiker. Das eigentliche Medium seiner Wirkung blieb die Schrift, der Traktat. Die Texte, die er unermüdlich verfaßte,[28] gewannen eine Bedeutung, die der seiner akademischen Werke vergleichbar ist, nur hatten sie diese Wirkung nicht primär an den Universitäten, sondern in jenem universitär gebildeten Publikum, den gelehrten Klerikern, die an den Fürstenhöfen und Prälatenkurien als Berater und Bedienstete tätig waren.[29]

Ockham betrat die Bühne der politischen Theorie zwar als Polemiker, also gleichsam in Verkleidung. Er begann seine Reflexionen weder im Vollzug einer auf Vollständigkeit zielenden kommentierenden Anstrengung zum *Corpus Aristotelicum*, wo dann eben auch die „*Politik*" zu kommentieren war, noch begann er damit, die Wirklichkeit seiner Zeit mit einem rationalen oder utopischen Idealentwurf zu vergleichen, um sie diesem Ziel ähnlicher zu machen. Ockham gelangte zur politischen Theorie als Verteidiger einer vom Papste angezweifelten, angegriffenen, ja verbotenen Lebenspraxis seines Ordens, indem er diese (im Rahmen der von seinen Autoritäten gelegten Grundlinien) „theoretisch" in ihrer Möglichkeit begründen und in ihrer Wünschbarkeit, ja Vorbildlichkeit rechtfertigen wollte. Er machte sich zum Ideologen und Apologeten der franziskanischen Armutstheorie und des franziskanischen Lebens. Damit verteidigte er keineswegs jenen Flügel des Ordens, der die absolute Armut als Praxis für den gesamten Orden und alle Franziskaner oder gar für die ganze Kirche ohne Unterschied verbindlich machen wollte, er gehörte nicht zu den „*Fraticelli*" oder auch nur zu den „*Spiritualen*". Er verteidigte die Mittel- und Normalposition des franziskanischen ‚Ministerflügels'. Es ging ihm nicht um Extreme. Was er aber in seiner Laufbahn an der Universität methodisch gelernt hatte, bewahrte und bewährte er auch in seinen politischen Schriften.

Ockhams Politische Theorie im Umriß

Der Gesamtentwurf, den Ockham in seiner politischen Reflexion von diesem Ausgangspunkt her erreicht hat, ist ungewöhnlich in einer Zeit, in der sich politische Theorie noch nicht als eine in sich geschlossene selbständige Bemühung emanzipiert hatte und „nur" Teilbereiche, in Anlehnung an das Vorgehen unterschiedlicher wissenschaftlicher Disziplinen, bearbeitete. Ockham wollte die Lebensform der Franziskaner, so wie die Ordensleitung sie sah, gegen Einreden und Angriffe des Papstes verteidigen. Er setzte daher bei seinen Analysen nicht bei der Herrschaft des Menschen über Menschen an, vielmehr untersuchte er die Herrschaft des Menschen über Sachen, das Eigentum. Denn darum ging ja der „Theoretische Armutsstreit", ob für ein menschliches Wesen ein strenger Verzicht auf jegliches Eigentum überhaupt denkbar und menschenwürdig praktikabel, gar als Ziel der „Vollkommenheit" legitim sei.

Ockham schließt sich zunächst an eine lange Diskussion der Ordenstheologen des 13. Jahrhunderts über die Urgeschichte des Eigentums an. Bei ihm ist diese Entstehungsgeschichte der Institution „Eigentum" zugleich eine genetische Analyse, die im Ursprung der wesentlichen Momente des Begriffs unverstellt habhaft werden möchte, wie eine scharfe, an „rekonstruktiver" Begriffsbestimmung maßnehmende analytische Betrachtung der eigenen Lebenswelt. Die erste große Streitschrift, die Ockham veröffentlicht hat, das „*Opus nonaginta dierum*", dient ganz diesem Thema, das er auch später immer wieder weiter verfolgt hat (ohne es im „*Dialogus*" ausdrücklich in ausführlicher Systematik aufzugreifen). Nur wer sich über die Grundzüge dieser Eigentumslehre orientiert,[30] kann die unausgezogenen Linien erkennen, denen entlang sich, auf dieser Basis aufbauend, andere Bereiche der politischen Reflexion Ockham erschlossen haben.

Mit dem Sündenfall hat der Mensch seine gottgegebene vernunftgemäße freie Herrschaft über die Güter dieser Welt verloren. Fügte sich zuvor dem vernunftgeleiteten menschlichen Willen die vernunftlose Kreatur ohne Widerstand, so bedeutete Herrschaft nach dem Fall Anstrengung und Durchsetzung gegen Widerstreben. Was zuvor als gottgegebene „Herrschaft" *(dominium)* mit utopischen Farben gezeichnet werden konnte, wird nun gleichsam degradiert, tritt auf die Stufe rein kreatürlicher Weltbemächtigung zurück, wird Gebrauchsbefugnis *(potestas utendi);* diese aber ist allen Geschöpfen gleichermaßen eingeräumt. Der Mensch findet jetzt also Konkurrenten, gegen die er kämpfen muß, er trifft jetzt auch, und das erschwert seine Lage weiter, auf seine Artgenossen, auf Bosheit und Gewalt von Menschen. Um in diesen Schwierigkeiten den Menschen Instrumente des Überlebens in die Hand zu geben, hat Gott ihnen nach dem Sündenfall eine neuartige Möglichkeit eröffnet. Er hat ihnen erlaubt, sich aus der Totalität der Welt einen bestimmten Bereich von Gegenständen auszusondern und Eigentum zu bilden.

Nur die Eigentumsbildung, nicht die konkreten Formen des Eigentums sind göttliche Konzession. Dieser Unterschied ist Ockham immer wichtig gewesen. Was der Mensch aus dieser Möglichkeit macht, wie er das Eigentumsrecht definiert, das ist seine eigenste freie Erfindung, es ist, man kann es, in der Zeit weit vorgreifend, systematisch durchaus so nennen, geschichtlich, geschichtlichem Wandel unterworfen und somit auch menschlicher Veränderung zugänglich. Der Mensch kann also diese Formen ändern, er kann auf Eigentum verzichten und behält dann (als Franziskaner etwa) immer noch seine kreatürliche[31] „*potestas utendi rebus*", seine Gebrauchsbefugnis an den lebenfristenden Nahrungsmitteln etwa, die er gebrauchen und verbrauchen darf. Als menschliche Einrichtung kann das Eigentum kreatürlicher Not gegenüber keine absolute Schranke bleiben. Im Falle der Not darf der Verhungernde sich eines – nach der Definition des Eigentumrechtes – „fremden" Gegenstandes, den ein anderer im Überfluß besitzt, zur eigenen Lebensrettung bedienen.

Ockham greift hier ein altes und in der Diskussion seiner Zeit weit verbreitetes Theorem auf, das auch in der *Glossa ordinaria* zu Gratians „*Decretum*" gebührend unterstrichen worden war. „*Im Fall der Not ist alles Gemeinbesitz, d. h. muß allen zur Verfügung stehen*", so lautete die knappe Fassung des Gedankens, auf den Ockham sich hier stützt.[32] Bezeichnend ist, wie er dieses Postulat zum Dreh- und Angelpunkt seiner Gesamtanschauung gemacht hat, das freilich auch im Notfall nicht das brutale Recht des Stärkeren in Kraft setzt, sondern aus der lebenerhaltenden Funktion des Rechts ein wohl abgestuftes System der Kompetenzen ableitet: da alles Recht der Erhaltung des Lebens dient, werden die restriktiven Schranken des positiven Rechts (das freilich in seiner Geltung dadurch nicht grundsätzlich angezweifelt wird) im Notfall durchlässig, um dem Raum zu gewähren, was Leben möglich macht.

Das Eigentumsrecht ist Schranke, die eine von mir angeeignete Sache vor fremdem Zugriff sichert, ist Hilfe zur Lebensfristung, aber selber nicht Teil der kreatürlichen Grundausstattung jedes menschlichen Lebewesens, die dem Geschöpf vom Schöpfer unmittelbar zur Sicherung seiner Lebensfähigkeit mitgegeben wurde. Darum kann das Eigentumsrecht auch keine unbedingte Geltung beanspruchen, sondern muß sich unter allen Umständen an seinem eigentlichen Zweck messen lassen; bisweilen wird es dabei im Horizont des seine Existenz begründenden Zweckes außer Kraft gesetzt.

Ockham hat das ganze System von hierarchisch geordnet zu denkenden Konsequenzen aus dieser so beschriebenen Grundstruktur nirgends im einzelnen ausgearbeitet. Aber er war sich offenbar seiner Bedeutung vollauf bewußt. Denn exakt nach diesem Modell hat er schon in der *„Prima pars"* des *„Dialogus"* das Verhältnis menschlicher Rechtssatzung zu ihrem eigentlichen Zweck beschrieben und wird später in seinem *„Breviloquium"* ausdrücklich von einer „Zwillingsbefugnis" *(duplex potestas)* des Menschen sprechen, die ihm nach dem Sündenfall von Gott zur Lebensfristung eingeräumt wurde, nämlich, nebeneinander und streng analog gedacht, Eigentum auszusondern und sich politisch zu organisieren.[33] Auch Herrschaft ist wie das Eigentum, so ist zu folgern, in ihrer jetzigen Gestalt Ergebnis konkreter menschlicher Entscheidungen, ist Resultat historischer Entwicklung, unterliegt historischer Veränderung, auch willentlicher Umkonstruktion. Die alten augustinischen Thesen von der Herrschaft als Folge der Sünde erhalten in dieser Fassung ein neues Gesicht.

Im Zuge von Ockhams Nachdenken bedeutet „Geschichtlichkeit" der Herrschaft gewiß keineswegs, daß Herrschaft so, wie sie vorfindbar ist, prinzipiell nach dem Belieben jedes ihr Unterworfenen frei revidierbar oder widerrufbar wäre. Jeder Herrschaftsträger erwirbt auch nach Ockhams Meinung ein fest begründetes subjektives Recht an der Herrschaft, das er unter den Bedingungen, die das gesamte Recht konstituieren, unzweifelhaft hat und haben muß. Ockham erörtert aber immer wieder die Bedingungen von Rechtsverlust und Rechtsaberkennung, fragt, unter welchen Umständen in einer vernünftigen Gesellschaftsordnung wohl erworbene Rechte verwirkt oder aberkannt werden können oder müssen. Dabei muß sich Herrschaft bei Ockham nicht nur an ihren Aufgaben in einer

Herrscherethik, sozusagen von innen, messen lassen. Das war ja in den Fürstenspiegeln, der wohl erfolgreichsten literarischen Gattung politischer Reflexion des Mittelalters, ein Versuch gewesen, die Dynamik von Herrschaftsbildung und Herrschaftsdurchsetzung zu kanalisieren und zu bändigen. Bei Ockham muß sich Herrschaft auch, sozusagen von außen, von den Beherrschten an der Erfüllung ihrer Aufgaben messen lassen, d. h., sie muß sich prüfend messen lassen an ihren Leistungen für das gemeine Wohl. *„Im Regelfall steht der König über seinem Reich. Und dennoch ist er in besonderen Fällen seinem Reich unterworfen: Denn das Reich kann im Fall der Not seinen König absetzen, ja ins Gefängnis werfen, und zwar kraft Naturrechts."*[34]

Daß hier dem „Reich" *(regnum)* ein Widerstandsrecht eingeräumt wurde, ist für das 14. Jahrhundert vielleicht nicht unbedingt auffällig. Im 13. und 14. Jahrhundert sind in Deutschland, England und den iberischen Königreichen Herrscher abgesetzt worden.[35] Vielmehr ist bemerkenswert, daß Ockham solche Absetzungspraxis aus dem Naturrecht legitimiert. Damit wird die Funktionalität von Herrschaftsübung eingefordert und – bei aller prozeduralen Unsicherheit darüber, wie sich das „Volk" *(populus)* denn soll artikulieren können – wird damit auch das Notmittel des Aufstandes und des Staatsstreichs in das politische System integriert.

Im „Dialogus" wird das politische System nicht in einer theoretisch deduktiven Beweisführung vor dem Leser entrollt. Der Autor entwickelt seine Ansichten in der Prüfung vorgetragener Argumente und in der Untersuchung immer neu vorgetragener tatsächlicher oder möglicher Präzendenzfälle, in der argumentativen Bewertung von *exempla* und *casus*. Nicht immer ist es einfach, ja nicht einmal möglich, versuchsweise Überlegungen von wohl begründeten Einsichten des Autors zu unterscheiden.[36] Der „Dialogus" macht sich auch nicht einen deskriptiven Bericht über die politische Organisation der menschlichen Gesellschaft zum Thema, es geht ihm (wie es, ebenfalls im Prolog zur *Prima Pars*, ausdrücklich heißt) vielmehr darum, *„die Auseinandersetzung systematisch [!] zu erklären, die zur Zeit unter den Christen über den katholischen Glauben und vieles, was damit zusammenhängt, geführt wird"*.[37]

Wenn Ockham den Streit seiner Zeit zwischen Kirche und Staat durchdenkt, so sieht er auch die Kirche prinzipiell in gleicher Weise wie die politische Herrschaftsordnung als soziale Organisation. Man muß sogar umgekehrt sagen, daß Ockham über die Struktur von größeren sozialen Organisationen und ihre internen Probleme zuerst am Beispiel der Kirche nachgedacht hat. An der Folge seiner Traktate von der *„Prima pars"* des „Dialogus" bis zur *„Tertia pars"* desselben Werkes läßt sich das gut verfolgen. Gewiß gibt es einige Besonderheiten, die die Kirche von anderen, von den politischen Verbänden unterscheiden. Bei ihr geht es um Glaubenserkenntnis und Offenbarung, um Wahrheit und nicht primär um Willensentscheidungen, bei ihr handelt es sich, wie Ockham Bernhard von Clairvaux nachbuchstabiert, um einen „Dienst", nicht um „Herrschaft".[38] Aber wesentliche Fragen stellen sich für die Kirche und für staatliche Herrschaft nach Ockhams Meinung völlig analog.

Das läßt sich an vielerlei Themen seiner Reflexionen zeigen. Besonders deutlich wird es dort, wo Ockham – später – über Änderungen der Kirchenverfassung nachdenkt. Auch die Kirche war für ihn weit weniger, als es seine kurialen Gegner meinten, dank ihrer ihr von Christus eingestifteten Verfassungselemente im Kern unwandelbar und unveränderlich. Auch die Verfassung der Kirche wollte er nicht einfach als bloße Gegebenheit hinnehmen. Ockham hat sich auch hier für eine Auffassung entschieden (bzw. sie seinem Leser vorgetragen), die der menschlichen Verantwortung großen Spielraum läßt in der Vergangenheit wie in der Gegenwart.[39] Gewiß gibt es von Gott eingesetzte Ämter und Dienste in der Kirche, aber auch die Kirchenverfassung ist grundsätzlich an ihrer Funktionsfähigkeit, an ihrer Leistung bei ihrer Aufgabe zu messen in gleichem Maße wie die politische Organisation. Auch hier stellt der Notfall die Erfüllung der Funktion auf die Probe der Bewährung. Wenn ein Amtsträger versagt, treten andere Christen in die Verpflichtung ein. Um das zu verdeutlichen, überbietet Ockham die einfache Organismus-Metapher für kirchliche Aufgaben und sieht eine Austauschbarkeit gegeben, die weit über die zeitgenössische Praxis hinausweist.[40]

Im Grunde wurzelt auch hier seine Auffassung in der Erfahrung von der Pflicht zum Widerstand gegen einen ketzerischen Papst, auf die Ockham in einer späten Streitschrift auch noch einen *bubulcus catholicus*, einen „katholischen Rinderknecht" festgelegt sah.[41] Die kritische Frage nach dem Zweck der sozialen Organisation, an der sich jede Institution zu bewähren hat und die auch für dieses Theorem noch die Begründung liefert, hat bei Ockham jedenfalls die traditionelle Frage der politischen Philosophie nach der prinzipiell besten Verfassung des Staatswesens zurückgedrängt zugunsten einer Untersuchung der Handlungsmöglichkeiten und vor allem der Handlungspflichten des einzelnen. Ockham fragt und untersucht immer wieder mit hartnäckiger Kasuistik, was geschehen muß, wer etwas tun darf und wer es dann eben auch tun muß.

Ockham hat das immer wieder für jenes Feld beschrieben, auf dem er selber die Dringlichkeit der Frage erfahren hatte, für die Kirche. Bei der staatlichen Ordnung bleibt er viel wortkarger, ja nahezu einsilbig. Ganz unverkennbar aber ist, daß es für ihn eine deutliche Ausstrahlung von der kirchlichen Struktur auf die weltliche Sozialordnung gibt, die insbesondere durch den Freiheitsgedanken eingefärbt erscheint. Es war Ockham wichtig, daß Gott den Menschen als freies Subjekt gewollt hat, daß das Evangelium ein „*Gesetz der Freiheit*" ist.[42] Die Folgen für die Organisationsformen der Menschen hat er durchaus daraus zu ziehen versucht: „*Es wäre völlig unsinnig, wenn die Sache des Glaubens in keiner Weise [...] Laien zukäme. Das ist eine Aussage herrschsüchtiger und hochmütiger Kleriker, die versuchen, die Laien aus der Kirche Gottes auszuschließen, damit, wenn die Laien ausgeschlossen sind, sie selbst in der Kirche als Herren über die Laien gelten können*", so schreibt der Kleriker Ockham der Amtskirche ins Stammbuch.[43]

Das Pathos der Freiheit, das Ockhams „*Dialogus*" durchzieht, richtet sich aber nicht nur gegen klerikale Überwältigung und übersteigerte Ansprüche der Amtskirche. Ockham meint, in der Kirche (und auch in anderen Bereichen) die Menschen zu eigener Verantwortung rufen zu müssen. Das gilt fraglos auch für den staatlichen Bereich. Der „Würde des Menschengeschlechts" täte es Abbruch, wenn alle Sklaven des Kaisers wären.[44] Um dies festzustellen, bedarf es gar nicht der Analyse der konkreten Absichten des jeweiligen Herrschers.

Ockhams politische Theorie erwuchs aus seiner Parteinahme. Das gilt nicht nur in einem schlichten biographischen Sinn, sondern auch für den Kern seiner Absichten. „*Ich behaupte aber, daß wer jetzt nicht glühend bestrebt ist, zur öffentlichen Kenntnis zu bringen, welche Gewalt der Papst innehat, wie umfassend sie ist und kraft welchen Rechts er sie hat, daß der keineswegs den rechten Glaubenseifer besitzt und seinem Gewissen nicht folgt. Deshalb müssen sich in dieser gefährlichen Zeit alle Gelehrten in eigener Person um diese Forschungen bemühen wegen der unendlichen Übel, die von alters her aufgrund dieser Unwissenheit unter den Christen entstanden sind. Sonst nämlich wird ‚Gottes Wort in ihrem Munde gefesselt' sein* (vgl. II. Tim. 2,9) *und sie werden ‚Hunde sein, die nicht bellen können'* (Is. 56,10).*"* Noch in einer seiner letzten Schriften hat Ockham das festgestellt.[45]

Seine Erfahrung mit dem „*monstruösen*", im wörtlichen Sinne also „*ungeheuerlichen*"[46] Umsturz aller Ordnung (da der Papst selbst ein Ketzer war) hat Ockham jedenfalls dazu veranlaßt, die künftigen Jahrzehnte seines Lebens dem Kampf gegen diesen Papst, gegen seine bußunwilligen Nachfolger und gegen die „*Kirche von Avignon*" zu widmen. Schrift um Schrift hat er niedergeschrieben, auch wenn er nicht jede von ihnen abgeschlossen hat. Seine Wirkung war nach Auskunft der erhaltenen handschriftlichen Überlieferung seiner Texte im allgemeinen relativ weitstreuend, einige Zeugnisse von Zeitgenossen bestätigen zumindest, daß man auch anderwärts von seiner politischen Publizistik wußte.[47] Aber waren diese Schriften wirklich Entfaltung einer politischen Theorie?

Waren es nicht einfach Pamphlete im Meinungskampf des damaligen Tages, die heute vielleicht für den Historiker Interesse haben, der an den Argumentationslinien einer vergangenen Öffentlichkeit interessiert ist? Können diese Texte zur Geschichte der politischen Theorie wirklich beitragen? In der Tat sind Ockhams „Opera politica" alle dazu bestimmt, im Meinungskampf des 14. Jahrhunderts zu wirken. Allein diese ihre oft erklärte Absicht und das Publikum, für das sie geschrieben wurden, machen aber die Kennzeichnung als „Pamphlete" problematisch, wenn man mit diesem Wort die moderne Bedeutung verbindet. Es ging Ockham darum, Argumente zu wägen und Beweise zu prüfen. Im wesentlichen also – zumindest methodisch – um das, was er in seinen wissenschaftlichen Schriften im Grunde auch getan hatte.

Wichtig ist, daß er in seiner Publizistik zur Erklärung dessen, was er erleben zu müssen glaubte, das Thema seiner Reflexion immer allgemeiner absteckte. Es genügte ihm jedenfalls nicht, „nur" die Argumente zur Armut Christi hin und her zu wenden, wenn er das auch in ausgiebiger Breite nicht versäumt hat. Ockham hat sich von dem Augenblick seines Eintritts in die Debatte bis zu seinem Tode bemüht, seinen Lesern die institutionellen Folgen seiner Erkenntnis zu verdeutlichen. Wenn der Papst ein Ketzer ist, wer darf ihn dann kritisieren, angreifen, vor sein Gericht ziehen, verurteilen? Wie muß sich ein weltlicher Herrscher gegen Geistliche verhalten, die ihm von Ketzereien des Papstes berichten? Hat ein Fürst Anspruch darauf, in die geheiligten Bezirke der kirchlichen Amtsträger einzudringen? Welche Strafen sind zu verhängen? Wer ist zur Aufnahme des Kampfes verpflichtet? Das sind die ersten Fragen an der Oberfläche. Jene Fragen, welche Anordnungsbefugnisse ein Papst – unter der Voraussetzung, daß er Ketzer werden kann – in der Kirche überhaupt haben darf, nach welchen Prinzipien die kirchliche und die weltliche Organisation arbeiten, wie das Verhältnis von kirchlicher und weltlicher Ordnung gedacht und gestaltet werden muß, führen dann tiefer in die Materie ein. Schließlich fragt Ockham auch, was die gesellschaftliche Organisation für den Menschen leistet, warum dieser sie braucht, was sie ihrerseits fordern darf und was sie nicht fordern kann, um zu begreifen, wie geschehen konnte, was geschah, und wie gegenwärtigem wie künftigem Unglück zu steuern ist.

Der ›Dialogus‹

Ockhams Antworten brauchen hier nicht im einzelnen wiederholt zu werden. Sie haben sich in Ockhams Lebenszeit, im Laufe der zwanzig Jahre von 1328 bis 1347/48, nicht grundstürzend gewandelt, aber wohl umakzentuiert. Die Armutsfrage, von der her Ockham die Probleme der politischen Organisation anging, wird später gewiß immer erkennbar bleiben, steht aber nicht mehr im Vordergrund, während die Frage nach Kaiser und Reich immer größere Aufmerksamkeit findet, ohne daß Ockham sie mit grundsätzlich anderen argumentativen Mitteln, mit völlig andersgearteten Ergebnissen bearbeitete.

Ockham hat ein umfangreiches Œuvre politischer Schriften unterschiedlicher Länge und Intensität hinterlassen. In der kritischen Ausgabe seiner „*Opera politica*" liegen nun bald 4 Bände vor. Der „*Dialogus*" wird mindestens noch einmal 4 Bände umfassen. Aus dieser Masse ein Bändchen zusammenzustellen, das eine für Ockhams Denken einigermaßen charakteristische Auswahl trifft, ist ohne Konzentration ausgeschlossen. Grundsätzlich wäre es möglich gewesen, sich exemplarisch auf eine persönlich gehaltene Streitschrift zu beschränken und damit vorzuführen, wie Ockham entschlossen und einseitig eine Position verficht.[48] Dagegen sprach vor allem, daß Ockham selbst in seinem „*Dialogus*" stets seine wichtigste Schrift gesehen hat, seine entscheidende Äußerung, sein Hauptwerk und sein letztes Wort. Ockham wollte seinen Lesern am liebsten immer seine volle Beweisführung zumuten, nur ungern gab er eine „gekürzte" Fassung seiner Argumentation preis. „*Gewiß doch, ich weiß: verkürzte Aussagen über die Wahrheit mögen bisweilen, wenn die Untersuchungen nur bruchstückhaft durchgeführt sind, und besonders dann, wenn die Probleme nicht ausführlich erörtert werden, so erscheinen, als wären sie nur mit dunklen und unwirksamen Argumenten gestützt und stünden gar ungeschützt spitzfindigen Scheineinwänden offen; sie tragen deshalb manchmal geradezu das Gesicht der Falschheit, so daß sie Menschen, die der Wahrheit widerstreben, keinesfalls überwinden können, besonders wenn diese sich von ihren Affekten leiten lassen oder sich an falsche Lehren und Irrtümer gewöhnt haben; solche Texte werden dann von denen, die weniger fest begründet zu urteilen wissen, als lächerlich eingeschätzt, ja liefern bisweilen einfältigen Lesern Anlaß zum Irrtum; während sie in Wahrheit insgeheim den Verschluß öffnen, wirft man ihnen vor, daß sie den Knoten allererst schürzten. Trotzdem möchte ich, weil Menschen von heute sich an der Kürze freuen und über ausführliche Werke vor Langeweile stöhnen, in einer Kurzfassung auszuführen versuchen, daß …*" So beginnt Ockham eine persönliche Streitschrift, ein Memorandum für den englischen Hof.[49]

In der Tat haben seine Zeitgenossen die ausführlichen, die „wissenschaftlichen" Schriften weit stärker gelesen und abgeschrieben als seine Streitschriften.[50] Da auch eine Auswahl aber die charakteristischen und zentralen Texte präsentieren sollte, fiel hier die Entscheidung für eine Auswahl aus dem „*Dialogus*", zumal meines Wissens bisher noch keine größeren zusammenhängenden Stücke dieses großen Werks in deutscher Übersetzung vorliegen.

Der „*Dialogus*" ist in einem langwierigen Prozeß über die Zeitspanne von anderthalb Jahrzehnten entstanden und, soweit wir wissen, niemals vollendet worden.[51] Die weitläufige „*Prima pars*" ist noch zu Lebzeiten des Papstes Johannes XXII. († 4. Dezember 1334) fertiggestellt worden: jedenfalls ist dieser „Ketzerpapst" nirgendwo als verstorben genannt oder vorausgesetzt. Der Text, auch die hier vorgelegten Auszüge machen das deutlich, ist noch ganz aus dem unmittelbaren Impetus der polemischen Situation entstanden, in die Ockham sich gestellt wußte. Er will, vielleicht auch im Hinblick auf Münchener Konzilspläne, die damals zusammen mit einer Gruppe der Kardinäle erwogen wurden,[52] eine Analyse der entstandenen Lage liefern, den Zeitgenossen die Bedeutung des Begriffs der Ketzerei (Buch I–III) verdeutlichen, um dann zu untersuchen, welche Konsequenzen sich aus dieser Gefahr der Ketzerei für das Handeln ergeben (Buch IV–VII).

Die Absicht ist vorwiegend im weiteren Sinne ekklesiologisch, zielt auf die Kirche, die freilich umfassend als die soziale Welt der Christenheit verstanden ist. Ockham will erklären, wie geschehen konnte, was er sich ereignen sah, will die historische Möglichkeit eines Ketzerpapstes erweisen und den Kampf gegen ihn als notwendig, als unmittelbare Pflicht jedermann bewußt machen. Diesem Ziel dienen letztlich auch die in breiter Front angeführten Reflexionen zu allgemeinen Fragen, zu Kirchenstruktur und kirchlichem Amt, zur Wahrheit des Glaubens und zu Christi Verheißungen für seine Kirche. Methodisches Fundament und Hauptreservoir der Beispiele und Autoritäten, die Ockham in nicht endender Kasuistik dem Leser vor Augen rückt, sind die Bibel[53] und die Quellen des kanonischen Rechts, „*Decretum Gratiani*" und „*Dekretalen*". Ockham zieht sie in breitem Umfang (meist erschlossen von ihrer „*Glossa ordinaria*") heran, bisweilen[54], wie sich zeigt, auf der Basis des großen Materialfundus, den die Gruppe der Franziskaner um Michael von Cesena gemeinsam[55] zusammengetragen hatte.

Ockham ist bei seinem ursprünglichen Plan für seine Schrift[56] nicht stehengeblieben. Nach dem Tode Papst Johannes' XXII. hat er das Projekt zuerst einmal, wie es scheint, liegen gelassen. Nach einer kurzen Pause des Schweigens, die vielleicht der kaiserliche Hof in einer Phase der Neuorientierung und der Vermittlungsversuche den Franziskanern zunächst im Jahre 1335/36 auferlegt hatte,[57] haben vielfältige Anforderungen der Tagespolitik Ockham offenbar eine rege Produktion verschiedener Streitschriften abverlangt, die die weitere Arbeit am „*Dialogus*" in den Hintergrund drängte. Der versprengte Prolog zu einem nicht näher bestimmbaren

Teil dieses Werkes[58] enthält ebenso wie die fest mit den beiden Traktaten der „*Tertia pars*" verbundenen Prologe[59] die ausdrückliche Erklärung, daß der alte Plan nun immer noch eine Fortsetzung erfahren solle, setzt also einen gewissen Abstand von der „*Prima pars*" voraus.

Diese erneute Aufnahme der Arbeit am Dialogus scheint andererseits noch vor dem Tode Papst Benedikts XII. († 25. April 1342) erfolgt zu sein, wie wiederum die unmittelbare Polemik gegen diesen Papst an verschiedenen Stellen beweisen kann, die gegen einen Lebenden, nicht gegen einen Verstorbenen gerichtet ist. Damit freilich ist nicht gesagt, daß der gesamte uns erhaltene Text der „*Tertia pars*" vor 1342 datiert werden muß. Noch kurz vor seinem Tode hat Ockham in einer späten Streitschrift seine Leser auf seinen „*Dialogus*" verwiesen, „*den ich seit langem in Arbeit habe*".[60] Anscheinend hat Ockham am „*Dialogus*" gearbeitet, bis ihm der Tod die Feder aus der Hand nahm.

Bewußt und entschieden hat Ockham in seiner „*Tertia pars*" den ursprünglich geplanten Aufriß seines Werkes verlassen, der eine ganze Reihe von „historischen" Erörterungen über die Handlungen und die Geschichte verschiedener Christen *(„De gestis diversorum Christianorum")* im Streit des 14. Jahrhunderts vorgesehen hatte. In zwei ausführlichen Abhandlungen hat er als „*Vorbereitung und Einleitung für das Folgende*"[61] Erörterungen über ein Thema vorangestellt, das in seiner Zeit die Szene der politisch theoretischen Diskussion ohnedies beherrschte, „*De potestate pape*",[62] und hat dann dieses Thema analog auch noch am Römischen Reich spezifiziert.[63] Hier unterbreitet Ockham seinen Lesern seine politische Reflexion in ihrer reifen Gestalt. Die Bibel und die kanonistischen Quellen bleiben ein wichtiger Fundus, aus dem er Argumente und Belege schöpft. Aber daneben tritt nun auch ausdrücklich Aristoteles, dessen Sozialphilosophie zur Analyse der Kirchenstrukturen unerschrocken in einer eigenen Abhandlung (die hier nur in einem kleinen Teil Aufnahme finden konnte) herangezogen wird. Zeitgenössische Stimmen, insbesondere die des Münchener Mitexulanten und Konkurrenten Marsilius von Padua,[64] aber auch andere Texte des Kreises,[65] kommen dabei ausführlich in langen (freilich nicht ausdrücklich bezeichneten) Zitaten zu Wort, Anleihen, die hier aus Raumgründen im allgemeinen nicht Aufnahme finden konnten. Analyse und Identifikation dieser Zeugnisse der Debatten des 14. Jahrhunderts werden eine wichtige Aufgabe der künftigen kritischen Edition des „*Dialogus*" sein.

Ockham hat in seiner letzten Schrift auch andere Argumentationsmuster der politisch-theoretischen Reflexion seiner Zeit in seinem Sinne genutzt, indem er etwa einen kleinen „Kaiserspiegel" zusammenstellt, nachdem er schon in der „*Prima pars*" die Anforderungen an einen

„Streiter wider den Ketzerpapst" spiegelartig zusammengefaßt hatte.[66] Er nutzte entschlossen alle methodischen Möglichkeiten, die ihm die Wissenschaft seiner Zeit als Hilfe bot. Und das geschah, ohne daß Ockham seine Leser mit einem heterogenen Flickenteppich aus zusammengestoppelten Teilstücken konfrontiert, vielmehr legt er seine Auffassungen in eleganter Beweisführung, mit langem Atem und zielsicher vor.

Anscheinend hat Ockham nur einen Teil seines (abgeänderten) Plans vollendet, nur der erste Traktat der *„Tertia pars"* ist definitiv fertig geworden, bereits der zweite Traktat blieb unabgeschlossen: er bricht in der handschriftlichen Tradition zwar nicht durchwegs an derselben Stelle, aber doch so weitgehend bei der gleichen Diskussion ab, daß man nicht hoffen darf, die nach dem Plan des Prologs noch fehlenden „Bücher" jemals zu finden. Die weiteren Traktate der *„Tertia pars"*, die angekündigt waren, sind erst recht wohl niemals geschrieben worden. Der *„Dialogus"* ist Fragment geblieben. Aber das hat seine Wirkung[67] nicht unbedingt beeinträchtigt. In der Rezeptionsgeschichte des Textes hat der erste Traktat der *„Tertia pars"*, der das auch sonst von Zeitgenossen mehrfach erörterte Thema *„De potestate Papae"* behandelt, nicht entfernt soviel Aufmerksamkeit gefunden wie der zweite Traktat, der diese den Zeitgenossen vertraute Problematik mit ähnlichen Methoden und Fragen auch für „den Kaiser" und das römische *„imperium"* durchdenkt: Während für den ersten Traktat nur 3 Handschriften erhalten blieben, sind für das Fragment des zweiten 17 Manuskripte auf uns gekommen.

Die vorliegende Auswahl

Es könnte durchaus lohnen, einen dieser beiden Texte vollständig zur Kenntnis zu nehmen. Hier ist einer Auswahl aus dem Gesamtkomplex des *„Dialogus"* der Vorzug gegeben worden. Dabei sind die aufgenommenen Texte auf Themen der politischen Organisation orientiert, ohne die ekklesiologische Ausgangsbasis gänzlich verleugnen zu können oder auch nur zu wollen. In der Auswahl aus der *„Prima pars"* habe ich mich darauf beschränkt, einige Überlegungen über das Verhältnis von geistlicher und weltlicher Gewalt, insbesondere über die Beziehungen von Klerikern und Laien in der Kirche vorzustellen. Texte zur inneren Struktur der Kirche, zur Irrtumsfähigkeit ihrer Organe, zur Bedeutung des Konzils habe ich nicht berücksichtigt, so sehr sie auch später ausgeweitet worden sind und analoge Reflexionen zur staatlichen Ordnung in Gang gesetzt haben mögen. Die berühmte Devolutionskette der Irrtumsfähigkeit in der Kirche, die insbesondere das umfängliche 5. Buch füllt, taucht hier nur am

Rande (beim Papst) auf, nicht in der ausführlichen Darlegung, die Ockham ihr auch für alle anderen Instanzen in der Kirche, für Kardinäle, Bischöfe, Priester, alle Männer, alle Frauen, und überhaupt für alle außer einem einzigen gab, an dem Christus seine Verheißung wahr machen könne, daß er seine Kirche vor Irrtum bewahren wolle. Auch für die „*Tertia pars*" habe ich spezifisch kirchliche Fragen, wie die nach der Funktion und Arbeitsweise des Konzils, seinen Möglichkeiten und seinen Grenzen, nicht dokumentiert.

Gleichwohl charakteristische und sprechende Ausschnitte auszuwählen, die den „ganzen" Ockham in seiner Radikalität, seinem Rigorismus, seinem Optimismus, seinem prophetischen Sendungsbewußtsein und natürlich auch mit seinen Grenzen sichtbar werden lassen, war das Ziel. Eine Auswahl kann den Duktus der großen Schrift im besten Falle repräsentativ wiedergeben, kann diese nicht in allen Verästelungen vorführen. Die hier aufgenommenen Texte sollen das charakteristische Vorgehen des Autors widerspiegeln. Es ging nicht darum, alle berühmten, in der Literatur immer wieder angeführten „Zitate" zuverlässig zu bringen, hier sollten vielmehr Ockhams Argumentationsstil und die tragenden Thesen seiner politischen Theorie sichtbar werden. Ob es gelungen ist, dieses Ziel auch nur annähernd zu erreichen, muß der Benutzer, muß der Kritiker entscheiden, der sich aber bewußt sein sollte, daß hier nicht einmal der zehnte Teil der gesamten Schrift vorgestellt werden kann.

Bei der Anordnung habe ich mich entschlossen, eine eigene systematische Ordnung zu vermeiden und alle Stücke in der authentischen Reihenfolge aufzuführen. Das hat gewiß erhebliche Nachteile, da die Verbindungsstücke ja nicht sichtbar gemacht werden können und so die Textteile „in der Luft" hängen könnten. Auf der anderen Seite zwingt diese Präsentation den Argumenten auch keine ihnen fremde Systematik auf. Eine Benutzung der gediegenen Inhaltsübersicht, die Wilhelm Kölmel vorgelegt hat,[68] könnte dem Leser eine Übersicht über den Ort der einzelnen Stücke im Gesamtaufriß des Traktates erleichtern.

Bei der Übersetzung habe ich mich um Genauigkeit und eine „enge" Übersetzung bemüht, ohne pedantisch wirken zu wollen. Ich habe angestrebt, möglichst wenig „altfränkisches" Deutsch zu verwenden, denn Ockham schrieb auch dort für seine Zeitgenossen, wo er alte Texte zitierte. Lange Perioden wurden freilich mitunter geteilt, reihende Partikel wurden nicht immer wiedergegeben. In seltenen Fällen habe ich ein Wort durch einen Doppelbegriff gekennzeichnet (z.B. „*imperium*" = Kaisertum und Kaiserreich, „*vicus*" = Dorf oder Nachbarschaft), um die Argumente verständlich werden zu lassen. Die Bibelzitate aus der Vulgata habe ich, wo immer das möglich und erträglich schien, nach einer (revidierten) Lutherfassung aufgenommen, nur in Ausnahmefällen habe ich eingegriffen, wo dieses Verfahren dem Argument seinen Sinn geraubt hätte. Die Zitate aus dem *Corpus Iuris Canonici* wurden unmittelbar übersetzt, freilich verzichtete ich darauf, die Stellenangaben durch die Kolumnenziffer der Friedbergschen Ausgabe zu identifizieren, da dies nur eine scheinbar größere Präzision brächte, aber viel Platz verschlänge. In der Übersetzung erscheinen die Allegationen in der heute gebräuchlichen Form, nicht in der „mittelalterlichen" Zitierweise, wie auch Ockham sie verwandt haben muß. Die ursprünglichen Fundorte der Zitate und Autoritäten sind hier nicht mehr nachgewiesen, zumal sie sich mit relativ leichter Mühe etwa im Druck von Emil Friedberg finden lassen. Ein Register der von Ockham angeführten Allegationen soll eine rasche Orientierung ermöglichen.[69] Auf andere Zitate und Argumentationszusammenhänge habe ich in den Anmerkungen aufmerksam zu machen versucht, die freilich nicht einen fortlaufenden Kommentar zum Text liefern wollen.

Die Auswahl wurde so getroffen, daß möglichst viel von Ockhams authentischem Text ungekürzt zum Vorschein kommt. Jede Kürzung innerhalb des fortlaufenden Textes, die gleichwohl aus Raumgründen unumgänglich blieb, ist durch „[...]" angezeigt. Wo Ockham selbst in seinen Zitaten eine Passage ausgelassen hat, habe ich ein „⟨...⟩" gesetzt. Der Druck Melchior Goldasts (1618) ist keine kritische Ausgabe, sondern eine Wiederholung[70] der Textfassung des Incunabeldruckes, den der Drucker Jean Trechsel 1494 in Lyon von dem aus Ingolstadt stammenden (damals in Paris studierenden) Augustinereremiten *Augustinus Molitor(is) de Ratisbona* (gestorben 1537) hatte besorgen lassen, der damals auch sonst mehrfach für die Werkstatt Trechsels arbeitete. Dieser Augustinus hat kurz danach (1498) in Paris die „*licentia docendi*" für Theologie erworben und hat später in Wien in seinem Orden als Prior und Provinzial gewirkt, wo er auch an der Universität in die theologische Fakultät Aufnahme fand (1504).[71] In den 90er Jahren des 15. Jahrhunderts hat er also offenbar sein Studium mit editorischen Arbeiten für Trechsels Druckerei finanziert. Die Textgestalt, die er damals erarbeitete bzw. die er aus dem vorangegangenen Druck übernahm, ist zweifellos an einigen Stellen problematisch,[72] es war hier aber nicht möglich und es erschien auch nicht angemessen, für diese Auswahl eine „kritische" Edition herzustellen.[73] Ich habe dennoch versucht, an Stellen, die mir verdächtig schienen, an einer Handschrift[74] die Lesarten zu überprüfen, was natürlich nicht immer den gewünschten Erfolg hatte und mich auch nicht dazu veranlaßt hat, sämtliche Abweichungen der von mir eingesehenen Manuskripte hier zu notieren, da dies eine größere Sicherheit der Textgrundlage vorspiegeln würde, als sie mir erreichbar war.[75] Insofern muß der Leser auf die erst noch zu erarbeitende Ausgabe hingewiesen werden, die vielleicht auch die eine oder andere Schwierigkeit des Textes auflösen wird. Insgesamt bin ich jedoch zuversichtlich, einen im großen und ganzen verständlichen Text vorzulegen, der ein in den Umrissen korrektes Bild von Ockhams Argumenten und seiner Theorie erlaubt.

Ockham war sich sicher, daß die Wahrheit im Austausch der Argumente Sieger bleiben würde. Vielleicht überschätzte er allzu optimistisch die Möglichkeiten wissenschaftlicher Abwägung im politischen Meinungsstreit, vielleicht ebnete er die Differenz zwischen theoretischer und praktischer Vernunft allzu sehr ein. Man wird ihn und seine kritischen Anfragen an seine Zeit aber nur beurteilen können, wenn man ihn selbst, wenn man seine Texte zur Kenntnis nimmt. Das soll die vorliegende Auswahl und die Übersetzung ein wenig erleichtern. Sie hat ausschließlich eine dienende Funktion. Sie soll keinesfalls die Lektüre des großen Textes im Original ersetzen, sie soll vielmehr dazu anregen, sich dieses intellektuelle Vergnügen zu machen, indem sie dazu eine erste Hilfestellung und Hinführung geben will. Darum wurden auch unmittelbar am Fuß der Übersetzung die Fundorte des lateinischen Textes noch einmal gesondert angemerkt, weil sich der ursprünglich geplante seitenparallele Druck des lateinischen Textes mit der deutschen Übersetzung aus wirtschaftlichen Gründen leider nicht realisieren ließ.

Heidelberg, im Oktober 1991   Jürgen Miethke

ANMERKUNGEN ZUM NACHWORT

¹ Ernest Frazer Jacob, Ockham as a political thinker, jetzt in: Jacob, Essays in the Conciliar Epoch, (Oxford ¹1943) Notre Dame, Indiana ³1963, S. 85–105, S. 245 ff., hier S. 85.

² Zur Biographie vgl. vor allem die in der Bibliographie genannten Arbeiten von Léon Baudry, William J. Courtenay, Girald J. Etzkorn, Francis E. Kelley, George Knysh, Jürgen Miethke. Zur Datierung seines Todes Jürgen Miethke, Zu Wilhelm Ockhams Tod, in: Archivum Franciscanum historicum 61 (1968), S. 79–98; zuletzt mit guten, wenn auch nicht durchgehend absolut sicheren Gründen Gedeon Gál, William of Ockham died ‚impenitent' in April 1347, in: Franciscan Studies 42 (1982), S. 90–95.

³ Vgl. Jürgen Miethke, Der Abschluß der kritischen Ausgabe von Ockhams akademischen Schriften, in: Deutsches Archiv 47 (1991), S. 175–185.

⁴ Vgl. nur etwa Katherine Tachau, Vision and Certitude in the Age of Ockham, Optics, Epistemology and the Foundations of Semantics, 1250–1345 (Studien und Texte zur Geistesgeschichte des Mittelalters 22), Leiden–New York–Kopenhagen–Köln 1988. Zur Rezeption des „theoretischen" Ockham in England vgl. William J. Courtenay, The reception of Ockham's thought in fourteenth-century England, in: From Ockham to Wyclif, edd. Anne Hudson and Michael, J. Wilks (Studies in Church History, Subsidia 5), Oxford 1988, S. 89–107.

⁵ Dazu vgl. auch Jürgen Miethke, Die mittelalterlichen Universitäten und das gesprochene Wort, in: Historische Zeitschrift 251 (1990), S. 1–44.

⁶ Darauf scheint ein neuer Handschriftenfund zu deuten: vgl. im einzelnen Girald J. Etzkorn, Ockham at a Provincial Chapter 1323, A prelude to Avignon, in: Archivum Franciscanum historicum 83 (1990), S. 557–567. (Herr Etzkorn legt Wert auf die Feststellung, daß die zahlreichen Druckfehler, die die Edition des kurzen Textes sowie seinen Artikel verunstalten, in die Verantwortung des Verlags fallen.)

⁷ Vgl. dazu Jürgen Miethke, Theologenprozesse in der ersten Phase ihrer institutionellen Ausbildung. Die Verfahren gegen Abaelard und Gilbert von Poitiers, in: Viator 6 (1975), S. 87–116; ders., Papst, Ortsbischof und Universität in den Pariser Theologenprozessen des 13. Jahrhunderts, in: Die Auseinandersetzungen an der Pariser Universität im XIII. Jahrhundert, hrsg. von Albert Zimmermann (Miscellanea mediaevalia, 10), Berlin–New York 1976, S. 52–94; ders., Der Zugriff der kirchlichen Hierarchie auf die mittelalterliche Universität. Institutionelle Formen der Kontrolle über die universitäre Lehrentwicklung vom 12. bis 14. Jahrhundert (am Beispiel von Paris), in: Kyrkohistorisk Årsskrift 77 (1977), S. 197–204; William J. Courtenay, Inquiry and inquisition, Academic freedom in medieval universities, in: Chuch History 58 (1989), S. 168–181.

⁸ Ediert bei Josef Koch, Neue Aktenstücke zu dem gegen Wilhelm Ockham in

234 Anmerkungen zum Nachwort

Avignon geführten Prozeß (¹1935/36), jetzt am leichtesten zugänglich in: Koch, Kleine Schriften, Bd. II (Storia e letteratura 128), Rom 1973, S. 275–365. Vgl. auch: Die Schriften des Oxforder Kanzlers Johannes Lutterell, Texte zur Theologie des 14. Jahrhunderts, hrsg. und erläutert von Fritz Hoffmann (Erfurter theologische Studien 6), Leipzig 1959. Zum Verlauf ausführlich Miethke, Ockhams Weg [wie oben im Textteil, Anm. 1], S. 46-74.

⁹ Ähnlichkeit hat das langwierige Verfahren (mit einem ebenfalls „offenen" Ende) gegen den englischen Dominikaner Thomas Waleys mit Ockhams Prozeß. Vgl. besonders Thomas Käppeli, Le procès contre Thomas Waleys OP, Etude et documents (Institutum historicum fratrum Praedicatorum, Romae Ad S. Sabinae, Dissertationes historicae 6), Rom 1936; Beryl Smalley, Thomas Waleys O. P., in: Archivum fratrum Paredicatorum 24 (1954), S. 50–107; wichtig für das Datum der Freilassung aus dem Kerker durch Johannes XXII. am 14. August 1334 (der damals offenbar durch einen längeren „Arrest auf Versprechen" abgelöst worden ist): Marc Dykmans S. J., A propos de Jean XXII et Benoît XII, La libération de Thomas Waleys, in: Archivum historiae pontificiae 7 (1969), S. 115–130 (mit dem Abdruck der entsprechenden Quellenstücke, die zugleich ein schönes Beispiel für die gestreute Überlieferung einer Nachricht in der Pamphletistik bieten). Zu vergleichen ist auch ein in Deutschland häufiger beachteter Prozeß: dazu zuletzt eingehend (mit sorgfältiger Beachtung des kanonischen Prozeßrechts, aber leider apologetisch und ohne jeden Seitenblick auf die anderen Verfahren, darum einseitig): Winfried Trusen, Der Prozeß gegen Meister Eckhart, Vorgeschichte, Verlauf und Folgen (Rechts- und Staatswiss. Veröffentlichungen der Görres-Gesellschaft, NF 54), Paderborn 1988.

¹⁰ Die weitreichenden chronologischen Schlußfolgerungen, die George Knysh aus seinem [erneuten] Fund päpstlicher Schreiben aus der ersten Junihälfte des Jahres 1328 an die Könige von Frankreich und Aragon gezogen hat, wo über die Flucht der Franziskaner berichtet wird [Biographical rectifications concerning Ockham's Avignon period, in: Franciscan Studies 46 (1986), S. 61–92 (Texte aus Archivio Segreto Vaticano, Reg. Vat 114: S. 86–88/88–91)], kann ich nicht teilen: Der Papst spricht hier davon, daß gegen Ockham „*in curia inchoata fuerat iam est annus elapsus auctoritate nostra contra eum inquisitio*", d. h. daß ⟨1328⟩ „seit über einem Jahr eine ‚Untersuchung' eingeleitet wurde". [Einen fast identischen Wortlaut enthält der Brief des Papstes vom 9. Juni 1328 an König Alfonso IV. von Aragón, aus dem Original im Kronarchiv von Barcelona, ed. Heinrich Finke, Acta Aragonensia, Bd. III, Berlin 1922, S. 535–537, hier S. 537, 3–7]. Es ist jedoch keineswegs deutlich, welche Einzelaktion in dem Gesamtverfahren gegen Ockham der Papst eine *inquisitio* nennt. Johannes selber scheint sich in einem Brief (vom 12. Mai 1325) an den englischen König Edward II. auf einen Prozeß Lutterells (der doch wohl mit dem Prozeß gegen Ockham identisch ist) zu beziehen [vgl. Miethke, Ockhams Weg (wie oben im Textteil, Anm. 1), S. 65 mit Anm. 233]. Die Datierung der Irrtumslisten jedenfalls liegt 1325/26 [vgl. Baudry, Vie (wie oben im Textteil, Anm. 1), S. 88]; die früheste überlieferte Irrtums-Liste der Kurie gegen ihn von 1325 ist auf einem öffentlichen Konsistorium, wohl in Ockhams Gegenwart, vorgetragen worden [vgl. Koch, Bd. II, S. 311a]. Die Listen der Theologenkommission gehören aber zweifellos zu

dem Gesamtverfahren, das ich „Ockhams Prozeß" nenne. Über die Frage der Anwesenheit Ockhams bei der Erarbeitung der Irrtumslisten läßt sich keine absolute Sicherheit gewinnen, es gibt aber zumindest Anhaltspunkte dafür, daß er sich gegen die erste Liste persönlich gewehrt hat [vgl. Miethke, Ockhams Weg, S. 66 f. mit Anm. 237 ff.]. Das Selbstzeugnis Ockhams (hier in Text Ia, oben S. 4) spricht zudem eindeutig für die Datierung von Ockhams Reise nach Avignon auf den Sommer 1324. Ein anderes Motiv für diese Reise aber als der „Prozeß" ist nicht zu erkennen; was Knysh darüber schreibt, ist reine Spekulation ohne jeden Anhalt in den Quellen.

[11] Das ist insbesondere für die *Quodlibets* und für die Traktate *De quantitate* und *De corpore Christi* zu vermuten, vgl. die jeweiligen *Praefationes* von Joseph C. Wey in: OTh IX (1980), S. 40* f., und von Carolus A. Grassi in: OTh X (1986), S. 27* [wo freilich mit Redaktionsarbeiten in Avignon nicht gerechnet wird: die deutlichen Anleihen bei den Kanonisten legen aber solche redaktionelle Tätigkeit in der Avignonesischen Zeit zumindest nahe; die Argumente Grassis für eine Spätdatierung seines Texts bleiben dadurch natürlich unberührt]. Vgl. auch oben im Textteil, Anm. 19, sowie Knysh, Rectifications (wie Anm. 10), S. 70 f.

[12] Vgl. die oben im Textteil (S. 187, bei Anm. 1) genannte Literatur.

[13] Aufgenommen in die Dekretalensammlung Bonifaz' VIII.: VI 5. 12. 3.

[14] Ed. Eubel (wie oben im Textteil, Anm. 1) Bd. V, S. 224–225; ed. Tarrant (wie oben im Textteil, Anm. 1) S. 217–221, Nr. 14.

[15] Ms. Vat. lat. 3740; dazu vgl. jetzt vor allem Louis Duval-Arnould, Les conseils remis à Jean XXII sur le problème de la pauvreté du Christ et des apôtres (ms. Vat. lat. 3740), in: Miscellanea Bibliothecae Apostolicae Vaticanae, Bd. III (Studi e testi 333), Città del Vaticano 1989, S. 121–195 [mit weiterer Literatur].

[16] Vgl. oben im Textteil, Anm. 14.

[17] Wie oben im Textteil, Anm. 1. Dazu vgl. etwa Miethke, Ockhams Weg (wie oben im Textteil, Anm. 1), S. 376 ff.

[18] Wie oben im Textteil, Anm. 2; vgl. auch Louis Duval-Arnould, La constitution „*Cum inter nonnullos*" de Jean XXII sur la pauvreté du Christ et des apôtres: rédaction préparatoire et rédaction définitive, in: Archivum Franciscanum historicum 77 (1984), S. 406–420, bes. S. 418–420 (die beiden Textfassungen).

[19] Vgl. vor allem das *Testament*, c. II, 1. 14 sqq., ed. Esser (wie oben im Textteil, Anm. 68), S. 439 bzw. S. 310.

[20] Am leichtesten zugänglich in: Conciliorum oecumenicorum decreta, curantibus Josepho Alberigo, Josepho A. Dossetti, Perikle-P. Johannou, Claudio Leonardi, Paolo Prodi, Editio tertia, Bologna 1973, S. 392–401 *(canon 38)*; dort S. 401, Anm. 1 auch weitere Druckorte und wichtige Literatur.

[21] Vgl. vor allem Kurt-Viktor Selge, Franz von Assisi und die römische Kurie, in: Zeitschrift für Theologie und Kirche 67 (1970), S. 129–160.

[22] Vgl. etwa zu den Bischöfen die Übersicht von Williel R. Thomson, Friars in the Cathedral, The First Franciscan Bishops, 1226–1261 (Studies and Texts 33), Toronto 1975; zu den frühen Inquisitoren der Franziskaner Mariano D'Alatri, Eretici e inquisitori in Italia, vol. I (Bibliotheca Seraphico-Capuccina 31), Rom 1986, passim.

²³ Vgl. oben Text Ia. Zu Michael von Cesena etwa Carlo Dolcini, Il pensiero politico di Michele da Cesena, 1328–1338, in: Dolcini, Crisi di poteri e politologia in crisi (Il mondo medievale, Sez. di storia delle istituzioni, della spiritualità e delle idee 17), Bologna 1988, S. 147–221 (mit weiteren Nachweisen). Jürgen Miethke, Michael von Cesena, in: Neue Deutsche Biographie, XVII (1993).

²⁴ Ockham hat dieses sein prophetisches Selbstbewußtsein in seiner Auffassung vom Amt eines gelehrten Theologen in der Kirche aufgehoben, vgl. besonders Guillaume H. M. Posthumus Meyjes, Het gezag van de theologische doctor in de kerk der middeleeuwen: Gratianus, Augustinus Triumphus, Ockham en Gerson, in: Nederlands Archief voor Kerkgeschiedenis 63 (1983), S. 105–128, bes. S. 113–121. Hier kann das aus Platzgründen leider nicht dokumentiert werden.

²⁵ Dies Datum vor allem gesichert durch den Bericht der aragonesischen Gesandten vom Morgen nach der Flucht, ed. Heinrich Finke, Acta Aragonensia, Bd. I, Berlin 1908, S. 438 Nr. 293. Vgl. auch Baudry, Vie (wie oben im Textteil, Anm. 1), S. 114 mit Anm. 4. Den detailliertesten Bericht liefert ein Brief (kurz nach 3. Juni 1328), ed. Charles-Victor Langlois, Formulaires et lettres du XIIe, du XIIIe, et du XIVe siècles, in: Notices et extraits des manuscrits 34/1 (1890), S. 305–322, hier S. 320–322, sowie das von Knysh, Rectifications (wie Anm. 10), S. 86–88, gedruckte Fragment aus den päpstlichen Registern (ebenfalls von Anfang Juni 1328). Einen Bericht, aus diesen Details zusammengestellt, gibt Knysh S. 77–79 [freilich kann ich die Schlußfolgerungen nicht teilen, die K. dann aus dieser Schilderung zieht].

²⁶ Vgl. zu ihm etwa Jürgen Miethke, Ludwig der Bayer, in: Theologische Realenzyklopädie, Bd. XXI (1991), S. 482–487.

²⁷ Sprechend und exemplarisch Hilary Seton Offler, Meinungsverschiedenheiten am Hof Ludwigs des Bayern im Herbst 1331, in: Deutsches Archiv 8 (1950/51), S. 191–206. Vgl. allgemein auch Alois Schütz, Der Kampf Ludwigs des Bayern gegen Papst Johannes XXII. und die Rolle der Gelehrten am Münchener Hof, in: Wittelsbach und Bayern [Ausstellungskatalog], hrsg. von Hubert Glaser, Bd. I/1, München 1980, S. 388–397; und die Anmerkungen von Jürgen Miethke, Das Publikum politischer Theorie im 14. Jahrhundert, Zur Einführung, in: Das Publikum politischer Theorie im 14. Jahrhundert, hrsg. von J. Miethke (Schriften des Historischen Kollegs/Kolloquien 21), München 1992, S. 1–23. Biographisch zu Ockhams Münchener Jahren auch Rudolf Höhn, Wilhelm Ockham in München, in: Franziskanische Studien 32 (1950), S. 142–155.

²⁸ Auf den verfehlten Versuch von Vladimir Richter, In search of the historical Ockham: Historical literary remarks on the authenticity of Ockhams writings, in: Franciscan Studies 46 (1986 [erschienen 1988]), S. 93–105, bes. S. 99–101 [deutsch auch als: Unterwegs zum historischen Ockham, Historisch-literarische Bemerkungen zur Authentizität von Ockhams Schriften, in: Studia mediewistyczne 52/2 (1988), S. 29–37, bes. S. 32 ff.], die Autorschaft Ockhams an einer ganzen Reihe seiner Schriften, darunter dem „*Dialogus*", den „*Octo quaestiones*" und dem „*Breviloquium*", in Zweifel zu ziehen, ist hier nicht im einzelnen einzugehen. Methodisch bleibt festzuhalten: es ist nicht angemessen, aus der stilistischen Verwandtschaft der Prologe dieser Traktate zu einem angeblich (!) nichtauthentischen Prolog der Physikvorlesung auch die Zuschreibung dieser Schriften zu einer „*literary leg-*

end" (S. 101) zu erklären: eher läge es doch nahe, unter diesen Umständen den fraglichen Prolog der Physikvorlesung (wie übrigens sonst allgemein angenommen, vgl. nur V. Richter und Gerhard Leibold in OPh IV [1985], S. 9* mit Anm. 27) für authentisch zu halten. Fragen der Autorschaft und Authentizität von Schriften (und einzelner Teile von ihnen) lassen sich selten mit einem einzigen Argument lösen. Daher ist weiterhin von der Authentizität dieser Texte auszugehen.

²⁹ Vgl. Jürgen Miethke, Marsilius und Ockham – Publikum und Leser ihrer politischen Schriften im späteren Mittelalter, in: Medioevo 6 (1980), S. 534–558. Allgemein jetzt auch die Beiträge in dem Sammelband: Das Publikum politischer Theorie (wie Anm. 27).

³⁰ Im einzelnen vgl. Miethke, Ockhams Weg (wie oben im Textteil, Anm. 1), S. 428–556.

³¹ Ockham kann diese *potestas utendi* eine *concreata potestas* nennen (*Opus nonaginta dierum* c. 27, OPol II 489$^{126-133}$), d. h. als eine gewissermaßen anthropologisch fundierte Grundausstattung des Menschen begreifen.

³² Vgl. bes. die *Glossa* zu D. 1 c. 7, s. v. *Ius naturale: ... et ius ex tali natura proveniens dicitur naturalis equitas; et secundum hoc ius nature dicuntur omnia communia, i. e. communicanda tempore necessitatis, ut [D. 47 c. 8];* dazu vor allem Brian Tierney, Medieval Poor Law, Los Angeles 1956; Gilles Couvreur, Les pauvres ont-ils des droits? Recherches sur le vol en cas d'extrême nécessité (Analecta Gregoriana 111), Paris 1961.

³³ Bes. vgl. *Breviloquium*, III 8 (S. 128).

³⁴ *Octo questiones*, II 8 (OPol I², 83$^{48-51}$): *Rex enim superior est regulariter toto regno suo, et tamen in casu est inferior regno, quia regnum in casu necessitatis potest regem suum deponere et in custodia detinere. Hoc enim habet ex iure naturali ...*

³⁵ Zur theoretischen Debatte – nach der grundlegenden Studie von Fritz Kern, Gottesgnadentum und Widerstandsrecht, Zur Entwicklungsgeschichte der Monarchie (¹1910), 2. Auflage, hrsg. von Rudolf Buchner, Darmstadt 1954 – etwa Edward Peters, The Shadow King, *Rex inutilis* in Medieval Law and Literature, New Haven–London 1970 S. 751–1327. Eine vergleichende Übersicht über einen Teil der entsprechenden Fälle an der Wende zum 15. Jahrhundert gab zuletzt František Graus, Das Scheitern von Königen: Karl VI., Richard II, Wenzel IV., in: Das spätmittelalterliche Königtum im europäischen Vergleich, hrsg. von Reinhard Schneider (Vorträge und Forschungen 32), Sigmaringen 1987, S. 17–40; vgl. auch Klaus Schreiner, „Correctio principis", Gedankliche Begründung und geschichtliche Praxis spätmittelalterlicher Herrscherkritik, in: Mentalitäten im Mittelalter, Methodische und inhaltliche Probleme, hrsg. von František Graus (Vorträge und Forschungen 35), Sigmaringen 1987, S. 203–256. Helmut G. Walther, Der gelehrte Jurist als politischer Ratgeber, Die Kölner Universität und die Absetzung König Wenzels 1400, in: Die Kölner Universität im Mittelalter, hrsg. von Albert Zimmermann (Miscellanea mediaevalia 20), Berlin–New York 1989, S. 467–487.

³⁶ Das wird auch ausdrücklich im Prolog (oben im Text II) festgehalten.

³⁷ Vgl. oben Text Nr. II, S. 11.

³⁸ Besonders zugespitzt in *De imperatorum et pontificum potestate* c. 7, ed. Ri-

chard Scholz, Unbekannte kirchenpolitische Streitschriften aus der Zeit Ludwigs des Bayern, Bd. II (Bibliothek des Kgl. Preuß. Historischen Instituts in Rom 10) Rom 1914, S. 461–465 (mit ausführlichen Zitaten aus Bernhards „De consideratione"). Vgl. auch etwa *Breviloquium* II 12, V 10 (S. 78, 193 Scholz); *Octo Quaestiones* VIII 6; *An Princeps* c. 3 (OPol I², 202 u. 238).

[39] Vgl. oben Text Nr. XIV (S. 111–117).

[40] Jürgen Miethke, Repräsentation und Delegation in den politischen Schriften Wilhelms von Ockham, in: Der Begriff der *repraesentatio* im Mittelalter, Sellvertretung – Symbol – Zeichen – Bild, hrsg. von Albert Zimmermann (Miscellanea mediaevalia 8), Berlin–New York 1971, S. 163–185. Die Organismus-Metapher oben in: Text Nr. XXI, S. 176–178. Zum mittelalterlichen Gebrauch dieser Metapher allgemein Tilman Struve, Die Entwicklung der organologischen Staatsauffassung im Mittelalter (Monographien zur Geschichte des Mittelalters 16), Stuttgart 1978; vgl. auch Gerhard Dohrn-van Rossum, Organ [IV], in: Geschichtliche Grundbegriffe, hrsg. von Otto Brunner, Werner Conze, Reinhart Koselleck, Bd. IV, Stuttgart 1978, S. 538–548 [beide ohne Rücksicht auf Ockham].

[41] *De electione Caroli quarti*, in Conrad von Megenberg, *Tractatus contra Wilhelmum Occam*, c. 3, ed. Scholz, Unbekannte Streitschriften [wie Anm. 38], S. 350: *Ymmo quilibet bubulcus catholicus est maior papa non catholico.* [Der Text könnte erst nach Ockhams Tod zusammengestellt sein, stammt aber zumindest mit Wahrscheinlichkeit aus dem Kreis um Ockham.]

[42] Vgl. oben Text Nr. X, S. 80–90.

[43] I *Dialogus* VI, c. 100 (= Text Nr. VI, S. 61).

[44] Vgl. Text Nr. XXI, S. 163.

[45] *De imperatorum et pontificum potestate*, c. 26, ed. Scholz (wie Anm. 38, S. 480).

[46] Vgl. oben Text Nr. Ia, S. 6.

[47] Vgl. etwa Jürgen Miethke, Zur Bedeutung von Ockhams politischer Philosophie für Zeitgenossen und Nachwelt, und vor allem Hilary Seton Offler, The ‚influence' of Ockham's political thinking: The first century, beides in: Die Gegenwart Ockhams, hrsg. von Wilhelm Vossenkuhl und Rolf Schönberger, Weinheim 1990, S. 305–324 und S. 338–365.

[48] Das *Breviloquium* hätte hier nahegelegen, das schon vor 50 Jahren von Adalbert Hamman zum Gegenstand einer gerundeten Analyse gemacht worden ist: La doctrine de l'église et de l'état chez Occam, Etude sur le „*Breviloquium*" (Etudes de science religieuse 1), Paris 1942. Vgl. auch die Analyse des Herausgebers Richard Scholz, Wilhelm von Ockham und sein „*Breviloquium*" (Schriften der MGH 8), Leipzig 1944, S. 1–28.

[49] *An princeps*, Prolog (OPol I², 228^{1-10}). Vgl. auch oben im Textteil, Anm. 63.

[50] Einige Zahlen: I *Dialogus* (31 Mss.); III *Dialogus* II (17 Mss.); *Octo Quaestiones* (14 Mss.); III *Dialogus* I (3 Mss.); *Compendium errorum* (3 Mss.); *De imperatorum et pontificum potestate* (3 Mss.); *An rex Angliae* (2 Mss); *Breviloquium* (1 Ms.). Im einzelnen vgl. Baudry, Vie (wie oben im Textteil, Anm. 1), S. 288–294, mit den Ergänzungen von Miethke, Publikum (wie Anm. 27). Vgl. auch Miethke, Marsilius und Ockham (wie Anm. 29).

51 Vgl. im einzelnen besonders Baudry, Vie, S. 209–218; Miethke, Ockhams Weg, S. 84–127.

52 Eingehend Carl August Willemsen, Kardinal Napoleon Orsini (1263–1342) (Historische Studien 172), Berlin 1927, S. 121–129. Vgl. auch Miethke, Ockhams Weg, S. 86 f.

53 Man wird den Eindruck nicht los, daß Ockham zur Erschließung des biblischen Sprachgebrauchs, auf den er mehrfach zurückgreift, eine Konkordanz benutzte. Zu dieser „Erfindung" der Pariser Dominikaner des 13. Jahrhunderts vgl. Richard H. Rouse und Mary A. Rouse, The verbal concordance to the Scriptures, in: Archivum Fratrum Praedicatorum 44 (1974), S. 5–30. Freilich kehrt die typische Zitationsweise dieser Konkordanzen in Ockhams „*Dialogus*" nicht wieder.

54 Vgl. besonders Text VI, S. 36 ff., dazu unten Anm. 65.

55 Eine gute literargeschichtliche Übersicht über die ganze Gruppe gab Clément Schmitt, Un pape réformateur et un défenseur de l'unité de l'Église, Benoît XII et l'Ordre des Frères Mineurs (1334–1342), Quaracchi-Florenz 1959; eine brillante philologische Analyse einer (offenbar gemeinsamen und daher anonymen) Streitschrift der Gruppe lieferte Hilary Seton Offler, Zum Verfasser der „*Allegaciones de potestate imperiali*" (1338), in: Deutsches Archiv 42 (1986), S. 555–619.

56 Vgl. insbesondere Text II, S. 11–13.

57 Für 1331 sprechend Offler, Meinungsverschiedenheiten (wie Anm. 27), S. 191–206; für 1335–1336 vgl. Miethke, Ockhams Weg, S. 105 f.

58 Oben Text Ib.

59 Oben Texte IX und XV.

60 *De imperatorum et pontificum potestate*, c. 1 (wie Anm. 38), S. 455: *Sane que in hoc compendio perstringuntur, in aliis operibus, presertim in quodam dyalogo, quem dudum incepi, qui habuerit, discussa inveniet exquisite.* Vgl. auch eb., c. 27, ed. Wilhelm Mulder in: Archivum Franciscanum historicum 17 (1924), S. 72–97, hier S. 78, 79, 84, 88, 93, wo Ockham teilweise sogar noch auf die – wahrscheinlich nie geschriebene „*Secunda pars*" verweist, also ganz noch in seinen Plänen lebt.

61 Text IX.

62 Eine vorläufige Übersicht über die Debatte bei Jürgen Miethke, Die Traktate *De potestate papae* – ein Typus politiktheoretischer Literatur im späteren Mittelalter, in: Les genres littéraires dans les sources théologiques et philosophiques médiévales. Définition, critique et exploitation, hrsg. von Robert Bultot, Léopold Genicot (Université Catholique de Louvain, Publications de l'Institute d'Etudes Médiévales, II. 5), Louvain-la-Neuve 1982, S. 198–211.

63 Die Titel, die Ockham in Text IX nennt, sind: „*De potestate pape et cleri*" und „*De potestate et iuribus Romani imperii*". Titel und Thema des zweiten Traktats könnten von dem bekannten Traktat Lupolds von Bebenburg, „*Tractatus de iuribus regni et imperii*" angeregt worden sein. Dieser Text ist in seiner ersten Fassung vor dem 3. Februar 1340 entstanden [vgl. Hermann Meyer, Lupold von Bebenburg, Studien zu seinen Schriften (Studien und Darstellungen aus dem Gebiete der Geschichte VII/1–2), Freiburg i. B. 1909, S. 1 mit Anm. 2], was die „Spätdatierung" von III *Dialogus* II stützen dürfte.

64 Aus der reichen Literatur zuletzt etwa Jürgen Miethke, Marsilius von Padua,

Die politische Theorie eines lateinischen Aristotelikers des 14. Jahrhunderts, in: Lebenslehren und Weltentwürfe im Übergang vom Mittelalter zur Neuzeit, Politik – Bildung – Naturkunde – Theologie, hrsg. von Hartmut Boockmann, Bernd Moeller, Karl Stackmann (Abhandlungen der Akademie der Wissenschaften zu Göttingen, Philologisch-historische Klasse, III 179), Göttingen 1989, S. 52–76 (mit weiteren Nachweisen). Zum Verhältnis Ockhams zu Marsilius jetzt vor allem Carlo Dolcini, Marsilio e Ockham, in: Dolcini, Crisi (wie Anm. 23), S. 291–426 (der sich freilich auf die frühe Phase ihrer Beziehungen beschränkt).

[65] Besonders auffällig in unserer Auswahl bei Text Nr. VI, wo der ganze Anfang im wesentlichen wörtlich mit einem anonymen Traktat in der Sammlung des sogenannten „Nicolaus Minorita" mit dem Anfang: „*Quoniam omnis humane sententie*" (z. B. in Ms. Paris, Bibliothèque Nationale, lat. 5154, fol. 273^r–281^r) übereinstimmt. Zur wahrscheinlichen Abhängigkeit Ockhams von diesem Text (der auch ein frühes Produkt von Ockhams eigener Feder sein könnte), vgl. bereits H. S. Offler in: OPol II, p. xviii; sowie in: OPol I², 288 f.; auch Miethke, Ockhams Weg, S. 80–82 (jeweils mit weiterer Literatur); zuletzt Hans-Jürgen Becker, Die Appellation vom Papst an ein allgemeines Konzil, Köln–Wien 1988, S. 294 f.

[66] Vgl. hier Texte Nrr. XVI und VIII.

[67] Zur Wirkungsgeschichte von Ockhams politischer Philosophie fehlen noch eingehende Untersuchungen, vgl. aber oben S. 238, Anm. 47.

[68] Wilhelm Ockham und seine kirchenpolitischen Schriften, Essen 1962. Schon im 14. und 15. Jahrhundert versuchte man, sich durch Abbreviationen Überblick zu verschaffen, vgl. insbesondere die Abbreviation von Pierre d'Ailly (von ca. 1375), jetzt nach der gesamten bekannten Überlieferung ediert in: Ian Murdoch, Critical Edition of Pierre d'Ailly's *Abbreviatio Dyalogi Okan*, PhD-Thesis Monash University Melbourne (Australien) 1981, *[masch.]*. Im 15. Jahrhundert vgl. dann die *Epitoma* der Prima pars des *Dialogus* durch Henricus de Zoemeren († 1472), dazu vgl. im einzelnen etwa J. Miethke, Marsilius und Ockham (wie oben Anm. 29), S. 562 f. mit Anm. 62–64.

[69] Es belegt zudem recht eindrücklich, daß Ockham keineswegs nur wenige „Lieblingszitate" verwendet. Sichtbar wird freilich auch an einigen Stellen, wie Ockham sich an dem Text und seinen Glossen entlang die Belege zusammenstellt.

[70] Ein genauerer Vergleich beider Texte zeigt freilich neben einigen Verschlimmbesserungen der Lesungen auch durchaus erfolgreiche Korrekturen, die aber nirgendwo auf eine eigene Konsultation von Handschriften zurückzugehen scheinen, sondern entweder aus dem kanonischen Recht (nicht freilich aus den *Glossen*) oder durch *divinatio* vorgenommen wurden. – Nicht aus eigener Kenntnis kann ich hier zur Frage Stellung nehmen, wieweit der Text in Trechsels Druck von dem Druck der „Editio princeps" abhängig ist [was freilich höchst wahrscheinlich ist]; dieser (anonyme, aber auf 1476 datierte, anscheinend Pariser) Druck (der – entgegen den Angaben des Katalogs der Bibliothèque Nationale – nicht den aus Deutschland stammenden Druckern Petrus Cesaris Wagner und Johannes Stol zugewiesen werden kann und der auch nicht – entgegen der Meinung von Astrik Ladislaus Gabriel [*Via antiqua* and *via moderna* and the migration of Paris students and masters to the German universities in the fifteenth century, in: *Antiqui* und *moderni*, Traditionsbe-

wußtsein und Fortschrittsbewußtsein im späten Mittelalter, hrsg. von Albert Zimmermann (Miscellanea mediaevalia 9), Berlin–New York 1974, S. 439–483, hier S. 452 f. mit Anm. 70 f.] – in der Werkstatt ‚*au Souflet vert*' entstanden ist) ist sehr selten (es sind nur 7 Exemplare bekannt!) und mir derzeit unerreichbar, vgl. jetzt vor allem Dennis E. Rhodes, The printer of Ockham, in: The Library Chronicle of the Friends of the University of Pennsylvania Library 40 (1976), S. 118–123 (wo die geringen gegenwärtigen Kenntnisse zu dieser Werkstatt, aus der nur insgesamt 5 Drucke hervorgingen, zusammengefaßt sind). Immerhin finden sich offenbar – außer den Beziehungen zu Wagner & Stol sowie zum ‚*Souflet vert*' – Verbindungen zu Angers und auch zum Drucker Johannes de Westphalia, der in Löwen 1475 die Abbreviation des *Dialogus* durch Heinrich von Zoemeren gedruckt hat (vgl. dazu die oben Anm. 68 genannte Literatur). – Zuletzt hat Ian Murdoch, Pierre d'Ailly's *Abbreviatio Dyalogi Okan* (wie oben Anm. 68) nachgewiesen, daß die Kapitelüberschriften mit kurzer Inhaltsangabe, die sog. „*Capitulationes*", dieses ersten Drucks sich vor allem auf die (von ihm nach sämtlicher bekannter Überlieferung edierte) Abbreviation des *Dialogus* von Pierre d'Ailly stützen. Für die Einzelheiten und den näheren Zusammenhang der Texte ist die kritische Ausgabe (in: OPol, Bd. V, sqq.) abzuwarten. Hier habe ich auf eine Aufnahme der ebenfalls nichtauthentischen *capitulationes* des Trechseldruckes [die sich ebenfalls sehr eng an d'Ailly's *Abbreviatio* anlehnen] – auch aus Platzgründen – verzichtet.

71 Vgl. die Nachweise bei Miethke, Ockhams Weg, S. 118, Anm. 443. Auf diesen Herausgeber machte bereits aufmerksam Aleksander Birkenmajer, Marco da Benevento und die angebliche Nominalistenakademie in Bologna (1494–1498), in: Philosophisches Jahrbuch 38 (1925), S. 336–344, jetzt in Birkenmajer, Etudes d'histoire des sciences et de la philosophie du moyen âge (Studia copernicana 1), Breslau–Warschau–Krakau 1970, S. 572 mit Anm. 2. Zu Augustinus Molitor(is) bes. Paul Uiblein (Hrsg.), Die Akten der Theologischen Fakultät der Universität Wien, Wien 1978, Bd. II, S. 626, Bd. I, S. 196 f., S. 376; vgl. auch Gedeon Gál und Rega Wood in: OTh V [1981], S. 15* mit Anm. 1.

72 Ein bezeichnendes Beispiel zuletzt bei Brian Tierney, Natural law and canon law in Ockham's *Dialogus*, in: Aspects of Late Medieval Government and Society, Essays Presented to Jack Robert Lander, ed. John Gordon Rowe, Toronto–Buffalo–London 1986, S. 2–24, bes. S. 19 f.

73 Es war zunächst geplant, diese Auswahl doppelsprachig vorzulegen. Aus Platzgründen ließ sich das nicht verwirklichen. Wegen der leichten Erreichbarkeit der lateinischen Fassung in den Reprints des Trechsel- und des Goldast-Druckes habe ich schweren Herzens auf eine Wiedergabe des lateinischen Textes verzichtet, wohl wissend, daß damit die Benutzbarkeit des Bändchens stark beeinträchtigt wird. Da es aber ohnedies als eine reine „Lesehilfe" gedacht ist und auch ein lateinischer Text es nicht zu einer „Ausgabe" aufwerten könnte, hielt ich diese mir abgenötigte Entscheidung für vertretbar.

74 Für I *Dialogus* benutzte ich einen Microfilm von Ms. Salamanca, Biblioteca Universitaria, 1971, für III *Dialogus* I und II einen Microfilm von Ms. Paris, Bibliothèque Mazarine, 3522. Beide Mss. französischer Provenienz stammen aus dem 15. Jahrhundert [das Pariser Ms. kommt aus St. Victor, es trug im Grandrue-Katalog

die Signatur „MM10": Le catalogue de la bibliothèque de l'abbaye de Saint-Victor de Paris de Claude de Grandrue, 1514, hrsg. von Gilbert Ouy, Verena Gerz-von Büren, R. Hufschmid, C. Regnier, Paris 1983, S. 209 f., 424]. Eine knappe Beschreibung dieser Hs. gibt H. S. Offler in OPol I², 5.

[75] Insbesondere vgl. die Textänderungen, die ich oben im Textteil, S. 14 (bei Anm. 20–22) für nötig hielt; vgl. auch ebenda, S. 132 f., Anm. 91–93.

ANHANG

ZEITTAFEL ZUR BIOGRAPHIE WILHELMS VON OCKHAM

[Die Fixierung der Daten ist in den meisten Fällen nur annäherungsweise möglich; demgemäß sind viele Ansätze in der Forschung mehr oder minder heftig umstritten. Hier gebe ich nicht die breitest mögliche Streuung der Annahmen, sondern die mir am wahrscheinlichsten scheinende (und, wo möglich, die exakte) Datierung an. Daten der allgemeinen Zeitgeschichte sind nur dann aufgeführt, wenn ein offensichtlicher Bezug zu Ockhams Biographie vorliegt.]

ca. 1285/1290: Geburt in Ockham, wahrscheinlich dem Dorf 35 km südwestlich Londons (Diözese Winchester).

(ca. 1295/1305): Eintritt in den Franziskanerorden zu einem uns unbekannten Zeitpunkt.

1306 Februar 26: Ordination eines *„Willelmus de Ocham, o.f.m."* zum Subdiakon durch den Erzbischof von Canterbury Robert von Winchelsey in der Pfarrkirche St. Salvatoris in Southwark (Diözese Winchester) [vorausgesetztes kanonisches Alter nach Clem. 1.6.3 (Bestimmung des Konzils von Vienne, 1311–1312): 18 Jahre – doch bleibt fraglich, ob man sich 1306 an diese Vorstellung hielt].

ca. 1310–1324: Studium und Universitätsunterricht, sicher in Oxford, vielleicht auch in London (?), am Franziskanerstudium [Chronologie im einzelnen unklar].

1318 Juni 19: Auf einer Liste von Franziskanern, die den (für Oxford zuständigen) Bischof von Lincoln John Dalderby um die erforderliche Erlaubnis zum Beichtehören bitten, findet sich auch Wilhelm von Ockham [laut Statuten seit 1316 dafür im Franziskanerorden erforderliches Alter: 30 Jahre; ob man sich daran gehalten hat, ist wiederum unbekannt].

1317/1328: Theologische und philosophische Schriften: 1317/19: *Sentenzenkommentar* [OTh I–VII]; 1321/23: *Physikvorlesung* [OPh III–IV]; 1323: *Summa logicae* [OPh I]; 1323ff.: *Quodlibets* [OTh IX]; 1322/24: *De quantitate, De corpore Christi* [OTh X].

1323 (nach August 20): Abreise des früheren Kanzlers der Universität Oxford John Lutterell nach Avignon, wo er u.a. ein Verfahren gegen Ockham in Gang setzen will.

1323 (Herbst/Winter?): Kritische Anfragen eines franziskanischen Provinzialkapitels in England gegen Ockhams Abendmahlslehre.

1324 Sommer: Reise Ockhams nach Avignon wegen Ketzereiverdachts.

Ockham nimmt im Franziskanerkonvent Wohnung. Er muß eidlich versprechen, ohne Erlaubnis des Papstes sich nicht zu entfernen.

1324/1325: Einsetzung einer Expertenkommission durch den Papst zur Untersuchung der Vorwürfe.

1326 Ostern: Ein (zweites) Gutachten der Kommission wird dem Papst vorgelegt. Ein weiteres späteres (heute verlorenes) Gutachten des Zisterzienserkardinals Jacques Fournier [des späteren Papstes Benedikt XII.] ist gleichfalls ungünstig für Ockham ausgefallen. Gleichwohl kommt es zu keiner Verurteilung.

1327 Dezember 1: Der Generalminister des Franziskanerordens Michael von Cesena trifft aus Italien an der Kurie in Avignon ein. Spannungen zwischen dem Franziskanerorden und dem Papst wachsen. Der Papst untersagt Michael die Reise zum Ordenskapitel in Bologna.

1328 April 9: Konflikt im Konsistorium zwischen Papst Johannes XXII. und Michael von Cesena.

1328 April 13: Appellation Michaels von Cesena gegen die päpstliche Entscheidung im Armutstreit. Wilhelm von Ockham schließt sich dieser feierlichen, aber geheimen Appellation an.

1328 Mai 26: Die Franziskaner Michael von Cesena, Bonagratia von Bergamo, Wilhelm von Ockham, Franz von Ascoli, Heinrich von Thalheim fliehen des Nachts aus Avignon. Mit knapper Not erreichen sie ein Schiff in Aigues Mortes, das sie nach Genua bringt.

1328 Juni 6: Papst Johannes XXII. erklärt in Avignon die Exkommunikation über Michael und seine Anhänger.

1328 Juni 9: Eintreffen der Flüchtlinge in Pisa.

1328 September 18: Die Franziskaner erneuern in Pisa ihre Appellation gegen Johannes XXII *[Appellatio in forma maiori]*.

1328 September 21: Kaiser Ludwig der Bayer trifft in Pisa ein.

1328 September 26: Ludwig der Bayer nimmt Michael und seine Anhänger durch ein großes Privileg in seinen Schutz.

1328 Dezember 12: Die Franziskaner wiederholen ihre Appellation gegen Johannes XXII. *[Appellatio in forma minori]*.

1328 Dezember 13: Ludwig der Bayer publiziert in Pisa (unter dem ursprünglichen Datum vom 13. April 1328) ein stark von den Franziskanern überarbeitetes Absetzungsurteil gegen Johannes XXII.

1329 November 16: In seiner Bulle „*Quia vir reprobus*" antwortet Johannes XXII. ausführlich auf die von Michael und seinen Freunden in den Appellationen vorgetragenen Argumente.

1330 Februar/März: Rückkehr Kaiser Ludwigs des Bayern nach München. Ockham lebt künftig im Münchener Franziskanerkonvent.

1330 Juni 12: Kaiser Ludwig befiehlt den Bürgern der Stadt Aachen, Hein-

rich von Thalheim und Wilhelm von Ockham als den Vikaren des Franziskanergenerals Michael von Cesena Unterstützung zu gewähren.
1330 bis 1347/1348: Politische Schriften Ockhams (und seines Kreises): 26. März 1330 Appellation der Münchener Franziskaner gegen „*Quia vir reprobus*"; vor 24. Januar 1331: „*Improbacio errorum*" des Franz von Ascoli (eine Streitschrift gegen „*Quia vir reprobus*", die auf Ockham starken Einfluß übt); [1331/1332: „Schreibverbot" bzw. Publikationspause der Franziskaner in München]. Ockhams Schriften: 1332: *Opus nonaginta dierum* (Streitschrift gegen „*Quia vir reprobus*"); 1332/34: I Dialogus; 1333/34: *De dogmatibus Johannis XXII.* [= später als II Dialogus gedruckt]; 1335: *Contra Iohannem*; [1335/1336: „Schreibverbot" bzw. Publikationspause der Franziskaner]; 1337/38: *Contra Benedictum;* 1337/40: *An princeps Angliae;* 1337/47(48): *III Dialogus I-II;* 1340/41: *Octo quaestiones;* 1340/42: *Breviloquium;* [1340/1345-47(48): *Tractatus minor logicae* und *Elementarium logicae*]; 1341 vor 10. Februar 1342: *Consultatio de causa matrimonali;* 1346/47: *De imperatorum et pontificum potestate;* [1347/48: *De electione Caroli quarti* – die Schrift ist vielleicht authentisch, könnte aber auch eine Schülerarbeit unter Benutzung von Ockhams Materialien sein].
1340 Juni 19: Tod des Bonagratia von Bergamo in München.
1341: Franz von Ascoli fällt in Italien in die Hände der päpstlichen Inquisition; in der Haft in Avignon kehrt er 1344 in den Gehorsam zu Papst Clemens VI. zurück (Todesdatum unbekannt).
1342 November 29: Tod Michaels von Cesena in München.
vor 1343 April 10: Tod des Marsilius von Padua in München.
1347 Oktober 11: Tod Ludwigs des Bayern auf einer Bärenjagd in Puch bei Fürstenfeldbruck vor München.
1347/1348 April 9: Tod Wilhelms von Ockham in München.

ABKÜRZUNGEN

Außer den allgemein üblichen Abkürzungen habe ich – insbesondere bei den Allegationen – die heute üblichen Zitationsformen gebraucht.

Für die biblischen Bücher verwende ich die Bezeichnungen der Vulgata, also gilt (alphabetisch):

Act.	Actus Apostolorum *(Apostelgeschichte)*
Apoc.	Apocalypsis *(Offenbarung)*
Cor.	ad Corinthios *(Korintherbriefe)*
Dan.	Daniel *(Daniel)*
Deut.	Deuteronomium *(V. Buch Mose)*
Eccles.	Ecclesiastes *(Prediger)*
Ecclus.	Ecclesiasticus *(Jesus Sirach)*
Eph.	ad Ephesios *(Epheserbrief)*
Exod.	Exodus *(II. Buch Mose)*
Gal.	ad Galatas *(Galaterbrief)*
Gen.	Genesis *(I. Buch Mose)*
Hebr.	ad Hebraeos *(Hebräerbrief)*
Iac.	Epistola B. Iacobi *(Jakobusbrief)*
Ier.	Ieremias *(Jeremia)*
Ioh.	Iohannes *(Johannesevangelium)*
Is.	Isaias *(Jesaia)*
Lc.	Lucas *(Lukasevangelium)*
Mach.	Machabaeorum *(Makkabäer)*
Mt.	Matthaeus *(Matthäusevangelium)*
Paral.	Paralipomenon *(Chronik)*
Petr.	Epistola Petri *(Petrusbriefe)*
Phil.	ad Philippenses *(Philipperbrief)*
Prov.	Proverbia *(Sprüche)*
Ps.	Psalmi *(Psalmen)*
Reg.	Regum *(Könige)*
Rom.	ad Romanos *(Römerbrief)*
Sam.	Samuelis *(Samuel)*
Sap.	Sapientia *(Weisheit Salomonis)*
Tim.	ad Timotheum *(Briefe an Timotheus)*

Für die Allegationen aus dem *Corpus Iuris Canonici* und dem *Corpus Iuris Civilis* gelten folgende Auflösungen (hier alphabetisch [z.T. an Beispielen] angegeben):

C. 24 q. 1 c. 12	Decretum Gratiani, Causa 24, quaestio 1, c. 12
Clem.	Clementinae [= *Decretales Clementis V*] Liber, titulus, capitulum
Cod.	Codex Iustiniani
d. a.	dictum Gratiani ante (capitulum)
d. p.	dictum Gratiani post (capitulum)
D. 80 c. 2	Decretum Gratiani, Distinctio 80, capitulum [bzw.: canon] 2
Dig.	Digesten
s. v.	supra verbo, bzw. sub voce
VI	Liber Sextus [= *Decretales Bonifacii VIII*] Liber, titulus, capitulum
X 5. 7. 9	Liber Extra [= *Decretales Gregorii IX*], Liber 5, titulus 7, capitulum 9

Ein Drucknachweis für den lateinischen Text wurde am Fuß der Übersetzungen jeweils in einer eigenen Zeile beigefügt, um einen unmittelbaren Rückgriff auf den ursprünglichen Wortlaut zu erleichtern. Als Abkürzungen für die Drucke wurden dafür die Namen der Drucker bzw. Herausgeber gewählt, die sich bibliographisch folgendermaßen auflösen lassen:

Baudry: L. Baudry, A propos de Guillaume d'Occam et de Wyclef, in: Archives d'histoire doctrinale et littéraire du moyen âge a. 14 t. 12 (1939), S. 231–251.

Goldast: Melchior H. Goldast (Hrsg.), Monarchia Sacri Romani Imperii, vol. II, Frankfurt/Main 1614 (Neudruck Graz 1960).

Miethke: J. Miethke, Ein neues Selbstzeugnis Ockhams zu seinem „Dialogus", in: From Ockham to Wyclif, hrsg. von A. Hudson u. M. Wilks (Studies in Church History, Subsidia 5) Oxford 1987, S. 19–30.

Offler: H. S. Offler, The Three Modes of Natural Law in Ockham, A Revision of the Text, in: Franciscan Studies 37 (1977), S. 207–218.

OPol III: Guillelmus de Ockham, Opera politica, vol. III, hrsg. v. H. S. Offler, Manchester 1956.

Trechsel: Dialogus, gedruckt durch Jean Trechsel, Lyon 1494 (Neudruck Farnborough/Hants. 1962).

Die Abkürzungen OPh, OTh, OPol I–III sind in den Literaturhinweisen, Teil I: Ockhams Schriften, erklärt (vgl. S. 251).

Die Angaben notieren immer, wenn auf der Seite ein neues Kapitel beginnt, die Fundstelle des (ersten) Kapitelanfangs, sonst die Fundstelle des Seitenanfangs.

LITERATURHINWEISE

I. Texte

1. Ockhams Schriften

Die Gesamtausgabe der „*Opera theologica et philosophica*", cura Instituti Franciscani Universitatis S. Bonaventurae, ist abgeschlossen: „*Opera Philosophica*" [zitiert als „OPh"], Bd. I–VII, St. Bonaventure, N.Y. 1974–1988: „*Opera Theologica*" [zitiert als „OTh"], Bd. I–X, St. Bonaventure, N.Y. 1967–1986.
Zur Einführung in seine theoretische Philosophie vgl. Wilhelm von Ockham, Texte zur Theorie der Erkenntnis und der Wissenschaft, lateinisch/deutsch, hrsg. von Ruedi Imbach (Reclams Universalbibliothek 8239) Stuttgart 1984. Vgl. auch: Ockham, Philosophical Writings, A selection edited and translated by Philotheus Boehner (Nelson Philosophical Texts) Edinburgh/London/Melbourne 1957 [u. ö.]. Eine Übersetzung der „Summulae in libros physicorum" ins Deutsche durch Hans-Ulrich Wöhler erschien bei Reclam (Leipzig) 1983 [= Reprint Berlin (West) 1989].
Die Ausgabe der „*Opera Politica*" [zitiert als „OPol"] durch Hilary Seton Offler [gest. 1991], Bd. I: Manchester 1941, Bd. I, Editio altera [nach dieser hier zitiert]: Manchester 1974; Bd. II, Manchester 1963; Bd. III: Manchester 1956. Die Einleitung des Hrsgs. ist jeweils für die Umstände der Entstehung der Schrift besonders zu beachten. [Die Reihe wird demnächst durch Bd. IV fortgesetzt werden, in dem alle noch ausstehenden politischen Schriften, mit Ausnahme des *Dialogus*, enthalten sind.]
Die dort noch nicht erschienenen Schriften sind hier nach folgenden Ausgaben benutzt:
Der *Dialogus* und das *Compendium errorum* nach Guilelmus de Ockham, *Opera plurima* [= Neudruck der Incunabel-Drucke Lyon 1494–1498, bei Jean Trechsel], Vol. I–II: London–Farnborough/Hants. 1962, bzw. nach Melchior H. Goldast (ed.), Monarchia Sacri Romani Imperii, vol. II, Frankfurt/Main 1614 [Neudruck Graz 1960], S. 394–957 bzw. S. 957–976.
De Imperatorum et pontificum potestate (sowie *De electione* und ein kurzes Fragment von III *Dialogus* II iii) nach Richard Scholz (Hrsg.), Unbekannte kirchenpolitische Streitschriften aus der Zeit Ludwigs des Bayern, Bd. II: Texte (Bibliothek des Kgl. Preußischen Historischen Instituts 10) Rom 1914, S. 453–480 (bzw. S. 348–363; 392–395); vgl. auch [für das letzte Kapitel (c. 27)]: Wilhelm Mulder, Gulielmi Ockham *Tractatus de imperatorum et pontificum potestate*, in: Archivum franciscanum historicum 17 (1924), S. 72–97.
Das *Breviloquium* nach Richard Scholz (ed.), Wilhelm von Ockham als politi-

scher Denker und sein *Breviloquium de principatu tyrannico* (Schriften der MGH 8) Leipzig 1944 [Neudruck Stuttgart 1952 u. ö.].

Vgl. jetzt auch zum *Dialogus* die Abbreviation: Critical Edition of Pierre d'Ailly's *Abbreviatio Dyalogi Okan*, by Ian Murdoch, PhD-Thesis Monash University, Melbourne (Australien) 1981 *[masch.]*.

Eine Auswahl aus Ockhams politischen Schriften in deutscher Sprache liegt m.W. noch nicht vor. Eine englische Auswahl aus dem *Dialogus*, getroffen durch Arthur Stephen McGrade, soll bald in der von Quentin Skinner hrsg. Reihe der „*Cambridge Texts in the History of Political Thought*" erscheinen.

2. Benutzte Ausgaben
(für die Glossen – sonst jeweils gesondert angegeben)

Zur Bibel: Druck Basel 1568.
Zum „*Decretum Gratiani*": Druck Venedig 1584.
Zu den Dekretalensammlungen: Druck Venedig 1591.
Druck des Textes in: Emil Friedberg (Hrsg.), Corpus Iuris Canonici, Bd. I: Decretum Magistri Gratiani, Bd. II: Decretalium Collectiones, Leipzig 1879–1881, Neudruck Graz 1959.

[Als sehr hilfreich erwies sich bei der Identifikation von Stellen aus Gratians Dekret: Wortkonkordanz zum Decretum Gratiani, bearbeitet von Timothy Reuter und Gabriel Silagi (MGH, Hilfsmittel 10, 1–5), Bd. I–V, München 1990.]

II. Untersuchungen

Angesichts der umfassenden Ockham-Bibliographie 1900–1990, bearbeitet von Jan P. Beckmann, Hamburg 1992, kann ich mich hier kurz fassen: ich beschränke hier die Angaben auf die wichtigsten, neueren und zusammenfassenden Titel zur Biographie und zur politischen Theorie (nur bei Dissertationen ziehe ich den Kreis etwas weiter). Eine Bibliographie raisonnée ausgewählter neuerer Titel zur mittelalterlichen politischen Theorie allgemein legte kürzlich vor: Jürgen Miethke, Politische Theorien – vom 5. bis 15. Jahrhundert (Berichtszeitraum: 1956–1988), in: Contemporary Philosophy, A New Survey, vol. VI, hrsg. von Guttorm Fløistad u. Raymond Klibansky, Dordrecht–Boston–London 1990, S. 837–882; zur Charakteristik des Rahmens, in den Ockhams Bemühungen eingeordnet werden müssen, sei hier darauf verwiesen.

1. Allgemeines

The Cambridge History of Medieval Political Thought, c. 350–c. 1450, ed. James H. Burns, Cambridge 1988.
Storia delle idee politiche, economiche e sociali, ed. Luigi Firpo, vol. II, tomo 2: Il medioevo, a cura di Ovidio Capitani, Mario delle Piane, Paolo Delogu, Fran-

cesco Gabrieli, Raoul Manselli, Bruno Paradisi, Armando Pertusi, Giovanni Tabacco, Sofia Vanni Rovighi, Cesare Vasoli, Turin 1983 [*darin S. 543–665:* Cesare Vasoli, Papato e impero nel tardo medioevo, Dante, Marsilio, Ockham].
Mertens, Dieter, Geschichte der politischen Ideen im Mittelalter, in: Geschichte der politischen Ideen, Von Homer bis zur Gegenwart [[1]1981], durchgesehene Auflage (Fischer Taschenbuch 4367), Frankfurt/Main 1987 [[2]1990], S. 141–238, S. 587–596.
Miethke, Jürgen, Politische Theorien im Mittelalter, in: Politische Theorien von der Antike bis zur Gegenwart, hrsg. von Hans-Joachim Lieber (Studien zur Geschichte und Politik, Schriftenreihe der Bundeszentrale für politische Bildung 299), Bonn (Bundeszentrale für politische Bildung) [2]1993, S. 47–156, bzw. München 1991, S. 47–156.

2. Zu Ockhams Biographie und politischer Theorie

Adams, Marilyn McCord, The Structure of Ockham's moral theory, in: Franciscan Studies 46 (1986 [erschienen 1988]), S. 1–35.
Andres Hernansanz, Teodoro de, A proposito del pretendido „conciliarismo" de G. de Ockham, in: Sal terrae 61 (1973), S. 714–730.
Baudry, Léon, Guillaume d'Occam, Sa vie, ses œuvres, ses idées sociales et politiques, vol. I: L'Homme et les œuvres (Etudes de philosphie médiévale 39), Paris 1949.
–, Le philosophe et le politique dans Guillaume d'Ockham, in: Archives d'histoire doctrinale et littéraire du moyen âge, a. 14 t. 12 (1939), S. 209–230.
–, A propos de Guillaume d'Occam et de Wyclef, in: Archives d'histoire doctrinale et littéraire du moyen âge, a. 14 t. 12 (1939), S. 231–251.
–, Les rapports de la raison et de la foi selon Guillaume d'Occam, in: Archives d'histoire doctrinale et littéraire du moyen âge, a. 37, t. 29 (1962), S. 33–92.
–, L'Ordre franciscain au temps de Guillaume d'Occam, in: Medieval Studies 27 (1965), S. 184–211.
Bayley, Charles, Pivotal concepts in the political philosophy of William of Ockham, in: Journal of the History of Ideas 10 (1949), S. 199–218.
Becker, Hans-Jürgen, Die Appellation vom Papst an ein allgemeines Konzil, Historische Entwicklung und kanonistische Diskussion im späteren Mittelalter und in der frühen Neuzeit (Forschungen zur kirchlichen Rechtsgeschichte und zum Kirchenrecht 17), Köln/Wien 1988 [bes. S. 72–99, S. 290–299, S. 399–405].
–, Das Mandat „*Fidem catholicam*" Ludwigs des Bayern von 1338, in: Deutsches Archiv für Erforschung des Mittelalters 26 (1970), S. 454–512.
Bertelloni, C. Francisco, ,*Constitutum Constantini*' ,Romgedanke', la donación constantiniana en el pensamiento de tres defensores del derecho imperial de Roma: Dante, Marsilio y Guillermo de Ockham, in: Patristica et mediaevalia 3 (1982), S. 21–46; 4–5 (1983/1984), S. 67–99; 6 (1985), S. 57–79 [zu Ockham bes. in Bd. 6].
–, Ein Fehltritt in Ockhams Empirismus? Über eine Stelle des *Breviloquium*, in: Franciscan Studies 46 (1986 [erschienen 1988]), S. 227–241.

Boehner, Philotheus, Ockham's political ideas, in: The Review of Politics 3 (1943), S. 462–487; jetzt in: Boehner, Collected Articles on Ockham, ed. Eligius Maria Buytaert (Franciscan Institute Publications, Philosophy Series 12), St. Bonaventure–Louvain–Paderborn 1958, S. 441–468.

Courtenay, William J., Ockham, Chatton, and the London *studium:* Observations on recent changes in Ockham's biography, in: Die Gegenwart Ockhams, S. 327–337.

Damiata, Marino, Guglielmo d'Ockham, Povertà e potere, vol. I: Il problema della povertà evangelica e francescana nel secolo XII e XIV, Origine del pensiero politico di Guglielmo d'Ockham, vol. II: Il potere come servizio: Dal „*principatus dominativus*" al „*principatus ministrativus*" (Biblioteca di studi francescani 14–15), Florenz 1978–1979.

Dolcini, Carlo, Crisi di poteri e politologia in crisi, Da Sinibaldo Fieschi a Guglielmo d'Ockham (Il mondo medievale, Sezione di storia delle istituzioni, della spiritualità e delle idee 17), Bologna 1988.

Ebbesen, Sten, Just War, in: War and Peace in the Middle Ages, hrsg. von Neil McGuire, Kopenhagen 1987, S. 179–194.

Emden, Alfred Brotherstone, A Biographical Register to the University of Oxford, vol. II, Oxford 1958, S. 1384–1387.

Etzkorn, Girald J., Ockham at a provincial chapter: 1323, A prelude to Avignon, in: Archivum Franciscanum historicum 83 (1990), S. 557–567.

Freppert, Lucan, The Basis of Morality according to William Ockham, Chicago 1988.

Gagnér, Sten, Vorbemerkungen zum Thema „*dominium*" bei Ockham, in: *Antiqui und moderni.* Traditionsbewußtsein und Fortschrittsbewußtsein im späten Mittelalter, hrsg. von Albert Zimmermann (Miscellanea mediaevalia 9), Berlin 1974, S. 293–327.

Gál, Gedeon, William of Ockham died „impenitent" in April 1347, in: Franciscan Studies 42 (1982), S. 90–95.

Die Gegenwart Ockhams, hrsg. von Wilhelm Vossenkuhl und Rolf Schönberger, Weinheim 1990.

Ghisalberti, Alessandro, Introduzione a Ockham (I filosofi 27), Bari 1976.

Grignaschi, Mario, La limitazione dei poteri del *principans* in Guglielmo d'Ockham e Marsilio da Padova, in: Xe Congrès Internationale des Sciences Historiques, Rom 1955 (Etudes présentées à la Commission Internationale pour l'Histoire des Assemblées d'Etats 128), Louvain–Paris 1958, S. 35–51.

–, L'interpretation de la *Politique* d'Aristote dans le *Dialogue* de Guillaume d'Ockham, in: Liber memorialis Georges de Lagarde, Paris 1970, S. 59–72.

Hamman, Adalbert, La Doctrine de l'Eglise et de l'Etat chez Occam, Etude sur le *Breviloquium* (Etudes de science religieuse 1), Paris 1942.

Heinen, Elmar, Reich und Kirche bei Wilhelm von Ockham, Rechts- und Staatswissenschaftliche Diss. Bonn 1955 *[masch.].*

Heysse, Alban, Duo documenta de polemica inter Gerardum Odonem et Michaelem de Cesena: Perpiniani 1331 – Monachii 1332, in: Archivum Franciscanum historicum 9 (1916), S. 134–183.

Hofmann, Fritz, Der Anteil der Minoriten am Kampf Ludwigs des Bayern gegen Johann XXII. unter besonderer Berücksichtigung des Wilhelm von Ockham, Phil. Diss. Münster i. W. 1959.

Hofmann, Hasso, Repräsentation, Studien zur Wort- und Begriffsgeschichte von der Antike bis ins 19. Jahrhundert (Schriften zur Verfassungsgeschichte 2), Berlin 1974 (²1990) [bes. S. 141–144, S. 225–261].

Imbach, Ruedi, Wilhelm von Ockham, in: Klassiker der Philosophie, hrsg. von Otfried Höffe, München 1981, S. 220–244 (sowie S. 484–488).

Kelley, Francis E., Ockham: Avignon, before and after, in: From Ockham to Wyclif, ed. Anne Hudson and Michael Wilks (Studies in Church History, Subsidia 5), Oxford 1987, S. 1–18.

Knotte, Ernst, Untersuchungen zur Chronologie von Schriften der Minoriten am Hofe Kaiser Ludwigs des Bayern, Phil. Diss. Bonn 1903.

Knysh, Yurij [bzw. George] Dmytro, Political Authority as Property and Trusteeship in the Works of William of Ockham, PhD-Thesis University of London 1968 [masch.].

–, Biographical rectifications concerning Ockham's Avignon period, in: Franciscan Studies 46 (1986 [erschienen 1988]), S. 61–92.

Koch, Josef, Neue Aktenstücke zu dem gegen Wilhelm Ockham in Avignon geführten Prozeß, in: Recherches de théologie ancienne et médiévale 7 (1935), S. 353–380, 8 (1936), S. 79–93, S. 168–197, jetzt in: Koch, Kleine Schriften, Bd. II (Storia e letteratura 128), Rom 1973, S. 275–365.

–, Der Kardinal Jacques Fournier (Benedikt XII.) als Gutachter in theologischen Prozessen, in: Die Kirche und ihre Ämter und Stände, Festgabe S. E. dem Hochwürdigsten Herrn Joseph Kardinal Frings, hrsg. von W. Corsten, A. Frotz, P. Linden, Köln 1960, S. 441–452, jetzt in Koch, Kleine Schriften, Bd. II, S. 367–386.

Köhler, Hans, Der Kirchenbegriff bei Wilhelm von Occam, Phil. Diss. Leipzig 1937.

Kölmel, Wilhelm, Wilhelm Ockham und seine kirchenpolitischen Schriften, Essen 1962.

–, Regimen Christianum, Weg und Ergebnisse des Gewaltenverhältnisses und des Gewaltenverständnisses (8. bis 14. Jahrhundert) Berlin 1970.

–, Das Naturrecht bei Wilhelm Ockham, in: Franziskanische Studien 35 (1953), S. 39–85.

–, Wilhelm Ockham – Der Mensch zwischen Ordnung und Freiheit, in: Beiträge zum Berufsbewußtsein des mittelalterlichen Menschen, hrsg. von Paul Wilpert (Miscellanea mediaevalia 3), Berlin 1964, S. 204–229.

–, Voluntaristische Tendenzen im Rechtsdenken Wilhelm Ockhams und der „via moderna", in: Österreichische Zeitschrift für Öffentliches Recht 25 (1974), S. 217–246.

–, Perfekter Prinzipat? Ockhams Fragen an die Macht, in: Die Gegenwart Ockhams, S. 288–304.

Kys, Franz Walter, Die Lehre über das Widerstandsrecht in den politischen Werken des Meisters Wilhelm von Ockham, Phil. Diss. München 1964 (Teildruck Köln 1967).

Lagarde, George de, La naissance de l'esprit laïque au déclin du moyen-âge, Nouvelle édition réfondue et complétée, bes. Bd. IV–V, Paris–Bruxelles 1962–1963.
–, L'idée de représentation dans les œuvres de Guillaume d'Ockham, in: Bulletin of the International Committee of Historical Sciences 9 (1937) [Etudes présentées à la Commission internationale pour l'histoire des assemblées d'états 1], S. 425–451.
–, Marsile de Padoue et Guillaume d'Ockham, in: Revue des sciences religieuses 17 (1937), S. 167–185, S. 428–454.
–, Ockham et le concile générale, in: Album Helen Maud Cam, Louvain 1960, S. 83–94.
–, Marsile de Padoue et Guillaume d'Ockham, in: Etudes d'histoire du droit canonique dédiées à Gabriel Le Bras, Paris 1965, Bd. I, S. 593–605.
Lambertini, Roberto, *Consequentiae, Fallaciae, Virtus Sermonis,* Sul ruolo della terminologia logica nelle opere politiche di Guglielmo di Ockham, Tesi di Laurea (Filosofia), Bologna 1981/82 *[masch.]*.
–, Ockham and Marsilius on an ecclesiological fallacy, in: Franciscan Studies 46 (1986 [erschienen 1988]), S. 301–315.
–, Wilhelm von Ockham als Leser der *Politik,* Zur Rezeption der politischen Theorie des Aristoteles in der Ekklesiologie Ockhams, in: Das Publikum politischer Theorie im 14. Jahrhundert, hrsg. von Jürgen Miethke (Schriften des Historischen Kollegs/Kolloquien 21), München 1992, S. 207–224.
Leeuwen, Apollinaris van, L'église, règle de foi dans les écrits de Guillaume d'Occam, in: Ephemerides theologicae Lovanienses 11 (1934), S. 249–288.
Leff, Gordon, William of Ockham, The Metamorphosis of Scholastic Discourse, Manchester 1975.
McGrade, Arthur Stephen, The Political Thought of William of Ockham, Personal and Institutional Principles (Cambridge Studies in Medieval Life and Thought III 7), Cambridge 1974.
–, Ockham and the birth of individual rights, in: Authority and Power, Studies on Medieval Law and Government Presented to Walter Ullmann on His Seventieth Birthday, ed. Brian Tierney and Paul Lineham, Cambridge 1980, S. 149–165.
Marmo, Costantino, Guglielmo di Ockham e la controversia *De fide catholica:* presupposti gnoseologici ed epistemologici, Tesi di Laurea (Filosofia), Bologna 1981/82 *[masch.]*.
Melloni, Alberto, William of Ockham's critique of Innocent IV, in: Franciscan Studies 46 (1986 [erschienen 1988]), S. 161–203.
Miethke, Jürgen, Ockhams Weg zur Sozialphilosophie, Berlin 1969.
–, Zu Wilhelm Ockhams Tod, in: Archivum Franciscanum historicum 61 (1968), S. 79–98.
–, Repräsentation und Delegation in den politischen Schriften Wilhelms von Ockham, in: Der Begriff der „*repraesentatio*" im Mittelalter: Stellvertretung, Symbol, Zeichen, Bild, hrsg. von Albert Zimmermann (Miscellanea mediaevalia 8), Berlin–New York 1971, S. 163–185.
–, Marsilius und Ockham, Publikum und Leser ihrer politischen Schriften im späteren Mittelalter, in: Medioevo 6 (1980), S. 534–558.

–, Wilhelm von Ockham, in: Gestalten der Kirchengeschichte, hrsg. von Martin Greschat, Bd. 4 (= Mittelalter II), Stuttgart 1983, S. 155–175 [bibliographisch ergänzter Abdruck in: „Nimm und lies", Christliche Denker von Origenes bis Erasmus von Rotterdam, Stuttgart 1991, S. 307–332].

–, Der Philosoph als Detektiv, William von Baskerville, Zeichendeuter und Spurensucher, und sein „alter Freund" Wilhelm von Ockham in Umberto Ecos Roman *Der Name der Rose*, in: „... *eine finstere und fast unglaubliche Geschichte"*, Mediävistische Notizen zu Umberto Ecos Mönchsroman *Der Name der Rose*, hrsg. von Max Kerner, Darmstadt 1987, S. 115–127 [³1988].

–, Ein neues Selbstzeugnis Ockhams zu seinem *Dialogus*, in: From Ockham to Wyclif, ed. Anne Hudson and Michael Wilks (Studies in Church History, Subsidia 5), Oxford 1987, S. 19–30.

–, Zur Bedeutung von Ockhams politischer Philosophie für Zeitgenossen und Nachwelt, in: Die Gegenwart Ockhams, S. 305–324.

–, Ockhams Theorie des politischen Handelns, in: Rechts- und Sozialphilosophie des Mittelalters, ed. Erhard Mock und Georg Wieland (Salzburger Schriften zur Rechts-, Staats- und Sozialphilosophie 12), Frankfurt/Main–Bern–New York–Paris 1990, S. 103–114.

–, Wilhelm von Ockham und die Institutionen des späten Mittelalters, in: Politische Institutionen im gesellschaftlichen Umbruch, Ideengeschichtliche Beiträge zur Theorie politischer Institutionen, ed. Gerhard Göhler, Kurt Lenk, Herfried Münkler, Manfred Walther, Opladen 1990, S. 89–112.

–, Der Abschluß der kritischen Ausgabe von Ockhams akademischen Schriften, in: Deutsches Archiv 47 (1991), S. 175–185.

Miethke, Jürgen, Arnold Bühler, Kaiser und Papst im Konflikt, Zum Verhältnis von Staat und Kirche im späten Mittelalter (Historisches Seminar 8), Düsseldorf 1988.

Morrall, John B., William of Ockham as a Political Thinker, in: Cambridge Journal 5 (1951/52), S. 742–751.

–, Ockham and ecclesiology, in: Medieval Studies, presented to Aubrey Gwynn, SJ, ed. John A. Watt, John B. Morrall, Francis Xavier Martin, Dublin 1961, S. 481–491.

Nedermann, Cary J., Royal taxation and the English church, The origins of William of Ockham's *An princeps*, in: Journal of Ecclesiastical History 37 (1986), S. 377–388.

Oakley, Francis, Medieval theories of natural law; William of Ockham and the significance of the voluntarist tradition, in: Natural Law Forum 6 (1961), S. 65–81.

Offler, Hilary Seton, The origin of Ockham's *Octo quaestiones*, in: The English Historical Review 82 (1967), S. 323–332.

–, The three modes of natural law in Ockham: A revision of the text, in: Franciscan Studies 37 (1977), S. 207–218.

–, Zum Verfasser der *Allegaciones de potestate imperiali* (1338), in: Deutsches Archiv 42 (1986), S. 555–619.

–, The ‚influence' of Ockham's political thinking: The first century, in: Die Gegenwart Ockhams, S. 338–365.

Pilot, Giovanni, Communità politica e communità religiosa nel pensiero di Guglielmo di Ockham, Bologna 1977.

Pleuger, Gunther, Die Staatslehre Wilhelms von Ockham, Jur. Diss., Köln 1966 [masch.].

Posthumus Meyjes, Guillaume Henri Marie, Het gezag van de theologische doctor in de kerk der middeleeuwen: Gratianus, Augustinus Triumphus, Ockham en Gerson, in: Nederlands Archief voor Kerkgeschiedenis 63 (1983), S. 105–128.

Potestà, Gian Luca, Rm. 13, 1 in Ockham, Origine e legitimità del potere civile, in: Cristianesimo nella storia 7 (1986), S. 465–492.

Quillet, Jeannine, Autour de quelques usages politiques de la Donatio Constantini au moyen âge: Marsile de Padoue, Guillaume d'Ockham, Nicolaus de Cues, in: Fälschungen im Mittelalter, II: Gefälschte Rechtstexte, Der bestrafte Fälscher (MGH Schriften 33/2), Hannover 1988, S. 537–544.

Randi, Eugenio, Il rasoio contro Ockham? Un sermone inedito di Giovanni XXII, in: Medioevo 9 (1983), S. 179–198.

Rhodes, Dennis E., The printer of Ockham, in: The Library Chronicle of the Friends of the University of Pennsylvania Library 40 (1976), S. 118–123.

Richter, Vladimir, In search of the historical Ockham: historical-literary remarks on the authenticity of Ockham's writings, in: Franciscan Studies 46 (1986 [erschienen 1988]), S. 93–105; auch deutsch unter dem Titel: Unterwegs zum historischen Ockham, Historisch-literarische Bemerkungen zur Authentizität von Ockhams Schriften, in: Studia mediewistyczne 25/2 (1988), S. 29–37.

Roberts, Agnes E., Pierre d'Ailly and the Council of Constance: A study in „Ockhamite" theory and practice, in: Transactions of the Royal Historical Society IV 18 (1935), S. 123–139.

Ryan, John Joseph, The Nature, Structure and Function of the Church in William of Ockham (American Academy of Religion, Studies in Religion 16), Missoula, Montana 1979.

Schlageter, Johannes, Glaube und Kirche nach Wilhelm von Ockham, eine fundamentaltheologische Analyse seiner kirchenpolitischen Schriften, (Kath.) Theol. Diss. München 1970, Dissertationsdruck Münster i. W. 1975.

Schmidt, Martin Anton, Kirche und Staat bei Wilhelm von Ockham, in: Theologische Zeitschrift 7 (1951), S. 265–284.

Schmitt, Clément, OFM, Un pape réformateur et un défenseur de l'unité de l'église: Benoît XII et l'Ordre des Frères Mineurs 1334–1342, Quaracchi–Florenz 1959.

Scholz, Richard, Wilhelm von Ockham als politischer Denker und Schriftsteller, in: Scholz, Wilhelm von Ockham als politischer Denker und sein *Breviloquium de principatu tyrannico* (Schriften der MGH 8), Leipzig 1944 [Neudruck Stuttgart 1952 (u. ö.)], S. 1–28.

Schwab, Dieter, Grundlagen und Gestalt der staatlichen Ehegesetzgebung in der Neuzeit bis zum Beginn des 19. Jahrhunderts (Schriften zum deutschen und europäischen Zivil-, Handels- und Prozeßrecht 45), Bielefeld 1967 [bes. S. 40–52].

Sieben, Hermann Josef, Die Konzilsidee des lateinischen Mittelalters (847–1378), (Konziliengeschichte, Reihe B: Untersuchungen), Paderborn 1984, bes. S. 410–469.

Sikes, Jeffrey Garrett, A possible Marsilian source in Ockham, in: The English Historical Review 51 (1936), S. 496–504.

De Souza, José Antonio [de Camargo Rodrigues], As idéas de Guilherme de Ockham sobre a independéncia do poder imperial, in: Franciscan Studies 46 (1986 [erschienen 1988]), S. 253–284.

Stürner, Wolfgang, *„Peccatum"* und *„potestas"*, Der Sündenfall und die Entstehung der herrscherlichen Gewalt im mittelalterlichen Staatsdenken (Beiträge zur Geschichte und Quellenkunde des Mittelalters 11), Sigmaringen 1987.

–, Die Begründung der *„iurisdictio temporalis"* bei Wilhelm von Ockham, in: Franciscan Studies 46 (1986 [erschienen 1988]), S. 243–251.

Tabacco, Giovanni, Pluralità di papi ed unità di chiesa nel pensiero di Guglielmo di Occam (Università di Torino, Pubblicazioni della Facoltà di Lettere e Filosofia I 4), Turin 1949.

Tabarroni, Andrea, Il tutto e la parte nell'ecclesiologia di Guglielmo di Ockham, Tesi di Laurea (Filosofia), Bologna 1981/82 *[masch.]*.

Thomson, Kenneth John, A comparison of the consultations of Marsilius of Padua and William of Ockham relating to the Tyrolese marriage of 1341–1342, in: Archivum Franciscanum historicum 63 (1970), S. 3–43.

Tierney, Brian, Origins of Papal Infallibility (1150–1350) (Studies in the History of Christian Thought 6), Leiden 1972, ²1988.

–, Ockham, the conciliar theory, and the canonists, in: Journal of the History of Ideas 15 (1954), S. 40–70, jetzt in: Tierney, Church, Law, and Constitutional Thought in the Middle Ages (Collected Studies Series, CS 90), London 1979, nr. XI.

–, Natural law and canon law in Ockham's *Dialogus,* in: Aspects of Late Medieval Government and Society, Essays Presented to Jack Robert Lander, ed. John Gordon Rowe, Toronto–Buffalo–London 1986, S. 2–24.

–, Villey, Ockham and the origins of individual rights, in: The Weightier Matters of the Law, A Tribute to Harold J. Berman, ed. T. Witte and F. S. Alexander, Atlanta 1988, S. 1–31.

Vasoli, Cesare, Guglielmo d'Occam (Biblioteca di cultura 50), Florenz 1953.

–, Il pensiero politico di Guglielmo d'Occam, in: Rivista critica di storia della filosofia 9 (1954), S. 232–253.

Villey, Michel, La genèse du droit subjectif chez Guillaume d'Occam, in: Archives de philosophie du droit 9 (1964), S. 97–127.

Vossenkuhl, Wilhelm, Wilhelm von Ockham, Gestalt und Werk, in: Wilhelm von Ockham, Das Risiko, modern zu denken, hrsg. von Otl Aicher, Gabriele Greindl, Wilhelm Vossenkuhl (Erkundungen 5), München 1986, S. 98–179.

–, [vgl. Die Gegenwart Ockhams].

Walther, Helmut G., Die Gegner Ockhams: Zur Korporationslehre der mittelalterlichen Legisten, in: Politische Institutionen im gesellschaftlichen Umbruch, Ideengeschichtliche Beiträge zur Theorie politischer Institutionen, hrsg. von

Gerhard Göhler – Kurt Lenk – Herfried Münkler – Manfred Walther, Opladen 1990, S. 113–139.

Wilks, Michael, Royal patronage and anti-papalism from Ockham to Wyclif, in: From Ockham to Wyclif, ed. Anne Hudson and M. Wilks (Studies in Church History, Subsidia 5), Oxford 1987, S. 135–163.

Nachträge und Ergänzungen

William of Ockham: A Short Discourse on Tyrannical Government [= *Breviloquium*, engl.], ed. (and introd.) by Arthur Stephen McGrade, transl. by John Kilcullen (Cambridge Texts in the History of Political Thought) Cambridge [usw.] 1992.

Black, Antony, Political Thought in Europe 1250–1450 (Cambridge Medieval Textbooks) Cambridge [usw.] 1992.

Blythe, James M., Ideal Government and the Mixed-Constitution in the Middle Ages, Princeton, N.J. 1992, bes. S. 165–171, 180–184.

Junghans, Helmar, Ockham im Lichte der neueren Forschung (Arbeiten zur Geschichte und Theologie des Luthertums 21), Hamburg 1968.

Kilcullen, John, Ockham on Infallibility, in: The Journal of Religious History 16 (1991) S. 387–409.

Mann, Jesse D., *Ockham Redivivus* or *Ockham Confutator*? Juan de Segovia's *Repetitio de superioritate* Reconsidered, in: Archivum Historiae Conciliorum 24 (1992), S. 186–208.

Miethke, Jürgen, Ockham's Concept of Liberty, in: Théologie et droit dans la science politique de l'état moderne, Actes de la table ronde organisée par l'Ecole française de Rome avec le concours du CNRS, Rom 1987 (Collection de l'Ecole Française de Rome 147), Rom 1991, S. 89–100.

Nedermann, Cary Joseph, State and Political Theory in France and England 1250–1350, Marsiglio of Padua, William of Ockham and the Emergence of *National* Traditions of Discourse in the Late Middle Ages, PhD-Thesis York University (Canada) 1983.

Schlageter, Johannes, Im Konflikt mit der empirischen Kirche, Die Suche nach Kriterien von Kirche bei Petrus Johannis Olivi und Wilhelm von Ockham, in: Franziskanische Studien 69 (1987) S. 88–105.

Schüßler, Hermann, Der Primat der Heiligen Schrift als theologisches und kanonistisches Problem im Spätmittelalter (Veröff. des Instituts für Europäische Geschichte Mainz 86), Wiesbaden 1977, bes. S. 109–130.

Töpfer, Bernhard, Zur Wirksamkeit ideologischer Vorstellungen in der mittelalterlichen Gesellschaft, Ockhams und Wyclifs Positionen zur kirchlichen und weltlichen Ordnung, in: Von Aufbruch und Utopie, Perspektiven einer neuen Gesellschaftsgeschichte des Mittelalters für und mit Ferdinand Seibt aus Anlaß seines 65. Geburtstags, hrsg. von Bea Lundt und Helena Reimöller, Köln/Weimar/Wien 1992, S. 265–284.

REGISTER DER ALLEGATE UND ZITATE

Bibel

Altes Testament

Gen.
- 1: 166
- 1,16: 136
- 1,28: 160
- 6,11: 75
- 26,26–29: 141
- 26,31: 141

Exod.
- 1,17 ff.: 153
- 22,2 f.: 194
- 23,2: 74
- 29,4 ff.: 117

Deut.
- 13 und 17: 39
- 13,2 ff.: 39
- 13,13–19: 42
- 17,2: 40
- 22,22: 194
- 23,25: 199

I. Sam.
- 8,9–18: 169
- 8,12: 169
- 8,14: 169
- 8,17: 170
- 14,6: 70
- 30,11–16: 141

I. Reg.
- 9,22: 170
- 12,4: 169
- 18: 41
- 19,14: 5,70
- 19,18: 188
- 21: 83
- 21,21: 169

I. Paral. 16,4–6: 117
II. Paral. 14,11 [II. Chron. 14,10]: 70

Ps.
- 1,2: 121
- 11 [12],2: 74
- 13 [14],3: 74

Prov.
- 2,14: 73
- 6,30: 44
- 11,14: 73. 125
- 15,22: 125
- 16,32: 131
- 19,4 u. 6–7: 130
- 24,30–32: 126
- 30,33: 6

Eccles.
- 1,13: 78
- 1,15: 74
- 4,33: 74
- 7,12 [11]: 130
- 9,16 u. 18: 131
- 10,19: 131
- 11,4: 72

Sap.
- 6,1: 131

Ecclus.
- 6,6: 125
- 15,9: 74

Is.
- 1,5 f.: 74
- 10,1: 58
- 50,7: 5. 188
- 56,10: 224

Ier. 1,10: 136
Dan. 3,29: 43

I. Mach.
- 2,19–22: 70
- 3,18: 74
- 3,18 f.: 70
- 3,22: 70
- 8,1–16: 151
II. Mach. 5,4: 6

Neues Testament

Mt.
- 5,39: 32
- 7,13 f.: 74
- 11,25: 73
- 12,3 f.: 116
- 12,25: 73
- 16,16: 14
- 16,18: 136. 145
- 18,16: 89
- 22,14: 74
- 28,22: 28

Lc.
- 3,2: 117
- 6,3 f.: 16
- 11,8: 11
- 22,31: 28
- 22,38: 136

Joh. 21,17: 136

Act.
- 15,10: 81. 84
- 15,19: 86
- 15,19 f.: 81
- 15,22 f.: 81. 86
- 15,28 f.: 82. 87
- 15,30 f.: 87
- 15,31: 86

Rom.
- 12,4: 177
- 13,2: 162
- 13,4: 134
- 14,23: 153

I. Cor.
- 5,4 f.: 90
- 10,12: 17

II. Cor.
- 3,17: 82. 87. 88
- 10,8: 90
- 13,8 u. 10: 90

Gal.
- 2,3–5: 81. 84
- 2,11: 18
- 2,14: 18
- 4,31–5,1: 84
- 5,12–13: 81. 84
- 5,18: 88
- 6,1: 17
- 6,2 u. 5: 55

Eph. 4,4: 89
Phil. 3,8: 72

I. Tim.
- 1,9: 88
- 5,8: 123

II. Tim. 3,7: 75

I. Petr.
- 5,3: 149
- 5,6: 142

Hebr. 5,1 f.: 16
Iac. 1,25: 81. 196
Apoc. 3,15 f.: 73

Kanonisches Recht

Decretum Gratiani

D. 1
- c. 7: 48. 56. 179. 180. 181
- c. 8: 183
- c. 9: 175
- c. 10: 170

D. 3
- c. 3: 175. 205
- c. 4: 110

D. 4
- c. 2: 55. 58. 172
- c. 3: 55
- c. 6: 6

D. 5 a.c. 1: 179 f.

Kanonisches Recht

D. 6 p. c. 3: 179. 180
D. 8
– c. 1: 37. 168. 182
– c. 2: 162. 172
– c. 7: 171
– p. c. 1: 180
D. 9
– a. c. 1: 180
– c. 11: 115
D. 10
– c. 3: 62
– c. 5: 63
– c. 6: 68
– c. 8: 64
D. 12 c. 12: 82. 195. 196
D. 15 c. 2: 18
D. 16 c. 4 *[§ Propter]*: 87
D. 17 c. 4: 37
D. 19
– c. 6: 115
– c. 9: 18. 20. 29
D. 20 a. c. 1: 27
D. 21
– a. c. 1: 117
– c. 1: 177
– c. 5: 115
– c. 7: 20
D. 23 c. 1: 177
D. 28 c. 1: 182
D. 31
– c. 1: 146
– c. 12: 115
D. 32 c. 10: 37
D. 38 c. 1: 124
D. 40
– c. 6: 17. 18
– c. 12: 115
D. 45
– c. 5: 145
– c. 6: 114
– c. 17: 128
D. 47 c. 8: 237
D. 50
– c. 14: 128
– c. 53 u. 54: 144

D. 61 c. 3: 115
D. 63 c. 33: 139. 140. 154
D. 65 c. 1, 2, 3: 115
D. 74 c. 2: 146
D. 78 p. c. 4: 195
D. 79 c. 9: 37. 47. 198
D. 83
– c. 1: 23
– c. 2: 45. 113
– c. 3: 4. 23. 49
– c. 5: 23
D. 86 c. 3: 22
D. 87 c. 6: 35
D. 89 c. 1: 177
D. 93 c. 21: 155
D. 96
– c. 4: 4
– c. 5: 62
– c. 7: 62
– c. 11: 63
– c. 14: 153. 154
D. 97 c. 3: 139
C. 1
– q. 1: 167
– q. 1 c. 64: 75
– q. 4 p. c. 12: 124
C. 2
– q. 1 c. 19: 198
– q. 7: 18
– q. 7 p. c. 41: 21
– q. 7 c. 55: 23
– q. 12 c. 20: 201
C. 4 q. 3 c. 3 ⟨u. 4⟩, § *Item iurisiurandi*
    u. § *In nostra*: 115
C. 6
– q. 1 c. 15: 45
– q. 1 c. 22: 163
– q. 2: 158
C. 7
– q. 1 c. 7: 18
– q. 1 p. c. 48: 109
C. 8
– q. 1 p. c. 7: 145
– q. 1 c. 8, c. 9, c. 11: 123

C. 11
- q. 1 c. 41: 142
- q. 1 c. 45: 65
- q. 3 c. 86: 49
- q. 3 c. 98: 43

C. 12
- q. 1 c. 2: 87. 179
- q. 1 c. 21: 87
- q. 1 c. 22: 87
- q. 2 c. 20: 146. 149
- q. 2 c. 25–26: 170
- q. 2 c. 68: 179

C. 15
- q. 6 c. 3: 132. 134
- q. 6 c. 5: 132. 134

C. 16 q. 1 c. 25: 115

C. 17
- q. 4 a. c. 30: 195
- q. 4 c. 30: 195

C. 19 q. 2 c. 2: 88
C. 20 q. 3 c. 4: 145
C. 22 q. 5 c. 18: 41

C. 23
- q. 1 a. c. 1: 35. 194
- q. 1 c. 2: 35
- q. 1 c. 3: 141
- q. 1 c. 4: 164
- q. 1 c. 5: 152
- q. 3 c. 5: 50
- q. 3 c. 11: 50
- q. 4 c. 33: 34. 45. 128
- q. 4 c. 42: 78

- q. 4 c. 43: 135
- q. 4 c. 48: 115
- q. 5 c. 1: 37
- q. 5 c. 4: 129
- q. 5 c. 20: 37. 47
- q. 5 c. 28: 129
- q. 5 c. 32: 41
- q. 5 c. 33: 145
- q. 5 c. 38: 129
- q. 5 c. 42: 42
- q. 5 c. 43: 37. 42
- q. 5 c. 49: 42
- q. 5 c. 144: 38
- q. 7 c. 1: 152
- q. 8 c. 21: 37

C. 24
- q. 1 c. 6: 18
- q. 1 c. 9: 18
- q. 1 c. 12: 14. 66
- q. 1 c. 21: 46
- q. 1 c. 31: 4
- q. 3 c. 16: 58
- q. 3 c. 32: 29

C. 25
- q. 1 c. 6: 17
- q. 1 c. 16: 18

C. 27 q. 2 c. 20: 146
C. 32 q. 1 c. 13: 146

C. 33
- q. 2 c. 6: 143
- q. 2 c. 15: 46

C. 35 q. 9 c. 7: 30. 120

Dekretalen

Liber Extra

X 1.4.4: 117
X 1.6.6: 115
X 1.6.20: 202
X 1.6.22: 115
X 1.6.34: 136. 138. 139. 154. 199. 201
X 1.6.48: 115
X 1.7.1: 144

X 1.9.10: 109
X 1.14.4: 116
X 1.23.7: 187
X 1.29.28 u. 29: 130
X 1.33.6: 145
X 1.36.11: 127. 128
X 2.1.13: 134
X 2.2.10: 143
X 2.2.12: 156

Glossen der jeweiligen Glossa Ordinaria

X 2.9.5: 116
X 2.24.1: 117
X 2.24.33: 197
X 2.28.60: 115
X 3.1.13: 54
X 3.1.16: 51
X 3.11.1: 115
X 3.16.2: 54
X 3.31.18: 88
X 3.35.6: 146
X 3.41.6: 22
X 3.42.3: 14
X 4.14.8: 112
X 5.7.2: 23
X 5.7.7: 14. 190
X 5.7.9: 14. 53
X 5.7.13: 53. 149
X 5.9.1: 51
X 5.20.7: 37. 139
X 5.39.14: 51
X 5.39.15: 46

X 5.39.23: 51
X 5.39.47: 23
X 5.41.4: 116
X 3.46.2: 117

Liber Sextus

VI 1.6.3: 51
VI 5.12.3: 29. 214 f. 235
VI 5.13 *[De regulis iuris]* 29: 187

Clementinen

Clem. 5.11.1: 29. 216. 235

Extravag. Iohannis XXII

nr. 14: 214. 235
nr. 18: 3. 187. 214. 235
nr. 19: 3. 187. 215. 235
nr. 20: 3. 187

Römisches Recht

Inst.
– 1.2.1: 204
– 1.2.5: 198. 203
Dig.
– 1.1.11: 204
– 1.3.14 u. 39: 204
– 1.4.1. pr.: 171
– 1.4.1.1: 198. 203
– 1.4.2: 113
– 4.8.3.3 u. 4.8.4: 202
– 14.2.8: 133

– 29.2.6.4 und 29.2.15: 204
– 33.10.3.5: 204
– 36.1.13.4: 202
– 41.1.5.7: 170
Cod.
– 1.14.4: 174
– 1.17.1.7: 198. 203
– 1.22.2: 205
– 5.59.5.2: 187
– 8.5.1 u. 2: 204
– 9.8.5: 163
– 9.29.2: 195

Glossen der jeweiligen Glossa Ordinaria

Kanonisches Recht

Gl. ad
– D. 1 c. 7, s.v. *Ius naturale*: 237

– D. 1 c. 10, s.v. *ac principis portio*: 170
– D. 1 c. 12, s.v. *quod nulli*: 133
– D. 2 c. 1, s.v. *populi*: 150
– D. 10 c. 8, s.v. *discrevit*: 135

Gl. ad (Forts.)
- D. 12 c. 12, s. v. *quam paucissimis*: 195
- D. 17 c. 4, s. v. *per seculares*: 37
- D. 17 p. c. 6, s. v. *iussione domini*: 150. 201
- D. 19 c. 9, s. v. *qui communicaverat*: 21
- D. 19 c. 9, s. v. *divino*: 20
- D. 31 c. 1, *casus* u. s. v. *durum*: 146. 201
- D. 38 a. c. 1, s. v. *cum itaque*: 124
- D. 40 c. 6: 191. 192
- D. 40 c.6, s. vv. *a nemine* u. *a fide devius*: 17. 148
- D. 40 c. 12, s. v. *in honore*: 115
- D. 45 c. 1, s. v. *fidem*: 200
- D. 45 c. 6, s. v. *concordiam*: 114
- D. 63 c. 12, s. v. *clero et populo*: 182
- D. 74 c. 2, s. v. *crescere*: 200f.
- D. 80 c. 2, s. v. *de fide*: 14. 189. 190
- D. 96 c. 4, s. v. *pertinet*: 187
- D. 96 c. 6, s. v. *usurpavit*: 132
- D. 97 c. 3, s. v. *signatis*: 139
- D. 100 c. 8: 205
- C. 1 q. 1 c. 16, s. v. *durior*: 46
- C. 9 q. 3 c. 3, s. v. *oeconomos*: 197
- C. 11 q. 1 a. c. 1, s. v. *quod clericus*: 65
- C. 11 q. 5 c. 94, s. v. *obediebant*: 134
- C. 15 q. 6 c. 3, s. v. *deposuit*: 134. 137
- C. 23 q. 4 c. 38: 148. 201
- C. 23 q. 4 c. 42, s. v. *temporibus*: 195
- C. 23 q. 5 c. 1, s. vv. *confessos* u. *interitu*: 44. 194
- C. 23 q. 5 c. 20, s. v. *intra ecclesiam*: 37. 51
- C. 23 q. 5 c. 25, s. v. *omnia*: 170
- C. 23 q. 5 c. 32, s. v. *necabis*: 42
- C. 24 q. 1 c. 9, s. v. *novitatibus*: 18
- C. 24 q. 1 c. 12, s. vv. *fidei* u. *nisi ad Petrum*: 14. 190
- C. 25 q. 1 c. 3, s. v. *nulla commutatione*: 18
- C. 33 q. 2 c. 6, s. v. *gladium*: 143
- X 1.2.1, s. v. *ab omnibus*: 171
- X 1.2.6, s. v. *constitutum*: 151. 173
- X 1.4.8: 205
- X 1.5.1, s. v. *interpretatus*: 53. 194
- X 1.6.20, s. v. *in parem*: 202
- X 1.6.22, s. v. *ostensum*: 115
- X 2.2.5, s. v. *de consuetudine*: 134
- X 2.24.4, in casu: 142
- X 3.11.1, s. v. *rationabiliter*: 115
- X 3.34.5, s. v. *adimplere*: 146
- X 3.49.10, s. v. *quo faciunt se indignos*: 45
- X 4.17.13, s. v. *beati Petri*: 148
- X 4.17.13, s. v. *minime recognoscat*: 133
- X 5.9.1: 53
- X 5.11.25: 205
- X 5.33.38, s. v. *non utuntur*: 133
- Extrav. Ioh. XXII. 14,2, s. v. *veritas*: 194
- Extrav. Ioh. XXII. 14,4, s. v. *scholasticos*: 194

Römisches Recht

Gl. ad
- Dig. 1.10.1.1, s. v. *expedire*: 198
- Dig. 4.2.1, s. v. *quod metus causa*: 195
- Dig. 33.10.3.5, s. v. *usum imperatorum*: 204
- Dig. 35.1.72.6, s. v. *non cohaeret*: 198
- Dig. 36.1.13.4, s. v. *imperium*: 202

Andere Autoritäten und Belege

Acta Aragonensia
- I nr. 293: 236
- III nr. 251: 234

Aegidius Romanus, De ecclesiastica potestate: 201

Aktenstücke aus dem Prozeß gegen Ockham [1325/26]: 233. 234

Anonymus
- De optimo genere addiscendi, lib. ix: 195
- De optimo genere di⟨s?⟩cendi legalia: 198
- Quoniam omnis humane sententie: 192. 193. 194. 240

Aristoteles, Nikomachische Ethik
- V 14, 1137 b 26 f.: 54. 194
- VIII 11, 1160 a 35–36: 103
- VIII 11, 1160 b 1–12: 113
- VIII 11, 1160 b 10: 100
- VIII 12: 106
- VIII 12, 1160 b 19–20: 108

Aristoteles, Politik
- I 1, 1252 a 5–7: 102
- I 1, 1252 a 12–15: 99
- I 3, 1253 b 10: 99. 196
- I 9, 1258 b 37: 197
- I 12, 1259 b 2–4: 101
- III 6, 1278 b 10: 103
- III 7, 1279 b 4,6: 105
- III 8, 1279 b 16: 100
- III 14, 1285 b 2: 100
- III 14, 1285 a–b: 103
- III 16, 1287 a 10: 100
- IV 1, 1289 a 8 f./24 f.: 107
- IV 2, 1289 b 2: 100
- IV 4: 106
- V 5, 1305 a 8–10: 106
- V 10, 1313 a 4–5: 106

Articuli Parisienses [1277]: 189

Augustinus
- ad Rom. 13,2: 162
- De baptismo 2,6: 194
- De civitate Dei, IV 3 sqq.: 152. 201

Augustinus de Ancona, Summa de ecclesiastica potestate, q. 41 art. 2 ⟨und 3⟩: 139. 199

Baldus, ad Dig. 1.4.1: 204

Bartolus, ad Dig. 33.10.2, s. v. *Sed et de his*: 204

Bonifaz von Modena, Consilium: 194

Cynus de Pistoia, Consilium nr. 11: 194

Edward II., Krönungseid [1307/8]: 197

Eger cui lenia, s. Innozenz IV.

Eike von Repgow, Sachsenspiegel, Landrecht II 54: 200

Enzyklika von Perugia [1322 Juni 4/6]: 6. 189

Franciscus de Assisio, Testamentum, c. II: 235

Gottfried von Fontaines, Quodlibet VII 18 und XII 5: 191

Gregorius Magnus
- Dialogi, IV 25: 22
- In evang., hom. 26 § 1: 24. 193

Guillelmus de Moerbeke, Translatio incompleta und Translatio completa der Politik des Aristoteles: 196

Heidelberger Postillen, Gl. nr. 81: 202

Henricus de Zoemeren, Epitoma Dialogi Ockham: 240. 241

Hostiensis, Summa aurea, Liber III, De feudis, Quid sit fidelitas: 140. 200

Huguccio, Summa ad D. 40 c. 6: 17. 192

Innozenz III., s. Lothar v. Segni

Innozenz IV. [?], Eger cui lenia: 131. 144. 153. 198. 199. 200. 201

Jakob von Varazze, Legenda aurea, cap. clviii (153): 193

Johannes Faventinus, Dekretsumme: 203

Johannes Lutterell, Libellus contra doctrinam Guillelmi Occam: 234

Johannes XXII., Quia vir reprobus [1329 November 16]: 4. 22. 188. 193

Konrad von Megenberg, Yconomica, II 2.10: 200

Lothar von Segni [= Innozenz III.], De miseria humane conditionis: 22
Lupold von Bebenburg
- Tractatus de iuribus regni et imperii, Titel: 239
- c. 9: 200
Martin von Troppau, Chronicon: 193
Michael von Cesena
- Appellatio [Avignon 1328, April 13]: 188
- Appellatio in forma minori [Pisa, 1328 Dezember 12]: 188
- Appellatio in forma maiori [Pisa, 1328 September 18]: 188
Ockham, An Princeps
- Prolog: 195. 238
- c. 3: 238
- c. 6: 200
Ockham, Breviloquium
- I 1: 195
- I 5: 194
- II 12: 238
- III 8: 237
- III 13: 194
- V 10: 238
Ockham, Compendium errorum, c. 5: 189. 193
Ockham, Contra Benedictum
- I 17: 187. 189
- VII 9–10: 194
Ockham, Contra Iohannem
- c. 1: 189
- c. 24: 187
Ockham, De corpore Christi
- c. 37: 189
- cap. 41: 193
Ockham, De dogmatibus Iohannis XXII [= II Dialogus I–II]: 193
Ockham, De electione Caroli quarti, c. 3: 238
Ockham, De imperatorum et pontificum potestate
- c. 1: 239
- c. 7: 237
- c. 26: 238

- c. 27: 187. 193. 239
Ockham, I Dialogus
- I, cc. 8–10: 195
- VI, c. 1: 195
- VI, c. 26: 198
- VI, c. 100: 238
- VII 15: 189
Ockham, III Dialogus
- I ii, c. 14: 195
- I ii, c. 17: 198
- II i, c. 5: 198
- II ii, c. 9: 198
- II ii, c. 10–11: 205
- II iii, c. 11: 194
- II iii, c. 18: 198
Ockham, Elementarium Logicae, VI 20: 195
Ockham, Octo quaestiones
- Prolog: 198
- II 8: 237
- II 12: 200
- VIII 6: 238
- VIII 7: 187. 193
Ockham, Opus Nonaginta Dierum
- Prolog: 194
- c. 27: 237
- c. 49: 188
- c. 71: 188
- c. 76: 188
- c. 95: 193. 203
Ockham, Summa logicae III 4,1: 194
Petrus de Alvernia, Kommentar zur ›Politica‹, III/lect. 6: 103
Petrus de Palude [bzw. Guillelmus Petri de Godino], De causa immediata ecclesiastice potestatis, Epylogus: 195
Petrus Iohannis Olivi, Kommentar zur Franziskanerregel, II 1–4, XII B 1–2: 196
Petrus Lombardus, Sententiae
- lib. II dist. 41 cap. 1 n. 3: 201
- lib. IV dist. 11 cap. 3: 193
Pierre d'Ailly, Abbreviatio Dyalogi Okan: 240. 241

Recupero de San Miniato, Consilium: 194

Regula bullata der Franziskaner [von 1223 November 29], c. 1 u. c. 12: 196

Roger Bacon, Opus tertium, c. 9: 188

Rudolf Losse, Sermo [Trier c. 1344]: 195

Servasius von Mont-Saint-Eloi, Quodlibet, q. 61: 189

Thomas von Aquin, Sententiae libri Politicorum, zu Politica I c. 9: 197

Thomas von Aquin, Summa theologica
- I q. 96 a. 3: 198
- 2–II q. 33, a. 4: 19

Zensur eines Provinzialkapitels gegen Ockham [1323]: 233

SCHLAGWORTREGISTER ZUM TEXTTEIL

Affekte: 5. 12. 120
Alle Sklaven des Kaisers: 162
Alle Sklaven des Papstes: 89. 149
Almosen: 72. 95
Amt und Person: 138
Amt, Zuteilung nach Verdienst und Opportunität: 111
Amtskirche: 27. 65
  Herrschsucht: 61
  Ketzerkirche: 63
  Versagen: 36 ff. 64
Amtskompetenz: 40 ff.
Aneignung: 166 f.
Angst: 72
Anordnung Christi: 91
Ansehen der Person: 127
Apostolischer Stuhl: 138
  Vakanz: 28
Approbationsanspruch: 139
Aristokratie: 107. 111 f.
Aristoteles, Grundbegriffe seiner *Politik*: 98–108
Aristoteles, Kritik an: 110 f.
Ärmelkanal: 16
Armut: 95
Armutstreit: 3
Aufschub von Wahlen: 109 f.
Aufwendungen: 72. 130
Auswechselbarkeit der sozialen Funktionen: 177

Banausen (aristotelisch): 103
Begabung: 107
Beute: 152. 167. 170
Beweisgründe: 5
Bibel: 119
Billigkeit *(Epikie)*: 54. 127 ff.
Bischofswahl: 66

Büchermangel: 119 f.
Bürger: 103
Bürgerschaft: 102

cessante causa: 115
Christenheit: 83
Christi Einsetzung: 94 f.
Christi Gesetz, Ausnahmen: 116 f.

Degradation: 146
Dekretalen: 119
Dekretum Gratians: 119
Delegation durch Volk: 173
  s. a. *Lex regia*
Demagogen (aristotelisch): 106
Demokratie (aristotelisch): 108
Despotie: 99 f. 104 f.
  und Tyrannis: 100. 106 f.
  Vollkommenheit und Unvollkommenheit: 104 f.
  widernatürlich: 101
Dialogus
  Literaturgrundlage: 12. 119
  Publikum: 119
Diebstahl, Strafe: 44 ff.
Dispens: 146
Doktor der Theologie: 15
Dorf oder Nachbarschaft: 102

Ehe
  Ehebruch, Strafe: 44 ff.
  Eheliche Gemeinschaft: 99
  Eheschließung: 148
  Herrschaftsverhältnis: 102
Eid, s. Krönungseid, Treueid, Vasalleneid
Eigennutz: 104

Schlagwortregister zum Textteil

Eigentum: 96
 E. und Freier: 106
 E. und Verdienst: 153
 Verfügungsrecht des Papstes: 97 f.
 s. a. Herrschaft. Kaiser
Eigentümliches des Christentums: 94.
 97
Eindeutigkeit von Gesetzestexten: 55 f.
Einfältige: 73
Eintracht: 114
Eintrittsrecht: 177 f.
Eloquenz: 76. 123
Elterliche Gemeinschaft: 99
Enthaltsamkeit: 146 f.
Epikie s. Billigkeit
Erfahrung: 123
Error principis facit ius: 171. 176
Erwachsene: 124
Evangelische Räte: 95
Evangelium als Gesetz der Freiheit: 41.
 80–90
Exegese: 27. 53 ff. 67
Exkommunikation, ungültige: 95.
 97
 Auflösung des Lehnsbandes: 134 f.
Experten: 59. 65. 119. 124
 E. und Nichtfachleute: 68 f.
 E.rat: 60
 E.wissen: 125
 Unkenntnis: 124

Fehde gegen den Kaiser: 163 f.
 s. a. Majestätsverbrechen
Frankreich
 F. und Papst: 136 f.
 F. und Reich: 142 f. 144
Franziskaner, Generalkapitel von
 Perugia [1322]: 6
 s. a. Armutstreit
 s. a. Orden
 s. a. Regeltreue
Frau, Herrschaft über: 101
Freie, Eigentum: 106
 Herrschaft über F.: 99
 F. und Sklaven: 162

Freiheit: 84 ff. 96. 147. 149
 F. aller: 179
 Abstufungen in der F.: 90
 natürliche F.: 104
 vollkommene F.: 89 f.
Freiheit s. auch Gesetz
Freunde: 106 f. 130 f.
Frömmigkeit: 153 f.
 F. und Nutzen: 116 f.
Funktionale Differenzierung der
 Gesellschaft: 178

Gedächtnis: 75 f. 120. 123
Gefängnishaft: 50
Geheimnisse: 126
Gehorsamspflicht: 5. 172. 176
 G. weltlicher Herrscher gegen Papst:
 97
 G., Grenzen: 161–176
 G.en, Hierarchie: 162
Gelehrte: 59
 G. und Ungebildete: 66 f.
Gelehrsamkeit: 123
Geltung des Gesetzes: 33 f. 89
Gemäßigte Herrschaft: 103
Gemeinbesitz: 179
Gemeinschaft: 102
Gemeinschaftsformen (Haus, Dorf,
 Stadt, Königreich): 100
Gemeinwohl: 96. 103–105. 151 f. 166.
 168 f. 170. 173
Gemischte Verfassung (Königtum): 105
Genossenschaft: 50
Gerechtigkeit: 126
Gerichtsstand: 103
Gesandtschaftswesen: 139
Gesetz, Auslegung: 53 ff.
 Ausnahme: 52 ff.
 bürgerliches: 174
 G. der Ehe: 101 f.
 G. der Freiheit: 41. 80–90
 G. und Notfall: 116 f.
Gesetze, Verschiedenheit: 69
Gesetzeskenntnis: 66
Gesetzgebungskompetenz: 150 f.

Gesetzmäßige Herrschaft: 103f.
Gewohnheitsrecht: 53
G. auf Hoheit: 158
Gleichheit: 108–111
Gottes Ehre: 57f. 62. 72
Gottes Hilfe für Schwache: 69f.
Göttliches Recht: 39f. 53f. 83f. 91f. 104. 112. 135. 145. 156. 168. 174. 178–185
G. und Naturrecht: 182
Gottlose als Ratgeber: 126
Gottvertrauen: 74
Grenzen, der Gesetzgebungskompetenz: 148. 172
G. der Verfügungsgewalt: 173
G. des Gehorsams: 148. 161–176
G. kaiserlicher Kompetenz: 175
s. a. Billigkeit
Grundrecht auf Herrschaftsbildung: 183

Hausvater: 100f.
Heidenpredigt: 86
Herrenloses Gut: 166f.
Herrschaft: 100f.
  Einsetzung: 183
  Ersitzung: 152
  Konsens: 151f.
  Legitimation durch Translation: 135–149
  Würdigkeit (aristotelisch): 106
  H. der Mittelmäßigen: 108
  H. über Freie und Unfreie: 99
  H. und Eigentum: 165ff.
  H. in Gesetzesbindung und nach Königswillen: 103f.
Herrschaftsbildung: 183
Herrschaftsformen (aristotelisch), Hierarchie: 108
  drei gemäßigte und drei verdorbene: 103
Herrschaftverfassung, Optimierung: 112f.
  Wandel: 112
Herrscher, Kompetenz in Kirche: 37f.

Herrscherkritik: 79
Herrschsucht: 61
Herzogtum: 102
Hörigkeit: 82f.

Inquisitor: 15
Inspiration: 86

Johannes XXII.
  Konstitutionen: 3
  Ockhams Haltung zu J.: 7. 12
  Person: 6
Jungfräulichkeit: 95. 146
Juristen: 65

Kaiser
  als Mensch, als Christ: 68f.
  Anspruch auf Gehorsam: 161–171
  K. über positivem Recht: 127. 171. 175
  Bibelkenntnis: 121f.
  Despotie: 105
  Einfalt und Demut: 139
  Geschäftskenntnis: 123
  Gesetzgebungskompetenz: 175
  Irrtum des Ks. schafft Recht: 171. 176
  katholischer K.: 43. 46f.
  kathol. K. auf Konzil: 62f.
  K.macht und Königsmacht des deutschen Herrschers: 144
  Kenntnis des Römischen Rechts: 122f.
  Kompetenzfülle: 171ff.
  Obereigentum: 167
  Salbung, Weihe, Krönung: 139f.
  Studium: 123
  Ursprung des K.tums: 150–161
  Verfügungsrecht über Eigentum: 165f.
  Versprechungen: 130
  Was er beschließt, hat Gesetzeskraft: 171. 175
  Willkür: 127
  K. und Papst: 135ff.

Schlagwortregister zum Textteil

Kaiser (Forts.)
s. Könige und Bischöfe, s. Fehde,
  s. Majestätsverbrechen
Kaiserspiegel: 121–131
Kaisertum, Weltregierung: 123
Karolinger, Einsetzung durch Papst:
  137 f.
Kennerschaft: 129
Ketzer: 16 ff. u. ö.
Ketzerei, Definition: 13
Ketzerkampf laut Göttlichem Recht:
  39 f.
Ketzerkirche: 63
Ketzerpapst: 18 ff. 23 ff. 38 ff.
  Präzedenzfälle: 20–22
  s. a. Gehorsamspflicht
Kinder, Herrschaft über: 101
Kirche, Irrtumslosigkeit: 28. 30 f.
Kirchengut als Unterhaltsleistung: 92.
  94. 97
Kirchenstaat: 149
Kirchenverfassung, göttliche Stiftung,
  menschliche Einrichtung: 112
Kleriker
  Gerichtshoheit über: 36–39
  Herrschsucht der K.: 61
  K. und Laien: 48 ff. 61. 68. 177
Kollegium: 151 f.
Kompetenzfülle schlechthin: 93
König
  Despot: 100
  K. als Tyrann: 106
  Eigennutz: 169 f.
  K.e im Alten Testament: 121
  K.e und Bischöfe: 144
Königreich: 102
Königtum: 107. 160. 173. 183
  beste Herrschaftsform: 108
  Einschränkungen durch Rechtsbindung: 105
  s. a. Gemischte Verfassung
Konsens: 172
Konstantinische Schenkung: 153
Konzil: 25. 62 f.
Kreuzzug: 72

Krieg gegen den Kaiser: 163 f.
  s. a. Majestätsverbrechen
Kriegsführung: 152
Kriegstauglichkeit: 131
Krönung: 139. 144
Krönungseid: 104. 106. 140

Laien 92
L. und Glaubenswahrheit: 60 f.
Kompetenzen der L. i. d. Kirche: 68
s. a. Kleriker
Lebensbericht Ockhams: 3–6
Legitimation Unehelicher: 148
Legitimität der Römerherrschaft: 151
L. heidnischer Herrschaft: 144. 153
Leumund: 72
Lex Digna vox: 174
Lex regia: 150 f. 168. 183
Logik: 31
Lohnarbeiter: 103

Macht: 107. 130
Majestätsverbrechen: 128. 162
Mehrdeutigkeit: 99
Mehrheit: 5. 108. 115 f. 151
Menschliches Recht: 101. 135. 156. 168.
  178–185
Methode: 7. 11–13. 67. 77–80. 118–120.
  157 f. 180
Milde: 127
Minderheit und Widerstand: 69 f.
Monarchie: 103. 111 f.
Moralgebote: 41

Naturrecht: 54 ff. 82 f. 91 ff. 101. 104.
  123 f. 145. 156. 174 f.
  doppeltes N.: 124 f.
  dreifaches N.: 178–185
  N. und Völkerrecht: 184 f.
Neues: 71 f. 113
Norm und Ausnahme: 56 f. 58 f. 115 f.
  Geltungsdauer: 115
Notfall: 34. 95
N. gegen Christi Gesetz: 116 f.
Notwendigkeit: 106. 173

Obrigkeit, Unmittelbarkeit: 162
Ockham, Schriften: 5
oeconomus: 101
Oligarchie: 107
Orden
  Disziplin: 85f.
  Ordenseintritt: 88
  s.a. Armutstreit; s.a. Franziskaner
Ordnung: 174
Organismusmetapher: 176–178

Papst
  Absetzung: 25f.
  Absetzung des Frankenkönigs: 132ff.
  Absetzung des Kaisers: 132
  Amtskompetenz: 90–98
  menschlicher Ursprung der Amtsstellung: 98
  Anmaßung: 134
  Anspruch auf Unterhalt 92. 94. 97
  Autorität bei Exegese: 66
  Christi Einsetzung: 94
  P. und Christus: 145. 184
  Entfremdungsverbot: 146
  Gehorsamsanspruch gegen weltliche Herrscher: 97
  geistliche Regelkompetenz: 92ff.
  geistliche und weltliche Kompetenz: 91f.
  Gewaltenfülle: 80f. 89–98
  Glaubwürdigkeit in eigener Sache: 158
  Grenzen der Gesetzgebungskompetenz: 148
  Infallibilität: 28. 30f.
  Irrtum
    (Anastasius: 20. 29
    Leo: 21
    Liberius: 20
    Silvester II.: 22
    Symmachus: 21
    Johannes XXII.: 21ff. 29f.)
  P. und Kirchengut: 146
  Kirchenstaat: 149
  Kompetenz in Glaubensfragen: 13
  Kompetenz aus göttlichem und menschlichem Recht: 94ff.
  Kompetenzfülle: 98f.
  Nachfolgeregelung: 95f. 145
  P. und Reich: 131–135
  P. und weltliche Fürsten: 82
  persönliche Freiheit: 96
  Stellung zu Kaiser und Königen: 135ff.
  Übertragung der Herrschaft von Volk zu Volk: 136f.
  Vollmacht durch Römer: 137f. 156f.
  Wahl: 65f.
  s.a. Approbationsanspruch, Krönung
  weltliche Gerichtshoheit: 97f.
Paris, Universität: 15
  s.a. Universitätsdisputationen
Parteinahme: 32ff.
Petrus Johannis Olivi, Prozesse: 15
Petrus, bestimmt Rom als Sitz: 184
Pflichtversäumnis der Amtsträger: 96
Philosophen: 59
politeuma (aristotelisch): 103
politia: 102. 108
Politische Theorie und Wissenschaft: 119
Prälaten, Unwissenheit: 36
princeps legibus solutus: 171. 175
Privilegien: 175

Quod omnes tangit: 4
Quod principi placuit: 171. 175

Ratgeber: 60. 73f. 125f.
Recht
  Allgemeinheit: 181f.
  s. Naturrecht; s. Völkerrecht
  R. und Nutzen: 113f.
  Privates und Öffentliches R.: 156
Rechtsbindung der Herrschaft: 105
Strafzumessung: 159
Rechtsgebote: 41
Rechtsnachfolge: 135

Schlagwortregister zum Textteil

Rechtsverlust (durch Schuld oder aus vernünftigem Grund): 93. 147f. 155. 166
Rechtsverzicht: 155f. 161
Regeltreue: 86
Reich, Aufhebung, Teilung usw.: 158ff.
  Universalität: 155. 160
  Vikariat des Papstes: 143
Reichtum: 106f. 130f.
Richter, weltlicher: 51
  geistliche Kompetenz des weltlichen R.s: 58ff. 68
  Kenntnis des Römischen Rechts: 123f.
  Urteilsfindung: 60
Römer, Herrschbegierde: 152
Römisches Reich s. Reich
Rückgabe eines Depositums: 180

Schimpfworte: 5
Schmeichler (aristotelisch): 106
Schwert, materielles: 156f.
  s. a. Zweischwerterlehre
Seltenheit des Einzelfalls: 66f.
Sklaverei: 179
  Sklaven von Natur aus: 100
Soziale Freiheit: 87
Sozialer Rang: 107f.
Spaltung: 114
Spiegel s. Kaiserspiegel; s. Widerstandskämpfer
Spitzfindigkeit: 76
Sprachanalyse s. Logik; s. Zweideutigkeit
Staatsbesitz: 167
Stadt(staat): 102
Statut: 179f.
Stellvertretung: 177f.
Strafpflicht: 45
Strafrecht s. Diebstahl, Ehebruch, Verleumdung
Strafzumessung: 127
Streitschriften Ockhams: 79
Streitschriftenliteratur: 12. 120
Strenge des Rechts: 127

Studium und Praxis: 123
Subjektives Herrschaftsrecht: 155
Supplementäre Zuständigkeit: 67
Systematische Theorie, Möglichkeit: 93

Tapferkeit: 131
Theologen: 27. 59. 62f. 65
  T. und Amtskirche: 27. 65
  T. und Juristen: 54
Thomas von Aquin, Verurteilung (1277): 15
Timokratie (aristotelisch): 108
Todesstrafe: 52
Todsünde: 74f.
Tötung Unschuldiger: 124
Translatio imperii: 154ff.
Treueid: 140ff.
Tüchtigkeit: 106f.
Tyrannis: 106f. 113
  Despotie: 100. 104. 106
  übelste Herrschaftsform: 108

Übel, Vermeidungsstrategien: 110
Übergebühr: 95. 145f. 161. 173
Überzahl und Übermacht: 74
Unfreie, Herrschaft über: 99
Unfreiheit, Knechtschaft: 81ff.
Ungerechter Krieg: 163f.
Universitätsdisputationen: 79
Unterhalt des Papstes: 92. 94. 97
Unterscheidungsvermögen: 129
Untertan und Unfreier: 170. 173
unus solus: 5
Unveräußerlichkeit: 146. 165f.
Unverbesserlichkeit: 96
Ursprung des Kaisertums: 131f. 150–161
Urstand: 179
  Herrschaft im U.: 100
Urteil und Affekte: 5. 12
Urteilskraft: 75f. 123

Vasalleneid: 140ff.
Vaterland: 48. 151
Veräußerungsrecht: 166

Verdorbene Herrschaft: 103
Verfassungsänderung: 111–117. 151
  Kompetenz zu V.: 113
Verfassungswandel: 151
Vergeblichkeit: 70
Vergeltung von Gewalt: 180
Vergesellschaftungsformen: 99
Verleumdung, Strafe: 44 ff.
Verteidigung: 33–35
Völkerrecht *(ius gentium)*: 54 f. 59. 174 ff. 179 ff.
Vollkommenheit und Empirie: 90. 106

Waffenhilfe: 32. 35
Wahlen, Voraussetzungen der Kandidaten: 109
Wahlrecht: 103
  W. ein menschliches Recht: 112
  W. der Römer: 180. 182. 184

Wahrhaftigkeit: 129
Wahrheit: 12. 49 f. 119 f. 188
Wandel der Zeiten 112
Weisheit: 106 f. 131
Widerstand: 32 ff. 41
Widerstandskämpfer: 71–77
Widerstandsrecht: 17. 176
  Willkür des Herrschers: 169
Wissenschaft: 119
Worthalten: 140 f.

Zeitgenossen: 75
Zensuren, Geltungsweite: 16
Zerstörung des Reichs: 135
Zölibat: 148
Zweideutigkeit: 53. 72 f. 76. 99. 182
Zwei-Lichter-Gleichnis: 136
Zweischwerterlehre: 143 f. 156 f.